Programmieren in Oberon

Martin Reiser
Niklaus Wirth

Programmieren in Oberon

Das neue Pascal

ADDISON-WESLEY PUBLISHING COMPANY

Bonn · Paris · Reading, Massachusetts · Menlo Park, California · New York
Don Mills, Ontario · Wokingham, England · Amsterdam · Milan · Sydney
Tokyo · Singapore · Madrid · San Juan · Seoul · Mexico City · Taipei, Taiwan

Die Deutsche Bibliothek – CIP-Einheitsaufnahme

Reiser, Martin:
Programmieren in Oberon: Das neue Pascal / Martin Reiser; Niklaus Wirth. –
Bonn; Paris; Reading, Mass. [u.a.]: Addison-Wesley, 1994
ISBN 3-89319-675-9
NE: Wirth, Niklaus:

1. Auflage 1994
1. korrigierter Nachdruck 1995

Die englische Ausgabe trägt den Titel: Programming in Oberon : Steps beyond Pascal and Modula,
Martin Reiser, Niklaus Wirth (ISBN 0-201-56543-9)

Übersetzung: Dr. Josef Templ, Linz
Satz: Reemers EDV-Satz, Krefeld
Belichtung, Druck und Verarbeitung: Kösel, Kempten
Produktion: Petra Strauch, Bonn
Umschlaggestaltung: Michael Learo, Köln

Das verwendete Papier ist aus chlorfrei gebleichten Rohstoffen hergestellt und alterungsbeständig. Die Produktion erfolgt mit Hilfe umweltschonender Technologien und unter strengsten Auflagen in einem geschlossenen Wasserkreislauf unter Wiederverwertung unbedruckter, zurückgeführter Papiere.

Inhaltsverzeichnis

V Vorwort des Übersetzers

Die Sprache der Informatik ist englisch; die Sprache dieses Buches über einen Gegenstand der Informatik ist deutsch. Ein Widerspruch? Ja und Nein.

Ja, weil es schlichtweg unmöglich ist, gewisse Teile ins Deutsche zu übersetzen. Beispiele sind die reservierten Wörter und vordefinierten Namen der Programmiersprache Oberon (zum Beispiel IF, WHILE, RECORD, COPY). Eine konsequente Übersetzung der Programmbeispiele würde zu syntaktisch falschen Programmen führen. Daraus folgt, daß jeder, der sich mit Informatik befaßt, eine gewisse Grundmenge von englischen Begriffen lernen und benutzen muß. Neben den inhärent englischen Begriffen existiert aber noch eine Anzahl von Ausdrücken, die zwar übersetzbar sind, für die aber die Kenntnis des englischen Originalbegriffs hilfreich sein kann. In solchen Fällen gibt dieses Buch den Originalbegriff in Klammern hinter der Übersetzung an. Beispiele sind die Begriffe Zeiger (pointer), automatische Speicherbereinigung (garbage collection) und Sichtbarkeitsbereich (scope).

Abgesehen davon, daß einzelne Fachwörter nicht übersetzt werden können, hilft es besonders dem Programmierneuling, programmieren in einer vertrauten Sprache zu lernen. Außerdem soll durch die Übersetzung dieses Buches der Programmiersprache Oberon ein Interessentenkreis erschlossen werden, der weit über den akademischen Bereich hinausgeht. In der Tat eignet sich »Programmieren in Oberon« durch seine Gliederung und die sorgfältige Auswahl der Beispiele und Übungen auch für den Informatikunterricht an Mittelschulen und technischen Lehranstalten sowie für das Selbststudium.

Die Schwierigkeiten der Übersetzung von Informatik-Literatur zeigen sich auch in der turbulenten Vorgeschichte dieses Buches, das eigentlich schon früher hätte erscheinen sollen. Die vorliegende deutsche Ausgabe verdankt ihre Entstehung nicht zuletzt der ideellen und materiellen Unterstützung innovationsfreudiger Firmen und Institutionen, die unten genannt sind. Dank gebührt auch den Autoren Dr. Martin Reiser und Prof. Niklaus Wirth für die aktive Unterstützung und Frau Susanne Spitzer von Addison-Wesley für die angenehme Zusammenarbeit.

Vorwort des Übersetzers

Die Verfügbarkeit geeigneter Programmiersysteme ist für eine effektive Programmierausbildung von großer Bedeutung. Für Oberon werden von der ETH-Zürich qualitativ hochwertige Implementierungen für nahezu alle Plattformen bereitgestellt. Diese Systeme sind nun durch das Medium CD-ROM auch einer breiten Öffentlichkeit zugänglich. Die Vision der Programmierausbildung mittels interaktivem elektronischen Lehrbuch rückt damit ein Stück näher und könnte zu Spekulationen über zukünftige Oberon-Bücher Anlaß geben.

Dr. Josef Templ
27. Juni 1994

Helix AG, Zürich
Fachgruppe Oberon, Schweizer Informatikergesellschaft
Institut für Computersysteme, ETH Zürich
Oberon microsystems AG, Basel

V Vorwort

Das erstaunlichste Phänomen in der Computerindustrie ist die dramatische Zunahme der Leistungsfähigkeit der Rechenmaschinen – ein Trend, der nun schon seit drei Jahrzehnten anhält und voraussichtlich auch weiter anhalten wird. Diese Entwicklung ist nicht nur exponentiell – eine Verdopplung der Rechenleistung alle zwei bis vier Jahre – sondern verläuft mit ungefähr konstanten Kosten für jede Maschinenklasse: CPU, Mini-Computer, PC oder Arbeitsplatzrechner. Mit anderen Worten, der Preis pro Leistungseinheit fällt genau so schnell, wie die Leistung steigt.

Im Gegensatz zur Hardware zeigen die Programme, die einen Rechner erst brauchbar machen, keinerlei Anzeichen für kontinuierlichen Fortschritt – ganz zu schweigen von exponentiellen Verbesserungen. Geschichtlich gesehen fanden wichtige Innovationen in kurzen, intensiven Sprints statt, unterbrochen von langen Durststrecken, in denen ganze Armeen von Programmierern damit beschäftigt waren, die neuen Softwarekonzepte in Produkte einfließen zu lassen. Im Bereich der persönlichen Rechner (PCs) fand ein solcher Innovationsschub, angeführt vom berühmten Palo Alto Research Center (PARC), in den siebziger Jahren statt. Die achtziger Jahre waren im Gegensatz dazu eine eher langweilige Periode, in der Produktorientierung vorherrschte.

Als die Industrie versuchte, das Paradigma vom persönlichen Rechner zu implementieren, zeigten sich mehr und mehr Probleme. Die Standard-Betriebssysteme versagten, als es darum ging, die damals schon vorhandenen »Softwaretechnik-Prinzipien« umzusetzen. Eine voreilige Flucht in Standards fror Innovationen auf diesem Gebiet ein und führte zu dem Phänomen, daß Programme Schicht um Schicht über veraltete Grundsysteme getürmt wurden.

Ein kritischer Beobachter könnte daraus schließen, daß die Software auf dem besten Weg ist, die gigantischen Fortschritte der Hardware zu neutralisieren. Die Ursachen dafür sind vielfältig, und es gibt keine Patentlösung. Wir sehen aber, daß trotz der Behauptung, »Softwaretechnik« zu betreiben, die wichtigsten Ingenieurprinzipien selten angewendet werden: wirtschaftlicher Mitteleinsatz und Einfachheit der Lösungen.

Es geschah genau zu diesem Zeitpunkt, daß einer der Autoren ein Forschungsprojekt begann: Die Entwicklung eines Systems von Grund auf – geleitet von einem Zitat Einsteins: »*Mach es so einfach wie möglich, aber nicht einfacher.*« Das Ergebnis dieses Projekts ist Oberon: eine Programmiersprache und ein Betriebssystem für Arbeitsplatzrechner.

Dieses Buch ist eines von dreien. Es beschreibt die *Sprache Oberon* (die anderen sind Reiser, 1991; Wirth und Gutknecht, 1992). Das Konzept des Buches lehnt sich an *Programmieren in MODULA-2* (Wirth, 1982) an:

- Es ist eine Sprachreferenz.
- Es ist eine Einführung in das Programmieren unter Berücksichtigung moderner Konzepte.
- Es benutzt dafür Oberon.

Das Buch ist sowohl für den professionellen Programmierer als auch für Universitätsprofessoren und Studenten gedacht. Der Text besteht aus Erklärungen und Beispielen.

Das Schreiben eines Buches über das Programmieren wirft viele Fragen auf. Insbesondere stellt sich das Problem, eine Reihenfolge zu finden, in der die Konzepte und Konstrukte eingeführt werden. Ein anderes Problem ist die Auswahl von Beispielen, die sowohl interessant als auch realistisch sind, jedoch nur auf Material aufbauen, das schon vorher im Text erklärt wurde. Dieses Buch geht bezüglich beider Probleme einen eigenen Weg: Prozeduren und Module werden frühzeitig eingeführt (unmittelbar hinter den Kontrollstrukturen) und die Beispiele gruppieren sich um ein gemeinsames Thema: Simulation. Am Ende erhält man ein vollständiges und realistisches Simulationspaket.

Die Sprache Oberon wurde als Implementierungsmittel für das *Oberon-System*, ein effizientes, schlankes Betriebssystem basierend auf objektorientierter Programmierung, entwickelt. Die Sprache ist aber nicht an dieses System gebunden – Compiler können für beliebige Maschinen unter den meisten existierenden Betriebssystemen zur Verfügung gestellt werden. *Programmieren in Oberon* erfordert kein Wissen über das Oberon-System und schweift nur minimal in eine Diskussion der Konzepte dieses Systems ab. Das Buch ist in folgende drei Teile gegliedert.

Teil I: Symbole, Grundtypen, Wertzuweisung, Kontrollstrukturen, Prozeduren, Module

Der erste Teil behandelt grundlegende Programmkonstrukte. Am Ende ist das Wissen vorhanden, um vollständige Oberon-Programme, die nur skalare Variablen benutzen, zu schreiben.

Die Syntax von Oberon wird durch Verwendung der bekannten EBNF-Schreibweise[1] präzise definiert. Die Semantik der Wertzuweisung und der Kontrollstrukturen wird *formal definiert*. Dazu werden Transformationsregeln für Prädikate, die den Zustand einer Berechnung vor und nach der Ausführung einer Anweisung beschreiben, benutzt. Der Formalismus, der auf Dijkstra zurückgeht, wird anhand einfacher Beispiele eingeführt und benutzt eine Oberon-ähnliche Schreibweise.

Die frühzeitige Einführung von Prozeduren und Modulen wird durch ein stimulierendes Beispiel ermöglicht: das Zeichnen eines fraktalen Farns. Um das Beispiel abzuschließen, werden die *Grundkonzepte der Ein- und Ausgabe* durch den *Begriff des Stroms* und durch ein Modul für graphische Ausgabe eingeführt. Oberon betrachtet Eingabe und Ausgabe nicht als Bestandteile der Sprache, sondern als Erweiterungen des Betriebssystems, die in Form von Modulen zur Verfügung gestellt werden.

Teil II: Arrays, Records, Zeiger, dynamische Daten, schrittweise Verfeinerung, Datenabstraktion

Der zweite Teil führt klassische Programmiertechniken ein. Am Ende ist ungefähr der Bereich von Modula-2 abgedeckt.

Arrays, Records und Zeiger bilden die Basis der »Algorithmen und Datenstrukturen« – einer klassische Disziplin der Informatik. Dieser Text soll keine Konkurrenz zu den vielen exzellenten Lehrbüchern auf diesem Gebiet sein. Trotzdem wird Suchen (nicht aber Sortieren) in Arrays, Listen und Bäumen behandelt. Die auf Listen operierenden Prozeduren bilden die Grundlage für spätere vollständige Programmbeispiele.

Teil II endet mit Kapitel 10, das die wichtigen Programmiertechniken *schrittweise Verfeinerung*, *abstrakte Datenstruktur* und *abstrakter Datentyp* einführt. Diese Konzepte werden anhand der Entwicklung eines aus mehreren Modulen bestehenden Simulationspakets eingeführt.

---

1 Erweiterter Backus-Naur Formalismus

Teil III: Typerweiterung, Prozedurtypen, Objektorientierung

Hier beginnt der neue und aufregende Teil, der Oberon von seinem Vorgänger Modula-2 unterscheidet. Das Ziel ist eine Programmiertechnik, die Programme *erweiterbar und wiederverwendbar* macht. Typerweiterung in Kombination mit Prozedurvariablen bildet das Fundament. Kapitel 11 erklärt Oberons Typerweiterung und Prozedurvariablen.

Objektorientierung als Programmiertechnik, zusammen mit objektorientierten Programmiersprachen, ist ein modernes Thema. Oberon bleibt auch hier seinem Grundsatz treu: eine minimale Spracherweiterung – nämlich Erweiterung von Record-Typen – genügt. Das steht im Gegensatz zu den meisten anderen Ansätzen, die eine Vielzahl von neuen Konzepten, oftmals nur durch Umbenennung bekannter Begriffe, ins Spiel bringen. Kapitel 12 führt objektorientiertes Programmieren àla Oberon ein. Dabei wird das Beispiel eines Graphikeditors benutzt, um nicht nur in abstrakten Ausdrücken zu sprechen.

Kapitel 13 greift das Simulationsbeispiel von Kapitel 10 wieder auf und verwendet einen objektorientierten Ansatz. Ein voll funktionstüchtiges Paket wird vorgestellt, das in der Praxis der Simulation diskreter Ereignisse eingesetzt werden kann.

Oberon-Objekte unterscheiden sich von Objekten in anderen Sprachen (wie zum Beispiel C++) dadurch, daß Prozeduren (Methoden) an einzelne Objekte und nicht an deren gemeinsamen Typ (Klasse) gebunden sind. Kapitel 14 beschreibt Oberon-2, eine kleine und vollständig aufwärtskompatible Erweiterung von Oberon (Mössenböck und Wirth, 1991). Die wichtigste Erweiterung von Oberon-2 sind die typgebundenen Prozeduren, die dynamische Bindung an einen Typ implementieren.

Anhänge

Eine überarbeitete Version des Originalberichts über die Programmiersprache Oberon (Wirth, 1988) ist in Anhang A zu finden. Anhang B enthält eine ASCII-Tabelle und listet typische Extremwerte für die Grundtypen von Oberon auf. Im ganzen Buch wird Gebrauch von bestimmten Eingabe- und Ausgabeabstraktionen gemacht, die von drei Modulen zur Verfügung gestellt werden: *In*, *Out* und *XYplane*. Anhang C enthält den Quelltext dieser Module.

Beispiele und Übungen

Zum Abschluß dieses Vorworts noch einige Bemerkungen über die in diesem Buch benutzen Beispiele und empfohlenen Übungen. Die Auswahl von Beispielen und Übungen ist immer wichtig – im Gebiet der Programmierung sogar entscheidend. Jeder Programmierlehrer weiß aus Erfahrung, daß diese Auswahl durch ein inhärentes Dilemma erschwert wird. Auch dieses Buch kann es nicht bannen. Auf der einen Seite muß jeder umfangreiche und komplexe Gegenstand in Schritten gelehrt werden, und in jedem Schritt sollten sich die Beispiele auf die präsentierten Konzepte beschränken. Die Beispiele müssen überschaubar klein sein und sich auf das Wesentliche konzentrieren. Auf der anderen Seite benötigt wirkliche Meisterung des Programmierens Erfahrung in der Bewältigung großer, nicht-trivialer Aufgaben. Diese Erfahrung kann jedoch weder durch theoretisches Studium noch durch das Lösen kleiner Aufgaben erworben werden. Sie benötigt aktive Teilnahme an Projekten und wird erst durch Jahre intensiver Beschäftigung erworben. Aber schließlich beruht sie auf einigen Grundregeln des diziplinierten Arbeitens, die sehr wohl in Einführungskursen gelehrt werden können – ja, gelehrt werden sollen. Die Ironie liegt in der Tatsache, daß diese Regeln zum Großteil als irrelevant für das Lösen typischer Übungsbeispiele angesehen werden. Sie werden von den meisten Studenten als Versponnenheit oder Pedanterie des Lehrers belächelt, wenn sie überhaupt erwähnt werden. Erst wenn große Projekte durchgeführt werden und schief gehen – was lange nach dem erfolgreichen Abschluß des Einführungskurses passiert –, wird ihre Wichtigkeit erkannt. Man muß dieses Dilemma zur Kenntnis nehmen und die Courage aufbringen, auf die Bedeutung wichtiger Details hinzuweisen, selbst wenn pedantisches Beharren auf Disziplin fälschlicherweise als Behinderung der Kreativität ausgelegt wird. Pedanterie in der Programmierung ist kein Luxus, sondern eine Notwendigkeit.

Den Teilnehmern der meisten Programmierkurse wird das Gefühl vermittelt, die Essenz des Programmierens bestehe darin, sich Programme auszudenken, die den Computer dazu bringen, sich auf eine bestimmte Art zu verhalten. Obwohl das für viele kommerzielle Unternehmungen zutrifft, ist ein Programm eigentlich wertlos, wenn es nicht von anderen Menschen verstanden werden kann. Das Ziel bei der Formulierung eines Programms muß es sein, jemand anderen von seiner Richtigkeit zu überzeugen. Jedes Programm sollte ein *publizierbares Produkt* sein. Das unterscheidet sich grundsätzlich vom üblichen Ziel, daß das *Programm läuft*!

Wir können dem Leser zumindest versichern, daß eine Notation, die den Programmierer zu Präzision und zum expliziten Niederschreiben seiner Gedanken anleitet, unverzichtbar für dieses Ziel ist. Oberon ist eine solche Notation.

Implementierungen des Oberon-Systems

Es ist selbstverständlich, daß der Leser dieses Buches dann am meisten profitiert, wenn ihm selbst ein Oberon-Compiler zur Verfügung steht. Neben der ursprünglichen Oberon-Version für *Ceres*-Rechner, die an der Eidgenössischen Technischen Hochschule entwickelt wurde (Eberle, 1987), sind nun viele Implementierungen als *Freeware* verfügbar; im speziellen gibt es Versionen für

- Windows 3.1, NT, DOS, Linux, OS/2 (Intel 386)
- Macintosh II, PowerPC-Macintosh (Apple)
- SPARCstation (SUN)
- RS/6000 (IBM)
- DECstation/3100, 3500 (DEC)
- HP700 (HP)
- Silicon Graphics (SGI)

Wie man Oberon bekommt

Oberon kann ohne Gebühr über anonymen Internet Filetransfer (ftp) bezogen werden oder gegen einen Unkostenbeitrag von 50 Schweizer Franken pro Implementierung auf Disketten. Zahlung mit Eurocard/ Mastercard oder VISA ist möglich. Um mit Kreditkarte zu bestellen, geben Sie bitte die Kartennummer, das Ablaufdatum und Ihren Namen so an, wie er auf der Karte erscheint. Vergessen Sie bei der Bestellung nicht, den Maschinentyp anzugeben.

ftp-Server:	ftp.inf.ethz.ch
Internet-Adresse:	129.132.101.33
Verzeichnis:	/pub/Oberon

Darüber hinaus sind alle Portierungen von Oberon auf CD-Rom über den Buchhandel erhältlich.

Für zusätzliche Informationen

Sekretariat, Institut für Computersysteme, ETH Zentrum,
8092 Zürich, Schweiz.
Telefon: (+41–1) 632 7311
Telefax: (+41–1) 632 1220
Elektronische Post: oberon@inf.ethz.ch

Beispielprogramme aus Programmieren in Oberon

Verschiedene Beispielprogramme aus diesem Buch sind auch als Quelltext vom ftp-Server der ETH Zürich verfügbar.

Danksagungen

Die Autoren danken Hanspeter Mössenböck für viele hilfreiche Hinweise und sorgfältiges Lesen des Manuskripts. Sie danken ferner Josef Templ für seine klare und präzise Übersetzung, die den Originaltext in vorbildlicher Weise wiedergibt.

Referenzen

Eberle H. (1987). Development and analysis of a workstation computer. Ph. D. Thesis, Swiss Federal Institute of Technology, ETH Nr. 8431.

Mössenböck H. und Wirth N. (1991). The Programming Language Oberon-2, *Structured Programming*, **12**, 179–95.

Reiser M. (1991). *The Oberon System, User Guide and Programmer's Manual*. Wokingham: Addison-Wesley.

Wirth N. (1982). *Programming in Modula-2*. Springer-Verlag.

Wirth N. (1988). The programming language Oberon. *Software – Practice and Experience*, **18**, 671–90.

Wirth N. und Gutknecht J. (1992). *Project Oberon*. Wokingham: Addison-Wesley.

1 Warum Oberon?

Dies ist ein Buch über das Programmieren, insbesondere über das Programmieren in der Sprache *Oberon*. Warum aber sollte jemand ausgerechnet in Oberon programmieren wollen und nicht in einer der weitverbreiteten Sprachen? Die Antwort ist, weil die Sprache Oberon auf relativ wenigen, aber fundamentalen Konzepten aufbaut, weil sie streng strukturiert ist und weil sie auf modernen Rechnern effizient implementiert werden kann. Im Prinzip sind das die gleichen Argumente, die vor 20 Jahren für die Sprache *Pascal* gesprochen haben. Die genannten Eigenschaften fördern eine systematische Vorgehensweise beim Programmentwurf und sind die Voraussetzung für den Einsatz der Schlüsseltechnologie des modularen Entwurfs, der auf Abstraktionen aufbaut. Oberon ist eine »kleine« Sprache. Das macht sie auch als Werkzeug für eine Einführung in die Programmierung interessant. Dennoch sind die vorhandenen Konzepte allgemein und ausdrucksstark, so daß Oberon auch für große Softwaresysteme eingesetzt werden kann. Diese Behauptung wird dadurch untermauert, daß Oberon sowohl in der Lehre als auch für die Implementierung des Oberon-Systems selbst erfolgreich eingesetzt wurde.

1.1 Die Algol-Familie

Die Sprache Oberon ist sowohl neu als auch alt. Sie ist neu, weil sie nicht nur eine Erweiterung einer anderen Sprache ist; sie ist alt, weil die meisten ihrer Konzepte von bestehenden Sprachen übernommen wurden. Oberon ist der jüngste Sproß in der Familie der Sprachen, die auf Algol 60 (1960) zurückgehen. Die bekanntesten Mitglieder dieser Familie sind Pascal (1970), Modula-2 (1979) und schließlich Oberon (1988). Einige Bemerkungen zu den anderen Mitgliedern erscheinen angebracht, um die Evolution dieser Sprachfamilie und die dahintersteckende »Philosophie« zu erklären.

Algol 60 Algol 60 wurde durch ein internationales Komitee von 13 Experten (Naur, 1963) mit dem Ziel entworfen, eine einheitliche Notation für die Formulierung von Algorithmen (Programmen) einzuführen (Algol = algorithmic language). Diese Notation sollte nicht nur durch einen Rechner ausgeführt, sondern auch vom Programmierer studiert und verstanden werden können. Vor allem für das zuletzt genannte Ziel war es notwendig, die Sprache exakt und ohne Bezug auf spezielle Rechner oder Verfahren zu definieren. In bezug auf die Syntax wurde dieses Ziel mit Bravour erreicht. Algol 60 war die erste Sprache, für die leicht entschieden werden konnte, ob eine Folge von Symbolen ein (syntaktisch) korrektes Programm bildet. Diese Exaktheit hatte eine durchschlagende Wirkung auf das Definieren, Implementieren und Erklären von Programmiersprachen. Die Definition der Bedeutung (Semantik) der verschiedenen Sprachkonstrukte entzieht sich jedoch nach wie vor dieser Rigorosität. Es wurden aber auch auf dem Gebiet der Semantik bedeutende Fortschritte erzielt, die alle auf der Voraussetzung beruhen, daß eine Sprache eine klar strukturierte Syntax hat.

Algol 60 war jedoch eine Mischung aus eleganten, fundamentalen Konzepten und merkwürdig barocken Verzierungen. Es überrascht nicht, daß die letzteren sich als nicht erfolgreich und deshalb überflüssig erwiesen haben. Zu ihnen zählen etwa die übermäßig allgemeine For-Anweisung, die lokalen Variablen in Anweisungsfolgen und die Namensparameter. Hingegen fehlten gewisse Konzepte, die unverzichtbar für bestimmte Anwendungen sind; Beispiele dafür sind Record- und Zeigervariablen. Es ist unübersehbar, daß Algol 60 von Mathematikern mit wenig Hintergrundwissen aus anderen Bereichen zur Formulierung von numerischen Algorithmen entworfen wurde.

Pascal – strukturierte Programmierung

Viele Nachfolger von Algol 60 wurden entworfen und auch implementiert. Der erfolgreichste war Pascal (Wirth, 1971; Hoare und Wirth, 1973), eine Sprache, die immer noch weit verbreitet ist. Pascal folgte der Algol-Tradition im Hinblick auf die klare Strukturierung und eignete sich speziell für *strukturiertes Programmieren*. Algols »Kuriositäten« fielen weg und einige Konzepte zur Vergrößerung des Einsatzbereiches wurden hinzugefügt. Die wichtigste Erweiterung war, daß derselbe Ansatz zur Definition von Datenstrukturen benutzt wurde, der in Algol für ausführbare Anweisungen eingeführt worden war: *rekursive Strukturierung*.

Algol 60 unterstützte ganze Zahlen, reelle Zahlen und Wahrheitswerte als elementare Datentypen. Es erlaubte auch die Definition von Arrays (Reihungen) dieser Grundtypen. Pascal erlaubt neben weiteren Grundtypen außerdem die Definition von Record-, Mengen- und Dateistrukturen. Neudefinierte Strukturen können mit einem Namen versehen und als Typen von Komponenten anderer Strukturen benutzt werden. Es wurde dadurch möglich, beliebig verschachtelte Strukturen zu definieren, zum Beispiel Arrays von Records oder Records mit Arrays als Komponenten. Speziell Records waren von großer Bedeutung für die Erweiterung des Einsatzbereiches über rein numerische Anwendungen hinaus.

Von ganz besonderer Bedeutung war die Einführung von Zeigern zusammen mit der dynamischen Erzeugung von Variablen. Dieses Konzept öffnete die Tür für alle Arten von Anwendungen, die dynamische Datenstrukturen benötigen, also Strukturen, die während einer Berechnung wachsen oder schrumpfen können. Im Gegensatz zur Adreßmanipulation, wie sie beim Arbeiten mit Maschinensprachen üblich ist, bieten Zeiger eine größere Sicherheit gegen Programmierfehler, weil Zeigervariable durch ihre Deklaration an einen bestimmten Typ gebunden sind. Dadurch kann ein Compiler noch vor der Programmausführung feststellen, ob ein Zeiger versehentlich auf ein ungültiges Objekt verweist. Die Anwendung des Prinzips der statischen Typprüfung auf dynamische Variablen war in der Tat ein signifikanter Fortschritt.

Pascal wies jedoch auch gewisse Mängel auf. Diese sind zwar für die Grundausbildung im Programmieren kaum relevant, wohl aber, wenn es um große Softwaresysteme geht. Pascal unterstützte zwar strukturiertes Programmieren, in der Zwischenzeit wurde in der Softwaretechnik aber der *modulare Entwurf* wichtig. Dieser Begriff hat mindestens zwei Aspekte. Der erste ist als *Geheimnisprinzip* (information hiding) bekannt: Jedes große System soll aus Modulen zusammengesetzt werden, die relativ isoliert entwickelt werden können. Diese Technik setzt explizite Schnittstellenbeschreibungen voraus, die genau jene Eigenschaften definieren, die für andere Module zugänglich sein sollen. Der zweite Aspekt ist eher technischer Natur: die getrennte Übersetzung von Modulen. Diese setzt voraus, daß in jedem Modul alle referenzierten Module (sogenannte Importe) explizit angegeben werden und daß die Übersetzung unter Verwendung der Schnittstellenbeschreibung dieser Module erfolgt.

Modula-2 – modulares Programmieren

Die hauptsächliche Innovation der Sprache Modula-2 (Wirth, 1982) gegenüber Pascal bestand in einem Modulkonzept, das sowohl das Geheimnisprinzip als auch die getrennte Übersetzung unterstützte. Im Gegensatz zur unabhängigen Übersetzung, die von Maschinensprachen und anderen Sprachen her bekannt ist, ermöglichte getrennte Übersetzung, daß der Compiler auch über Modulgrenzen hinweg dieselben Konsistenzprüfungen wie innerhalb eines Moduls durchführt. Die explizite Definition der Schnittstellen und die Beibehaltung der vollständigen Typsicherheit erwiesen sich als unschätzbare Vorteile.

Module, die einen oder mehrere Datentypen, typischerweise Zeiger- oder Record-Typen, zusammen mit einem Satz von Prozeduren zur Bearbeitung von Variablen dieser Typen exportieren, repräsentieren den Begriff des *abstrakten Datentyps*. In diesem Fall enthält die Modul-Schnittstelle nur den Namen des Typs, die Komponenten der

Records sind nach außen nicht sichtbar. Dadurch wird garantiert, daß der Zugriff auf Record-Felder nur über Zugriffsprozeduren erfolgen kann, die sich auf gewisse Invarianten der abstrakten Typen verlassen können.

Außerdem eliminierte Modula-2 eine der größten Einschränkungen, die aus der strengen Typbindung resultierte: Es erlaubte offene Arrays als Parameter von Prozeduren. Bemerkenswert war auch die Einführung von Prozedurtypen für Variablen sowie Vorkehrungen für parallele Prozesse und für maschinennahe Programmierung. Modula-2 erlaubte dem Programmierer, sich direkt auf Maschinendetails wie zum Beispiel Register zur Steuerung von Eingabe- oder Ausgabeoperationen zu beziehen. Diese Fähigkeiten trugen wiederum stark zur Vergrößerung des Anwendungsbereiches bei, in diesem Fall Systemprogrammierung und Prozeßsteuerung. Der letzte, sehr wesentliche Punkt war die Beseitigung einiger syntaktischer Unschönheiten von Pascal, und zwar die nicht abgeschlossenen If-, While- und For-Anweisungen. Das waren genau die Formen, die in Pascal unverändert von Algol 60 übernommen worden waren, um die Tradition fortzusetzen und die Algol-Freunde nicht zu vergraulen – ein Fehler, rückblickend gesehen.

Mehrjährige praktische Erfahrung mit modularem Entwurf in Modula-2 und anderen Programmiersprachen zeigte, daß das eigentliche Ziel der *erweiterbare Entwurf* ist und daß strukturierte und modulare Programmierung nur Zwischenschritte auf diesem Weg gewesen sein konnten. Die Einführung von Abstraktionen in Form von Modulen und die Benutzung von Prozeduren, die Prozeduren auf niedrigerer Abstraktionsebene aufrufen, verkörpert Erweiterbarkeit im Bereich der Prozeduren. Ebenso wichtig für erfolgreiche Programmentwürfe ist jedoch Erweiterbarkeit im Bereich der Datendefinitionen. Modula-2 ist in dieser Hinsicht ungeeignet, weil Typen nicht sowohl erweitert als auch kompatibel sein können.

Diesbezüglich boten die in den achtziger Jahren zur Modewelle avancierten *objektorientierten Sprachen* eine gangbare Lösung. Sie besitzen die Möglichkeit, Untertypen *T1* eines Basistyps *T0* zu definieren, mit der Eigenschaft, daß alle Operationen, die auf Variablen vom Typ *T0* anwendbar sind, auch auf Variablen vom Typ *T1* angewendet werden können. Beachten Sie, daß die eigentliche Neuerung in der Erweiterbarkeit der Typen bestand. Unglücklicherweise blieb dies aber hinter dem weit weniger aussagekräftigen Begriff »objektorientiert« verborgen. Mit dem Ziel, ein neues Paradigma für das Programmieren im Großen einzuführen, folgte eine Umbenennung vieler altbekannter

Konzepte; so wurden aus Variablen Instanzen, aus Prozeduren Methoden und aus Prozeduraufrufen das Senden von Meldungen.

Oberon – erweiterbares Programmieren

Der hauptsächliche Verdienst der Sprache Oberon (Wirth, 1988a, b), die 1986 definiert wurde, liegt in der Einführung der Typerweiterung, aufbauend auf den etablierten, gut verstandenen Begriffen des Datentyps und der Prozedur. Die unmittelbare Folge davon ist, daß kein Bruch mit der Tradition und keine Umstellung auf eine ganze Klasse von neuen Konzepten und Begriffen erforderlich ist. Die einzige Neuerung ist die Erweiterbarkeit von Record-Typen. Oberon vereinigt damit die traditionellen Konzepte der prozeduralen Programmierung und die Techniken zur Erweiterung von Daten.

Dieses neue Konzept hätte natürlich auch in Modula-2 eingebaut werden können. Warum also wurde eine neue Sprache entwickelt? Der Grund dafür lag im Wunsch nach einer Sprache, die wirklich maschinenunabhängig ist und deren Programme nicht nur maschinenunabhängig aussehen. Tatsächlich wurden die maschinennahen Sprachkonzepte in Modula-2 häufig mißbraucht, um die fehlende Typerweiterung zu umgehen. Modula-2 war auch eher zu groß geraten: Es gab Konstrukte, die man weglassen konnte, ohne die Ausdruckskraft einzuschränken. Oberon ist deshalb nicht nur eine kleine Erweiterung, sondern gleichzeitig ein abgespeckter, stromlinienförmiger Nachfolger von Modula-2. Das Ergebnis zeigt sich in der Größe des Sprachreports von nur 16 Seiten verglichen mit 45 Seiten für Modula-2.

Vereinfachung und *Vereinheitlichung* bedeuten echten Fortschritt und sind vor allem willkommen, wenn es um das Vermitteln von wissenschaftlichen Grundlagen geht. Der Entwurf von Oberon folgt in diesem Sinne ganz dem Geist von Algol 60.

1.2 Das Oberon-System

Die Entwicklung der Sprache Oberon war nur Teil eines umfassenderen Projekts. Im Jahr 1985, während eines Besuchs am Xerox Palo Alto Research Center, beschlossen N. Wirth und J. Gutknecht, ein neues Betriebssystem, das Oberon-System, zu entwerfen und zu implementieren (Wirth und Gutknecht, 1989, 1992). Um nicht von irgendwelchen Randbedingungen behindert zu werden, entschieden sie, dieses System von Grund auf neu zu entwickeln. Das Ziel war, ein Betriebssystem für Arbeitsplatzrechner zu entwickeln, das nicht nur leistungsfähig und bequem sein sollte, sondern auch in *überzeugender Weise beschrieben und erklärt* werden konnte. Da es nur sehr wenig Literatur gibt, die beschreibt, wie ein System entworfen *wurde* – nicht, wie es entworfen werden *könnte* –, wurde dieses Projekt nicht nur als Herausforderung, sondern auch als wissenschaftlich interessant angesehen. Eine treibende Kraft hinter dem Projekt war tiefe Unzufriedenheit mit weitverbreiteten Praktiken im Bereich der Softwareentwicklung. Es scheint, daß – abgesehen von wenigen Ausnahmen – die Systeme unnötig aufgebläht und undurchschaubar sind. Ein Grund dafür ist die fehlende Erweiterbarkeit existierender Software, was zwangsläufig zur Duplikation unzähliger Funktionen führt, die irgendwo im System zwar vorhanden sind, aber nicht wiederverwendet werden können – entweder weil sie geringfügig abgeändert werden müssen oder weil sie durch statisches Binden nicht mehr zugreifbar sind. Es ist heute ganz normal, daß Betriebssysteme auf Arbeitsplatzrechnern mehrere Megabyte Haupt- und mehrere hundert Megabyte Sekundärspeicher benötigen. Obwohl es keinen wirklichen Grund für diese Verschwendung gibt, wird sie von den Anwendern toleriert, denn der enorme Fortschritt der Halbleitertechnik hat große Speicher erschwinglich gemacht – zumindest im Vergleich zu früher.

Das wirkliche Problem ist aber nicht der Speicherverbrauch, sondern die Unzuverlässigkeit und Unflexibilität (auch Unwartbarkeit genannt) von großen Softwaresystemen. Sicherlich ist die Größe eines Programms für sich alleine nur ein sehr grobes Maß für die Anzahl Fehler, die es enthält. Es ist jedoch bewiesen, daß die Anzahl der Fehler rasch mit der Größe eines Systems wächst. Man sollte sich bewußt sein, daß die wichtigste Einzelmaßname zur Steigerung der Zuverlässigkeit eines Systems *die Entfernung von überflüssigen Eigenschaften und Fähigkeiten sowie die Begrenzung der Komplexität ist.* Was bleibt, ist der nagende Verdacht, daß viele Systeme nicht aufgrund ihrer Funktionalität zu gigantischen Monstern wurden, sondern wegen ihres ungeeigneten Entwurfs und unpassend gewählter Strukturen, die später nicht mehr korrigiert werden konnten. Um so irritierender ist der Umstand, daß sich viele Anwender durch komplexe Systeme mehr beeindrucken lassen als durch ein ökonomisches Design. Vermutlich liegt die Faszination unüberschaubarer Softwaresysteme darin, daß sie das Gefühl vermitteln, noch viele versteckte Fähigkeiten und Überraschungen bereitzuhalten. Wir nennen dieses psychologische Phänomen – das erstaunlich häufig in der Welt der Informatik auftaucht – »Gigantomanie«.

Natürlich ist es viel leichter, ein *großes* System zu entwerfen als ein *ökonomisches*. Das zweite erfordert Erfahrung, sorgfältige Planung und große Sorgfalt im Detail – kurz gesagt, mehr Aufwand für den Entwickler. Das Oberon-Projekt bestätigt dies auf überzeugende Weise.

Der Objekt-Code des sogenannten äußeren Kerns des Systems benötigt weniger als 200 KByte und umfaßt

- ein Modul *Kernel*,
- einen dynamischen Modullader,
- eine automatische Speicherverwaltung (Garbage Collection),
- ein Dateisystem,
- Treiber für Festplatte, Diskette, Maus, Tastatur, synchrone und asynchrone Kommunikation, Drucker und einen Rasterbildschirm,
- Unterstützung für ein lokales Netzwerk,
- Unterstützung für Texte und Fonts,
- ein Fenstersystem,
- einen Texteditor,
- den Oberon-Compiler.

Selbst wenn man berücksichtigt, daß Prozessoren aus der National Semiconductor 32000 Serie einen dichteren Code besitzen als andere weitverbreitete Prozessoren, ist Oberon immer noch mindestens eine dezimale Größenordnung kleiner als Systeme mit vergleichbarem (oder sogar kleinerem) Funktionsumfang.

Das Oberon-System ist eine Hierarchie von Modulen, von denen die meisten einen oder mehrere abstrakte Datentypen exportieren. Jeder Benutzer kann und soll das System erweitern – Erweiterungen werden einfach durch Hinzufügen neuer Module erzeugt. Es gibt keine starre Grenze zwischen dem »System« und einem »Anwendungsprogramm«. Abbildung 1.1 zeigt die Module, die den sogenannten äußeren Kern von Oberon bilden. Außer den Modulen *Kernel* und *Display* sind alle Module in der Sprache Oberon formuliert (für eine Beschreibung des Systems siehe Reiser, 1991).

Heutzutage wird ausgeklügelten Softwarewerkzeugen (Tools) viel Bedeutung beigemessen. Der Leser sei aber davor gewarnt, zuviel Hoffnung und Vertrauen in das Potential solcher Tools zu setzen. Keines kann Wunder bewirken und keines hat jemals sorgfältige und kompetente Entwickler ersetzt. Gute Werkzeuge erhöhen aber sicher die Produktivität des Entwicklers. Es gilt: Je besser der Entwickler, desto größer der Gewinn aus der Benutzung geeigneter Tools.

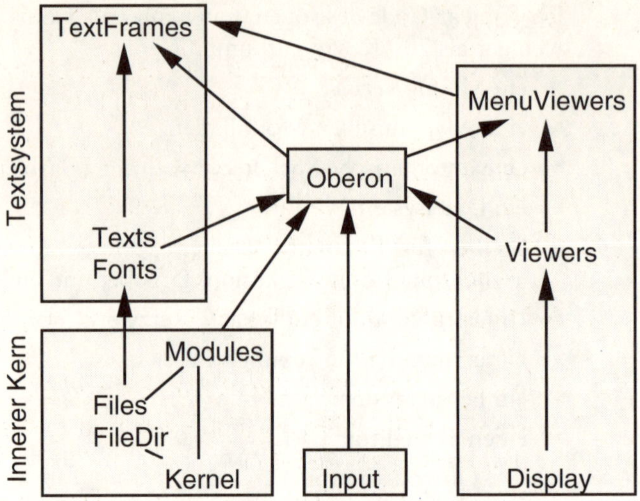

Abbildung 1.1 *Modulhierarchie des äußeren Kerns des Oberon-Systems. Die Pfeile stellen Importbeziehungen dar; das Modul Oberon zum Beispiel importiert das Modul Input. Beachten Sie bitte, daß nur die wichtigsten Importbeziehungen gezeigt sind und daß einige Gerätetreiber der Klarheit wegen weggelassen wurden.*

Unter all den möglichen Softwarewerkzeugen spielt die Programmiersprache bei weitem die wichtigste Rolle. Für das Oberon-Projekt wurde ursprünglich Modula-2 vorgesehen, wegen der Unterstützung von strukturierter und modularer Programmierung. Es wurde aber bald klar, daß dasselbe Prinzip des ökonomischen Designs, das als fundamental für das System erklärt wurde, auch auf die Sprache angewendet werden sollte. Die Entwicklung der Sprache Oberon erfolgte also parallel zu einem großen Softwareprojekt. Jene Fähigkeiten von Modula-2, die nicht wirklich zur Ausdruckskraft beitrugen, wurden gestrichen. Das Hauptkonzept, das hinzugefügt wurde – Typerweiterung –, war der schmerzlich vermißte Teil unter den ansonsten sehr wichtigen Vorzügen von Modula-2: striktes, statisches Typisieren von Variablen und Funktionen. Oberon ist daher nicht einfach ein weiterer Entwurf gemäß dem Motto: »Laß uns eine nette Spielerei einbauen.« Es ist höchst zweckmäßig abgestimmt, um ein effizientes, bequemes und sicheres Instrument zum Programmieren im Großen zu sein.

Das Ergebnis, die Programmiersprache Oberon, wird in diesem Buch vorgestellt. Eine detaillierte Beschreibung des Oberon-Projekts findet sich bei Wirth und Gutknecht (1992). Es ist nicht überraschend, daß eine ökonomisch entworfene Sprache speziell für das Lehren des Gegenstands Programmieren geeignet ist. Da Programmieren inhärent schwierig ist, müssen Studenten davor bewahrt werden, die zusätzliche Bürde einer komplexen Sprache zu tragen.

Referenzen

Hoare C. A. R. und Wirth N. (1973). An axiomatic definition of the programming language Pascal. *Acta Informatica*, **2**, 335–355.

Naur P., Hrsg. (1963). Revised report on the algorithmic language Algol 60. *Comm. ACM*, **6**, 1–7; *Computer Journal*, **5**, 349–367; *Numerical Mathematics*, **4**, 420–453.

Reiser, M. (1991). *The Oberon System, User Guide and Programmer's Manual*. Wokingham: Addison-Wesley.

Wirth N. (1971). The programming language Pascal. *Acta Informatica*, **1**, 35–63.

Wirth N. (1985). *Programmieren in Modula-2*. Springer Verlag.

Wirth N. (1988a). From Modula to Oberon. *Software – Practice and Experience*, **18**, 662–670.

Wirth N. (1988b). The programming language Oberon. *Software–Practice and Experience*, **18**, 671–690.

Wirth N. und Gutknecht J. (1989). The Oberon System,« *Software–Practice and Experience*, **19**, 857–893.

Wirth N. und Gutknecht J. (1992). *Project Oberon: The Design of an Operating System and Compiler.* Wokingham: Addison-Wesley.

2 Ein erstes Oberon-Programm

In diesem Kapitel werden die Schritte zum Schreiben eines einfachen Programms, technisch gesehen eines *Moduls*, durchlaufen und dabei einige grundlegende Konzepte der Programmierung sowie einige Möglichkeiten von Oberon erklärt. Die Aufgabe besteht in der Realisierung eines Zufallszahlengenerators – eines Programms, daß sozusagen »würfelt« und der Reihe nach unvorhersagbare Zahlen liefert. Zufallszahlengeneratoren sind wichtige Hilfsmittel in einem Computer und werden in nachfolgenden Beispielen häufig benutzt.

Die Konzepte Zufälligkeit und Algorithmus – eine Berechnungsvorschrift – sind natürlich unvereinbar. Was man aber erwarten kann, ist ein Algorithmus, der in der Lage ist, eine sehr lange Folge von Zahlen zu erzeugen, ohne daß ein Muster wahrnehmbar wird. Der Laie könnte erwarten, daß die Ergebnisse um so besser werden, je zufälliger ein solches Programm konstruiert ist. Knuth (1971) beschreibt einen solchen Super-Zufallszahlengenerator, der aber nur sehr kurze zufällige Zahlenfolgen (einige tausend Elemente) erzeugt. Knuth schreibt: »Die Moral von dieser Geschichte ist, *daß Zufallszahlen nicht durch zufällig ausgewählte Verfahren erzeugt werden sollen.* Es muß eine Theorie benutzt werden.« Eine Methode, die von D. H. Lehmer etwa 40 Jahre zuvor vorgeschlagen wurde – die lineare Kongruenzmethode –, widerstand allen Prüfungen der Zeit (siehe Kasten 2.1).

Kasten 2.1 *Lineare Kongruenzmethode für Zufallszahlen*

Die mathematischen Grundlagen zum Erzeugen von Zufallszahlen sind ein schönes Beispiel für Eleganz durch Einfachheit. Alles was benötigt wird, ist eine geeignete Auswahl von zwei ganzzahligen Parametern – dem Modul m und dem Multiplikator a – in der Formel:

$$z_{n+1} = a * z_n \bmod m \qquad (1)$$

Die Folge muß mit einem Initialwert z_1 gestartet werden, der auch *Samen* (seed) genannt wird. Es zeigt sich, daß die Wahl von m und a entscheidend ist. Mit $m = 2^{31}-1 = 2\ 147\ 483\ 647$ und $a = 7^5 = 16\ 807$ erscheinen alle Zahlen zwischen 1 und $m - 1$ genau einmal, bevor sich die durch Gleichung (1) definierte Folge wiederholt: Es werden über 2 Milliarden Zufallszahlen erzeugt, die strenge statistische Tests bestehen. Für eine Beschreibung von Zufallszahlengeneratoren sei auf den Überblicksartikel von Park und Miller (1988) verwiesen.

In der Praxis benötigt man selten Zufallszahlen der Größe 2 147 483 647. Deshalb normalisiert man das Ergebnis

$$r_n = z_n/m \qquad (2)$$

Die reellen Zufallszahlen sind nun im Intervall $0 < r_n < 1$.

Das Grundrezept – der sogenannte *Algorithmus* – ist in den Gleichungen (1) – (2) in Kasten 2.1 enthalten. Diese Beschreibung muß aber noch in Oberon ausgedrückt werden. Ein erster Versuch führt zu

```
z := (a*z) MOD m;
"gib den reellen Wert z/m als Ergebnis zurück"
```

Dieses Textstück ist aber noch weit von einem Programm entfernt und kann auch nicht so einfach in eines transformiert werden. Das Problem liegt darin, daß das Produkt $a*z$ den Bereich der ganzen Zahlen, die in einem 32-Bit-Wort (typische Wortgröße moderner Computer) dargestellt werden können, leicht verlassen kann. Es gibt zum Glück einen raffinierten Trick von Schrage, der dieses Problem umgeht. Man wähle neue Konstanten $q = \lfloor m/a \rfloor = 127\,773$[1] und $r = m \bmod a = 2\,836$ und berechne:

```
gamma := a*(z MOD q) - r*(z DIV q);
IF  gamma > 0  THEN
   z := gamma
ELSE
   z := gamma + m
END;
"gib den reellen Wert z/m als Ergebnis zurück"
```

Die Bedeutung dieser Oberon-Anweisungen sollte klar sein. Weniger klar ist, daß die modifizierte Berechnung dieselbe ist wie (1). Für dieses Einführungsbeispiel sind die mathematischen Details aber nicht wichtig. Der interessierte Leser sei auf Park und Miller (1988) verwiesen.

Deklaration

Die Größen *z* und *gamma* sind Variablen; *m*, *a*, *q* und *r* sind Konstanten. Viele Programmiersprachen verlangen, Variablen und Konstanten explizit zu deklarieren und ihren Typ (zum Beispiel integer oder real) anzugeben. Es muß auch noch formal ausgedrückt werden, daß das Programm eine Funktion ist, die einen reellen Wert zurückgibt.

Prozedur

Folgen von Anweisungen, die einen Namen haben und von anderen Stellen des Programms aus aufgerufen werden können, heißen *Prozeduren*. Konstanten-, Variablen- und Prozedurdeklarationen sehen wie folgt aus:

1 $\lfloor x \rfloor$ bezeichnet die größte ganze Zahl, die nicht größer als *x* ist.

```
PROCEDURE Uniform(): REAL;
   CONST a = 16807; m = 2147483647; q = m DIV a; r = m MOD a;
   VAR gamma: LONGINT;
BEGIN
   gamma := a*(z MOD q) - r*(z DIV q);
   IF  gamma > 0  THEN
      z := gamma
   ELSE
      z := gamma + m
   END;
   RETURN  z*(1.0/m)
END Uniform;
```

Die erste Zeile drückt den Umstand aus, daß die Prozedur *Uniform*[1] eine Funktion ist (ohne Argumente), die als Ergebnis eines Aufrufs einen reellen Wert zurückgibt. Der Prozedurkopf wird von der Deklaration der Konstanten und der Variablen *gamma* gefolgt. Beachten Sie, daß *q* und *r* in der Form von konstanten Ausdrücken deklariert sind. Das sind Ausdrücke, die berechnet werden können, bevor das Programm tatsächlich abläuft. Der Operator DIV bezeichnet die ganzzahlige Division und MOD die Modulo-Operation. Die deklarierten Konstanten und Variablen sind *lokal* zu der Prozedur. Daher muß die Variable *z*, die ihren Wert von Aufruf zu Aufruf behalten muß, in einem größeren Kontext deklariert sein.

Modul Dieser größere Kontext ist das *Modul*. Ein Modul ist ein Textstück, das von einem Oberon-Compiler akzeptiert und in ausführbaren Maschinencode transformiert wird. Ein Modul ist aber noch mehr als das. Es stellt Mechanismen zur Verfügung für:

1) die Strukturierung eines Programms in unabhängige Teile;
2) die Deklaration von Variablen, die ihren Wert beibehalten, solange das Modul aktiv (d.h. im Speicher geladen) ist – diese Variablen werden *global* genannt;
3) den *Export* von Variablen und Prozeduren, die in anderen Modulen benutzt werden sollen.

Das Modul stellt also das Rüstzeug für Abstraktionen zur Verfügung – *abstrakte Datentypen* –, die in Kapitel 10 und im Teil III näher untersucht werden. Ein Modul *RandomNumbers*, das die Prozedur *Uniform* kapselt, sieht wie folgt aus:

1 Der Name *Uniform* drückt eine zentrale Eigenschaft der erzeugten Zufallszahlen aus – sie sind gleich verteilt.

```
MODULE RandomNumbers;
VAR  z: LONGINT;  (* globale Variable, Rekursionsspeicher *)

PROCEDURE Uniform*(): REAL;
   CONST a = 16807; m = 2147483647; q = m DIV a; r = m MOD a;
   VAR gamma: LONGINT;
BEGIN
   gamma := a*(z MOD q) - r*(z DIV q);
   IF  gamma > 0  THEN
      z := gamma
   ELSE
      z := gamma + m
   END;
   RETURN  z*(1.0/m)  (* Funktionsergebnis *)
END Uniform;

PROCEDURE InitSeed*(seed: LONGINT);
BEGIN
   z := seed
END InitSeed;

BEGIN
   z := 314159  (* Startwert für Seed *)
END RandomNumbers.
```

Export Der *Stern hinter dem Prozedurnamen markiert die Prozedur als exportiert.* Anders ausgedrückt, sie kann auch in anderen Modulen, die das Modul RandomNumbers *importieren*, benutzt werden. In ähnlicher Weise kann ein Modul Variablen (und noch mehr) exportieren.

Rumpf Die Anweisungen zwischen BEGIN und END am Ende des Moduls werden Modul-*Rumpf* genannt. Sie werden ausgeführt, wenn das Modul in den Hauptspeicher eines Rechners geladen wird. In unserem Beispiel besteht der Rumpf aus nur einer Anweisung, welche die globale Variable *z* initialisiert. Das Initialisieren von Variablen ist eine typische Aufgabe für die Anweisungen im Rumpf eines Moduls.

Ein Zufallszahlengenerator ist ein Hilfsmittel, das in anderen Programmen benutzt wird. Das Modul *RandomNumbers*, getrennt übersetzt und in ausführbarer Form (Objekt-Datei) in der Systembibliothek vorhanden, macht dieses Hilfsmittel für Prozeduren in anderen Modulen verfügbar. Diese Module sind *Klienten* des Moduls *RandomNumbers*. Lassen Sie uns dieses Konzept durch ein weiteres Beispiel veranschaulichen. Modul *ListRN* druckt eine Tabelle der ersten 100 Zufallszahlen aus. Daran sieht man, daß eine Möglichkeit zur Darstellung von Ergebnissen gebraucht wird. Zu diesem Zweck müßten aber die Möglichkeiten eines Rechner, mit seinem Benutzer zu kommunizieren, bekannt sein. Um Abhängigkeit von einem speziellen System, das Oberon-Programme ausführen kann, zu vermeiden, führen wir eine *Abstraktion* ein, von der angenommen wird, daß sie auf jedem Rechner vorhanden ist. Es sei aber darauf hingewiesen, daß diese Abstraktion nicht Bestandteil der Sprache Oberon ist.

```
MODULE ListRN;
IMPORT Out, RandomNumbers;

PROCEDURE List* ;
   VAR i, max: INTEGER; rn: REAL;
BEGIN
   max := 100; i := 0;
   WHILE i < max DO
      rn := RandomNumbers.Uniform();
      Out.Real(rn, 14); Out.Ln;
      i := i + 1
   END
END List;

END ListRN.
```

Import, qualifizierte Namen

Der Aufruf von *Out.Real(x, n)* schreibt eine reelle Zahl *x* auf ein geeignetes Ausgabemedium, zum Beispiel ein Bildschirmfenster (*n* gibt die Anzahl der verwendeten Stellen an). *Out.Ln* beginnt eine neue Ausgabezeile. Die *Importliste* gibt an, welche Module innerhalb des Moduls *ListRN* zugreifbar sein sollen; im vorliegenden Fall sind es die Module *Out* und *RandomNumbers*.

Prozeduren und Variablen dieser importierten Module werden mit *qualifizierten Namen* angesprochen. *Out.Real(x, n)* bedeutet zum Beispiel: rufe die Prozedur *Real* (mit den Argumenten *x* und *n*) aus dem Modul *Out* auf. Analog dazu ruft *RandomNumbers.Uniform*() die Funktion *Uniform*() exportiert vom Modul *RandomNumbers* auf.

Klienten-Modul

Das Modul *ListRN* wird als Klient der Module *Out* und *RandomNumbers* bezeichnet. Daher ist ein Modul auch eine *Sammlung von Variablen und Funktionen, die von anderen Modulen wiederverwendet werden*. Für *ListRN* sind sowohl *Out* als auch *RandomNumbers* Hilfsmittel, die ohne Zugang zu deren Quelltext und ohne Neuübersetzung verwendet werden können.

Obwohl die verwendeten Oberon-Anweisungen noch nicht exakt definiert wurden, sollte auch der im Programmieren noch unerfahrene Leser einigermaßen verfolgen können, was gemeint ist. Eine Sache ist allerdings auch für den erfahrenen Programmierer bis hierher schleierhaft: *wo ist das Hauptprogramm*? Das Modul *ListRN* hat keinen

Rumpf, sondern nur eine Prozedurdeklaration. Wie kann man nun *ListRN* laufen lassen?

Kommando

Die Antwort ist, daß Oberon vom traditionellen Konzept des Hauptprogrammes, das als ganzes aufgerufen wird, abweicht. Statt dessen wird jede exportierte Prozedur[1] als *Kommando* betrachtet.

Das System, auf dem Oberon-Programme ablaufen sollen, stellt Einrichtungen zur Verfügung, mit denen Kommandos gestartet werden können. Die Prozedur *List* in Modul *ListRN* ist ein solches Kommando, das auf einem Rechner gestartet werden kann und als Ergebnis 100 Zufallszahlen auflistet.

Abbildung 2.1 *Bildschirm eines Oberon-Systems*

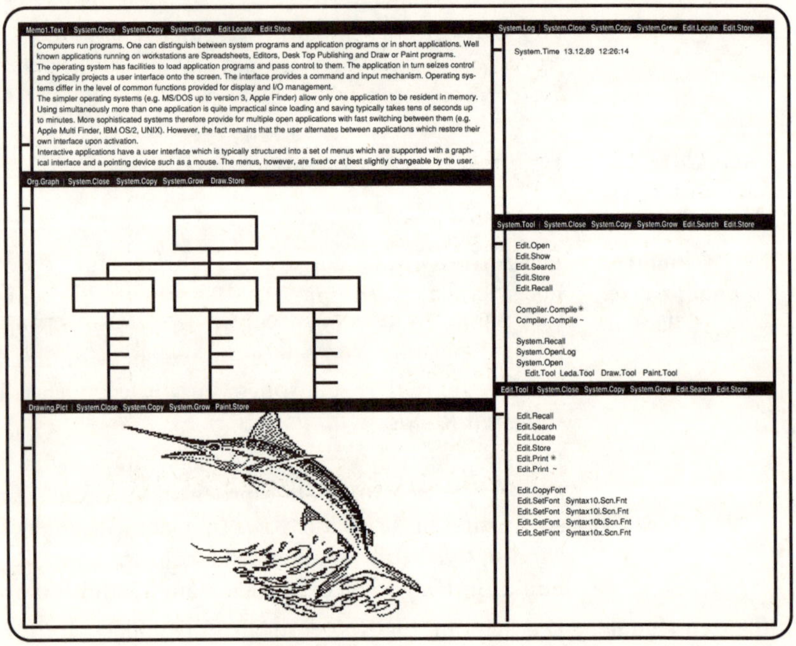

Oberon-System

Lassen Sie uns ein Beispiel eines Systems betrachten, das in der Lage ist, Oberon-Kommandos auszuführen: das Betriebssystem Oberon (Reiser, 1991). Abbildung 2.1 stellt den Bildschirm eines Rechners dar, auf dem das Oberon-System läuft.

Der Bildschirm ist vollständig in nicht-überlappende Rechtecke, sogenannte *Viewers* (Fenster), unterteilt, die Dokumente der Art Text, Graphik oder Raster-Bilder darstellen können. Wenn der qualifizierte

1 Um genau zu sein, jede exportierte Prozedur ohne Parameter.

Name eines Kommandos irgendwo in einem Textfenster erscheint, so kann das dadurch bezeichnete Kommando durch Hinzeigen mit der Maus und Klicken des mittleren Mausknopfs aktiviert werden.

Abbildung 2.2 zeigt eine Ausschnittvergrößerung zweier Textfenster mit den Namen *System.Log* und *ListRN.Tool*. System.Log ist der Name eines speziellen Fensters, in dem Kommandos Fortschritts- oder Fehlermeldungen anzeigen. Nehmen wir an, daß die Prozeduren *Out.Real* und *Out.Ln* in eben dieses Fenster schreiben. Das Fenster *ListRN.Tool* enthält den Kommandonamen *ListRN.List*. Da Textfenster gleichzeitig Texteditoren sind, kann der Kommandoname einfach eingetippt werden. Das Kommando kann nun durch Anklicken mit der Maus ausgeführt werden. Das Fenster *ListRN.Tool* erfüllt die Funktion eines Menüs in konventionellen Systemen. In unserem Beispiel wurde das Kommando ausgeführt und 100 Zufallszahlen wurden ins *System.Log* geschrieben.

Abbildung 2.2 *Die Ausgabe des Kommandos ListRN.List*

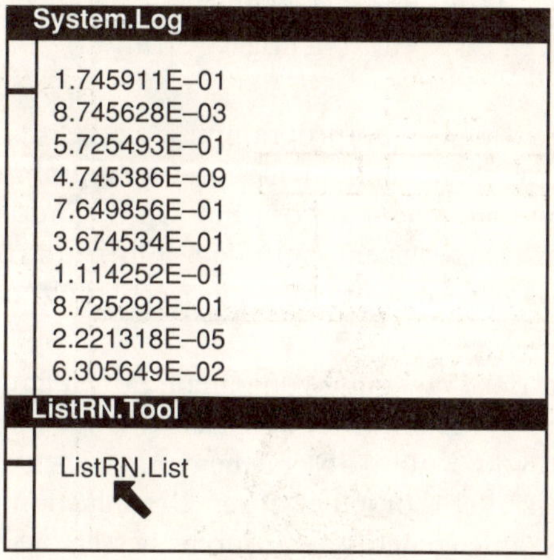

Einige zusätzliche Bemerkungen zu unserem Beispiel erscheinen angebracht. Das Kommando *List* erzeugt einen editierbaren Text als Ausgabe, der im Fenster *System.Log* dargestellt ist. Von den 100 Zahlen sieht man nur 10. Die anderen können durch *Rollen* (scrolling) sichtbar gemacht werden. Damit bezeichnet man das Verschieben des sichtbaren Bereichs, welches auf die übliche Art durch Benutzung des links gelegenen Rollbalkens (scroll bar) erfolgt.

Damit ist dieses Einführungsbeispiel abgeschlossen. Beachten Sie bitte, daß der kurze Ausflug in das Oberon-System nur eine von vielen Möglichkeiten illustriert, mit denen man in Oberon geschriebene Kommandos ausführen kann.

Zusammenfassung

Dieses Kapitel zeigte:

- Oberon-Programme sind Texte, die einen Algorithmus durch prozedurale Anweisungen (Befehle) spezifizieren.
- Die *Prozedur ist die ausführbare Einheit.* Prozeduren sind in Modulen enthalten, die von einem Compiler zur Übersetzung akzeptiert werden.
- Alle in Prozeduren benutzten Variablen sind in *Deklarationen* definiert. Variablen können lokal zu einer Prozedur oder global in einem Modul deklariert sein.
- Neben Daten- und Prozedurdeklarationen besitzt ein Modul auch eine *Anweisungsfolge*, die ausgeführt wird, wenn das Modul in den Hauptspeicher eines Rechners geladen wird.
- Ein Modul *exportiert selektiv* Prozeduren und Variablen. Es dient als Hilfsmittel für andere Module, die dieses Modul importieren. Das Verstecken der Implementierungsdetails von Datenstrukturen in einem Modul und das exklusive Zugreifen durch bereitgestellte Prozeduren ist ein wichtiges Strukturierungsmittel für große Systeme[1)].
- Der Begriff des Hauptprogrammes, ein zentraler Punkt in traditionellen Sprachen, fehlt in Oberon. »Programme« in Oberon sind *Familien von Kommandos*. Ein Kommando ist eine exportierte Prozedur. Das System, auf dem Oberon-Programme ausgeführt werden, stellt Einrichtungen zur Verfügung, um Kommandos auszuführen.

Das Beispiel der Erzeugung von Zufallszahlen hat uns wichtige Lektionen über den Programmentwurf gelehrt. Lassen Sie uns mit einem weiteren Zitat von Knuth abschließen: »... sehen Sie sich die System-Bibliotheken aller Computer Ihrer Organisation an und ersetzen Sie die Zufallszahlengeneratoren durch bessere. Seien Sie nicht allzu schockiert über das, was Sie finden«. Unser Rat an die Leser ist, einen anderen Generator nur dann zu verwenden, wenn er tatsächlich besser ist als der Standardgenerator in unserem Beispiel. Es gibt viele, die schlechter sind.

---

1 Genannt abstrakte Datenstruktur oder abstrakter Datentyp – siehe Kapitel 10 und Teil III.

2.1 Ein Formalismus zur Beschreibung der Oberon-Syntax

Der vorangegangene Abschnitt war eher informell gehalten. Das ist für ein Einführungsbeispiel auch zulässig. Programmieren bedeutet aber das Erstellen neuer Programme. Zu diesem Zweck ist nur eine präzise Beschreibung angemessen.

Formale Sprache

Eine *formale Sprache* ist eine Menge von *Symbolfolgen*. Elemente dieser Menge heißen *Sätze*. Der Begriff Satz stammt aus der Anwendung formaler Sprachen in der Linguistik. Im Fall von Programmiersprachen sind diese Sätze *Programme* – in der Oberon-Terminologie sind es *Module*.

Die Symbole stammen aus einer endlichen Menge, dem *Vokabular*. Die Menge der Programme (die unendlich ist) wird durch Bildungsgesetze (auch Regeln oder Produktionen genannt) beschrieben. Symbolfolgen, die gemäß dieser Gesetze aufgebaut sind, heißen *syntaktisch korrekt* oder *wohlgeformt*. Die Menge der Regeln ist die *Grammatik* der Sprache und beschreibt deren *Syntax*. Das Programm (oder der Satz der formalen Sprache) besteht aus Teilen, die *syntaktische Einheiten* genannt werden. Beispiele sind Deklarationen, Anweisungen oder Ausdrücke.

Syntaktische Faktoren

Wenn ein Konstrukt *A* aus einem Konstrukt *B* gefolgt von *C* besteht – das heißt aus der Aneinanderfügung (Konkatenation) BC – dann heißen *B* und *C* *syntaktische Faktoren* und *A* wird definiert als

A = *B* *C*.

Syntaktische Terme

Wenn andererseits *A* aus einem Faktor *B* oder, als Alternative dazu, aus *C* besteht, so heißen *B* und *C* *syntaktische Terme* und *A* wird definiert als

A = *B* | *C*.

Zusätzlich zu Konkatenation und Auswahl ist es bequem, einen Formalismus für Option und Wiederholung zu haben. Wenn ein Konstrukt *A* entweder *B* oder Nichts ist, so wird das ausgedrückt durch

A = [*B*].

Wenn *A* aus der Konkatenation einer beliebigen Anzahl von *B*s, einschließlich keinem, besteht, definiert man das als

A = {B}.

Runde Klammern können benutzt werden, um Faktoren oder Terme zu gruppieren. Man beachte, daß *A*, *B* und *C* syntaktische Einheiten bezeichnen, während |, =, [,], {, }, (,) und der Punkt Symbole einer

Meta-Notation sind, die eine Syntax beschreiben. Sie werden deshalb auch *Meta-Symbole* genannt, und die hier eingeführte Notation heißt *erweiterter Backus-Naur-Formalismus* (*EBNF*).

Einige Beispiele sollen zeigen, wie Mengen von Sätzen durch EBNF-Ausdrücke beschrieben werden.

(A|B)(C|D)	*AC AD BC BD*
A[B]C	*ABC AC*
A{BA}	*A ABA ABABA ABABABA ...*
{A|B}C	*C AC BC AAC ABC BAC BBC ...*

Im folgenden werden Regeln der Oberon-Grammatik durch einen senkrechten Balken gekennzeichnet.

2.2 Übungen

Ü 2.1 Geben Sie eine EBNF-Definition von Namen und Zeichenketten gemäß obiger Spezifikation an.

Ü 2.2 Die Produktion A = T {"+" T} definiert die Sätze T, T+T, T+T+T, usw. Die geschwungenen Klammern sind nur eine bequeme Abkürzung. Geben Sie zwei Regeln an, die ohne geschwungene oder eckige Klammern auskommen und dieselbe Sprache definieren.

Ü 2.3 Betrachten Sie folgende EBNF-Grammatik.

```
E = ["+" | "−"] T {ao T}.
ao = "+" | "−".
T = F {mo F}.
mo = "*" | "/".
F = nu | id | "(" E ")".
nu = digit {digit}.
id = letter {letter | digit}.
```

Die Begriffe *letter* und *digit* haben ihre übliche Bedeutung. Konstruieren Sie Sätze *E* dieser Sprache. Was sind das für Sätze? Formulieren Sie die Grammatik neu unter Benutzung aussagekräftigerer Namen für die Nicht-Terminalsymbole.

Ü 2.4 EBNF ist selbst eine formale Sprache. Wenn sie nützlich ist, sollte sie zumindest in der Lage sein, sich selbst zu beschreiben. Konstruieren Sie eine solche Beschreibung. Benutzen Sie die folgenden Namen für die Nicht-Terminalsymbole.

- syntax: eine Folge von Sytaxregeln
- statement: eine Syntaxregel

- expression: eine Folge von alternativen Termen
- term: eine Konkatenation von Faktoren
- factor: ein Name, eine Zeichenkette oder ein geklammerter Ausdruck

Die Terminalsymbole sind Namen, Strings und die Symbole | = [ ] . { } ( ).

Referenzen

Knuth D. E. (1971). *The Art of Computer Programming*. 2. Auflage., Reading, MA: Addison-Wesley.

Park S. K. und Miller K. W. (1988). Random Number Generators, Good Ones are Hard to Find. *Communications of the ACM*, **31**, 1192–1201.

Reiser M. (1991). *The Oberon System, User Guide and Programmer«s Manual*. Wokingham: Addison-Wesley.

Teil I

Symbole
Grundtypen
Wertzuweisung
Kontrollstrukturen
Prozeduren und Module

Übersicht

Teil I führt die grundlegenden Programmierkonzepte ein: Grundtypen, Wertzuweisung, Kontrollstrukturen, Prozeduren und Module.

Ein erweiterter Backus-Naur-Formalismus wird benutzt, um die *Syntax* zu beschreiben. Die *Semantik* der Wertzuweisung und der Kontrollstrukturen, im speziellen die If-, Case-, und Schleifenanweisungen, wird durch Prädikate und Prädikatentransformationen formal definiert.

Eingabe- und Ausgabeoperationen werden als Service-Module eingeführt, die auf dem Begriff des *Stroms* aufbauen. Teil I schließt mit einem vollständigen Modul zum Zeichnen eines fraktalen Farns.

3 Symbole und Grundtypen

Die formale Definition einer Programmiersprache muß letztlich auf Zeichen zurückgeführt werden, die auf der Tastatur eines Computers verfügbar sind. Die Einführung einer Zwischenstufe, nämlich der Stufe der *Symbole* (token) als zusammengehörende Folgen von Zeichen, stellt eine nützliche Entkopplung zwischen der Sprache und ihrer konkreten Repräsentierung dar. Beispiele für Symbole sind:

- 1024, 3.1415 Zahlen
- gamma, a, pi Namen
- +, –, * Operatoren
- BEGIN, END, IF reservierte Wörter

Das Einführungsbeispiel hat gezeigt, daß Oberon-Programme (d.h. Module und Prozeduren) Variablen enthalten, die durch eine Deklaration an einen *Typ* gebunden sind. Dieser Typ repräsentiert Wissen über die Variable, das im Unterschied zum Wert einer Variablen permanent gültig ist. Der Typ einer Variablen legt die Menge der möglichen Werte dieser Variablen fest und definiert auch die Operationen, die darauf angewendet werden können. Auch Typen können innerhalb eines Programms definiert werden (siehe Abschnitt 8.1). Solche neu definierten Typen entstehen üblicherweise durch Zusammensetzung (Komposition) von Grundtypen. Die häufig verwendeten, *elementaren Datentypen* sind bereits in der Sprache verankert und müssen nicht deklariert werden. In Oberon sind das die Typen SHORTINT, INTEGER, LONGINT, REAL, LONGREAL, BOOLEAN, SET und CHAR. Da Oberon-Programme auf elektronischen Rechnern ausgeführt werden sollen, ist die Definition dieser Grundtypen stark von den Möglichkeiten heutiger Hardware geprägt.

3.1 Das Vokabular von Oberon

Die Symbole des Oberon-Vokabulars werden in folgende Klassen unterteilt:

1) Namen
2) Zahlen
3) Zeichenkonstanten

4) Zeichenketten
5) Operatoren und Begrenzer

Die folgenden Abschnitte beschreiben die Regeln für die Darstellung der Symbole mit Hilfe des Standard-Zeichensatzes.

3.1.1 Namen

```
ident = letter {letter | digit}.
letter = "A" | "B" |...| "Z" | "a" | "b" |...| "z".
digit = "0" | "1" | "2" |...| "9".
```

Ein Name (identifier) besteht aus einer Folge von Buchstaben (letter) und Dezimalziffern (digit), die immer mit einem Buchstaben beginnt. Groß- und Kleinbuchstaben werden unterschieden. Beispiele für gültige Namen sind:

List list a12 nextItem Viewers SR101

Beispiele für Zeichenfolgen, die keine gültigen Namen darstellen, sind:

List Element	Leerzeichen nicht erlaubt,
List-Element	ebenso der Bindestrich
List_Element	und das Unterstreichungszeichen;
2N	erstes Zeichen muß ein Buchstabe sein.

3.1.2 Zahlen

```
number = integer | real.
integer = digit {digit} | digit {hexDigit} "H".
hexDigi = digit | "A" | "B" | "C" | "D" | "E" | "F".
real = digit {digit} "." {digit} [ScaleFactor].
ScaleFactor = ("E" | "D") ["+" | "-"] digit {digit}.
```

Eine Zahl (number) ist entweder eine vorzeichenlose ganze Zahl (integer) oder eine vorzeichenlose reelle Zahl (real). Eine Folge von Dezimalziffern (digit) bezeichnet eine Dezimalzahl. Hexadezimalzahlen bestehen aus einer Folge von Hexadezimalziffern (hexDigit), die mit einer Dezimalziffer (nötigenfalls »0«) beginnt und mit dem Zeichen »H« endet. Reelle Zahlen beginnen immer mit einem ganzzahligen Teil gefolgt von einem Dezimalpunkt und möglicherweise einem gebrochenen Teil. Optional kann auch ein Skalierungsfaktor angefügt werden. Er beginnt mit einem »E« oder »D« und wird als »mal zehn hoch« ausgesprochen. Eine reelle Zahl ist vom Typ REAL, außer wenn der Buchstabe »D« im Skalierungsfaktor vorkommt. In diesem Fall ist die Zahl vom Typ LONGREAL.

Beispiele für gültige Zahlen sind:

1024	eine ganze Dezimalzahl
1AFH	eine ganze Hexadezimalzahl
3.1416	reelle Zahl vom Typ REAL
2.99792458D8	reelle Zahl vom Typ LONGREAL

Die folgenden Zeichenfolgen sind keine gültigen Zahlen in Oberon:

FFFFH   3,14159   .665;   1.35–43

3.1.3 Zeichenkonstanten

```
CharConstant = """ character """ | digit {hexDigit} "X".
character = digit | letter | " "| specialChar.
```

Eine Zeichenkonstante (character constant) kann entweder zwischen Anführungszeichen stehen oder durch Angabe ihrer Ordnungszahl[1] als Hexadezimalzahl gefolgt von einem »X« geschrieben werden.

Sonderzeichen (specialChar) sind alle druckbaren Zeichen, die auf der Tastatur eines Computers verfügbar sind, mit Ausnahme von Ziffern, Buchstaben und dem Leerzeichen. Die folgenden Sonderzeichen sind im ASCII-Zeichensatz verfügbar: ! " # $ % & ' ( ) * + , – . / : ; < = > ? @ [\ ] ^ _ ` { | } ~.

Beispiele für Zeichenkonstanten sind "a", "b", "1", "@" und 61X. Bei Verwendung des ASCII-Codes bezeichnen sowohl "a" als auch 61X die gleiche Konstante, nämlich den »Kleinbuchstaben A«.

3.1.4 Zeichenketten

```
string = """ {character} """.
```

Eine Zeichenkette (string) ist eine in Anführungszeichen stehende Folge von mehreren Zeichen, einschließlich Leerzeichen und Sonderzeichen. Damit das Ende einer Zeichenkette eindeutig bestimmt ist, darf sie selbst kein Anführungszeichen enthalten.

Beispiel: "Das ist eine Zeichenkette"

3.1.5 Operatoren und Begrenzer

Operatoren und Begrenzer sind entweder einzelne Sonderzeichen, Paare von Sonderzeichen oder reservierte Wörter (Schlüsselwörter). Sie die-

---

1 Die Ordnungszahl eines Zeichens ist durch das Kodierungsschema festgelegt. In den meisten heutigen Rechnern ist das der ASCII-Code.

nen in der Oberon-Syntax als nicht weiter zerlegbare syntaktische Einheiten, sogenannte Terminalsymbole. Ihre Bedeutung wird in den folgenden Kapiteln beschrieben. Eine vollständige Liste aller Operatoren und Begrenzer finden Sie in Anhang A, Abschnitt A.3, Paragraph 5.

Beispiele sind

- + − * / < <= > >= — Operatoren
- ( ) [ ] : ; := — Begrenzer
- BEGIN END PROCEDURE MODULE — Reservierte Wörter

Der Ausdruck *reservierte Wörter* bedeutet, daß diese Zeichenfolgen nicht als Namen benutzt werden dürfen.

3.1.6 Vordefinierte Namen

Neben den reservierten Wörtern, die als Begrenzer dienen und Bestandteil des Oberon-Vokabulars sind, gibt es eine Reihe von vordefinierten Namen. Syntaktisch gesehen stehen sie an den gleichen Stellen wie benutzerdefinierte Namen.

Vordefinierte Namen werden benutzt als:

- *Wahrheitswerte*: TRUE, FALSE;
- *Typnamen*, zum Beispiel INTEGER, REAL, SET, CHAR;
- *Standardprozeduren und -funktionen*, zum Beispiel INC, LEN, ABS.

Man kann sich vordefinierte Namen so vorstellen, als wären sie in einem Kontext definiert, der das vom Programmierer erzeugte Modul umschließt. Diese Namen heißen daher auch *allgegenwärtig* (pervasive). Eine vollständige Liste finden Sie in Anhang A, Abschnitt A.4.

3.1.7 Regeln für Leer- und Zeilenendezeichen

Oberon-Programme sind Folgen von (oben eingeführten) Symbolen. Die folgenden Kapitel behandeln die korrekte Anordnung dieser Symbole, die Syntax. Es gibt aber noch eine zusätzliche Regel, die nicht formal ausgedrückt wird: *Leerzeichen, Tabulatorzeichen und Zeilenendezeichen können beliebig in den Programmtext eingefügt oder von diesem entfernt werden, solange die Symbole dadurch nicht verändert werden*. Ein Beispiel zur Illustration:

```
IF x = y THEN ...
```

Das Leerzeichen vor *x* und nach *y* ist wichtig. Wird es weggelassen, so entstehen neue Namen *IFx* und *yTHEN*. Hingegen sind die Leerzeichen vor und nach dem Gleichheitszeichen optional.

Verwenden Sie Leerzeichen und Tabulatorzeichen freizügig, um die Lesbarkeit der Programme zu erhöhen. Zum Beispiel verbessern die Leerzeichen vor und nach dem Gleichheitszeichen das Aussehen des Programmtexts. Beachten Sie auch, daß im Einführungsbeispiel *Einrückungen* benutzt wurden, um die Struktur des Programms zu verdeutlichen.

Kommentare *Kommentare* können zwischen beliebigen Symbolen in ein Programm eingestreut werden. Ein Kommentar ist eine Folge von Zeichen, die von den Kommentarklammern „(*" und „*)" eingeschlossen ist. Kommentare haben keinen Einfluß auf die Bedeutung eines Programms.[1]

3.2 Grundtypen

In Oberon gibt es acht Grundtypen. Sie werden durch die vordefinierten Namen SHORTINT, INTEGER, LONGINT, REAL, LONGREAL, BOOLEAN, SET und CHAR bezeichnet (siehe auch Anhang A, Abschnitt A.6.1). Aus naheliegenden Gründen werden die ersten fünf Typen *numerische Typen* genannt. Sie bilden eine Hierarchie von Mengen (siehe Abschnitt 3.2.3).

Die zulässigen Werte der Grundtypen sind durch Extremwerte eingeschränkt, die in Oberon-Programmen durch die (vordefinierten) Funktionen MIN und MAX abgefragt werden können.

MIN(T): Der minimale Wert vom Typ T
MAX(T): Der maximale Wert vom Typ T

Wenn zum Beispiel SHORTINT durch acht Bits (ein Byte) repräsentiert ist, so ist MIN(SHORTINT) = –127 und MAX(SHORTINT) = 128. Typische Extremwerte sind in Anhang B aufgelistet.

3.2.1 Die Typen SHORTINT, INTEGER und LONGINT

Diese drei Typen bilden die *ganzzahligen Typen* (integer types). Sie repräsentieren mehr oder weniger mächtige Teilmengen der ganzen Zahlen. Die Notwendigkeit für verschiedene Repräsentationen ergibt sich aus der Architektur heutiger Rechenmaschinen, die – aus Effizienzgründen – verschiedene Operandengrößen für Maschineninstruktionen erlauben.

---

1 In manchen Implementierungen werden spezielle Kommentare für Anweisungen an den Compiler benutzt.

Es liegt in der Verantwortung des Programmierers sicherzustellen, daß sich das Ergebnis einer Berechnung im Wertebereich des Ergebnistyps befindet. Andernfalls tritt ein sogenannter *Überlauf* (overflow) auf, der normalerweise zum Programmabbruch führt[1].

3.2.2 Die Typen REAL und LONGREAL

Die reellen Typen von Oberon sind eine Annäherung an die reellen Zahlen aus der Mathematik. Jedes Element aus der Menge REAL oder LONGREAL bedeutet ein Intervall von kontinuierlichen reellen Zahlen. Variablen eines reellen Typs sind als Paare von ganzen Zahlen, der *Mantisse* und dem *Exponenten*, dargestellt. Diese Repräsentation wird auch *Gleitkomma-Darstellung* genannt. Die beiden reellen Typen unterscheiden sich in der Anzahl der Stellen der Mantisse und des Exponenten. Man beachte, daß, ebenso wie bei den ganzzahligen Typen, ein *Überlauf* auftreten kann, der zu nicht-definierten Ergebnissen führt.

Man beachte, daß die Gleitkommazahlen nur eine Annäherung an die reellen Zahlen aus der Mathematik sind. Die Ergebnisse von Gleitkommaoperationen sind ungenau, da sie nach einer bestimmten maximalen Anzahl von Stellen abgeschnitten werden. Die daraus resultierenden Probleme wurden im Detail untersucht und werden in jedem Buch über numerische Mathematik behandelt.

3.2.3 Die Hierarchie der numerischen Typen

Die *numerischen Typen* bestehen aus den ganzzahligen und den reellen Typen und bilden eine Hierarchie von Mengen.

LONGREAL ⊇ REAL ⊇ LONGINT ⊇ INTEGER ⊇ SHORTINT

Der Wertebereich des größeren Typs *schließt die Bereiche der kleineren Typen ein*. Der Typ REAL, zum Beispiel, schließt LONGINT... SHORTINT ein. Der kleinere Typ ist *kompatibel* zum größeren in dem Sinn, daß er, ohne Gefahr führende Stellen zu verlieren, in den größeren Typ konvertiert werden kann. In den meisten Fällen verliert man dabei auch keine Genauigkeit[2].

---

1 Manche Implementierungen erlauben explizites Ein- und Ausschalten der Überlaufsprüfung, manche ignorieren Überläufe ganz einfach.

2 Die typische Ausnahme, bei der Genauigkeit verloren gehen kann, ist REAL ⊇ LONGINT.

3.2.4 Der Typ BOOLEAN

Ein boolescher Wert ist einer der *logischen Wahrheitswerte*, die in Oberon durch die vordefinierten Namen TRUE und FALSE bezeichnet werden.

3.2.5 Der Typ SET

Die Werte, die zum Typ SET gehören, sind *Elemente der Potenzmenge von* {0, 1, ..., *N*} wobei *N* = MAX(SET) ist. *N* ist eine implementierungsabhängige Konstante, typischerweise die Wortgröße eines Computers minus eins (oder ein kleines Vielfaches davon). Tatsächlich können Mengen intern sehr effizient als Bit-Operationen implementiert werden.

Die *Mengenschreibweise* folgt den mathematischen Konventionen:

```
set = "{" [element { "," element}] "}".
element = expression [ ".." expression].
```

Wenn jede *expression* innerhalb eines Mengenkonstruktors eine ganzzahlige Konstante ist (oder ein konstanter Ausdruck, siehe Abschnitt 4.1), so handelt es sich um eine *Mengenkonstante*. Das Symbol »..« ist eine Abkürzung für ein Intervall von ganzen Zahlen, zum Beispiel {0, 2..4, 8} = {0, 2, 3, 4, 8}. Beispiele für Mengenkonstanten sind

{ }   {1, 6, 10}   {0, 2..4, 8}

wobei { } die leere Menge bedeutet.

3.2.6 Der Typ CHAR

Ein Großteil der Ein- und Ausgabe von Computern erfolgt in Form von Ziffern, Buchstaben des lateinischen Alphabets und einer kleinen Menge von Sonderzeichen, wie zum Beispiel Satzzeichen und Symbole, die häufig im kommerziellen oder mathematischen Umfeld gebraucht werden. Diese Menge wird durch den Typ CHAR ausgedrückt. Aus der Sicht einer Rechenmaschine muß jedes Zeichen intern durch einen binären Wert dargestellt werden, der das Zeichen *kodiert*. Verschiedene Rechnertypen benutzen verschiedene Kodierungen, aber es gibt einen eindeutigen Trend hin zum sogenannten ASCII-Code. Dieser definiert 128 Zeichen, von denen 33 sogenannte Kontrollzeichen und die restlichen 95 druckbare Zeichen sind (siehe Anhang B).

Ordnungszahlen

Die Menge der Werte vom Typ CHAR ist vollständig geordnet und jedes Zeichen hat eine feste Position oder *Ordnungszahl*. Diese spiegelt sich in der Schreibweise von Zeichenkonstanten wider, die zum Beispiel als "a" oder als 61X geschrieben werden können. Die erste Form bezeichnet einen Wert vom Typ CHAR durch seine Repräsentierung, die zweite durch seine (hexadezimale) Ordnungszahl.

4 Deklarationen, Ausdrücke und Wertzuweisungen

Computer führen Folgen von Maschinenbefehlen aus. Jeder Befehl überführt den Zustand der Maschine, also den Inhalt von Speicher und Registern, in einen neuen Zustand. Eine Programmiersprache ist eine Abstraktion von Befehlsfolgen einer Maschine. Die Grundeinheit ist die *Anweisung* (statement), die – wenn ausgeführt – eine *Aktion* bedeutet.

Die elementarste Aktion ist die *Zuweisung* (assignment) eines Wertes an eine Variable. Lassen Sie uns zunächst einige Beispiele für Zuweisungen betrachten:

```
i := 1
i := i + 1
x := a1*X + b1*Y + e1
det := b*b - a*c
r1 := (ABS(b) + sqrt(det))/a
```

Wir sehen, daß die Wertzuweisung immer aus einer Variablen auf der linken und einem Ausdruck auf der rechten Seite des Zuweisungssymbols »:=« besteht. Der Ausdruck wird ausgewertet und ersetzt den bisherigen Wert der Variablen.

In diesem Kapitel wird die Form (Syntax) und die Bedeutung (Semantik) von Ausdrücken und Wertzuweisungen eingeführt. Da alle darin benutzten Namen deklariert werden müssen, ist es sinnvoll, zunächst die Deklaration von Variablen und Konstanten zu betrachten. Die Deklaration bindet einen Namen an Eigenschaften des repräsentierten Objekts. Diese Eigenschaften werden durch den Typ des Objekts ausgedrückt. Der Typ definiert die Menge der Werte und die darauf anwendbaren Operationen.

4.1 Deklarationen

In Oberon muß jedes Objekt der Sprache vor seiner Benutzung deklariert werden. Unter einem Objekt versteht man in diesem Zusammenhang jeden durch einen Namen bezeichneten Programmbestandteil, zum Beispiel Konstanten, Variablen, Prozeduren und auch Typen. Die Deklaration führt Objekte ein und definiert ihren Typ.

4.1.1 Konstantendeklarationen

Eine Konstantendeklaration bindet einen Namen an eine Konstante oder an einen konstanten Ausdruck. Sie folgt der Syntax:

```
ConstDeclaration = ident ["*"] "=" ConstExpression.
ConstExpression = expression.
```

Die einfachste Art von Ausdrücken sind Zahlen, Zeichen, Wahrheitswerte oder Mengenkonstanten. Komplexere Ausdrücke werden in Abschnitt 4.2 betrachtet. Die Auswertung von konstanten Ausdrücken muß auf einer rein textuellen Ebene (statisch) ohne Ausführung des Programms möglich sein – die Operanden sind auf Konstanten beschränkt.

Der Stern hinter dem Namen wird *Exportmarke* genannt. Markierte Namen sind auch außerhalb des Moduls sichtbar, das die Deklaration enthält; Kapitel 6 wird darauf näher eingehen. Eine Folge von Konstantendeklarationen, getrennt durch Strichpunkt, wird durch das Schlüsselwort CONST eingeleitet. Zum Beispiel:

```
CONST  a = 16807;  m = 2147483647;  q = m DIV a;  r = m MOD a;
```

Konstanten mit sprechenden Namen erhöhen die Lesbarkeit eines Programms. Die Benutzung von benannten Konstanten anstelle ihres Wertes hat aber noch einen anderen Vorteil: *Wenn sich der Wert der Konstanten ändert, muß diese Änderung nur an einer Stelle durchgeführt werden.* Das vermeidet den häufigen Fehler, daß ein (oder mehrere) Vorkommen einer im ganzen Programm verstreuten Konstanten übersehen und deshalb nicht nachgeführt wird.

4.1.2 Variablendeklarationen

Der Zustand eines Oberon-Programms ist durch eine Menge von *Variablen* bestimmt. Diese Variablen haben zwei Eigenschaften:

- einen *Typ*, der die Menge der möglichen Werte und die darauf anwendbaren Operationen definiert;
- einen aktuellen *Wert*.

Eine Variablendeklaration *definiert eine Variable* und bindet einen Namen und einen Typ an sie. Der Wert der Variablen bleibt jedoch undefiniert. Man sagt, eine Variable *ist eine Instanz*[1] *ihres Typs* und der Variablenname *bezeichnet* (oder *repräsentiert*) die Variable. In der Implementierung eines Computers sind Variablen der Grunddatenty-

1 Anm. d. Übersetzers: Manchmal spricht man auch von Inkarnation oder Exemplar.

pen durch ein, zwei, vier oder mehr Byte dargestellt. Man kann sich den Variablennamen als Speicheradresse vorstellen.

Die Syntax von Variablendeklarationen lautet

```
VarDeclaration = IdentList ":" type.
IdentList = ident ["*"] {"," ident ["*"]}.
```

An dieser Stelle ist *type* noch auf die vordefinierten Namen der Grundtypen SHORTINT, INTEGER, LONGINT, REAL, LONGREAL, BOOLEAN, CHAR und SET beschränkt. Weitere Typen werden in den Kapiteln 8 und 11 eingeführt. Der Stern wird wieder als Exportmarkierung benutzt.

Variablen desselben Typs können gemeinsam deklariert werden. Eine Folge von Variablendeklarationen, getrennt durch Strichpunkt, wird durch das Schlüsselwort VAR eingeleitet; zum Beispiel:

```
VAR
   i, m, n: INTEGER; index: LONGINT;
   a, b, time*: REAL;
   ch: CHAR;
```

Der Name *time* ist exportiert.

4.2 Ausdrücke

4.2.1 Syntax und allgemeine Regeln

Ausdrücke (expressions) sind in ihrer allgemeinen Form aus Operanden und Operatoren zusammengesetzt. Die *Auswertung* eines Ausdrucks besteht aus der Anwendung der Operatoren auf die Operanden in einer vorgeschriebenen Reihenfolge, normalerweise von *links nach rechts* (linksassoziativ)[1]. Um diese Auswertungsreihenfolge zu modifizieren, können runde Klammern benutzt werden.

Als Operanden stehen Konstanten, Variablen und Funktionen zur Verfügung.

Terme Ein Ausdruck besteht aus einer Folge von *Termen*:

$$T0 \oplus T1 \oplus \dots \oplus Tn. \qquad (1)$$

Das Symbol ⊕ steht für einen *Additionsoperator* wie zum Beispiel die arithmetischen Operatoren + und –. Runde Klammern drücken Vor-

1 Beachten Sie, daß aus der Linksassoziativität der Operatoren nicht geschlossen werden kann, daß der linke Operand immer vor dem rechten ausgewertet wird.

rangbeziehungen aus, das heißt, sie definieren die Reihenfolge, in der die Operatoren angewendet werden. Unter Benutzung von Klammern kann die links-nach-rechts Reihenfolge von (1) explizit dargestellt werden:

$$(...((T0 \oplus T1) \oplus T2)...) \oplus Tn. \quad (2)$$

Faktoren

In ähnlicher Weise besteht jeder Term aus einer Folge von *Faktoren*:

$$F0 \otimes F1 \otimes ... \otimes Fn. \quad (3)$$

Ebenso wie (1) wird (3) von links nach rechts ausgewertet, ist also auf die gleiche Weise geklammert wie (2). Das Symbol $\otimes$ steht für einen Multiplikationsoperator. In Anlehnung an mathematische Konventionen besitzen Multiplikationsoperatoren Vorrang gegenüber Additionsoperatoren.

Folgende EBNF-Grammatik definiert die Syntax von Ausdrücken:

```
expression = SimpleExpr [relation SimpleExpr].
relation = "=" | "#" | "<" | "<=" | ">=" | ">" | "IN" | "IS"1).

SimpleExpr = ["+" | "-"] term {AddOperator term}.
AddOperator = "+" | "-"| "OR".
term = factor {MulOperator factor}.
MulOperator = "*" | "/" | "DIV" | "MOD"| "&".
factor = number | CharConstant | string | set | NIL2)
   | designator | FunctionCall
   | "(" expression ")" | "~" factor.

FunctionCall = designator "(" [ActualParameters] ")".
ActualParameters = expression {"," expression}.

designator = ident.
```

Ein *Bezeichner* (designator) bezeichnet eine Variable oder Konstante. Vorläufig sind Bezeichner auf Namen eingeschränkt. Komplexere Bezeichner, zum Beispiel Array-Elemente *a*[*i*] oder Record-Felder *r.f* werden später eingeführt.

Ein *Funktionsaufruf* (FunctionCall) sieht wie in der Mathematik üblich aus; zum Beispiel

sin(x)   cos(omega * t)   sqrt(b * b – 4 * a * c).

---

1 Erklärt in Kapitel 11.
2 Siehe Kapitel 9.

Funktionsaufrufe als Faktoren von Ausdrücken haben genau die Bedeutung, die man von der Mathematik her erwartet. Sie stehen für das Ergebnis der Anwendung einer bestimmten Operation auf ihre Argumente.

Beispiele Es ist lehrreich, einige Beispiele zu betrachten. Versuchen Sie, die folgenden Ausdrücke in ihre Bestandteile zu zerlegen.

a + b – c + d	(a + b) – (c + d)
b*b – 4*a*c	–y + ABS(x)
a = b	(NextString = "END") OR flag
(–b + sqrt(b*b – 4*a*c))/(2*a)	(i DIV j) – 3.14159
~(a*a < b) & ~ (a = 4.0) OR c & d	61X = "a"

Die Bedeutung – oder *Semantik* – der Beispiele ist direkt ersichtlich. Die Ausdrücke sind entweder numerisch, das heißt, das Ergebnis ist von einem numerischen Typ, oder sie drücken eine Beziehung (Relation) aus und liefern als Ergebnis TRUE oder FALSE.

Die folgenden Symbolfolgen sind keine gültigen Oberon-Ausdrücke:

b b – 4 a c	Multiplikationsoperator fehlt; richtig wäre b*b – 4*a*c
a + –b	benachbarte Operatoren; richtig wäre a + (–b)
a < b & c = 5	fehlende Klammern; richtig wäre (a < b) & (c = 5)

4.2.2 Typregeln

Betrachten Sie weitere Beispiele für syntaktisch korrekte Ausdrücke:

"a" + 3.14159
(a = b) – sqrt("144")

Es ist nicht klar, wie diese Ausdrücke ausgewertet werden sollen. Welchen Sinn gibt es, eine Zeichenkonstante zu einem reellen Wert zu addieren? Kann ein Wahrheitswert als Zahl benutzt werden? Es gibt zu diesen Fragen verschiedene Ansichten. Einige Sprachen definieren zahlreiche Konversionsregeln (z.B. PL/1) oder behandeln die Wahrheitswerte als die numerischen Konstanten 0 und 1 (z.B. APL). Die Autoren sind der Auffassung, daß solche Sprachen zeigen, *wie man es nicht machen soll*. Oberon verlangt, daß die Typen der Operanden identisch sind und erlaubt gemischte Typen nur in gut begründeten Ausnahmefällen, zum Beispiel wenn der eine Operandentyp den anderen einschließt. Tabelle 4.1 listet für jeden Operator die *ausdruckskompatiblen* Operandentypen auf. Mehr Details über die Grundtypen folgen in späteren Abschnitten; die Typkonstruktoren ARRAY, POINTER und RECORD werden in den Kapiteln 8 und 9 eingeführt.

Tabelle 4.1
Ausdrucks-kompatibilität

Operator	*Zulässige Operandentypen (oder Operanden)*	*Ergebnistyp*
+ – *	numerische Typen	größter numerischer Typ aller Operanden
/	numerische Typen	kleinster reeller Typ, der beide Operanden einschließt
+ – * /	SET	SET
DIV MOD	ganzzahlige Typen	größter ganzzahliger Typ aller Operanden
OR & ~	BOOLEAN	BOOLEAN
= # < <= > >=	numerische Typen, CHAR, ARRAY OF CHAR, String	BOOLEAN
= #	BOOLEAN, SET, Zeiger- und Prozedurtypen, Wert NIL	BOOLEAN
IN	*links*: ganzzahliger Typ *rechts*: SET	BOOLEAN
IS	*links*: POINTER, RECORD *rechts*: Typname	BOOLEAN

4.2.3 Relationen

Die Syntax von relationalen Ausdrücken lautet:

```
expression = SimpleExpr relation SimpleExpr.
relation = "="|"#"|"<"|"<="|">="|">"|"IN" | "IS".
```

Relationen (Beziehungen) liefern ein Ergebnis vom Typ BOOLEAN. Die Typkompatibilitätsregeln sind in Tabelle 4.1 enthalten. Relationale Operatoren sind:

=	gleich	>	größer
#	ungleich	>=	größer oder gleich
<	kleiner	IN	enthält
<=	kleiner oder gleich	IS	Typtest

Die Bedeutung der Vergleichsoperatoren ist offensichtlich. Der Ausdruck *i* IN *s* liefert TRUE, wenn der ganzzahlige Wert *i* ein Element der Menge *s* ist. Der Typtest wird in Abschnitt 11.2.2 beschrieben. Beispiele für Relationen sind

"a" < "b"	TRUE, (ORD("a") = 97, ORD("b") = 98)
"abc" >= "xyz"	FALSE, aufsteigend geordnet
e < pi	TRUE
2 IN {1, 3..7, 11}	FALSE
"a" < "ab"	illegal, Argumenttypen nicht kompatibel (TRUE in Oberon-2, siehe Kapitel 14)

Die exakte Definition der relationalen Operatoren für Zeichenketten und Zeichen-Arrays verschiedener Länge wird in Abschnitt 8.2.6 gegeben.

4.2.4 Arithmetische Ausdrücke

Arithmetische Ausdrücke setzen sich aus numerischen Konstanten, Variablen von numerischen Typen, Funktionen, die ein numerisches Ergebnis liefern, und folgenden (zweistelligen) Operatoren zusammen:

+	Addition	/	reelle Division
–	Subtraktion	DIV	ganzzahlige Division
*	Multiplikation	MOD	ganzzahliger Rest

Die Operatoren DIV und MOD akzeptieren nur ganzzahlige Argumente und sind durch folgende algebraische Beziehung definiert:

$x \equiv (x \text{ DIV } y) * y + (x \text{ MOD } y)$ (1)
$0 \leq (x \text{ MOD } y) < y$ (2)

DIV liefert den größten Wert, der nicht größer ist als x / y, und MOD ist der positive Rest der ganzzahligen Division. Der zweite Operand von DIV und MOD muß immer positiv sein. Runde Klammern steuern die Berechnungsreihenfolge. Das *einstellige Minuszeichen* bedeutet Vorzeichenumkehrung, das *einstellige Plus* bedeutet Identität. Beispiele sind

5 DIV 3 = 1	(–5) DIV 3 = –2	–5 DIV 3 = –1
5 MOD 3 = 2	(–5) MOD 3 = 1	–5 MOD 3 = –2

Typregeln

Die numerischen Typen dürfen in arithmetischen Ausdrücken gemischt benutzt werden. Bei der Anwendung eines Operators wird der kleinere Operandentyp jeweils in den größeren konvertiert. Das Ergebnis ist dann auch vom größeren der beiden Typen. Für die reelle Division gilt zusätzlich, daß ganzzahlige Argumente in reelle konvertiert werden. Lassen Sie uns einige Beispiele betrachten, um die Typregeln zu illustrieren. Angenommen *s*: SHORTINT; *i*: INTEGER; *li*: LONGINT; *r*: REAL; *lr*: LONGREAL, dann ist

li MOD s	LONGINT	i * r	REAL
1/s	REAL	r DIV i	illegal
i – lr	LONGREAL	1/lr	LONGREAL

explizite Typkonversion

Die meisten Typkonversionen in arithmetischen Ausdrücken erfolgen automatisch. Es gibt jedoch Fälle, in denen explizite Konversionen erforderlich sind. Das Beispiel *r* DIV *i* ist so ein Fall. Oberon bietet für solche Zwecke die in Tabelle 4.2 angegebenen Konversionsfunktionen an:

Tabelle 4.2
Funktionen zur Typkonversion

Name	*Argumenttyp*	*Ergebnistyp*	*Bedeutung*
ENTIER(*a*)	reeller Typ	LONGINT	$\lfloor a \rfloor$ [1]
SHORT(*x*)	*x*: LONGINT *x*: INTEGER *x*: LONGREAL	INTEGER SHORTINT REAL	Identität (Überlauf möglich)
LONG(*x*)	*x*: SHORTINT *x*: INTEGER *x*: REAL	INTEGER LONGINT LONGREAL	Identität

1 Größte ganze Zahl nicht größer als *a*; Überlauf möglich.

Unter Benutzung von expliziter Typkonversion kann das fehlerhafte Beispiel *r* DIV *i* korrigiert werden zu: ENTIER(*r*) DIV *i*.

Eine nützliche Beziehung, die sich aus der in Oberon gewählten Definition von DIV, / und ENTIER ergibt, ist: ENTIER(i/j) = i DIV j.

4.2.5 Boolesche Ausdrücke

Die Bestandteile von booleschen Ausdrücken sind die Konstanten TRUE und FALSE, Variablen vom Typ BOOLEAN, relationale Ausdrücke und die Operatoren

OR	logische Disjunktion
&	logische Konjunktion
~	logische Verneinung

Die Bindungsstärken sind »~« → »&« → »OR«. Deswegen gilt zum Beispiel

p OR q & s OR t = p OR (q & s) OR t

Oberon definiert, daß die booleschen Verknüpfungen *bedingt ausgewertet* werden, das heißt

p OR q ⇒ if p then TRUE else q
p & q ⇒ if p then q else FALSE

wobei *p* und *q* Variablen oder Ausdrücke vom Typ BOOLEAN sind. Diese Definition unterscheidet sich von der auf Wahrheitstabellen basierenden mathematischen Definition. Die Definition in Oberon führt dazu, daß das zweite Argument nicht ausgewertet wird, falls das Ergebnis schon durch das erste bestimmt ist. Als Konsequenz davon kann die Reihenfolge der Operanden wichtig sein; *Boolesche Operatoren sind nicht kommutativ.* Ein Beispiel soll das veranschaulichen:

(y > 0) & (x MOD y = 0)	garantiert y > 0 für MOD
(x MOD y = 0) & (y > 0)	undefiniertes Ergebnis für y <= 0 (Programmabbruch)

Das De Morgan'sche Gesetz

Boolesche Ausdrücke können häufig durch Anwendung des De Morgan'schen Gesetzes vereinfacht werden, das aus folgenden Gleichungen besteht

(~p) & (~q) ≡ ~(p OR q) (1)
(~p) OR (~q) ≡ ~(p & q) (2)

Relationen als Faktoren

Relationen haben den Ergebnistyp BOOLEAN und können deshalb als Faktoren in booleschen Ausdrücken verwendet werden. Zum Beispiel

(i < N) & ~ eof

Relationen, die in booleschen Ausdrücken verwendet werden, müssen immer geklammert sein. Ein Konstrukt wie *i* < *N* & ~*eof* ist ungültig, weil es auf Grund der geringen Bindungsstärke von »<« als *i* < (*N* & ~*eof*) ausgewertet würde.

4.2.6 Mengenausdrücke

Mengen als Faktoren von Ausdrücken sind syntaktisch definiert als

```
set = "{" [element {"," element}] "}".
element = expression [ ".." expression].
```

Die Element-Ausdrücke müssen ganzzahlige Ergebnisse liefern. $e_1..e_2$ *ist* eine abkürzende Schreibweise für e_1, e_1+1, e_1+2, ... e_2-1, e_2. Beispiele für Mengen sind:

{}	die leere Menge
{1, 4..8, 20}	die Menge {1, 4, 5, 6, 7, 8, 20}
{1, n+1 .. 2 * k}	die Menge {1, n+1, n+2, ... 2k–1, 2k}

Mengenausdrücke bestehen aus Mengenkonstanten, Mengenvariablen und den Mengenoperatoren

+	Vereinigung	/	symmetrische Differenz
–	Differenz	*	Durchschnitt

Das *einstellige Minuszeichen* bedeutet Komplementbildung; *–u* steht für die Menge aller ganzen Zahlen zwischen 0 und MAX(SET), die nicht Element von *u* sind. Die Multiplikationsoperatoren »*« und »/« binden stärker als »+« und »–«.

Als Übung wird die Definition der Mengenoperatoren in Form von Oberon-Ausdrücken unter Verwendung von IN angegeben:

i IN (–u)	≡	(i IN {0..MAX(SET)) & ~(i IN u)
i IN (u + v)	≡	(i IN u) OR (i IN v)
i IN (u – v)	≡	(i IN u) & ~(i IN v)
i IN (u * v)	≡	(i IN u) & (i IN v)
i IN (u / v)	≡	((i IN u) # (i IN v))

wobei *i* eine ganze Zahl und *u* und *v* Mengen sind.

4.2.7 Vordeklarierte Funktionen

Oberon stellt eine Menge vordeklarierter Funktionen zur Verfügung für

- einige häufig auftretende Berechnungen;
- Zugriff auf typspezifische Informationen.

Ein Beispiel für die erste Art ist (x) , das den absoluten Wert einer numerischen Variablen x berechnet. Die Funktionen MAX(T) und MIN(T), die schon in Kapitel 3 erwähnt wurden, sind typisch für die zweite Art. Die Tabellen A.1 und A.2 in Anhang A enthalten eine vollständige Liste der vordefinierten Funktionen.

4.3 Wertzuweisungen

Die Wertzuweisung (assignment) dient dazu, einen Ausdruck auszuwerten und seinen Wert einer Variablen zuzuweisen. Die Syntax ist:

```
assignement = designator ":=" expression.
```

Die Ausführung einer Zuweisungsanweisung besteht aus drei Teilen:

1) Auswertung des Bezeichners: ergibt Variable;
2) Berechnung des Ausdrucks: ergibt Wert;
3) Ersetzen des aktuellen Wertes der Variablen (1) durch den Wert (2).

Die Auswertung des Bezeichners besteht aus der Ermittlung der Speicheradresse der Variablen. Bei der Diskussion der Array-Datenstruktur werden Bezeichner der Art $a[i]$ eingeführt, an deren Auswertung beliebige (meist ganzzahlige) Berechnungen beteiligt sind.

4.3.1 Typregeln

Der *Typ des Bezeichners muß mit dem Typ des Ausdrucks kompatibel sein.* Oberon verlangt, daß die beiden Typen entweder identisch sind, oder im Fall von numerischen Typen, daß der Typ des Bezeichners den Typ des Ausdrucks einschließt.

Tabelle 4.3 listet alle Regeln für die *Zuweisungskompatibilität* auf. Die Reihen 3 bis 7 beziehen sich auf Konzepte, die später eingeführt werden.

Tabelle 4.3 Zuweisungskompatibilität von $v := e$

Typ oder Wert des Ausdrucks e	*Typ des Bezeichners v*
Beide Typen sind identisch (aber kein dynamisches Array)	
numerischer Typ	numerischer Typ, schließt Typ des Ausdrucks ein
Name einer Prozedur	Prozedurtyp mit übereinstimmender Parameterliste

Typ oder Wert des Ausdrucks e	*Typ des Bezeichners v*
Record-Typ	Record-Typ, Typ von *v* ist Basistyp des Ausdrucks[1]
Zeigertyp	Zeigertyp, Typ von *v* ist Basistyp des Ausdrucks
Wert NIL	Zeiger- oder Prozedurtyp
String der Länge *l*	ARRAY *n* OF CHAR $(n > l)$

1 Beide Typen können auch gleich sein.

4.3.2 Formale Definition, Vor- und Nachbedingung

Um auf formale Art über die Auswirkungen einer Wertzuweisung zu sprechen, kann man die Zustände vor und nach ihrer Ausführung explizit festhalten. Eine Menge von Zuständen ist durch ein *Prädikat* über den beteiligten Variablen gekennzeichnet (siehe Referenzen am Ende von Kapitel 5). Alle Zustände, die das Prädikat erfüllen, gehören zu der betrachteten Menge.

Vorbedingung, Nachbedingung

Sei *R* ein Prädikat, das die Menge der Zustände nach Ausführung einer Wertzuweisung definiert. Es ist naheliegend, diese Zustände als das *Ergebnis* der Zuweisung anzusehen. Deshalb wird *R* als *Ergebnisbedingung* (oder synonym dazu als *Nachbedingung*) bezeichnet. Ein Prädikat *P*, das vor der Ausführung gilt, wird *Vorbedingung* genannt. Häufig ist es nützlich, Vor- und Nachbedingung als Kommentare links und rechts einer Anweisung anzugeben.

```
(* P *) S (* R *)
```

Dieser Formalismus ist deshalb sinnvoll, weil es möglich ist, bei gegebenem Ergebnis *R* die Vorbedingung *P* herzuleiten. Die Hauptregel ist in folgendem Axiom angegeben.

Zuweisungsaxiom

Betrachten Sie die Zuweisung
```
(* P *)  v := e  (* R *)
```
wobei *v* eine Variable und *e* ein Ausdruck ist.
Die schwächste Vorbedingung *P* wird aus *R* abgeleitet, indem jedes (freie) Vorkommen von *v* in *R* durch *e* ersetzt wird.

Beispiele

Lassen Sie uns mit einem sehr einfachen Beispiel fortfahren. Das Ziel *R* sei $i = 1$ und die Zuweisung lautet $i := 1$. Zur Berechnung von *P* wird *i* durch 1 in $i = 1$ ersetzt und liefert $1 = 1$ oder TRUE.

Anders ausgedrückt,

(* TRUE *) i := 1 (* i = 1 *).

Das heißt, egal wie der Zustand vor der Ausführung der Zuweisung $i := 1$ ist, nach der Zuweisung gilt $i = 1$.

Im nächsten Beispiel sei das Ergebnis $i = N$ nach der Zuweisung $i := i + 1$. Die Substitution von $i + 1$ für i in der Bedingung $i = N$ ergibt $i + 1 = N$ oder $i = N - 1$, also

(* i = N – 1 *) i := i + 1 (* i = N *).

Die folgende Tabelle enthält weitere Beispiele:

P	*S*	*R*
c = a * b	x := a * b	x = c
x < y + 2	x := x – 2	x < y
i < N	i := i + 1	i ≤ N

4.3.3 Anweisungsfolgen

Eine Berechnung ist eine Folge von Aktionen, die einen Anfangszustand in einen Endzustand überführt, der (hoffentlich) die geforderte Ergebnisbedingung erfüllt. In Oberon ist die Grundeinheit der Aktionen die *Anweisung*. Daher wird eine Folge von Aktionen als *Anweisungsfolge* ausgedrückt:

S_1; S_2; S_3; ... S_i; ... S_n

Der Strichpunkt dient zur *Trennung von Anweisungen*. Er bedeutet, daß die Ausführung der rechts von ihm stehenden Anweisung erst erfolgen kann, wenn die Ausführung der links stehenden beendet ist; also in obiger Anweisungsfolge kommt S_1 vor S_2 vor S_3 usw.

Die Syntax von Anweisungsfolgen kann einfach als EBNF-Regel formuliert werden:

```
StatementSequence = statement {";" statement}.
```

Die bereits eingeführte Wertzuweisung ist nur eine unter vielen Anweisungsarten, die in den folgenden Kapiteln noch beschrieben werden:

```
statement = [ assignment | ProcedureCall
        | IfStatement | CaseStatement
        | WhileStatement | RepeatStatement
        | LoopStatement | WithStatement
        | ExitStatement | ReturnStatement ].
```

Die Syntax von Anweisungen erlaubt, daß eine Anweisung auch aus überhaupt keinen Symbolen besteht. In diesem Fall spricht man von der leeren Anweisung, die keine Aktion bedeutet. Diese Kuriosität hat einen Grund: Sie erlaubt es, Strichpunkte an Stellen einzufügen, an denen sie eigentlich überflüssig sind, wie zum Beispiel am Ende einer Anweisungsfolge.

HALT

Eine Anweisungsfolge wird beendet und das enthaltende Programm abgebrochen, wenn die vordeklarierte Prozedur

HALT(e)

ausgeführt wird (siehe Prozeduraufruf in Abschnitt 6.1). Das Argument *e* ist ein ganzzahliger Ausdruck, mit dessen Wert die Abbruchstelle markiert wird. Typischerweise wird dieser Wert vom Betriebssystem angezeigt.

RETURN, EXIT

Eine Anweisungsfolge wird ebenfalls beendet, wenn eine Return- oder Exit-Anweisung ausgeführt wird (siehe Abschnitte 6.4.2 und 5.2.5).

Formale Definition

Bei gegebener Nachbedingung *R* kann die Vorbedingung *P* einer Anweisungsfolge durch schrittweise Anwendung der Regeln für alle enthaltenen Anweisungen (zum Beispiel das Zuweisungsaxiom für Zuweisungen) berechnet werden; man startet mit der letzten Anweisung S_n und endet mit S_1:

(∗P∗) S_1; S_2; S_3; ... S_i; ... S_n (∗ R ∗).

Betrachten Sie die Aufgabe, *P* im folgenden Beispiel zu berechnen:

(∗ P ∗) i := i + 1; j := 2∗i (∗ j = n ∗).

Dazu führen wir Hilfsprädikate für die einzelnen Anweisungen ein:

(∗ P ∗) ≡ (∗ P_1 ∗)
  (∗ P_1 ∗) i := i + 1; (∗ R_1 ∗) ≡ (∗ P_2 ∗)
    (∗ P_2 ∗) j := 2∗i (∗ R_2 ∗)
      (∗ R_2 ∗) ≡ (∗ R ∗)

Wir kennen R_2, nämlich $j = n$, und S_2, die Zuweisung $j := 2*i$. Unter Benutzung des Zuweisungsaxioms (Substitutionsregel) finden wir für P_2 das Prädikat $n = 2*i$. Nun setzen wir $R_1 = P_2$ und leiten $P_1 \equiv n = 2*(i + 1)$ ab:

(∗ 2∗(i + 1) = n ∗) i := i + 1; j := 2∗i (∗ j = n ∗).

Als nächstes vertauschen wir die Reihenfolge der beiden Anweisungen; die Anweisungsfolge ist jetzt also: $j := 2*i$; $i := i + 1$. Ähnliche Formelmanipulationen wie oben ergeben

(∗ 2∗i = n ∗) j := 2∗i; i := i + 1; (∗ j = n ∗).

Offensichtlich beschreiben die beiden Vorbedingungen verschiedene Zustände. Wenn zum Beispiel $n = 4$ ist, so ist im ersten Fall die Vorbedingung $i = 1$ und im zweiten $i = 2$. An diesem einfachen Beispiel zeigt sich, *daß es im allgemeinen auf die Reihenfolge der Anweisungen ankommt.*

4.3.4 Spezielle Zuweisungen als vordeklarierte Prozeduren

Für einige der häufig vorkommenden Zuweisungen stellt Oberon eine alternative Schreibweise zur Verfügung. Das Erhöhen einer ganzen Zahl i zum Beispiel kann durch eine Zuweisung der Art $i := i + 1$ erfolgen oder durch INC(i). Analog dazu ist DEC(i) gleichbedeutend mit $i := i - 1$.

Syntaktisch gesehen sind INC(i) und DEC(i) Prozeduraufrufe (siehe Kapitel 6). Alle vordeklarierten Prozeduren, die als Abkürzungen von Zuweisungen benutzt werden, sind in Anhang A, Tabelle A.3 angegeben.

4.4 Zusammenfassung

In Oberon müssen alle Namen vor ihrer Benutzung deklariert werden. Dieses Kapitel hat die *Deklaration für Konstanten und Variablen* eingeführt. Eine Konstantendeklaration bindet einen Namen an einen konstanten Wert. Wie der Name schon sagt, definiert eine Variablendeklaration eine Variable, auf die über einen Namen zugegriffen werden kann. Die Variablendeklaration ordnet der Variablen auch einen Typ zu. Diese Zuordnung ist unveränderlich und bleibt während der gesamten Lebensdauer der Variablen erhalten. Der Typ definiert die Menge der Werte, die die Variable annehmen kann, und die darauf anwendbaren Operationen.

Ein grundlegendes Konstrukt von prozeduralen Sprachen wie Oberon ist die Wertzuweisung

```
v := e
```

Der Ausdruck e wird ausgewertet, und das Ergebnis ersetzt den alten Wert der Variablen v.

Ausdrücke unterscheiden sich durch den Operator und die Operandentypen. Relationale, arithmetische, boolesche und mengenwertige Ausdrücke wurden eingeführt.

Von besonderer Bedeutung ist die Forderung, daß Operanden von Ausdrücken und die Bestandteile der Wertzuweisung *kompatibel* sind. Ausdrucks- und Zuweisungskompatibilität sind in den Tabellen 4.1 und 4.3 zusammengefaßt. Die Forderung nach Kompatibilität, *strenge Typisierung* genannt, ermöglicht es dem Compiler zu prüfen, ob Ausdrücke und Zuweisungen sinnvoll sind. Dadurch kann eine Vielzahl von Programmierfehlern schon vor der Programmausführung erkannt werden.

Eine formale Methode zur Definition der Semantik der Wertzuweisung wurde vorgestellt. Die Menge der gewünschten Zustände nach einer Zuweisung ist durch ein Prädikat gekennzeichnet: die *Ergebnis-* oder *Nachbedingung*. Das Zuweisungsaxiom wird benutzt, um dieses Prädikat in eine *Vorbedingung* zu transformieren, welche die zulässigen Zustände vor der Zuweisung definiert.

Mehrere Anweisungen, die durch Strichpunkte getrennt sind, werden *Anweisungsfolge* genannt. Die Anweisungen werden von links nach rechts abgearbeitet.

4.5 Übungen

Ü 4.1 Finden Sie die gültigen Namen heraus:

next_item nextItem 1stStreet FirstStreet LONGINT WHILE 0FFFH

Ü 4.2 Finden Sie die gültigen Zahlen heraus:

a4.4.3 15,13222↑10 .2213 1.33333E354777 3FFX 3FFH 1.44E–88 7FFH E–18

Ü 4.3 Finden Sie die vordeklarierten Namen heraus:

ARRAY TRUE ABS DIV MOD COPY DEC INTEGER OR RETURN Max MAX FFFFH

Ü 4.4 Finden Sie die korrekten Deklarationen heraus. Einige sind legal aber unsinnig; warum?

```
CONST a = 11;  CONST a := 234;
CONST TRUE = FALSE;  CONST DO = TRUE;
CONST i = ORD("a"); INF = MAX(real); inf = MAX(REAL);
CONST random = RandomNumbers.Uniform();
VAR REAL: INTEGER;  VAR DO: REAL;  VAR do: REAL;
VAR Real: INTEGER;  VAR Real := INTEGER;
VAR a; b; c: REAL;  VAR i, j, k: INTEGER;
```

Ü 4.5 Bestimmen Sie Wert und Typ folgender Konstanten (unter Annahme der Extremwerte von Anhang B):

```
CONST
   i = 3;   j = 10000;   k = 300000;   l = 7FFAH;
   s = {1,2,3};pi = 3.14159;   inf = MAX(INTEGER);
   p = ENTIER(pi);l = i*pi;   ich = ORD(44X);
```

Ü 4.6 Gegeben sind die Deklarationen

```
CONST z = 0;
   VAR si: SHORTINT; i: INTEGER; li: LONGINT;
   ch: CHAR;
   s: SET; r: REAL; lr: LONGREAL; b: BOOLEAN;
```

Führen Sie folgende Zuweisungen aus. Einige von ihnen sind ungültig; welche?

```
si := ORD(CHR(71));  i := ORD("G");  li := ORD(CHR(72));
i := 1 + ENTIER(r);  si := SHORT(ENTIER(3.14));
b := 3 < MAX(REAL) OR li > i + 4;  ch := 44X;
b := 44X > "a";  ch := "this is true";
b := ("abc" > "this") & (MAX(REAL) > 1/z);
b := (CAP(6DX) = "M") & (li = 1/z);
i := 4 + CHR("a");
```

Ü 4.7 Bestimmen Sie die Vorbedingung *P* der folgenden Zuweisungen, für die die Nachbedingungen *R* bekannt sind:

Zuweisungen	*Nachbedingung R*
j := i DIV 2	j = 0
d := a*a – 4*a*c	d ≥ 0
r := r – Y; q := q + 1	qY + r = X
x := x*n	x = n!

Ü 4.8 Geben Sie eine Anweisungsfolge zum Vertauschen der Werte von zwei Variablen *a* and *b* an. Zeigen Sie die Korrektheit Ihrer Lösung mit Hilfe des Zuweisungsaxioms.

5 Kontrollstrukturen

Eine Berechnung ist im wesentlichen eine Folge von Aktionen, die hintereinander (sequentiell) ausgeführt werden. Wäre diese Sequenz aber fest, so hätten sich die Computer nicht zu ihrer heutigen Form entwikkeln können. Einzelne Aktionen können in Abhängigkeit von vorangegangenen Berechnungen ausgewählt, wiederholt oder bedingt ausgeführt werden. Deshalb stimmt die zeitliche Abfolge von Aktionen normalerweise nicht mit der textuellen Reihenfolge der Anweisungen überein. Es ist diese dynamische Abfolge von Aktionen, auch *Kontrollstruktur* genannt, die den phänomenalen Erfolg von Software ermöglichte.

Die Abfolge der Aktionen wird von *Kontrollanweisungen* festgelegt, die bedingte Ausführung, Auswahl oder Wiederholung von Anweisungen oder ganzen Anweisungsfolgen spezifizieren. Da eine Kontrollanweisung andere Anweisungen enthält, wird sie auch *strukturierte Anweisung* genannt. Sprachen mit strukturierten Anweisungen werden als *strukturierte Sprachen* bezeichnet. Jahrelange Erfahrung hat gezeigt, daß geeignete Kontrollanweisungen Hand in Hand gehen mit effizienter Programmentwicklung – erst dadurch werden die Programme lesbar und vertrauenswürdig. Dieser Effekt wird jedoch nur dann erzielt, wenn die Programmstruktur sichtbar gemacht wird – die Benutzung einer Textzeile pro Anweisung (oder Anweisungsfolge) und entsprechende Einrückungen sind unverzichtbare Hilfsmittel dafür. Erinnern Sie sich an das Beispiel in der Einführung

```
IF gamma > 0 THEN
   z := gamma
ELSE
   z := gamma + m
END;
```

Von der Syntax her gesehen sind Kontrollanweisungen rekursiv aufgebaut, da sie Anweisungsfolgen und damit auch Anweisungen als Bestandteile enthalten. Die Semantik der Kontrollanweisungen wird, ebenso wie schon die Wertzuweisung, durch Prädikate und Transformationsregeln formal definiert (Gries, 1981; Cohen, 1990).

5.1 Bedingte Anweisungen

5.1.1 Die If-Anweisung

Die bedingte Ausführung einer Anweisungsfolge in Abhängigkeit von einem booleschen Ausdruck ist einer der Hauptbestandteile von Programmen. Betrachten Sie als einführendes Beispiel die Vorzeichenfunktion $y = \text{sign}(x) = (-1 \text{ falls } x < 0, 1 \text{ falls } x > 0, 0 \text{ sonst})$, die in Oberon folgendermaßen ausgedrückt werden kann:

```
IF  x < 0  THEN  y := -1
ELSIF  x > 0  THEN  y := 1
ELSE  y := 0
END
```

Die *If-Anweisung*, auch bedingte Anweisung genannt, folgt der Syntax

```
IfStatement = "IF" expression "THEN" StatementSequence
      {"ELSIF" expression "THEN" StatementSequence}
      ["ELSE" StatementSequence]
      "END".
```

Die Ausdrücke müssen vom Typ BOOLEAN sein, das heißt, sie müssen nach ihrer Auswertung einen der beiden Wahrheitswerte TRUE oder FALSE ergeben. Beachten Sie, daß die If-Anweisung immer durch ein END abgeschlossen wird, auch in der einfachsten Form IF *B* THEN *S* END, wobei *S* eine einzelne Anweisung ist.

Um die Funktionsweise der If-Anweisung zu erklären, wird folgende allgemeine Form verwendet:

```
IF  B1  THEN  S1
ELSIF  B2  THEN  S2
...
ELSIF  Bn  THEN  Sn
ELSE  S
END
```

Hier bedeuten $B_1 \dots B_n$ boolesche Ausdrücke und S, $S_1 \dots S_n$ bedeuten Anweisungsfolgen (unter die auch einzelne Anweisungen fallen). Der Else-Zweig ELSE *S* ist eine Abkürzung für ELSIF $\sim B_1$ & $\sim B_2$ & ... & $\sim B_n$ THEN *S*.

Als erstes wird B_1 ausgewertet. Ist das Ergebnis FALSE, so wird B_2 ausgewertet und so weiter, bis *der erste boolesche Ausdruck* B_i *erfüllt ist.* Die Anweisungsfolge S_i, die B_i zugeordnet ist, wird ausgeführt und die If-Anweisung beendet.

Beachten Sie, daß höchstens eine der Anweisungsfolgen ausgeführt wird; wenn der Else-Zweig vorhanden ist, wird genau eine ausgeführt. Der boolesche Ausdruck B_i (i = 1, 2...*n*) wird auch *Wache* (guard) der Anweisungsfolge S_i genannt.

5.1.2 Formale Definition der If-Anweisung

Ebenso wie bei der Wertzuweisung möchte man in der Lage sein, die Vorbedingung *P* aus der Anweisung und der Nachbedingung *R* abzuleiten.

(* P *) If B THEN S END (* R *)

Was sind die notwendigen und hinreichenden Eigenschaften der beteiligten Anweisungen (oder Anweisungsfolgen), die diese Ableitung erlauben? Sie sind im Alternativenaxiom enthalten, das als formale Spezifikation der Semantik der If-Anweisung dient. Dieses Axiom demonstriert die Essenz einer strukturierten Sprache: *Es ist möglich, Eigenschaften einer zusammengesetzten Anweisung aus den Eigenschaften ihrer Komponenten abzuleiten, und umgekehrt.*

Lassen Sie uns vor der Beschreibung des Alternativenaxioms ein einfaches Beispiel betrachten: die Ermittlung des Absolutwerts eines Ausdrucks, also y = ABS(x). Diese Berechnung kann durch folgende If-Anweisung ausgedrückt werden:

```
IF  x < 0  THEN  y := -x
ELSE  y := x
END
(* y = ABS(x) *)
```

Wie schon bei der Wertzuweisung wurde die Ergebnisbedingung $R \equiv y$ = ABS(x) in Form eines Kommentars an das Programm angefügt. Die Bedingung *R* kann gemäß der Definition von *ABS* ausgedrückt werden als

$R \equiv (x < 0)$ & $(y = -x)$ OR $(x \geq 0)$ & $(y = x)$

Wenn vor Ausführung der If-Anweisung die Vorbedingung *P* erfüllt ist, dann gilt $(x < 0)$ & *P* vor der Zuweisung $y := -x$. Analog dazu ist das Prädikat $(x \geq 0)$ & *P* die Vorbedingung der Zuweisung $y := x$. Deshalb gilt

```
(* P *)
IF  x < 0  THEN (* (x < 0) & P *)   y := -x  (* R *)
ELSE  (* (x ≥ 0) & P *)  y := x  (* R *)
END
```

Gesucht ist eine Vorbedingung *P*, so daß

(* (x < 0) & P *) y := –x (* R *) und
(* (x ≥ 0) & P *) y := x (* R *)

erfüllt ist. Für dieses Beispiel ist das keine schwierige Aufgabe. Die Anwendung des Zuweisungsaxioms auf die Anweisung *y* := –*x* (* R *) ergibt

(x < 0) & (–x = –x) OR (x ≥ 0) & (–x = x) ≡ x ≤ 0

Analog dazu führt *y* := *x* (* R *) zur Vorbedingung

(x < 0) & (x = –x) OR (x ≥ 0) & (x = x) ≡ x ≥ 0

woraus *P* ≡ TRUE geschlossen werden kann. Das bedeutet, daß die Vorbedingung für die Berechnung des Absolutwerts immer erfüllt ist.

Diese Überlegungen führen zu folgendem Axiom:

Alternativen-axiom

```
(* P *)
   IF B1 THEN S1
   ELSIF B2 THEN S2
   ...
   ELSIF Bn THEN Sn
   ELSE S
   END
(* R *)
```

gilt, falls Prädikate P_i existieren, so daß

(* P_i *) S_i (* R *) für alle i = 1, 2,...n (1)

$P \,\&\, \sim B_1 \,\&\, \sim B_2 \,\&\, \ldots \,\&\, \sim B_{i-1} \,\&\, B_i \Rightarrow P_i$ (2)

$P \,\&\, \sim B_1 \,\&\, \sim B_2 \,\&\, \ldots \,\&\, \sim B_n \Rightarrow R$ (ohne Else-Zweig) (3a)

(* $P \,\&\, \sim B_1 \,\&\, \sim B_2 \,\&\, \ldots \,\&\, \sim B_n$ *) S (* R *) (mit Else-Zweig) (3b)

A ⇒ *B* bedeutet *A* impliziert *B* im Sinn des Prädikatenkalküls (also ~*A* OR *B*).

Das folgende Beispiel zeigt die Benutzung des Alternativenaxioms. Die Aufgabe besteht darin, die Vorzeichenfunktion *y* := sign(*x*) zu berechnen, die mit Hilfe der If-Anweisung *S* programmiert werden kann:

```
IF x < 0 THEN y := -1
ELSIF x > 0 THEN y := 1
ELSE y := 0
END;
```

Es gilt $B_1 \equiv x < 0$ und $B_2 \equiv x > 0$. Das Ziel ist zu zeigen, daß gilt:

(* TRUE *) S (* y = sign(x) *).

Die Ergebnisbedingung $R \equiv y = \text{sign}(x)$ kann geschrieben werden als

$$R \equiv (x < 0)\ \&\ (y = -1)\ \text{OR}\ (x > 0)\ \&\ (y = 1)\ \text{OR}\ (x = 0)\ \&\ (y = 0).$$

Das Zuweisungsaxiom, angewendet auf $y := -1$, $y := 1$ und $y := 0$ (in dieser Reihenfolge), ergibt

$$(x < 0)\&(-1 = -1)\text{OR}(x > 0)\&(-1 = 1)\text{OR}(x = 0)\&(-1 = 0) \equiv x < 0$$
$$(x < 0)\ \&\ (1 = -1)\ \text{OR}\ (x > 0)\ \&\ (1 = 1)\ \text{OR}\ (x = 0)\ \&\ (1 = 0) \equiv x > 0$$
$$(x < 0)\ \&\ (0 = -1)\ \text{OR}\ (x > 0)\ \&\ (0 = 1)\ \text{OR}\ (x = 0)\ \&\ (0 = 0) \equiv x = 0$$

Deshalb gilt

$$P_1 \equiv x < 0: \quad (* x < 0 *)\ y := -1 \quad (* R *)$$
$$P_2 \equiv x > 0: \quad (* x > 0 *)\ y := 1 \quad (* R *)$$
$$(* x = 0 *)\ y := 0 \quad (* R *)$$

Die Aussage (* TRUE *) S (* R *) ist gemäß Alternativenaxiom erfüllt, falls

$\text{TRUE}\ \&\ B_1 \Rightarrow P_1$ gemäß (2)
$\text{TRUE}\ \&\ \sim B_1\ \&\ B_2 \Rightarrow P_2$ gemäß (2)
$(* \text{TRUE}\ \&\ \sim B_1\ \&\ \sim B_2 *)\ S\ (* R *)$ gemäß (3b)

Die Substitution $B_1 \equiv x < 0$ und $B_2 \equiv x > 0$ in obigen Prädikaten ergibt

$$\text{TRUE}\ \&\ B_1 \equiv x < 0$$
$$\text{TRUE}\ \&\ \sim B_1\ \&\ B_2 \equiv x > 0$$
$$\text{TRUE}\ \&\ \sim B_1\ \&\ \sim B_2 \equiv x > 0$$

Da in allen drei Fällen die Bedingungen erfüllt sind, ist die korrekte Berechnung von sign(x) damit formal bewiesen.

5.1.3 Die Case-Anweisung

Eine If-Anweisung mit mehreren ELSIF-Zweigen erlaubt die Auswahl einer Anweisungsfolge unter der Kontrolle von mehreren Bedingungen – eine für jede Folge. In der Praxis findet man häufig eine Folge von Vergleichen eines *gemeinsamen Ausdrucks mit mehreren Konstanten.*

Lassen Sie uns diese Situation durch ein Beispiel illustrieren. Nehmen wir an, wir hätten eine Datei umbenannt. Die entsprechende Systemprozedur liefert einen Ergebniscode, eine ganzzahlige Variable *res*, welche die verschiedenen Endzustände beschreibt. Für jedes mögliche Ergebnis soll durch eine If-Anweisung eine passende Meldung erzeugt werden:

```
IF res = 0 THEN Out.String("renamed")
ELSIF  res = 1  THEN Out.String("name existed already")
```

```
ELSIF  res = 2  THEN Out.String("name does not exist")
ELSIF  res = 3  THEN Out.String("system error")
END;
```

Die folgende Case-Anweisung hat die gleiche Bedeutung:

```
CASE  res  OF
      0: Out.String("renamed")
    | 1: Out.String("name existed already")
    | 2: Out.String("name does not exist")
    | 3: Out.String("system error")
END;
```

Neben der bequemeren Schreibweise erlaubt die Case-Anweisung dem Compiler, sehr effizienten Maschinencode zu erzeugen, wenn die verglichenen konstanten Ausdrücke nahe beieinander liegen.

Die EBNF-Definition der Case-Anweisung lautet

```
CaseStatement ="CASE" expression OF
        case {"|" case}
        ["ELSE" StatementSequence]
        "END".
case = [CaseLabelList ":" StatementSequence].
CaseLabelList = CaseLabels {"," CaseLabels}.
CaseLabels = ConstExpression [".." ConstExpression].
```

Der Ausdruck und die Marken (CaseLabels) müssen vom selben Typ sein, entweder ganzzahlig oder CHAR. Die Marken sind Konstanten oder konstante Ausdrücke, und *kein Wert darf mehr als einmal auftreten.* Die folgenden Regeln legen die Ausführung der Case-Anweisung fest:

1) Der Ausdruck wird ausgewertet.
2) Die Anweisungsfolge, die mit dem Wert des Ausdrucks markiert ist, wird ausgeführt.
3) Wenn keine Anweisungsfolge mit dem Wert des Ausdrucks markiert ist, wird die Anweisungsfolge nach dem ELSE ausgeführt. Das Fehlen des Else-Zweigs wird in diesem Fall als Fehler betrachtet.

Die Schreibweise $e_1..e_2$ ist ebenso wie bei Mengen eine Abkürzung für die Folge e_1, e_1+1, ... e_2-1, e_2.

5.1.4 Formale Definition der Case-Anweisung

Wiederum geht es darum, die Bedingungen für die Komponenten zu finden, die gelten müssen, damit (* P *) CASE k OF k_1: S_1 | k_2: S_2 | ... |

k_n: S_n END (* R *) erfüllt ist. Da die Case-Anweisung einen Sonderfall der If-Anweisung darstellt, folgen diese Bedingungen unmittelbar aus dem Alternativenaxiom und lauten (ohne Berücksichtigung des Else-Zweigs):

```
(* P *)
   CASE k OF
      k1: S1 | k2: S2 | ... | kn: Sn
   END
(* R *)
```

gilt, falls Prädikate P_i existieren, so daß für alle $i = 1, 2, \ldots n$ gilt

(* Pi *) Si (* R *) (1)
$P \,\&\, (k = k_i) \Rightarrow P_i$ (2)

5.2 Wiederholungsanweisungen

Die Wiederholung einer Anweisungsfolge in Abhängigkeit von einer Bedingung ist ebenfalls ein häufig verwendeter Programmbaustein. Oberon bietet drei Arten von Wiederholungsanweisungen (Schleifen) an: die *While-Anweisung*, die *Repeat-Anweisung* und die *Loop-Anweisung*. Diese drei Anweisungsarten sind im Grunde genommen äquivalent, unterstützen aber verschiedene Standardsituationen.

5.2.1 Die While-Anweisung

Angenommen Sie möchten eine Anweisung oder Anweisungsfolge nicht nur einmal, sondern *n* mal ausführen; das kann in Oberon folgendermaßen ausgedrückt werden:

```
j := 0
WHILE  j < n  DO
   ... ;  j := j + 1
END;
```

Da die Variable *j*, auch *Kontrollvariable* genannt, von 0 bis $n - 1$ zählt, nennt man obige Konstruktion eine *Zählschleife*. Die While-Anweisung ist aber nicht auf Zählschleifen beschränkt, sondern kann auch benutzt werden, wenn nicht von vorneherein klar ist, wie oft eine Schleife durchlaufen werden soll[1)].

---

1 Siehe Abschnitt 14.2 (For-Anweisung) für ein spezielles Sprachkonstrukt für Zählschleifen

Die Syntax der While-Anweisung lautet

```
WhileStatement = "WHILE" expression "DO"
                    StatementSequence
                 "END".
```

Der Ausdruck muß vom Typ BOOLEAN sein. Die Ausführung der While-Anweisung ist durch folgende Regeln definiert:

1) Werte den booleschen Ausdruck aus.
2) Wenn der Wert des Ausdrucks TRUE ist, führe die Anweisungsfolge aus und setze bei Schritt 1 fort; wenn der Wert FALSE ist, beende die While-Anweisung.

Wenn der Ausdruck schon bei der ersten Auswertung den Wert FALSE liefert, dann ist die While-Anweisung leer; die Anweisungsfolge wird in diesem Fall null mal ausgeführt. Aus diesem Grund heißt die While-Anweisung auch *Abweisschleife*.

Die While-Anweisung führt das Problem der Programmterminierung ein. *Endlosschleifen* sind eine frustrierende Erfahrung, mit der jeder Programmierer, gleich ob Anfänger oder Experte, konfrontiert wird. Wie auch aus folgendem Beispiel ersichtlich ist, sind Schleifen mit Vorsicht zu genießen:

```
WHILE  j # 0 DO  j := j - 2  END
```

Es ist leicht zu sehen, daß diese Schleife nur unter der Vorbedingung (j >= 0) & (j DIV 2 = 0) terminiert. Das Programm muß diese Vorbedingung garantieren, ansonsten ist es fehlerhaft.

5.2.2 Formale Definition der While-Anweisung

Der Beweis der Behauptung, daß eine Schleife ein bestimmtes Ergebnis R liefert, beruht auf einer Bedingung Q, die immer gilt, egal wie oft die Schleife durchlaufen wird. Q wird deshalb *Schleifeninvariante* oder kurz *Invariante* genannt.

Ein einfaches Beispiel soll dieses Konzept erklären. Nehmen wir an, wir möchten $z := X*Y$ (für $x \geq 0$) durch wiederholte Addition berechnen. Die offensichtliche Lösung ist

```
x := X;  y := Y; z := 0;
WHILE x > 0 DO  z := z + y; x := x - 1 END
(* z = XY *)
```

Die maßgebliche Invariante, also die Bedingung, die vor jeder Ausführung der wiederholten Anweisungsfolge gilt, ist

```
Q ≡ (z + xy = XY) & (x ≥ 0).
```

Die Invariante gilt am Anfang, weil $0 + XY = XY$ ist. Sie gilt unverändert während der Wiederholung, weil jedesmal, wenn 1 von x subtrahiert wird, Y zu z addiert wird, so daß die Summe konstant bleibt. Und was am wichtigsten ist, diese Invariante liefert das geforderte Ergebnis, wenn die Bedingung $x > 0$ nicht mehr gilt und die Schleife beendet wird.

```
~(x > 0) & (z + xY = XY) & (x ≥ 0)
≡ (x = 0) & (z + xY = XY) ≡ (z = XY) ≡ R
```

Die Regeln für den formalen Beweis von While-Anweisungen sind im Wiederholungsaxiom zusammengefaßt.

Wiederholungsaxiom

```
(* P *)  WHILE B DO  S  END  (* R *)
```

gilt, falls eine Invariante Q existiert, so daß

P ⇒ Q
(* Q & B *) S (* Q *)
Q & ~B ⇒ R

Wenn eine While-Anweisung das Wiederholungsaxiom erfüllt, heißt sie *partiell korrekt*. Sie garantiert die Ergebnisbedingung R, sofern B jemals FALSE liefert. Es könnte jedoch sein, daß dieser Fall nie eintritt und die Schleife niemals endet.

Schleifenvariante

Um die sogenannte *totale Korrektheit* zu beweisen, muß auch gezeigt werden, daß die *Schleife terminiert*. Dazu genügt es zu zeigen, daß die Schleife bei jedem Durchlauf ein Stück näher an ein bestimmtes Ziel kommt. Das ist der Fall, wenn man einen ganzzahligen Ausdruck findet, dessen Wert in jedem Durchlauf vermindert wird und der bei Erreichen einer festen Schranke (zum Beispiel 0) $\sim B$ garantiert und damit die Schleife beendet. Ein solcher Ausdruck heißt *Terminationsterm* oder auch *Schleifenvariante* oder kurz *Variante*.

Im Beispiel der Multiplikation durch wiederholte Addition ist x diese Variante. x wird in jedem Durchlauf dekrementiert und $x \leq 0$ impliziert $\sim(x > 0)$, also Termination.

Um diese Ideen zu verdeutlichen, hier ein besser durchdachtes Multiplikationsverfahren, das viel effizienter ist:

```
x := X;  y := Y;  z := 0;  (* x >= 0 *)
WHILE x > 0 DO
   IF ODD(x) THEN  z := z + y; x := x - 1  END;
   y := 2*y;  x := x DIV 2
END;
```

Die Invariante Q bleibt ebenso wie die Variante x dieselbe. Es muß gezeigt werden, daß ein Schleifendurchlauf Q unverändert läßt und x vermindert. Versuchen Sie diese Aufgabe unter Berücksichtigung von folgendem wichtigen Detail zu lösen.

Damit Q durch die Anweisungsfolge

```
y := 2*y;  x := x DIV 2
```

nicht invalidiert wird, muß x gerade sein; ansonsten verliert die DIV Operation den Rest 1. Diese Bedingung wird aber – falls sie nicht schon zutrifft – durch das vorangehende $x := x - 1$ erfüllt, das unter der Bedingung ODD(x) ausgeführt wird.

Ein zweites Beispiel betrifft die Division von positiven ganzen Zahlen $q :=$ X DIV Y. Der Algorithmus beruht auf der wiederholten Subtraktion des Divisors Y vom Dividenden X.

```
r := X;  q := 0;
WHILE r >= Y DO
   r := r - Y; q := q + 1
END;
```

Die Invariante lautet

$$Q \equiv (qY + r = X) \ \&\ (r \geq 0)$$

Sie wird durch die Initialisierungsanweisungen erfüllt. Q bleibt auch über das Anweisungspaar $r := r - Y$; $q := q + 1$ erhalten, weil dieses die Summe $qY + r$ unverändert läßt. Die Bedingung $r \geq Y$ garantiert, daß r nicht negativ wird. Und schließlich liefert Q & ~B, genauer Q & $(r < Y)$ das gewünschte Ergebnis

$$R \equiv (qY + r = X) \ \&\ (0 \leq r < Y)$$

welches die schon früher eingeführte Definition folgender Division ist:

X DIV Y = q, X MOD Y = r

Der Ausdruck $r - Y$ ist eine Variantenfunktion. Bei jedem Schleifendurchlauf wird Y von r subtrahiert; also nimmt $r - Y$ streng monoton ab. Außerdem impliziert $r - Y < 0$ die Bedingung $r < Y$ und damit ~B, die Terminationsbedingung der Schleife. Die Korrektheit der ganzzahligen Division ist damit garantiert.

5.2.3 Die Repeat-Anweisung

Die zweite Schleifenart ist syntaktisch definiert als

```
RepeatStatement = "REPEAT"
      StatementSequence
    "UNTIL" expression.
```

Wieder ist das Abbruchskriterium ein Ausdruck vom Typ BOOLEAN. Der wesentliche Unterschied zur While-Anweisung besteht darin, daß die Terminierungsbedingung jeweils nach der Ausführung der Anweisungsfolge (statt vorher) geprüft wird. Als Folge davon wird die Anweisungsfolge *mindestens einmal durchlaufen.* Die Repeat-Anweisung wird daher auch als *Durchlaufschleife* bezeichnet. Der Vorteil der Prüfung am Schleifenende ist, daß die Bedingung auch Variablen enthalten kann, die zu Beginn der Schleife noch undefiniert sind.

Eine Zählschleife, zum Beispiel, könnte auch so formuliert werden:

```
j := 0;
REPEAT
   ... ; j := j + 1
UNTIL j = n;
```

In dieser Version der Zählschleife muß garantiert sein, daß $j = 0$ eine gültige Vorbedingung für die Anweisungsfolge ist.

Die »Gefahr« der Repeat-Anweisung besteht darin, daß die Anweisungsfolge nicht durch eine Bedingung explizit geschützt ist. Deshalb kann die Terminierungsbedingung leichter übersehen werden. Zum Beispiel terminiert die folgende Berechnung der harmonischen Reihe nicht für $n \leq 0$.

```
i := 1;  s := 0;
REPEAT  s := s + 1/i; INC(i)  UNTIL i = n;
```

Als Grundregel gilt, *daß es klug ist, die While-Anweisung zu verwenden,* wenn REPEAT keinen klaren Vorteil bringt.

5.2.4 Formale Definition der Repeat-Anweisung

Die Schleifeninvariante und -variante spielen dieselbe Rolle wie im Fall der While-Anweisung. Das folgende Axiom wird deshalb ohne weitere Erklärung oder Beispiel angegeben.

```
(* P *)  REPEAT  S  UNTIL B  (* R *)
```

gilt, wenn eine Invariante Q existiert, so daß

```
(* P *)  S  (* Q *)                    (1)
(* Q & ~B *)  S  (* Q *)               (2)
Q & B ⇒ R                              (3)
```

5.2.5 Die Loop-Anweisung

Die dritte Schleifenart ist die Loop-Anweisung, welche die unbedingte wiederholte Ausführung einer Anweisungsfolge spezifiziert. Loop-Schleifen werden durch Ausführung einer Exit-Anweisung innerhalb ihrer Anweisungsfolge beendet. Syntaktisch sieht die Loop-Anweisung so aus:

```
LoopStatement = "LOOP" StatementSequence "END".
ExitStatement = "EXIT".
```

Die Ausführung einer *Exit-Anweisung* innerhalb der Anweisungsfolge bewirkt die Terminierung der Loop-Anweisung. Das Programm wird mit der Anweisung fortgesetzt, die unmittelbar hinter dem END steht. Exit-Anweisungen sind also semantisch – aber nicht syntaktisch – an die umschließende Loop-Anweisung gebunden.

Offensichtlich ist die Loop-Anweisung allgemeiner als die While- und Repeat-Anweisung. While- und Repeat-Anweisungen können leicht durch eine Loop-Anweisung mit einem einzelnen EXIT ausgedrückt werden. Es empfiehlt sich aber, Loop-Schleifen nur zu verwenden, wenn mehr als ein Austrittspunkt benötigt wird (oder wenn der Aussprung in der Mitte der Anweisungsfolge liegt).

Loop-Anweisungen sind typischerweise so aufgebaut:

```
LOOP
   ...
   IF B1 THEN EXIT END;
   ...
   IF B2 THEN EXIT END;
   ...
END;
```

Dabei bedeuten B_1 und B_2 boolesche Ausdrücke.

5.3 Zusammenfassung

Kontrollanweisungen erlauben die bedingte Ausführung einer Anweisungsfolge abhängig von einem booleschen Ausdruck. Sie sind *strukturierte Anweisungen*; das heißt, ihre Definition ist rekursiv.

Die grundlegendste Kontrollanweisung ist die *If-Anweisung*, die eine Anweisungsfolge *bewacht* – das bedeutet, die Anweisungsfolge wird nur ausgeführt, wenn ein boolescher Ausdruck erfüllt ist. Die *Case-*

Anweisung spezifiziert die Auswahl einer markierten Anweisungsfolge gemäß dem Wert eines ganzzahligen Ausdrucks oder eines Zeichens.

Zwei Arten von Schleifen steuern die wiederholte Ausführung einer Anweisungsfolge abhängig von einem booleschen Ausdruck: Die *While-* und die *Repeat-Anweisung*. Eine dritte Schleifenart, die *Loop-Anweisung*, erlaubt mehrere Austrittspunkte aus der Anweisungsfolge, angegeben durch Exit-Anweisungen.

Kontrollanweisungen sind, ähnlich wie die Wertzuweisung, durch Axiome formal definiert. Diese legen fest, wie eine Nachbedingung in eine Vorbedingung transformiert werden muß, welche garantiert, daß das gewünschte Ergebnis berechnet wird. Das Alternativenaxiom deckt die If-Anweisung ab. Im Fall der wiederholten Anweisungsfolgen wurde das wichtige Konzept der *Schleifeninvarianten* eingeführt, einer Bedingung, die vor jeder Ausführung einer wiederholten Anweisungsfolge erfüllt ist. Zusätzlich wird eine *Variantenfunktion* benutzt, um die Terminierung einer Schleife zu gewährleisten.

Mehrere einfache Beispiele wurden vorgestellt und unter Benutzung der Axiome als korrekt bewiesen. Abschnitt 8.2.5 enthält ein ehrgeiziges Beispiel: den Beweis für das binäre Suchen.

5.4 Übungen

Ü 5.1 Welche der folgenden Schleifenanweisungen sind (syntaktisch) korrekt?

```
CONST c = 3; VAR i, j, k: INTEGER;
```

a) `REPEAT j := j - 1 UNTIL j = 0;`

b) `WHILE j # 0 DO  INC(j); IF ODD(j) THEN EXIT END;`

c) `IF j>10 THEN j := 10;`

d) `CASE i OF 1: j := i | k: j := k  END;`

e) `CASE i OF 1: j := i | c: j := k  END;`

f) `LOOP  j := j + c  UNTIL j > k;`

g) `REPEAT j := j + c  UNTIL j > k;`

Ü 5.2 Welche der folgenden Schleifenanweisungen terminieren?

VAR i, j, k: INTEGER;

a) `j := 5;  REPEAT j := j - 1 UNTIL j = 0;`

b) `j := 5;  REPEAT j := j - 2 UNTIL j = 0;`

c) `j := 5;  REPEAT j := j - 2 UNTIL j < 0;`

d) `j := -5;  REPEAT j := j DIV 2 UNTIL j = 0;`

e) `i := 1; j := 1;  WHILE i # 100 DO k := i;`
`i := j + i; j := k END;`

f) `i := 1; j := 1;  WHILE i < 100 DO k := i; i := j + i;`
`j := k END;`

g) `i := 1; j := 1;  WHILE i < 100 DO j := j + i END;`

h) `j := 5;  LOOP j := j - 1 END;`

Ü 5.3 [**Min**] Schreiben Sie eine If-Anweisung, die das Minimum von drei ganzen Zahlen x, y und z einer Variablen *min* zuweist. Beweisen Sie die Korrektheit unter Verwendung des Alternativen- und des Zuweisungsaxioms.

Ü 5.4 [**Schnelle Multiplikation**] Das folgende Programm berechnet das Produkt $X*Y$ geringfügig schneller als die verbesserte Version des Multiplizieralgorithmus in Abschnitt 5.2.2:

```
x := X,  y := Y;  z := 0;
WHILE x > 0 DO
   IF ODD(x) THEN  z := z + y  END;
   y := 2*y;  x := x DIV 2
END;
```

Warum ist es zulässig, die Anweisung $x := x - 1$ hinter $z := z + y$ in der ursprünglichen Version wegzulassen?

Ü 5.5 [**Potenz**] Benutzen Sie wiederholte Multiplikation zur Berechnung der Potenz x^n, wobei x eine reelle und n eine ganze Zahl ist. Geben Sie die Invariante und die Variante an.

Ü 5.6 [**Logarithmus dualis**] Das folgende Programm berechnet den Logarithmus zur Basis 2 für reelle Werte $1 \leq x < 2$:

```
VAR x, a, b, s: REAL;
a := x;  b := 1;  s := 0;
WHILE b > 0 DO
   a := a*a;  b := b/2;
   IF a >= 2 THEN  s := s + b;  a := a/2  END
END;
```

Zeigen Sie die Invarianz von $\log_2(x) = s + b*\log_2(a)$. Können Sie eine Variante finden? Warum terminiert die Schleife? Wieviele Iterationen sind notwendig?

Ü 5.7 [**Größter gemeinsamer Teiler**] Schreiben Sie ein Programm, das den *größten gemeinsamen Teiler* (GGT) von zwei ganzen Zahlen x und y durch wiederholte Subtraktion berechnet. Geben Sie die Invariante an.

Hinweis: Verwenden Sie die Gleichungen (1) $GGT(x, x) = x$, (2) $GGT(x, y) = GGT(y, x)$ und (3) falls $x > y$ dann $GGT(x, y) = GGT(x - y, y)$.

Ü 5.8 [**Euklid'scher Algorithmus**] Die folgende Methode zur Berechnung von GGT(x, y) ist unter dem Namen *Euklid'scher Algorithmus* bekannt.

```
WHILE y > 0 DO
   r := x MOD y;  x := y;  y := r
END;
```

Geben Sie die Vorbedingung, Invariante und Variante an. Wie kann das Verfahren auf negative Zahlen x und y verallgemeinert werden?

Ü 5.9 Berechnen Sie (von Hand) einige Beispiele von *GGT* unter Benutzung beider Methoden. Welche ist schneller? (siehe Knuth, 1971).

Ü 5.10 [**Bisektion**] Sei $f(x)$ eine Funktion, die einen reellen Wert für ein gegebenes Argument x berechnet (wie das in Oberon konkret aussieht, ist Gegenstand des nächsten Kapitels).

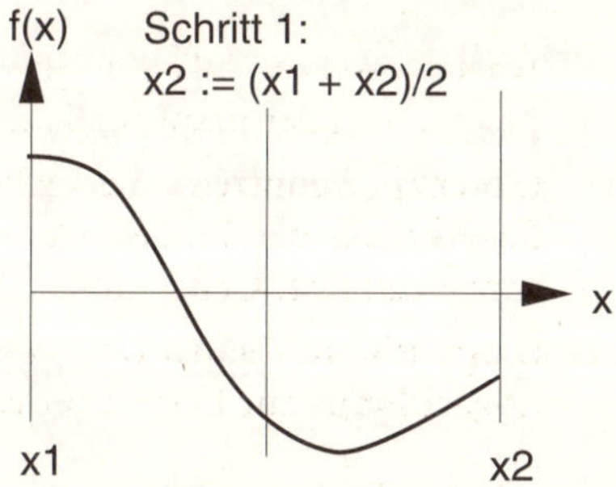

Gesucht ist die Nullstelle von $f(x)$. Eine einfache und robuste Methode ist Intervallteilung, auch *Bisektion* genannt. Das Verfahren startet mit einem Intervall $(x1, x2)$, wobei $f(x1) > 0$ und $f(x2) < 0$ ist (oder umgekehrt). Das Intervall wird dann sukzessive halbiert und entweder wird $x1$ oder $x2$ auf den Mittelpunkt gesetzt, je nach Vorzeichen von $f(x)$ an dieser Stelle.

Das Verfahren der Bisektion wird durch folgende While-Anweisung ausgedrückt (dabei steht $f(x)$ für einen Ausdruck vom Typ REAL):

```
VAR x1, x2, y: REAL;
...
```

```
(* (f(x1) > 0) & (f(x2) < 0) & (x1 < x2) *)
x := (x1 + x2)/2;
WHILE (x1 < x) & (x < x2) DO  y := f(x);
   IF y > 0 THEN  x1 := x  ELSE  x2 := x  END;
   x := (x1 + x2)/2
END;
```

Aufgaben:

a) Berechnen Sie einige Beispiele von Hand.

b) Bestimmen Sie die Invariante.

c) Bestimmen Sie eine Variante.

d) Terminiert die Schleife für alle $x1 \leq x \leq x2$? Wenn ja, wie genau ist die Berechnung der Nullstelle?

e) Ist die folgende Schleife äquivalent zur obigen?

```
WHILE x1 < x2 DO
   x := (x1 + x2)/2;
   y := f(x);
   IF y > 0 THEN x1 := x ELSE x2 := x END
END;
```

Referenzen

Cohen E. (1990). *Programming in the 1990s, an Introduction to the Calculus of Programs*. New York: Springer-Verlag.

Gries D. (1981). *The Science of Programming*. New York: Springer-Verlag.

Knuth D.E. (1971). *The Art of Computer Programming Vol II: Seminumerical Algorithms*, pp. 293–338. Reading, MA: Addison-Wesley.

6 Prozeduren und Module

Bisher wurden zwei wichtige Begriffe eingeführt:

1) *Deklarationen*, die einen Namen an einen Typ oder an einen Wert binden;
2) *Anweisungsfolgen einschließlich Kontrollanweisungen*, die Algorithmen beschreiben.

Dieses Kapitel verbindet nun Deklarationen und Anweisungsfolgen durch Einführung von *textuellen Klammern*, nämlich Prozeduren und Modulen.

Prozeduren können in ihrer einfachsten Form als benannte Anweisungsfolgen betrachtet werden. Ein Modul ist eine textuelle Klammer, die Konstanten- und Variablendeklarationen sowie eine Anzahl von Prozeduren umfaßt.[1] Das Modul ist aber auch *die Einheit, die vom Compiler akzeptiert wird.* Übersetzte Module, Objekt-Module genannt, können in der Bibliothek eines Rechners abgelegt und zur Ausführung in den Speicher geladen werden.

Betriebssysteme bieten dem Benutzer die Möglichkeit, in der Bibliothek eines Rechners abgelegten Programmcode auszuführen. In Oberon ist die Grundeinheit der Programmausführung die Prozedur. Das steht im Gegensatz zum traditionellen Konzept eines Hauptprogramms als kleinste ausführbare Einheit.[2]

Der Begriff der Prozedur geht jedoch weit über die eingangs erwähnte Idee der benannten Anweisungsfolge hinaus. Im speziellen führen Prozeduren folgende Konzepte ein:

- Das Konzept von lokalen Variablen;
- Das Konzept des Resultats: Eine Prozedur mit einem Resultat kann, ebenso wie vordefinierte Funktionen (z.B.: ABS(x)), als Faktor in Ausdrücken verwendet werden;
- Das Konzept von Parametern, die ähnlich wie Argumente von mathematischen Funktionen an eine Prozedur übergeben werden.

Ebenso wie eine Prozedur mehr ist als nur eine benannte Anweisungsfolge, geht ein Modul über den Begriff der Übersetzungseinheit hinaus.

1 Später werden auch Typdeklarationen eingeführt.
2 In PL/I ist es zum Beispiel die Prozedur mit dem Attribut »main«, in Modula-2 das Hauptmodul.

Ein Modul kann eine Anweisungsfolge besitzen und – wichtiger noch – kontrolliert die Sichtbarkeit von Namen über Modulgrenzen hinweg. Wenn zum Beispiel eine Prozedur vom Benutzer eines Rechners aufgerufen werden soll, so muß sie markiert werden, damit sie auch außerhalb des Moduls sichtbar ist.

Kasten 6.1
Ein fraktaler Farn

Fraktale sind ein faszinierender Gegenstand der Mathematik. Die Beobachtung von Mandelbrot, daß in der *Natur eine fraktale Geometrie existiert*, hat zu einer neuen Sicht natürlicher Phänomene, zum Beispiel der Länge von Küstenlinien oder der Ränder von Wolken, geführt (Mandelbrot, 1977).

Ein einfacher Algorithmus – bekannt als *iteriertes Funktionssystem* (IFS) – erzeugt den fraktalen Farn, den Sie links sehen (Barnley, 1988). Der Farn wird durch einen Stift gezeichnet, der über die Zeichenfläche bewegt wird und jeweils einen Punkt an eine berechnete Stelle malt. Wenn der Stift an Position (x, y) steht, so wird der nächste Punkt durch eine einfache Koordinatentransformation berechnet:

$$x_{neu} = ax + by + e \quad (1)$$
$$y_{neu} = cx + dy + f \quad (2)$$

Die Gleichungen (1) und (2) werden affine Transformationen genannt. Die Kunst, ein interessantes Bild (zum Beispiel eine natürliche Szene) zu erzeugen, besteht darin, eine Folge von solchen Transformationen zu finden, die zufällig angewendet werden, um die Position des Zeichenstifts zu berechnen. Der Farn wird durch folgende Transformationen erzeugt:

a	*b*	*c*	*d*	*e*	*f*	*p*	*Aktion*
0	0	0	0.16	0	0	0.01	Stamm
0.85	0.04	–0.04	0.85	0	1.6	0.85	Krümmung der Blätter
0.2	–0.26	0.23	0.22	0	1.6	0.07	Rechte Teilblätter
–0.15	0.28	0.26	0.24	0	0.44	0.07	Linke Teilblätter

Die Spalte *p* enthält die Wahrscheinlichkeit mit der die jeweilige Transformation angewendet wird. Die Tabelle enthält die gesamte Information über den Farn. Während das Speichern der einzelnen Punkte des

Farns Hunderttausende oder gar Millionen von Bits benötigt, kommt die Tabelle mit ungefähr 1000 Bits aus – eine enorme Kompression. Das Finden der Transformationen, die eine bestimmte Szene charakterisieren, bleibt jedoch eine schwierige Aufgabe.

Sowohl Prozeduren als auch Module spielen eine wichtige Rolle bei der *Strukturierung komplexer Programme*. Die Erklärung ihrer Bedeutung muß aber noch ein wenig warten (siehe Kapitel 10). In diesem Kapitel werden die Syntax und Semantik von Prozeduren und Modulen eingeführt. Dazu dient ein anschauliches Beispiel – das Zeichnen eines fraktalen Farns, wie in den Kästen 6.1 und 6.2 beschrieben.

Kasten 6.2
Iterierte Funktionssysteme: Formulierung in Oberon

Der Algorithmus für das Zeichnen eines fraktalen Farns beruht auf der zufälligen Auswahl einer bestimmten Transformation. Angenommen *rn* ist eine gleichverteilte Zufallszahl zwischen 0 und 1, dann wird eine zufällige Auswahl mit gegebenen Wahrscheinlichkeiten *p*1, *p*2, *p*3 und *p*4 folgendermaßen erzielt:

```
IF rn < p1 THEN  ...                    (* erste Auswahl *)
ELSIF rn < (p1 + p2) THEN ...           (* zweite Auswahl *)
ELSIF rn < (p1 + p2 + p3) THEN ...      (* dritte Auswahl *)
ELSE ...                                (* vierte Auswahl *)
END;
```

Es ist nun einfach, die Anweisungsfolge für den Algorithmus zum Zeichnen des fraktalen Farns anzugeben:

```
"öffne die Zeichenfläche"
X := 0;  Y := 0;   (* Startposition des Zeichenstifts *)
REPEAT
   "erzeuge Zufallszahl rn (0 < rn <=1)"
   IF  rn < p1  THEN
      x := a1*X + b1*Y + e1;  y := c1*X + d1*Y + f1
   ELSIF  rn < (p1 + p2)  THEN
      x := a2*X + b2*Y + e2;  y := c2*X + d2*Y + f2
   ELSIF  rn < (p1 + p2 + p3)  THEN
      x := a3*X + b3*Y + e3;  y := c3*X + d3*Y + f3
   ELSE
      x := a4*X + b4*Y + e4;  y := c4*X + d4*Y + f4
   END;
   X := x;  Y := y;
   "Male Punkt an Position (X, Y)";
UNTIL  "Benutzer terminiert Schleife"
```

Diese Anweisungsfolge ist nur ein Fragment eines Oberon-Programms. Das Öffnen der Zeichenfläche, Berechnen der Zufallszahl, Malen eines

Punkts und das Beenden der Schleife durch den Benutzer sind noch nicht exakt definiert. Außerdem müssen noch alle Variablen deklariert werden. Die fehlenden Teile werden im Rest dieses Kapitels und in Kapitel 7 eingefügt.

6.1 Die Prozedur: eine benannte Anweisungsfolge

So wie alle Objekte der Sprache Oberon, müssen auch Prozeduren deklariert werden. Eine Prozedurdeklaration besteht aus einem Prozedurkopf (heading) und einem Prozedurrumpf (body). Der Kopf gibt den Namen der Prozedur, deren Parameter und einen allfälligen Ergebnistyp an. Der Rumpf besteht aus einer Deklarationsfolge und einer Anweisungsfolge. Die Prozedurdeklaration wird durch das Schlüsselwort END gefolgt vom Namen der Prozedur abgeschlossen. Die Syntax lautet

```
ProcedureDeclaration =
   ProcedureHeading ";" ProcedureBody ident.
ProcedureHeading =
   "PROCEDURE" ident ["*"] [FormalParameters].
ProcedureBody = DeclarationSequence
         ["BEGIN"  StatementSequence ]
         "END".
```

Die Deklarationsfolge, die Exportmarkierung (das Zeichen »*«) und die Formalparameter werden in den folgenden Abschnitten erklärt.

In der einfachsten Form besteht eine Prozedur aus einem Kopf, der nur einen Namen enthält, und einem Rumpf, der auf eine Anweisungsfolge reduziert ist. Das ist der Fall der vorhin angesprochenen benannten Anweisungsfolge, die schon genügt, um das Beispiel von Kasten 6.2 zu vervollständigen. Die Anweisungsfolge wird in eine Prozedur *Draw* zum Zeichnen eines fraktalen Farns eingebettet:

```
PROCEDURE  Draw;
BEGIN
   ... (* Anweisungsfolge von Kasten 6.2 *)
END Draw;
```

Es wird dabei angenommen, daß alle Variablen, die in der Anweisungsfolge vorkommen, in einem größeren, die Prozedur umschließenden Kontext (dem Modul) deklariert sind.

Prozeduraufruf Um die Anweisungsfolge einer Prozedur auszuführen, muß die Prozedur *aufgerufen* werden. Ein solcher Aufruf erfolgt entweder von einer anderen Prozedur aus oder vom Benutzer eines Computers.

Im einfachen Fall einer parameterlosen Prozedur besteht die Aufrufanweisung nur aus dem Namen der Prozedur, zum Beispiel

```
... Draw; ...
```

Das Ausführen eines Prozeduraufrufs bedeutet, daß der Programmablauf mit der ersten Anweisung der Anweisungsfolge der aufgerufenen Prozedur fortgesetzt wird. Wenn die Prozedur beendet ist, setzt der Programmablauf mit der Anweisung nach dem Aufruf fort.

Die Abarbeitung einer Prozedur endet entweder implizit mit der Ausführung der letzten Anweisung der Anweisungsfolge oder explizit durch die Ausführung einer Return-Anweisung (siehe Abschnitt 6.4.2).

Das Prozedurkonzept wäre zwar in der einfachen Form der benannten Anweisungsfolge schon sinnvoll, zwei zusätzliche Konzepte machen es aber erst zu einem unverzichtbaren Programmierwerkzeug: *Parameter* und *Lokalität von Namen.*

6.2 Das Konzept der Lokalität

Die Prozedur *Draw* arbeitet auf zwei Gruppen von Variablen:

1) *X*, *Y*, *x*, *y* und *rn*;

2) *a1...a4*, *b1...b4*, *c1...c4*, *d1...d4*, *e1...e4*, *f1...f4* und *p1...p4*.

Die erste Gruppe umfaßt Variablen zur Definition der Position des Zeichenstifts und Zufallszahlen. Sie sind eigentlich lokal zu der Prozedur *Draw* und heißen deshalb auch *lokale Variablen.* Im Gegensatz dazu haben die Variablen der zweiten Gruppe globale Bedeutung, d.h. sie werden in mehr als einem Prozeduraufruf benötigt.

Alle Objekte – im speziellen Variablen – müssen deklariert werden. *Die Deklarationsfolge im Prozedurrumpf wird benutzt, um lokale Objekte, wie zum Beispiel Variablen der ersten Gruppe, zu definieren.* Folgende EBNF-Regel definiert die Syntax von Deklarationsfolgen:

```
DeclarationSequence =
   { "CONST" {ConstDeclaration ";"}
   | "TYPE" {TypeDeclaration ";"}1)
   | "VAR" {VarDeclaration ";"}}
   {ProcedureDeclaration ";"}.
```

1 Typdeklarationen sind Gegenstand von Abschnitt 8.1.

Eine Deklarationsfolge listet Konstanten-, Variablen- und Typdeklarationen in beliebiger Reihenfolge auf. Prozedurdeklarationen hingegen stehen immer am Ende einer Deklarationsfolge. Da die Deklarationen innerhalb eines Prozedurrumpfs lokal zu dieser Prozedur sind, gibt die Exportmarkierung für lokale Objekte keinen Sinn.

Folgendes Beispiel zeigt eine Verfeinerung der Prozedur *Draw*, bei der die Variablen der ersten Gruppe als lokale Objekte deklariert sind:

```
PROCEDURE  Draw;
VAR
   X, Y: REAL;  (* lokale Variable für Stiftposition *)
   x, y: REAL;  (* lokale Variable für neue Position *)
   rn: REAL;    (* lokale Variable für Zufallszahl *)
BEGIN
      ...       (* Anweisungsfolge von Kasten 6.2 *)
END Draw;
```

6.2.1 Sichtbarkeitsbereich

Der Teil eines Programmtexts, in dem ein Name sichtbar ist, heißt Sichtbarkeitsbereich (scope) dieses Namens. Ein Name repräsentiert innerhalb seines Sichtbarkeitsbereiches ein Objekt, das über diesen Namen angesprochen werden kann. Der Sichtbarkeitsbereich von lokalen Definitionen innerhalb eines Prozedurrumpfs ist der Rest dieses Rumpfs. Auf Variablen bezogen bedeutet das Konzept der Lokalität, daß sie nur innerhalb ihres Sichtbarkeitsbereichs existieren. Der Wert einer lokalen Variablen ist undefiniert, wenn die Prozedur aufgerufen wird, und ihr Wert geht verloren, wenn die Prozedur endet. Daher muß eine Variable, deren Wert über mehrere Aufrufe einer Prozedur erhalten bleiben soll, außerhalb dieser Prozedur definiert werden. Die Konsequenz ist: *Lokale Variablen konsumieren Speicherplatz nur während der Ausführung der Anweisungsfolge ihrer Prozedur.* Sobald das Programm bei der Anweisung hinter dem Prozeduraufruf fortsetzt, wird der Speicherplatz von lokalen Variablen freigegeben.

Am Beispiel der Prozedur *Draw* ist der Sichtbarkeitsbereich der Variablen *X*, *Y*, *x*, *y* und *rn* der Text ab der Deklaration der Variablen bis zum Symbol »END« der Prozedur *Draw*. Angenommen der Name *rn* bezeichnet zusätzlich ein Objekt außerhalb von *Draw*, zum Beispiel eine Prozedur. *Dann verdeckt die lokale Deklaration von rn die Sichtbarkeit dieser Prozedur* innerhalb von Draw. Der Programmierer ist also frei, *Namen wiederzuverwenden*. Lokale Namen können vergeben werden, ohne die Namen aller globalen Objekte zu kennen. Diese Entkopplung verschiedener Programmteile ist speziell dann hilfreich –

ja sogar unentbehrlich – wenn es um die Konstruktion großer Programme unter Beteiligung von mehreren Programmierern geht.

6.2.2 Verschachtelung von Sichtbarkeitsbereichen

Bemerkenswert bei der Syntax der Deklarationsfolge ist, daß die Prozedurdeklaration rekursiv ist. Anders gesagt, die Deklarationsfolge einer Prozedur kann ihrerseits wieder Prozedurdeklarationen enthalten. Auf diese Art definierte Prozeduren sind, ähnlich wie lokale Variablen, lokale Objekte innerhalb der sie umschließenden Prozedur.

Sichtbarkeitsregeln

Da Prozedurdeklarationen verschachtelt sein können, folgt ihre Sichtbarkeit diesem Verschachtelungsschema. Die Sichtbarkeitsregeln merkt man sich man am besten durch die Strategie, mit der die Deklaration einer Variablen, zum Beispiel *i*, gesucht wird. Als erstes werden die Deklarationen der Prozedur, in der *i* benutzt wird, durchsucht. Wenn *i* darin nicht definiert ist, setzt sich die Suche in der umschließenden Prozedur oder in dem umschließenden Modul (siehe Abschnitt 6.3) fort; diese Regel wird angewendet, bis *i* gefunden wird. Wenn ein Name nicht deklariert ist, handelt es sich um ein fehlerhaftes Oberon-Programm, es sei denn, der Name ist vordefiniert. Vordefinierte Namen kann man sich vorstellen, *als wären sie in einem globalen, alle Module umschließenden Sichtbarkeitsbereich deklariert.*

6.2.3 Vorteile der Lokalität

Es ist guter Programmierstil, Objekte mit lokaler Bedeutung auch lokal zu deklarieren. Das begrenzt ihre Sichtbarkeit auf die Prozedur, in der sie auch benutzt werden. Zusammenfassend hat die Verwendung von lokalen Variablen folgende Vorteile:

- Die Deklaration liegt textuell nahe bei der Verwendung. Das fördert die Lesbarkeit des Programmtexts.
- Die fälschliche Benutzung eines globalen Objekts ist ausgeschlossen. Es gibt keine Notwendigkeit alle globalen Objekte zu kennen.
- Der Speicherbedarf wird minimiert, da lokale Variablen freigegeben werden, sobald die Prozedur, in der sie deklariert sind, endet.

6.3 Module

Das Modul ist ein weiteres Konstrukt, das einen Sichtbarkeitsbereich einführt. In Abschnitt 6.1 wurde Bezug auf einen »größeren Kontext« genommen, in dem die Variablen deklariert sind. Für Prozeduren, die nicht lokal zu anderen Prozeduren sind (zum Beispiel *Draw*), ist dieser Kontext das *Modul*. Oberon-Module genügen folgender Syntax

```
module = "MODULE" ident ";"
    [ ImportList ]
    DeclarationSequence
    ["BEGIN"  StatementSequence ]
    "END" ident ".".
```

Die Namen am Beginn und Ende eines Moduls müssen identisch sein. Die Importliste und die Anweisungsfolge sind optional.

Lassen Sie uns das IFS-Beispiel in ein Modul kleiden:

Deklarationsfolge

Anweisungsfolge

```
MODULE  IFS;
VAR
    a1, b1, c1, d1, e1, f1, p1: REAL;
    a2, b2, c2, d2, e2, f2, p2: REAL;
    a3, b3, c3, d3, e3, f3, p3: REAL;
    a4, b4, c4, d4, e4, f4, p4: REAL;

PROCEDURE  Draw*;
    ...  (* Prozedurrumpf *)
END Draw;

BEGIN
    a1 := 0.0;   a2 := 0.85;  a3 := 0.2;   a4 := -0.15;
    b1 := 0.0;   b2 := 0.04;  b3 := -0.26; b4 := 0.28;
    c1 := 0.0;   c2 := -0.04; c3 := 0.23;  c4 := 0.26;
    d1 := 0.16;  d2 := 0.85;  d3 := 0.22;  d4 := 0.24;
    e1 := 0.0;   e2 := 0.0;   e3 := 0.0;   e4 := 0.0;
    f1 := 0.0;   f2 := 1.6;   f3 := 1.6;   f4 := 0.44;
    p1 := 0.01;  p2 := 0.07;  p3 := 0.07;  p4 := 0.07
END IFS.
```

Dieses Beispielmodul enthält eine Deklarationsfolge, welche die Variablen *a1* bis *p4* sowie die Prozedur *Draw* einführt, und eine Anweisungsfolge, die den globalen Variablen Werte zuweist.

6.3.1 Modulblöcke und Deklaration globaler Variablen

So wie die Prozedur definiert auch das Modul einen Sichtbarkeitsbereich für die Namen in seiner Deklarationsfolge. Dieser Bereich erstreckt sich vom Punkt der Deklaration eines Namens bis zum abschließenden Schlüsselwort »END« des Moduls. Prozeduren, die innerhalb eines Moduls deklariert sind, öffnen einen geschachtelten Sichtbarkeitsbereich, für den die Sichtbarkeitsregeln für verschachtelte Bereiche gelten.

Statischer Sichtbarkeitsbereich, Globale Variablen

Bei jeder Ausführung einer Prozedur wird ein neuer lokaler Sichtbarkeitsbereich geöffnet – die lokalen Variablen werden neu definiert. Im Gegensatz dazu ist der durch ein Modul definierte Sichtbarkeitsbereich statisch. Das Modul existiert während vieler Berechnungen beziehungsweise Benutzerinteraktionen. Das bedeutet, daß Variablen, die in einem Modul deklariert sind, ebenfalls permanent existieren – und Speicher belegen. Diese Variablen heißen *globale Variablen.* Im Gegensatz zu Prozeduren sind Module nicht verschachtelbar.

Das Modul als Übersetzungseinheit

Damit Oberon-Programme auf einer Maschine ausgeführt werden können, müssen sie in die Maschinensprache übersetzt werden. In Oberon ist die syntaktische Einheit, die vom Übersetzer (Compiler) akzeptiert wird, das Modul. Übersetzte Module werden *Objekt-Module* genannt. Sie sind Teil von Bibliotheken, die üblicherweise auf Plattenspeichern abgelegt sind, und können bei Bedarf zur Ausführung in den Speicher geladen werden.

6.3.2 Die Anweisungsfolge eines Moduls

Die Anweisungsfolge eines Moduls, auch Modulrumpf genannt, wird ausgeführt, wenn das Modul zum ersten Mal benötigt und in den Speicher geladen wird. Die Anweisungsfolge im IFS-Beispiel ist typisch – sie wird benutzt, *um globale Variablen zu initialisieren.* Wenn also das Modul IFS in den Speicher geladen wird, werden die Wertzuweisungen durchgeführt, und die globalen Variablen erhalten ihren Anfangswert.

6.3.3 Export und Import von Deklarationen

Deklarierte Objekte, wie zum Beispiel Variablen und Prozeduren, sind nur innerhalb ihres Sichtbarkeitsbereichs zugreifbar, der von außen gesehen undurchlässig ist. Diese Regel gilt auch für Module – extern sichtbare ist nur der Modulname. Klarerweise ist ein Mechanismus notwendig, mit dem Objekte auch außerhalb eines Moduls zugegriffen werden können. Die Prozedur *Draw* von Modul *IFS* ist ein Beispiel dafür: sie sollte dem Betriebssystem bekannt gemacht werden, damit sie vom Benutzer aufgerufen werden kann. Ein anderes Beispiel ist die Prozedur *Uniform* aus dem Modul *RandomNumbers*, das in Kapitel 2 eingeführt wurde. Es sollte möglich sein, *Uniform* in einem anderen Modul – zum Beispiel in *IFS*, wo Zufallszahlen benötigt werden – aufzurufen. Die *Exportmarkierung* und die *Importliste* sind die Konstrukte, die Oberon zur Verfügung stellt, um Modulgrenzen teilweise durchlässig zu machen.

Exportmarkierung

Jeder in einem Modul deklarierte Name kann für den Export markiert werden. Exportierte Variablen, Konstanten oder Prozeduren sind auch außerhalb des Moduls sichtbar. *Die Exportmarkierung ist ein Stern hinter dem deklarierten Namen.* In folgendem Beispiel

```
VAR  height*, width*, i, j: INTEGER;
PROCEDURE  Draw*;
   ...  (* Deklarations- und Anweisungsfolge *)
END Proc;
```

sind die Variablen *height* und *width* sowie die Prozedur *Draw* als exportiert gekennzeichnet.

Importliste

Die Bibliothek eines Computers kann eine große Anzahl von Modulen enthalten. Offensichtlich ist es keine gute Idee, wenn alle exportierten Objekte direkt in allen Modulen sichtbar sind. Einer der wichtigen Vorteile des Modulkonzepts ist es ja, daß Programme von verschiedenen Programmierern geschrieben werden können, die – abgesehen von den Modulen, die sie wirklich verwenden wollen – nichts über die Deklarationen und Konventionen in anderen Modulen wissen müssen. Die *Importliste* und *qualifizierte Namen* dienen der Vermeidung von Namenskonflikten.

Jene Module, deren exportierte Deklarationen in einem bestimmten Modul sichtbar sein sollen, müssen von diesem explizit importiert werden. Die importierten Module scheinen in der Importliste auf, die unmittelbar auf den Modulkopf folgt und folgende Syntax aufweist:

```
ImportList = "IMPORT" import { "," import } ";".
import = ident [ ":=" ident ].
```

Zum Beispiel:

```
MODULE  IFS;
IMPORT  RN := RandomNumbers, XYplane;
...  (* Deklarations- und Anweisungsfolge *)
END IFS.
```

Innerhalb des Moduls *IFS* sind die von den Modulen *RandomNumbers* und *XYplane* exportierten Objekte sichtbar. Beim Import in der Form *M1* := *M* (Alias-Import) ist das importierte Modul *M* innerhalb des importierenden Moduls unter dem *Aliasnamen M1* bekannt. In obigem Beispiel wird also das Modul *RandomNumbers* als *RN* angesprochen.

Qualifizierte Namen

Importierte Objekte werden immer über einen *qualifizierten Namen*, bestehend aus einem Präfix – dem Namen des exportierenden Moduls oder dessen Aliasnamen – gefolgt vom Namen des Objekts, angesprochen. Wenn zum Beispiel *V* eine exportierte Variable eines Moduls *M* ist, dann wird sie in einem importierenden Modul (auch Klient genannt) zugegriffen als

```
M.V
```

Ein qualifizierter Name wird ebenso wie ein einfacher Name als Bezeichner in Ausdrücken und Zuweisungen verwendet.

```
qualident = [ident "."] ident.
designator = qualident.
```
[1]

Ein qualifizierter Name besteht aus zwei hintereinandergestellten und durch einen Punkt getrennten Namen. Oberon unterscheidet zwischen dem qualifizierten Namen *M.V* und dem einfachen Namen *V*. Deshalb kann *V* sowohl in Modul *M* als auch in Klienten (client) von *M* deklariert sein.

Im vorherigen Beispiel von Modul *IFS* wird die Prozedur *Uniform* von Modul *RandomNumbers* als *RN.Uniform* aufgerufen. Angenommen Modul *XYplane* exportiert eine Variable *W*, dann wäre diese durch *XYplane.W* bezeichnet.

Kommandos

In einem Oberon-System werden die gewünschten Berechnungen durch die Anweisungsfolgen von exportierten Prozeduren durchgeführt.[2] Solche Prozeduren werden auch *Kommandos* genannt. Die Prozedur *Draw* im Beispielmodul *IFS* ist ein solches Kommando.

Das System, das Oberon-Programme ausführt, stellt dem Benutzer Möglichkeiten zur interaktiven Ausführung von Kommandos zur Verfügung. Ein Beispiel eines solchen Systems wurde in Kapitel 2 kurz besprochen.

---

1 Allgemeinere Bezeichner werden später eingeführt.

2 Um genau zu sein, von parameterlosen Prozeduren (Parameter werden in den folgenden Abschnitten eingeführt).

6.4 Funktionsprozeduren und Parameter

Funktionen sind ein wichtiges Konzept der Mathematik. Die Formel

$$r = f(x, y) \qquad (1)$$

sagt aus, daß *r* das Ergebnis der Berechnung *f* angewendet auf die Argumente *x* und *y* ist. Während (1) die Namen der Argumente explizit angibt, benutzen Mathematiker häufig eine andere Schreibweise – diejenige der Abbildung. Angenommen *f* sei eine ganzzahlige Funktion mit ganzzahligen Argumenten *x* und *y*, dann kann die Abbildung *f* formal ausgedrückt werden als

$$f\colon \mathfrak{I} \times \mathfrak{I} \rightarrow \mathfrak{I} \qquad (2)$$

In (2) bezeichnet $\mathfrak{I}$ die Menge der ganzen Zahlen und $\mathfrak{I} \times \mathfrak{I}$ deren kartesisches Produkt. (2) wird gelesen als »*f* bildet jedes Paar von ganzen Zahlen auf eine ganze Zahl ab.« Im Gegensatz zu (1) wird die Menge der zulässigen Argumentwerte und die Menge der möglichen Resultate klar definiert.

Oberon unterstützt das Konzept der mathematischen Funktion. Schon in Kapitel 4 wurden einige vordefinierte Funktionen eingeführt, zum Beispiel ABS(*x*), ASH(*i*, *n*) oder ODD(*i*), die eine Berechnung auf ihren Argumenten durchführen und ein Ergebnis liefern. Solche Funktionen können Faktoren von Ausdrücken sein, zum Beispiel

x := y + ABS(z)

Die Funktion führt zwei neue Konzepte ein:

1) Der Funktionsname steht für eine Anweisungsfolge (eine Berechnung) und für ein *Ergebnis*.
2) Die Funktion hat Argumente, *Parameter* genannt, die Eingabewerte für die Berechnung liefern.

Oberon erlaubt dem Programmierer, eigene Funktionen durch Deklaration von *Funktionsprozeduren* zu definieren. Ein einfaches Beispiel zeigt das:

```
PROCEDURE Min(x, y: INTEGER): INTEGER;
BEGIN
   IF x <= y THEN RETURN x ELSE RETURN y END
END Min;
```

Der Prozedurkopf spezifiziert *Min* als Funktionsprozedur. Er definiert die *Formalparameter* (*x* und *y*) und deren Typen ebenso wie den Ergebnistyp (hinter dem Doppelpunkt). Die Return-Anweisung beendet die Anweisungsfolge und gibt das Ergebnis an die Aufrufstelle zurück.

6.4.1 Der Kopf von Funktionsprozeduren

Der Kopf von Funktionsprozeduren *muß eine Formalparameterliste besitzen.* Diese Liste ist in Klammern eingeschlossen und folgt hinter dem Funktionsnamen. Sie besteht aus Formalparameterdeklarationen (FPSection), die ähnlich wie Variablendeklarationen aussehen. Die Deklaration von Formalparametern definiert Name und Typ von Parametern, die als Argumente für die Funktion dienen. Durch einen Doppelpunkt von der Formalparameterliste getrennt steht der Typ des Funktionsergebnisses. Die EBNF-Definition der Funktionsprozedur lautet

```
ProcedureHeading = "PROCEDURE" ident ["*"] FormalParameters.
FormalParameters = "(" [FPSection {";" FPSection}] ")"
":"qualident.
FPSection = [ "VAR" ] ident {"," ident} ":" FormalType.
FormalType = qualident.1)
```

Der qualifizierte Name, der die Regel für *FormalParameters* abschließt, bezeichnet den Ergebnistyp. Er muß ein *einfacher Typ* sein; d.h. Array oder Record-Typen können nicht Ergebnis von Funktionsprozeduren sein (siehe Kapitel 8). Die Option »VAR« vor der Liste von Formalparameternamen wird in Abschnitt 6.5.2 erklärt.

Einige Beispiel für Köpfe von Funktionsprozeduren sind lehrreich:

```
PROCEDURE gcd(x, y: INTEGER): INTEGER;
PROCEDURE power(x: REAL; i: INTEGER): REAL;
PROCEDURE XYinRect(x, y, X, Y, W, H: REAL): BOOLEAN;
PROCEDURE New* (text: Texts.Text; pos: LONGINT): Frame;2)
PROCEDURE InitText*(f: Files.File; p: LONGINT): Texts.Text;
PROCEDURE Uniform(): REAL;
```

Das letzte Beispiel, der Zufallszahlengenerator aus der Einführung, ist eine Funktion ohne Parameter. Die leeren Klammern sind notwendig.

In gewisser Weise kombinieren Prozedurköpfe in Oberon beide mathematischen Schreibweisen: Sie führen Namen für die Parameter ein wie in (1) und sie spezifizieren die Definitions- und Wertemenge wie in (2).

---

1 Ein allgemeinerer *FormalType* wird in Kapitel 8 eingeführt.

2 Das ist ein Beispiel für selbstdeklarierte Typen. Der Typ *Frame* ist im selben Modul deklariert, wohingegen der Typ *Text* aus dem Modul *Texts* exportiert wird. Siehe Kapitel 8.

6.4.2 Formalparameter und die Return-Anweisung

Innerhalb der Anweisungsfolge einer Prozedur *können die Formalparameter genauso wie lokale Variablen benutzt werden*. Der Umstand, daß sie im Prozedurkopf und nicht im Prozedurrumpf definiert sind, weist darauf hin, daß sie einen definierten Anfangswert besitzen, nämlich den des korrespondierenden Aktualparameters zum Zeitpunkt des Aufrufs (siehe Abschnitt 6.4.3). Ebenso wie für lokale Variablen wird Speicherplatz für die Formalparameter nur während der Prozedurausführung benötigt.

Funktionsdeklarationen sind durch die Angabe eines Ergebnistyps hinter der Formalparameterliste gekennzeichnet. Im Rumpf einer Funktion beendet die Return-Anweisung die Berechnung und gibt das Ergebnis an die Aufrufstelle zurück. Die Return-Anweisung besteht aus dem Symbol »RETURN«, gefolgt von einem Ausdruck, der das Ergebnis liefert.

```
ReturnStatement = RETURN [expression].
```

Eine Funktionsprozedur muß immer durch Ausführung einer Return-Anweisung beendet werden, und der Ausdruck muß vorhanden und zuweisungskompatibel (Tabelle 4.3) zum Ergebnistyp der Prozedur sein.

6.4.3 Aktualparameter, Funktionsaufruf

Syntaktisch gesehen ist der Funktionsaufruf ein Faktor in einem Ausdruck. Zur Erinnerung:

```
FunctionCall = designator "(" [ActualParameters] ")".
ActualParameters = expression {"," expression}.
```

Vorläufig ist ein Bezeichner (designator) einfach ein qualifizierter Name, der eine Funktionsprozedur bezeichnet. Kompliziertere Bezeichner werden später eingeführt (siehe Kapitel 8 und 9).

Ein Aktualparameter ist ein Ausdruck, dessen Wert als Anfangswert des korrespondierenden Formalparameters benutzt wird. Offensichtlich muß die Anzahl der Aktualparameter mit der Anzahl der Formalparameter übereinstimmen. Die Aktualparameter werden gemäß ihrer Position in der Parameterliste mit Formalparametern gepaart. Zum Zeitpunkt des Funktionsaufrufs werden die Aktualparameter ausgewertet, und ihre Werte werden den Formalparametern zugewiesen. Deshalb muß der Ausdruck zuweisungskompatibel zum Typ des Formalparameters sein (siehe Tabelle 4.3).

Betrachten Sie zum Beispiel die schon erwähnte Prozedur *Min*. Ein möglicher Funktionsaufruf von *Min* ist

```
Min(3*i + j, 17)
```

Zum Zeitpunkt des Aufrufs werden die Ausdrücke $3*i + j$ und 17 ausgewertet und an die Formalparameter x und y zugewiesen. Dann setzt das Programm mit der ersten Anweisung der Prozedur *Min* fort. Das Ergebnis wird berechnet und an die Aufrufstelle zurückgegeben, wenn die erste Return-Anweisung ausgeführt wird.

6.5 Gewöhnliche Prozeduren

In Abschnitt 6.1 wurde die Prozedur als benannte Anweisungsfolge dargestellt, die von einer anderen Stelle im Programmtext aus aufgerufen oder als Kommando ausgeführt werden kann. Zur Unterscheidung von Funktionsprozeduren nennt man diese auch *gewöhnliche Prozeduren*. Parameter können auch mit gewöhnlichen Prozeduren verknüpft werden. Daraus ergeben sich zwei Vorteile:

1) Wenn die Prozedur eine allgemeine Berechnung repräsentiert, zum Beispiel das Finden der Nullstellen eines Polynoms, kann sie auf verschiedene Mengen von Variablen angewendet werden, ohne daß ihr Text geändert werden müßte.
2) Die in der Prozedur benutzten Namen sind von Namen in anderen Programmteilen unabhängig.

Die Entkopplung von Namen ist unerläßlich, wenn eine große Programmieraufgabe von mehreren Programmierern bewältigt werden soll. Zu diesem Zweck muß allerdings noch der Parametermechanismus um das *Konzept der Substitution* verallgemeinert werden. Vor der Beschreibung dieser Verallgemeinerung wird noch die Syntax der gewöhnlichen Prozeduren und des Prozeduraufrufs angegeben.

6.5.1 Syntax, der Prozeduraufruf

Gewöhnliche Prozeduren unterschieden sich von Funktionsprozeduren darin, daß der Prozedurkopf keinen Ergebnistyp enthält. Die EBNF-Regeln sind:

```
ProcedureHeading = "PROCEDURE" ident ["*"] [FormalParameters].
FormalParameters = "(" [FPSection {";" FPSection}] ")".
FPSection = [ "VAR" ] ident {"," ident} ":" FormalType.
FormalType = qualident.[1]
```

1 Ein allgemeinerer *FormalType* wird in Kapitel 8 eingeführt.

Beispiele für Köpfe gewöhnlicher Prozeduren sind:

```
PROCEDURE Draw*;
PROCEDURE ComputeRoots(a, b, c: REAL; VAR r1, r2, i1, i2: REAL);
```

Return-Anweisung

Die Return-Anweisung kann auch in gewöhnlichen Prozeduren aufscheinen. In diesem Fall ist sie optional und besteht nur aus dem Schlüsselwort »RETURN«. Die Ausführung einer Return-Anweisung beendet die Ausführung der Prozedur, und das Programm setzt mit der Anweisung nach dem Prozeduraufruf fort.

Prozeduraufruf

Der Aufruf einer gewöhnlichen Prozedur ist eine Anweisung mit folgender Syntax:

```
ProcedureCall = designator [ "(" ActualParameters ")" ].
ActualParameters = expression {"," expression}.
```

Ebenso wie bei Funktionsprozeduren werden die Aktual- mit den Formalparametern gepaart.

6.5.2 Wert- und Variablenparameter

Vorangegangene Beispiele zeigten schon die Tatsache, daß eine (gewöhnliche) Prozedur *über globale Variablen mit dem Zustand der Berechnung interagieren kann*. Der Vorteil, den man vom Parameterkonzept erwartet, ist *eine Entkopplung des Prozedurtexts von globalen Variablen*.

Wertparameter

Die bisher eingeführten Formalparameter verhalten sich wie lokale Variablen. Diese Art von Parameter wird als *Wertparameter* bezeichnet – der Wert des Ausdrucks, der den Aktualparameter repräsentiert, wird vor der Prozedurausführung an den Formalparameter zugewiesen.

Variablenparameter

Offensichtlich dienen Wertparameter ausschließlich dazu, Informationen *an* die Prozedur zu übergeben. Prozeduren benötigen aber auch eine Möglichkeit, den globalen Zustand der Berechnung zu ändern. Dies wird durch das Konzept der *Substitution* ermöglicht.

Dieser Mechanismus übergibt eine Variable und nicht nur ihren Wert an eine Prozedur. Deswegen spricht man von *Variablenparameter* (kurz Var-Parameter oder manchmal auch Referenzparameter genannt). Variablenparameter werden durch das Schlüsselwort »VAR« vor einer Gruppe von Formalparametern spezifiziert. Zum Beispiel hat die Prozedur

```
PROCEDURE ComputeRoots(a, b, c: REAL; VAR r1, r2, i1, i2: REAL);
```

zwei Arten von Parametern: *a*, *b* und *c* sind Wertparameter, und *r*1, *r*2, *i*1 und *i*2 sind Var-Parameter, die zur Rückgabe des Ergebnisses benutzt werden.

Wie der Name schon sagt *müssen die mit Var-Parametern korrespondierenden Aktualparameter Variablen sein.* Wenn der Formalparameter innerhalb der Prozedur seinen Wert ändert, zum Beispiel auf Grund einer Wertzuweisung, wird der entsprechende Aktualparameter ebenfalls geändert. *Der formale Var-Parameter substituiert einen lokalen Namen für den korrespondierenden Aktualparameter.* Damit wird die gewünschte Entkopplung vom globalen Zustand und ein flexibler Substitutionsmechanismus für Variablennamen erzielt.

Syntaktisch gesehen sind Aktualparameter Ausdrücke. Ein mit einem Var-Parameter korrespondierender Aktualparameter ist aber *auf Bezeichner eingeschränkt.* Bis jetzt kommen dafür nur qualifizierte Namen in Frage. Komplexere Bezeichner, zum Beispiel Array-Elemente (*a*[*i*+*j*]) oder Record-Felder (*r.f*), werden in Kapitel 8 im Zusammenhang mit strukturierten Typen eingeführt. Für Variablenparameter wird innerhalb der Prozedur kein Speicherplatz belegt, und es findet keine Wertzuweisung statt.

Typregeln

Der Substitutionsmechanismus der Variablenparameter erfordert, daß die Typen des Aktualparameters und des entsprechenden Formalparameters identisch sind.[1]

Lassen Sie uns mit einem Beispiel fortfahren – der Berechnung der Nullstellen der quadratischen Gleichung

$$ax^2 + bx + c = 0.$$

Es existieren zwei Lösungen, die komplexe Zahlen sein können. Der jeweilige Real- und Imaginärteil wird durch *r*1, *r*2, *i*1 und *i*2 bezeichnet. Der Umstand, daß es mehrere Ergebnisvariablen gibt, schließt die Benutzung einer Funktionsprozedur aus, die ansonsten die natürliche Lösung für diese Art von Berechnungen wäre.

Deswegen benutzen wir eine gewöhnliche Prozedur, die das Ergebnis mittels Var-Parametern zurückgibt:

```
PROCEDURE ComputeRoots(a, b, c: REAL; VAR r1, r2, i1, i2: REAL);
   VAR det: REAL;
BEGIN
   b := b/2;  det := b*b - a*c;
   IF det >= 0 THEN (* real roots *)
```

1 Diese Regel wird im Fall von Record-Typen und deren Erweiterungen etwas abgeschwächt; siehe Kapitel 11.

```
      r1 := (ABS(b) + sqrt(det))/a;
      IF b >= 0 THEN r1 := -r1  END;
      r2 := c/(a*r1);1)  i1 := 0;  i2 := 0
   ELSE  (* complex roots *)
      r1 := -b/a;  r2 := r1;  i1 := sqrt(-det);  i2 := -i1
   END
END ComputeRoots;
```

Die ersten drei Formalparameter sind Wertparameter, die zur Übergabe der Koeffizienten *a*, *b*, und *c* an die Prozedur dienen.

Die restlichen vier Parameter sind Variablenparameter, die zur Rückgabe der Real- und Imaginärteile der Lösungen benutzt werden. Ein möglicher Aufruf der Prozedur *ComputeRoots* ist

```
ComputeRoots(2.0, x*y, q, r1, r2, i1, i2);
```

6.6 Mehr über Funktionsprozeduren

6.6.1 Nebeneffekte

Das Konzept der Funktionsprozedur wurde zusammen mit Wertparametern eingeführt. Funktionsprozeduren sind aber keineswegs auf diesen Mechanismus beschränkt – zusätzlich zum Funktionsergebnis können sie den Zustand der Berechnung über globale Variablen und Variablenparameter ändern. Solche Änderungen werden als *Nebeneffekte* (side effects) bezeichnet.

Das allererste Beispiel, die Prozedur *Uniform*, ist eine Funktionsprozedur mit einem Nebeneffekt. Zur Erinnerung:

```
PROCEDURE Uniform(): REAL;
   CONST  a = 16807;  m = 2147483647;  q = m DIV a;  r = m MOD a;
   VAR g: LONGINT;
BEGIN
   g := a*(z MOD q) - r*(z DIV q);
   IF  g > 0  THEN  z := g  ELSE  z := g + m  END;
   RETURN z* 1.0 / m
END Uniform;
```

Der Nebeneffekt eines Aufrufs von *Uniform* ist die Änderung der globalen Variablen *z*. Das ist aber kein Versehen, sondern der Kern des

1 Die zweite reelle Nullstelle wird mit dem Satz von Vieta berechnet, um einem möglichen Verlust an Genauigkeit vorzubeugen, wenn eine der Lösungen nahe bei Null liegt.

Iterationsverfahrens zur Produktion von Zufallszahlen. Betrachten Sie zur Illustration folgende zwei Anweisungsfolgen:

```
z := 1;  x := z + Uniform();
```

und

```
z := 1;  x := Uniform() + z;
```

Im ersten Fall ist der Wert von x 1.0000080E+00, der zweite Fall liefert 1.6807000E+04 – scheinbar ein Widerspruch zur Kommutativität der Addition. Der Programmierer sollte sich immer dessen bewußt sein, daß Nebeneffekte unerwartete Ergebnisse produzieren können, wenn eine Funktion ungeeignet benutzt wird.

Es sei ausdrücklich betont, daß Änderungen von globalen Variablen durch Nebeneffekte von Funktionen weder wünschenswerte Praxis noch guter Programmierstil sind. Dennoch sind sie manchmal gerechtfertigt, wie eben im Beispiel von *Uniform*. Auf jeden Fall *sollten Nebeneffekte auf jene Variablen beschränkt sein, die nicht in der Parameterliste des Funktionsaufrufs vorkommen.*

6.6.2 Rekursion

Die Anweisungsfolge einer Prozedur kann natürlich auch Aufrufe von anderen Prozeduren enthalten. Da jede sichtbare Prozedur aufgerufen werden kann, kann sich im speziellen eine Prozedur auch selbst aufrufen. Diese Selbstaktivierung wird als *Rekursion* bezeichnet. Ihre Benutzung ergibt sich auf natürliche Art, wenn der Algorithmus oder die beteiligten Datenstrukturen rekursiv definiert sind.

Eines der einfachsten Beispiele für Rekursion ist die Berechnung der Fakultät, die folgendermaßen definiert ist

$$\text{fact}(0) = 1 \qquad (1)$$
$$\text{fact}(n) = n\ \text{fact}(n - 1) \quad \text{für } n = 1, 2, \ldots \qquad (2)$$

Eine Implementierung in Oberon ist:

```
PROCEDURE fact(n: INTEGER): LONGINT;
BEGIN
   IF n = 0 THEN RETURN 1
   ELSE RETURN n*fact(n - 1)
   END
END fact;
```

Wichtig ist, daß die Rekursion terminiert. Der Test auf $n = 0$ garantiert Termination im Fall von *fact*. Neben Schleifen sind Rekursionen eine weitere Quelle für nichtterminierende Programme.

Es ist klar, daß die Berechnung der Fakultät fast ebenso einfach auch iterativ formuliert werden kann:

```
PROCEDURE fact(n: INTEGER): LONGINT;
   VAR fact: LONGINT;
BEGIN  fact := 1;
   WHILE n > 0 DO  fact := fact*n;  DEC(n) END;
   RETURN fact
END fact;
```

Da jeder Prozeduraufruf einen gewissen Verwaltungsaufwand nach sich zieht, sollte die zweite Version wesentlich effizienter ablaufen. Grundsätzlich gilt: Eine Formulierung mit Schleifen ist immer möglich. Der Algorithmus kann dadurch aber so stark verunstaltet werden, daß der Gewinn an Ausführungsgeschwindigkeit den Aufwand nicht lohnt.

Abschnitt 9.3 gibt im Zusammenhang mit der Diskussion von Bäumen interessantere Beispiele für rekursive Prozeduren.

6.7 Hinweise an den Compiler

Die Ziele des Sprachdesigners und des Compilerbauers stehen manchmal im Widerspruch zueinander – der erste möchte Konstrukte mit maximaler Bequemlichkeit für den Benutzer einführen, der zweite tritt für Kompromisse in der Sprache ein, die zu einem einfacheren Compiler führen. Einer dieser Kompromisse ist der *Einpaß-Compiler*, der besonders schnell ist. Da dieser Compiler im Programmtext nicht vorausschauen kann, benötigt er eine *Vorwärtsdeklaration*, wenn ein Prozeduraufruf textuell vor der Prozedurdeklaration auftritt. Die Vorwärtsdeklaration hat folgende Syntax:

```
DeclarationSequence =
   { "CONST" {ConstDeclaration ";"}
   | "TYPE" {TypeDeclaration ";"}
   | "VAR" {VarDeclaration ";"}}
   {ProcedureDeclaration ";" | ForwardDeclaration ";" }.
ForwardDeclaration = "PROCEDURE" "↑" 1)
                     ident ["*"] [ FormalParameters ].
```

Die im Programmtext später folgende eigentliche Deklaration der Prozedur – die auch den Rumpf der Prozedur spezifiziert – muß genau den gleichen Namen und die gleiche Formalparameterliste aufweisen wie

1 Im Standard-ASCII-Zeichensatz ist »¦« durch das Zeichen »^« mit ORD("^") = 94 repräsentiert.

die Vorwärtsdeklaration. Das Symbol »↑« zeigt die Vorwärtsdeklaration an. Einige Oberon-Compiler verlangen, daß Prozeduren, die an Prozedurvariablen zugewiesen oder als Parameter benutzt werden sollen, mit einem Stern hinter dem Symbol »PROCEDURE« gekennzeichnet werden.

```
ProcedureHeading =
        "PROCEDURE" ["*"] ident ["*"] [FormalParameters].
```

Beachten Sie, daß nur ein Stern notwendig ist, oder anders gesagt, die Exportmarkierung (nach *ident*) impliziert die erste Markierung.

6.8 Zusammenfassung

In diesem Kapitel wurde ein Fülle von neuen Konzepten eingeführt, die nur überblicksweise zusammengefaßt werden können.

1) Module und Prozeduren definieren einen Sichtbarkeitsbereich – also einen textuellen Bereich, in dem Deklarationen gültig sind. Das *Konzept der Lokalität* besagt, daß Deklarationen lokal zu dem Sichtbarkeitsbereich sind, in dem sie deklariert wurden.

2) Das *Modul* führt einen globalen Sichtbarkeitsbereich ein – seine Deklarationen definieren *globale Objekte*, Konstanten, Typen (siehe Kapitel 8), Variablen und Prozeduren, die während der gesamten Berechnung gültig sind. Das Modul ist auch die Übersetzungseinheit. Deklarationen können durch eine *Exportmarkierung* auch außerhalb des Moduls sichtbar gemacht werden, und exportierte Namen anderer Module können *importiert* werden.

   Ein Modul kann optional auch eine Anweisungsfolge enthalten, die ausgeführt wird, wenn das Modul in den Speicher geladen wird. Diese Anweisungsfolge wird typischerweise benutzt, um globale Variablen zu initialisieren.

3) Die *Prozedur* ist eine benannte Anweisungsfolge und ein Mechanismus zur Parameterübergabe. Oberon unterscheidet zwischen *Funktionsprozeduren* und *gewöhnlichen Prozeduren*. Die Anweisungsfolge einer Prozedur kann an anderer Stelle im Programm durch einen Prozedur- oder Funktionsaufruf ausgeführt werden. Prozeduren können *rekursiv* sein.

4) *Parameter* werden benutzt, um Werte an eine Prozedur und wieder zurück zu übergeben. *Formalparameter* scheinen im Prozedurkopf auf, *Aktualparameter* an der Aufrufstelle. Oberon unterscheidet zwischen zwei Arten von Parametern: Wert- und Variablenparame-

ter. Ein *Wertparameter* verhält sich wie eine lokale Variable, die mit dem Ergebnis der Auswertung des entsprechenden Aktualparameters initialisiert ist. Es findet eine Wertzuweisung statt, und während der Ausführung der Prozedur ist Speicher für die Formalparameter reserviert.

Ein *Variablenparameter* (»VAR«) realisiert das Konzept der Substitution. Der Aktualparameter ersetzt den Formalparameter. Zuweisungen an den Formalparameter sind Zuweisungen an den Aktualparameter. Variablenparameter werden benutzt um Ergebnisse zurückzugeben.

5) Die *Return-Anweisung* beendet die Prozedurausführung. Im Fall einer Funktionsprozedur gibt sie auch das Ergebnis an die Aufrufstelle zurück.

6) Wenn eine Funktionsprozedur den Zustand der Berechnung durch eine Zuweisung an globale Variablen oder Variablenparameter ändert, spricht man von einem *Nebeneffekt*.

Ein durchgehendes Beispiel – das Zeichnen eines fraktalen Farns – wurde benutzt, um die wichtigsten Konzepte einzuführen. Dieses Kapitel behandelte aber nur die Grundlagen: Wie Prozeduren und Module in geeigneter Form angewendet werden, bleibt ein zentrales Thema für den Rest des Buches. Das Beispiel des fraktalen Farns wird in Kapitel 7 nach der Einführung geeigneter Eingabe- und Ausgabeoperationen vervollständigt.

6.9 Übungen

Ü 6.1 Welche der folgenden Prozedurköpfe sind korrekt?

a) `PROCEDURE f(x: REAL): ARRAY OF CHAR;`

b) `PROCEDURE f(x: REAL): REAL;`

c) `PROCEDURE g(i: INTEGER): VAR x: REAL;`

d) `PROCEDURE P(x: REAL, y: CHAR);`

e) `PROCEDURE P(x: REAL), (y: CHAR);`

f) `PROCEDURE Q(a, b, c: REAL; VAR r1, r2, i1, i2: REAL);`

Ü 6.2 Gegeben sind folgende Deklarationen

```
CONST x1 = 1; x2 = 2; x3 = 3; x4 = 4; x = 3.14159;
VAR  a, b, c, aR, bR, aI, bI: REAL; i: INTEGER;
     xR, yR, xI, yI: LONGREAL;
PROCEDURE Root(a, b, c: REAL; VAR x1, x2, y1, y2: REAL);
```

```
PROCEDURE Sin(x: REAL): REAL;
PROCEDURE Min(x, y: INTEGER): INTEGER;
```

Welche der folgenden Anweisungen sind korrekt?

```
Root(a, b, c, aR, bR, aI, bI);
Root(1, 3, 4, x1, x2, x3, x4);
Sin(3.14159); a := Sin(x1); i := Min(x, x1);
i := Min(x1, x2);
Root(a, b, c, 3, 4, 5, 6);
Root(a, 3*b, c + 1, xR, yR, xI, yI);
```

Ü 6.3 Ist folgender Text ein Oberon-Modul? Wenn nicht, wo sind die Fehler?

```
MODULE M;
CONST a = 10;  IMPORT Math;
PROCEDURE P(x: INTEGER): INTEGER;
   RETURN x*x
END P;
VAR y: REAL;
BEGIN  y := P(a)
END M;
```

Ü 6.4 [**Sichtbarkeitsregeln**] Zeigen Sie die Sichtbarkeitsbereiche aller Namen in folgendem Modul. Suchen Sie einen Fehler. Welchen Wert haben die globalen Variablen, nachdem *M* in den Speicher geladen wurde (unter der Annahme, daß der Fehler korrigiert wurde.)

```
MODULE M;
VAR i, j: INTEGER;
PROCEDURE A*;
VAR i: INTEGER;
PROCEDURE B*(VAR i, j: INTEGER);
VAR k: INTEGER;
BEGIN k := i;  i := j;  j := k  END B;
BEGIN i := 2; B(i, j)
END A;
PROCEDURE C;
BEGIN  A; i := 2*j  END C;
BEGIN  C
END M.
```

Ü 6.5 Was stimmt in folgender Prozedur nicht:

```
PROCEDURE Square(x: REAL): REAL;
VAR y: REAL;
BEGIN  y := x*x
END Square;
```

Ü 6.6 [**Fibonacci-Zahlen**] Die Fibonacci-Zahlen sind durch folgende Rekursionsbeziehung definiert:

$f_0 = 1, f_1 = 1, f_n = f_{n-1} + f_{n-2}$ für $n = 2, 3, \ldots$

Schreiben Sie eine iterative und eine rekursive Variante einer Prozedur

```
PROCEDURE Fibonacci(n: INTEGER): INTEGER;
```

die f_n berechnet.

Wieviele rekursive Aufrufe von *Fibonacci* ergeben sich aus dem Aufruf *Fibonacci*(*n*)? Wieviele Schleifendurchläufe sind nötig? Warum ist die iterative Fassung auch abgesehen vom Verwaltungsaufwand für Prozeduraufrufe so viel schneller?

Hinweis: Untersuchen Sie, ob der Aufwand zur Berechnung von f_{n-1} unabhängig von f_{n-2} ist.

Ü 6.7 Bestimmen Sie empirisch die Anzahl der Funktionsaufrufe in der rekursiven Variante von *Fibonacci*. *Hinweis*: Benutzen Sie einen Nebeneffekt. Ist diese Verwendung eines Nebeneffekts zulässig?

Ü 6.8 Welche mathematische Funktion berechnet *F*?

```
PROCEDURE F(n: INTEGER): INTEGER;
   VAR i, j: INTEGER;
BEGIN  i := 1;  j := 1;
   WHILE n > 1 DO i := i + j;  j := i - j; DEC(n) END
END F;
```

Ü 6.9 [**Exponentialverteilung**] Eine exponentialverteilte Zufallszahl rn_{exp} kann aus einer gleichverteilten Zufallszahl rn_{uni} (siehe Kasten 10.1) abgeleitet werden. Erweitern Sie das Modul *RandomNumbers* von Kapitel 2 um die Prozedur

```
PROCEDURE Exp(mu: REAL): REAL
```

die exponentialverteilte Zufallszahlen erzeugt. Nehmen Sie an, ein Modul *Math* sei verfügbar, das die Funktion *ln*(*x*: REAL): REAL zur Berechnung des natürlichen Logarithmus exportiert.

Referenzen

Barnsley M. (1988). *Fractals Everywhere*. New York: Academic Press.

Mandelbrot B. B. (1977). *The Fractal Geometry of Nature*. San Francisco: W. H. Freeman.

7 Ein- und Ausgabe

Eine der Grundlagen des Erfolgs von höheren Programmiersprachen ist das *Prinzip der Abstraktion*. Abstraktion ist im wesentlichen das Verbergen von Details, die sich auf den konkreten Rechner beziehen, auf dem ein Programm ausgeführt wird. Verschiedene Sprachen und Systeme unterscheiden sich in den Abstraktionen, die sie anbieten. Da Abstraktion das Verstecken von maschinenabhängigen Details bedeutet, schließt sie zwangsläufig die Benutzung gewisser Möglichkeiten aus – jene, die dazu dienen, eine bestimmte Aufgabe direkt und effizient auszuführen. Vereinfachung und Verallgemeinerung durch Abstraktion ist in diesem Fall im Widerspruch zum Wunsch nach voller Kontrolle über die Maschine, um höchste Effizienz zu erreichen.

Während sich für die Abstraktionen im Bereich der Grundtypen und Kontrollanweisungen eine gewisse Übereinstimmung herauszubilden scheint, herrscht bei den Ein-/Ausgabeoperationen eine große Vielfalt, speziell wenn man die Graphiksubsysteme moderner Arbeitsplatzrechner betrachtet.

In Anbetracht dieses Dilemmas enthält Oberon keine Eingabe-/Ausgabeabstraktionen in der Sprache. Diese Entscheidung wird durch zwei Umstände ermöglicht:

1) *Abstraktionen werden nicht nur durch die Sprache, sondern auch durch das Modulkonzept eingeführt.* Das Modul erlaubt das Verbergen von Details – nur jene Deklarationen, die bewußt für den Export markiert sind, sind in Klientenmodulen sichtbar. Kapitel 10 und Teil III enthalten mehr über diese Rolle des Moduls.
2) Es wird angenommen, daß ein System, das Oberon-Programme ausführt, *Eingabe- und Ausgabeoperationen in Form von Oberon-Modulen anbietet.* Solche Module, schon kompiliert und benutzbar, bilden einen Teil der Bibliothek eines Rechners. Geeignete Module können von einem Programm importiert werden und ermöglichen den Zugriff auf die Ein- und Ausgabegeräte. Typischerweise ist nicht nur ein Modul vorhanden, sondern eine ganze Hierarchie, wobei jede Ebene den Abstraktionsgrad erhöht – also mehr Details versteckt.

7.1 Sequentielle Ein- und Ausgabe, Module *In* und *Out*

Eine der erfolgreichsten Abstraktionen im Bereich der Ein- und Ausgabe ist der *Strom* (stream). Ein Strom ist eine Folge von Datenelementen. Die Anzahl der Elemente ist nicht von vorne herein bekannt – der Strom ist deshalb ein einfaches Beispiel einer dynamischen Datenstruktur. Die Anzahl der Elemente heißt die *Länge* des Stroms. Nur ein Element ist zu einem bestimmten Zeitpunkt sichtbar, nämlich das Element an der *aktuellen Position* des Stroms. Dieses Element kann gelesen werden, wobei die Leseoperation die aktuelle Position implizit fortschaltet. Das Schreiben erfolgt (normalerweise) am Ende des Stroms.

Historisch gesehen waren die allermeisten Ein- und Ausgabegeräte sequentiell: Papierstreifen, Lochkarten und dann Magnetbänder. Für diese Geräte ist die Abstraktion des Stroms sehr nahe an den tatsächlich ausführbaren Operationen. Heutzutage geht die Bedeutung sequentieller Geräte stark zurück – sie werden verdrängt durch Plattenspeicher mit direktem Zugriff und durch graphische Ausgabegeräte, die inhärent nicht-sequentiell sind. Die Abstraktion des Stroms hat aber ihre Nützlichkeit nicht verloren, da viele Operationen von der Logik her immer noch sequentiell sind.

Die Beispiele dieses Buches bauen auf zwei Modulen auf, *In* und *Out*, die einen Eingabe- beziehungsweise Ausgabestrom implementieren.[1] Um ein Modul zu dokumentieren, werden die exportierten Konstanten- und Variablendeklarationen aufgelistet sowie die Köpfe der exportierten Prozeduren.

Modul *In* Für Modul *In* sieht das folgendermaßen aus.

```
DEFINITION In;
VAR Done: BOOLEAN;
PROCEDURE Open;
PROCEDURE Char(VAR ch: CHAR);
PROCEDURE Int(VAR i: INTEGER);
PROCEDURE LongInt(VAR l: LONGINT);
PROCEDURE Real(VAR x: REAL);
PROCEDURE LongReal(VAR x: LONGREAL);
PROCEDURE Name(VAR name: ARRAY OF CHAR);2)
PROCEDURE String(VAR str: ARRAY OF CHAR);
END In.
```

1 Der Quelltext einer konkreten Implementierung ist in Anhang C enthalten.

2 Eine Variable vom Typ ARRAY OF CHAR kann einen String als Wert haben, siehe Abschnitt 8.2.6.

Die von Modul *In* exportierten Objekte haben folgende Bedeutung (oder Semantik):

- Die Variable *Done* ist TRUE, solange die *Read*-Operationen korrekt terminieren. Die erste abnormale Terminierung setzt *Done* auf FALSE; *Done* bleibt FALSE bis zum nächsten Aufruf von *Open*. Die Variable *Done* sollte vor der Benutzung jedes eingelesenen Var-Parameters getestet werden.
- *Open* initialisiert den Eingabestrom. Die Position wird an den Anfang gesetzt und *Done* auf TRUE.
- *Char*: Falls *Done* gilt, wird das Zeichen an der aktuellen Position des Eingabestroms zurückgegeben und die Position fortgeschaltet. Wird versucht, über das Ende des Eingabestroms hinaus zu lesen, so wird *Done* auf FALSE gesetzt.
- *Int*, *LongInt*, *Real*, *LongReal*, *Name* und *String*: Falls *Done* gilt, dann versuchen diese Prozeduren im Eingabestrom ausgehend von der aktuellen Position ein Symbol des entsprechenden Typs zu lesen. Die Syntax ist die des entsprechenden Oberon-Symbols (ein *Name* ist eine Folge von Namensbestandteilen getrennt durch einen Punkt; Ein *String* ist eine unter Anführungszeichen stehende Folge von Zeichen). Führende Leerzeichen, Tabulator- oder Zeilenendezeichen werden überlesen. Das gelesene Symbol wird in eine interne Darstellung transformiert und im Var-Parameter zurückgegeben. Die Position wird auf das Zeichen unmittelbar hinter dem gelesenen Symbol fortgeschaltet. Wenn kein Symbol des entsprechenden Typs gelesen werden konnte, wird *Done* auf FALSE gesetzt.

Nach einer Folge von Leseoperationen zeigt *Done* = TRUE an, daß alle Operationen erfolgreich waren.

Modul *Out*

Im selben Stil sind die exportierten Prozeduren von Modul *Out* in folgender Definition zusammengefaßt:

```
DEFINITION Out;
PROCEDURE Open;
PROCEDURE Char(ch: CHAR);
PROCEDURE Int(i, n: LONGINT);
PROCEDURE Real(x: REAL; n: INTEGER);
PROCEDURE LongReal(x: LONGREAL; n: INTEGER);
PROCEDURE String(s: ARRAY OF CHAR);
PROCEDURE Ln;
END Out.
```

Die Bedeutung der Prozeduren ist:

- *Open* initialisiert den Ausgabestrom.
- *Char* fügt das Zeichen *ch* an das Ende des Ausgabestroms an.

- *Int*, *Real*, *LongReal*: transformiert die interne Darstellung des Aktualparameters in eine textuelle Form bestehend aus mindestens *n* Zeichen, und fügt sie an das Ende des Ausgabestroms an.
- *String* fügt die Zeichen des übergebenen Strings an das Ende des Ausgabestroms an.
- *Ln* fügt ein Zeilenendezeichen an das Ende des Ausgabestroms an. Bei Drucker- oder Bildschirmausgabe wird eine neue Zeile gestartet.

Beachten Sie, daß weder der Eingabe- noch der Ausgabestrom in den Definitionen der Module *In* und *Out* explizit vorkommt. Die hinter diesen Modulen liegende, ziemlich komplizierte Datenstruktur ist für Klienten nicht sichtbar. Dieses Verbergen ist die Essenz der Abstraktion namens Strom.

Browser

In Modula-2 wird der Text zwischen den Symbolen »DEFINITION« und »END« ein *Definitionsmodul* genannt. Es listet alle exportierten Deklarationen auf – daher heißt es auch *öffentliche Sicht* des Moduls. Ein solches Definitionsmodul wird (in Modula-2) vom Compiler akzeptiert. Seine Aufgabe ist die Kennzeichnung exportierter Objekte – eine Alternative zu Oberons Exportmarkierung.

Der Vorteil eines Definitionsmoduls ist seine textuelle Kompaktheit. Oberon-Systeme stellen deshalb üblicherweise ein Hilfsmittel, *Browser* genannt, zur Verfügung, das die öffentliche Sicht eines gegebenen Moduls in Form eines Definitionsmoduls erzeugt.

7.2 Graphikausgabe

Die Suche nach allgemein akzeptierten Abstraktionen zur Programmierung von Graphikausgaben ist, wie schon erwähnt, noch nicht abgeschlossen. An dieser Stelle wird deshalb nur ein einfaches Modul zur Erzeugung graphisch animierter Simulationen eingeführt, zum Beispiel das Zeichnen des fraktalen Farns.

Das Modell ist das einer kartesischen Fläche mit dem Ursprung in der linken unteren Ecke. Graphische Ausgabegeräte stellen ein Raster von Punkten, *Pixel* (picture element) genannt, zur Verfügung. Das Pixel ist die kleinste Einheit, die schwarz oder weiß dargestellt werden kann – oder die eine Farbe besitzt. Es ist deshalb sinnvoll, die Pixelgröße als Einheit zu wählen und die Koordinaten in Vielfachen dieser Einheit zu messen, d.h. x und y durch ganze Zahlen auszudrücken (Abbildung 7.1).

Der sichtbare Ausschnitt (window) der kartesischen Fläche hat seine linke untere Ecke bei (*X*, *Y*) und ist *W* Pixel breit und *H* hoch.

Abbildung 7.1
Rasterdarstellung

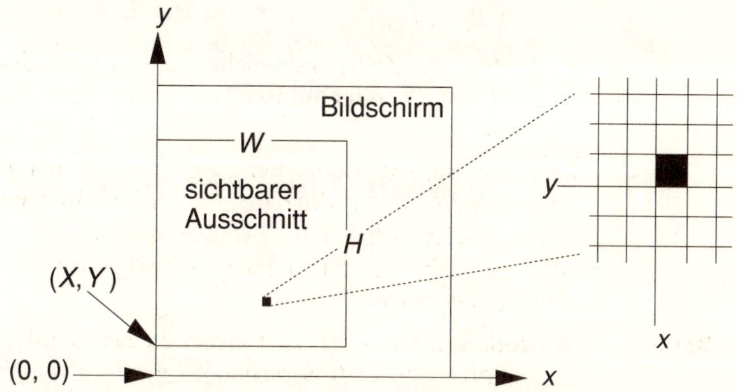

Speziell für die Belange der Animation ist eine Möglichkeit zum Lesen der Tastatur notwendig, während eine Simulation läuft. Das erlaubt die Definition von »Kommando-Tasten«, die das Programm abbrechen oder geeignet steuern können.

Das Modul *XYplane*[1] wird im selben Stil wie die Module *In* und *Out* eingeführt:

```
DEFINITION XYplane;
CONST erase = 0;  draw = 1;
VAR  X, Y, W, H: INTEGER;
PROCEDURE Open;
PROCEDURE Dot(x, y, mode: INTEGER);
PROCEDURE IsDot(x, y: INTEGER): BOOLEAN;
PROCEDURE Key(): CHAR;
PROCEDURE Clear;
END XYplane.
```

Die Auswirkungen der Prozeduren können leicht erraten werden; im folgenden deshalb nur eine kurze Beschreibung:

- Die Konstanten *erase* und *draw* sind die zulässigen Werte für den Parameter *mode* der Prozedur *Dot*.
- Die Variablen X, *Y*, *W* und *H* geben die Lage und Größe der sichtbaren Zeichenfläche an.
- *Open* initialisiert die Zeichenfläche.

1 Der Quelltext einer konkreten Implementierung von Modul *XYplane* ist in Anhang C enthalten.

- *Dot* zeichnet (löscht) einen Punkt an der Stelle *x*, *y* gemäß *mode*.
- *IsDot* gibt an, ob der Punkt an der Stelle *x*, *y* gezeichnet ist oder nicht.
- *Key* liest die Tastatur. Wenn vor dem Aufruf eine Taste gedrückt war, wird diese zurückgegeben; sonst 0X.
- *Clear* löscht alle Punkte der Zeichenfläche.

7.3 Der fraktale Farn, Abschluß des Beispiels

Das notwendige Wissen, um das Beispiel des fraktalen Farns zu vervollständigen, ist nun vorhanden. Die Prozedur *Draw* ist sogar in der Lage, beliebige Fraktale zu zeichnen. Der Farn ist nur eines davon. Deshalb ist es sinnvoll, die Parameter des iterierten Funktionssystems vom Eingabestrom zu lesen. Das hat den entscheidenden Vorteil, daß der Benutzer nicht für jede Änderung der Parameter den Programmtext ändern und das Modul *IFS* neu übersetzen muß. Es wird angenommen, daß die Module *RandomNumbers*, *XYplane*, *In* und *Out* in der Bibliothek des Rechners vorhanden sind.

Die Koordinaten in Modul *IFS* sind reelle Zahlen, wohingegen die Koordinaten von Modul *XYplane* ganzzahlig sind. Die beiden Koordinatensysteme hängen über die Transformation

$$\xi = x_0 + \mathrm{ENTIER}(X*e) \qquad \eta = y_0 + \mathrm{ENTIER}(Y*e)$$

zusammen, wobei x_0 und y_0 die Pixelkoordinaten des Ursprungs der Zeichenfläche bedeuten und *e* die Intervallgröße (in Pixel) mißt.

Mit diesen Vorüberlegungen sieht das Modul *IFS* so aus:

```
MODULE  IFS;
IMPORT  RandomNumbers, In, Out, XYplane;

VAR
   a1, b1, c1, d1, e1, f1, p1: REAL;   (* IFS Parameter *)
   a2, b2, c2, d2, e2, f2, p2: REAL;   (* IFS Parameter *)
   a3, b3, c3, d3, e3, f3, p3: REAL;   (* IFS Parameter *)
   a4, b4, c4, d4, e4, f4, p4: REAL;   (* IFS Parameter *)
   X, Y: REAL;(* Zeichenstiftposition *)
   x0: INTEGER;(* Abstand des Ursprungs vom linken Rand [Pixel] *)
   y0: INTEGER;(* Abstand des Ursprungs vom unteren Rand [Pixel] *)
   e: INTEGER;(* Größe des Einheitsintervalls [Pixel] *)
   initialized: BOOLEAN;(* sind Parameter eingelesen? *)
```

```
       PROCEDURE  Draw*;(* exportiertes Kommando *)
       VAR
          x, y: REAL;         (* neue Position *)
          xi, eta: INTEGER;  (* Pixelkoordinaten des Stifts *)
          rn: REAL;           (* temporäre Variable für Zufallszahl *)
       BEGIN
1) →      IF initialized THEN
          REPEAT
          rn := RandomNumbers.Uniform();
          IF  rn < p1 THEN
             x := a1*X + b1*Y + e1;
             y := c1*X + d1*Y + f1
          ELSIF  rn < (p1 + p2)  THEN
             x := a2*X + b2*Y + e2;
             y := c2*X + d2*Y + f2
          ELSIF  rn < (p1 + p2 + p3)  THEN
             x := a3*X + b3*Y + e3;
             y := c3*X + d3*Y + f3
          ELSE
             x := a4*X + b4*Y + e4;
             y := c4*X + d4*Y + f4
          END;
2) →      X := x;  xi := x0 + SHORT(ENTIER(X*e));
          Y := y;  eta := y0 + SHORT(ENTIER(Y*e));
          XYplane.Dot(xi, eta, XYplane.draw)
3) →      UNTIL  XYplane.Key() = "s"
          END
       END Draw;

       PROCEDURE Init*;(* exportiertes Kommando *)
       BEGIN
          X := 0;   Y := 0;(* Startposition des Zeichenstifts *)
          initialized := FALSE;In.Open;
          In.Int(x0);    In.Int(y0);    In.Int(e);
          In.Real(a1);   In.Real(a2);   In.Real(a3);   In.Real(a4);
          In.Real(b1);   In.Real(b2);   In.Real(b3);   In.Real(b4);
          In.Real(c1);   In.Real(c2);   In.Real(c3);   In.Real(c4);
          In.Real(d1);   In.Real(d2);   In.Real(d3);   In.Real(d4);
          In.Real(e1);   In.Real(e2);   In.Real(e3);   In.Real(e4);
          In.Real(f1);   In.Real(f2);   In.Real(f3);   In.Real(f4);
          In.Real(p1);   In.Real(p2);   In.Real(p3);   In.Real(p4);
          IF In.Done THEN XYplane.Open;  initialized := TRUE
          ELSE  Out.String("Parameter error");  Out.Ln
          END
       END Init;

4) →   BEGIN  initialized := FALSE
       END IFS.
```

Anmerkungen

1) Die boolesche Variable *initialized* garantiert, daß die Prozedur *Draw* nur ausgeführt wird, wenn die Parameter eingelesen sind.
2) Beachten Sie die Typkonversionsfunktion SHORT.
3) Die Tastatur wird abgefragt und das Programm beendet, falls die Taste »s« gedrückt ist.
4) *initialized* wird mit FALSE initialisiert, wenn das Modul geladen wird.

Die Prozeduren *Draw* und *Init* sind exportiert. Beide sind Kommandos, da sie keine Formalparamter besitzen. Warum aber wurde die Arbeit in zwei Prozeduren aufgeteilt? Die Initialisierung durch die Anweisungsfolge von *Init* könnte einfach der Anweisungsfolge von *Draw* vorangestellt werden.

Abbildung 7.2 *Vier Zustände in der Berechnung des fraktalen Farns*

Die Ursache liegt in der Natur des Zeichnens eines Fraktals. Nachdem die Parameter initialisiert wurden, beginnt *Draw* mit dem Zeichnen des Farns. Zuerst sind nur wenige Punkte sichtbar. Nach einer kurzen Zeit erscheint der Farn. Nun drücken Sie die »s«-Taste – die Berechnung stoppt. Wenn eine Fortsetzung gewünscht wird, kann *Draw* erneut aufgerufen werden – das Zeichnen wird fortgesetzt und der Farn dunkler und dunkler. Vier Konvergenzstufen sind in Abbildung 7.2 gezeigt, die letzte ist das Ergebnis nach 30 Minuten Rechenzeit.[1)]

1 Auf einem 16 MHz Motorola MC68030 Prozessor mit MC68882 Gleitkommaprozessor.

7.4 Das Oberon System: ein kurzer Ausflug

Oberon als Sprache stellt keine speziellen Anforderungen an das System, auf dem Programme ausgeführt werden. Die Sprache wurde aber als Werkzeug zur Entwicklung eines erweiterbaren Betriebssystems für einen graphikfähigen Arbeitsplatzrechner entworfen. Wie schon früher in diesem Kapitel erwähnt, besteht das Oberon-System aus einer Hierarchie von Modulen, von denen jedes eine Abstraktion auf einer geeigneten Ebene zur Verfügung stellt (siehe Abbildung 1.1).

Das Oberon-System weicht in vielen Punkten von der breiten Masse der Betriebssysteme ab. Eine entsprechende Abhandlung dieser Punkte ist Gegenstand mehrerer Zeitschriftenartikel und zweier weiterer Bücher (siehe Reiser, 1991; Wirth und Gutknecht, 1989, 1992). Dieser Abschnitt beschränkt sich auf die Diskussion zweier Schlüsselkonzepte:

- *Ausführung von Kommandos* – anstelle von Programmen.
- Eine neue und vereinheitlichende Rolle, gespielt durch den Begriff *Text*.

7.4.1 Ausführung von Kommandos

Das Ausführen eines Programms auf einem konventionellen Betriebssystem besteht aus folgenden Schritten:

1) Alle Teile des Programms (zum Beispiel seine Module) sind übersetzt und werden in einem eigenen Schritt[1] in eine einzelne ausführbare Einheit[2] verschmolzen und auf Platte gespeichert.
2) Das Betriebssystem stellt Einrichtungen zur Verfügung, die es dem Benutzer ermöglichen, das Programm zu starten. Das Programm wird in den Speicher geladen und der Programmablauf beginnt bei der ersten Instruktion.
3) Bei Termination werden Speicher und andere Ressourcen, zum Beispiel Dateien, freigegeben.

Das Laden von Programmen ist als langsamer Vorgang bekannt, und da bei der Termination eines Programms dessen Speicher freigegeben wird, kann eine Folge von Programmen nur über Dateien miteinander kommunizieren. Es ist daher nicht sehr vielversprechend, eine interaktive Anwendung als Menge von Programmen zu konzipieren, die vom Kommandointerpreter des Betriebssystems aus aufgerufen werden.

---

1 Üblicherweise von einem Programm namens Binder (linkage editor) durchgeführt.
2 Auch Objektprogramm genannt.

Der Kommando-Mechanismus des Oberon-Systems ist dazu gedacht, den Entwurf erweiterbarer interaktiver Anwendungen effizient zu unterstützen. Dieses Ziel erfordert eine Architektur mit den folgenden Eigenschaften:

- Die kleinste Einheit, die vom Eingabegerät eines Rechners aus aktiviert werden kann, ist reduziert: In Oberon ist es die *exportierte Prozedur* ohne Formalparameter – auch *Kommando* genannt.
- Um den Zusatzaufwand des Ladens (und Entladens) von Programmen in den Speicher zu vermeiden, werden die Module nur einmal geladen, und zwar dann, wenn sie zum ersten Mal benötigt werden. Nachdem ein Modul *dynamisch geladen* wurde, bleibt es im Speicher resident (es sei denn, es wird explizit entladen). Zum Zeitpunkt des Ladens wird die Anweisungsfolge des Moduls ausgeführt.
- Das Oberon-System erlaubt dem Benutzer, Kommandos mit Hilfe von Eingabegeräten, im speziellen mit der Maus, auszuführen. Wenn ein Kommando aufgerufen wird, so läuft dieses bis zum Ende. Es erfordert (erlaubt) keine weiteren Interaktionen mit dem Benutzer.[1)]

Das Ergebnis ist der sehr effiziente Kommando-Mechanismus des Oberon-Systems. Ein wichtiger zusätzlicher Vorteil von speicherresidenten Modulen ist der Umstand, *daß Kommandos über Datenstrukturen im Speicher miteinander kommunizieren können*. Das macht das Konzept der abstrakten Datentypen besonders relevant, das in Kapitel 10 und Teil III näher untersucht wird.

7.4.2 Die Rolle von Texten

Eine der ersten Überraschungen des Computerneulings ist die Entdeckung, daß auf dem Bildschirm dargestellter Text *modal* ist. Gewisse Texte sind nur dazu gedacht, gesehen zu werden. Es sind flüchtige Informationen, die vom System geschrieben werden. Anderer Text, an bestimmter Stelle geschrieben, wird als Kommando interpretiert und teilt dem System mit, was zu tun ist. Die spezielle Stelle wird als *Kommandozeile* bezeichnet. Noch eine dritte Art von Text – nahe daran, was ein naiver Benutzer als normal erwarten würde – ist Text, der editiert, geändert, gespeichert oder gedruckt werden kann.

In Oberon gibt es nur eine Art von Text: sie ist editierbar, speicherbar, druckbar und kann als Kommando interpretiert werden. Texte existie-

1 Auf der Ceres mit der Ausnahme der CTRL-SHIFT-DEL Tastenkombination, die (endlos laufende) Kommandos abbricht.

ren in Fenstern, die *Textfenster* (text viewers) genannt werden. In jedem Textfenster steht ein einfacher Editor zur Verfügung. *Die Textmodi sind abgeschafft.*

Abbildung 7.3 stellt das Aussehen eines Textfensters dar. Die Begrenzung des Fensters ist durch eine dünne Linie gekennzeichnet. Oben befindet sich der invertiert gezeichnete Titelbalken (title bar). Links ist der Rollbalken (scroll bar) mit einer Positionsmarke. Der Titelbalken enthält den Namen des Fensters durch einen vertikalen Strich von den Kommandos *System.Close*, *System.Copy*, *System.Grow*, *Edit.Search* und *Edit.Store* getrennt. Diese Kommandos können mit der Maus ausgeführt werden und führen eine Operation auf dem Fenster oder auf dem Text im Fenster aus.

Abbildung 7.3
Aussehen und Bestandteile eines Oberon-Textfensters

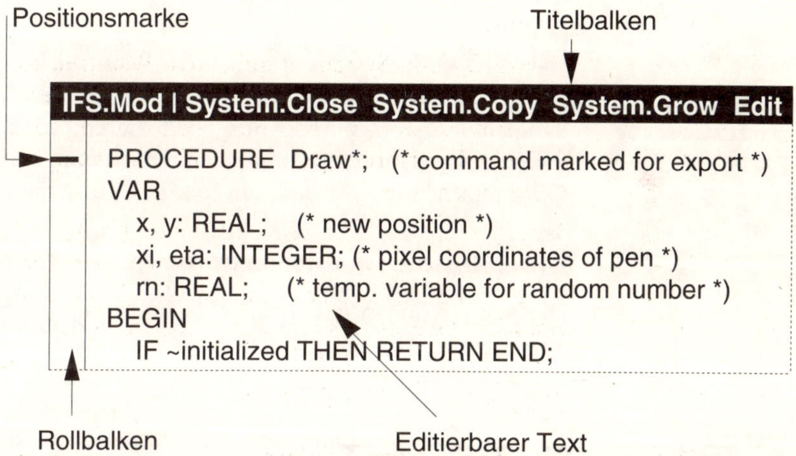

Kommandoaktivierung

Kommandos werden durch einen qualifizierten Namen der Form *Mod.Proc* identifiziert, wobei *Proc* der Name der Prozedur ist und *Mod* das Modul bezeichnet, in dem *Proc* deklariert ist. Oberon ermöglicht, ein beliebiges Kommando auszuführen, in dem man mit der Maus auf den Kommandonamen – der irgendwo im Text eingetippt ist – zeigt und den Kommandoknopf der Maus drückt.

Texte als Werkzeuge

Der Umstand, daß Kommandos von Textfenstern aus aktiviert werden, erlaubt dem Benutzer, sich eine sehr effiziente Arbeitsumgebung einzurichten. Man tippt einfach die Menge der Kommandos, die für die aktuelle Tätigkeit gebraucht werden, in ein Textfenster und speichert den Text auf der Platte ab. Ein solcher Text kann mit gutem Recht als *Werkzeug* (tool) bezeichnet werden. Abbildung 7.4 stellt ein solches Werkzeug zur Ausführung der Kommandos im *IFS*-Beispiel dar. Drei Kommandos sind vorbereitet: *IFS.Init*, *IFS.Draw* und *Paint.Print*; das letzte druckt die Datei *XYplane.Pict*, die von einem *XYplane*-Fenster erzeugt werden kann. Der Mauszeiger (Pfeil) ist über dem Kommando *IFS.Init*, das unterstrichen ist und darauf hinweist, daß der Benutzer den Kommandoknopf gedrückt hat. Beim Freilassen dieses Knopfs wird das Kommando *IFS.Init* ausgeführt.

Beachten Sie, daß diese Tool-Texte die Rolle von Menüs in konventionellen Benutzeroberflächen spielen – abgesehen davon, daß sie viel flexibler sind.

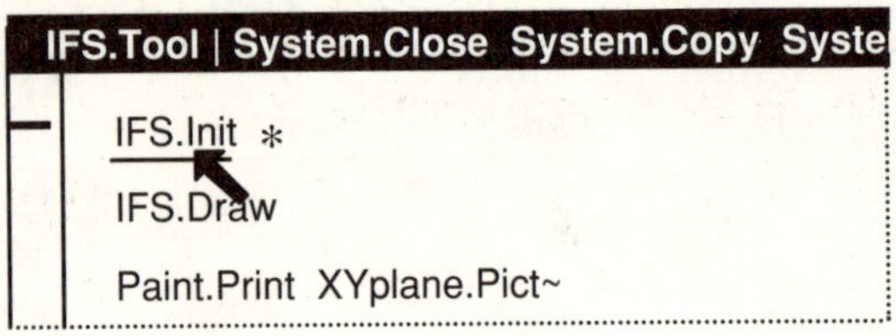

Abbildung 7.4 Ein Tool-Fenster; das Kommando IFS.Init wird ausgeführt

Textausgabe

Wenn Kommandos Ausgaben produzieren, wird diese in einen Text geschrieben, der ebenfalls in einem Fenster angezeigt wird. Das Modul *Out* kann benutzt werden, um textuelle Ausgaben zu erzeugen.

7.4.3 Die Module *In* und *Out*

Die Abstraktionen der Module *In* und *Out* sind allgemein genug, um auf jedem Rechner implementiert werden zu können. Die Implementierungen unterscheiden sich aber darin, wie die Eingabe- und Ausgabeströme realisiert sind. Der Eingabestrom kann die Tastatur oder eine Datei sein, der Ausgabestrom ein Anzeigegerät oder wieder eine Datei. Im Oberon-System *sind beide Ströme Texte, die in Textfenstern angezeigt werden*.

Der Ausgabestrom

Das Oberon-System besitzt einen Text, der per Konvention zur Protokollierung von Systemmeldungen benutzt wird. Dieser *Log*-Text ist in einem Textfenster dargestellt (siehe Abbildung 2.2) und wird vom Modul *Out* zur Realisierung von Textausgaben benutzt. Das Modul *Out* bildet also den Ausgabestrom auf den Log-Text des Oberon-Systems ab. Bei jedem Aufruf einer Ausgabeprozedur wird die neue Ausgabe sofort im Log-Fenster sichtbar. Beachten Sie, daß die erzeugte Ausgabe ein normaler Text ist, der editiert, gespeichert oder gedruckt werden kann. Diese Modifikationen stehen nicht im Widerspruch zu dem Umstand, daß weitere Aufrufe von Ausgabeprozeduren zusätzliche Ausgaben an das Ende des Textes anfügen.

Der Eingabestrom

Der Eingabestrom ist ebenfalls in einen Text eingebettet, der in einem Textfenster dargestellt ist. Wenn ein Kommando *In.Open* aufruft, so gibt es – abhängig vom Zeichen, das auf das Kommando folgt – drei Möglichkeiten:

1) Wenn dieses Zeichen ein »*« ist, dann repräsentiert der Text im markierten Fenster den Eingabestrom beginnend mit dem ersten Zeichen des Texts. Ein Fenster kann markiert werden, in dem man mit der Maus darauf zeigt und eine spezielle Markierungstaste drückt. Das markierte Fenster wird durch einen Stern gekennzeichnet.

Abbildung 7.5 *Der Eingabestrom ist im markierten Fenster*

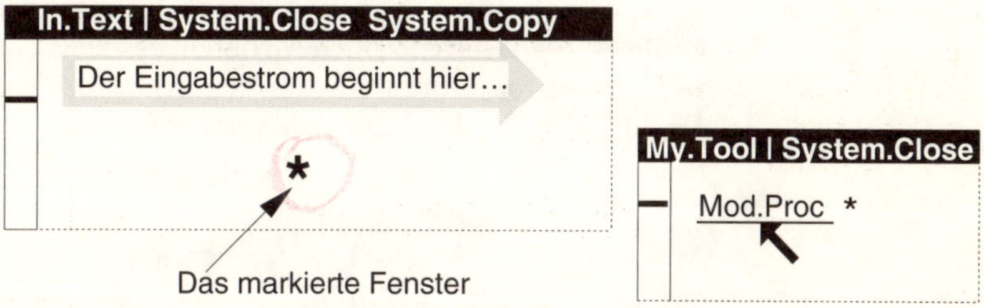

2) Wenn dieses Zeichen ein »↑«[1] ist, dann enthält der Text mit der jüngsten Textselektion den Eingabestrom beginnend mit dem ersten selektierten Zeichen.

Abbildung 7.6 *Der Eingabestrom beginnt mit dem ersten selektierten Zeichen*

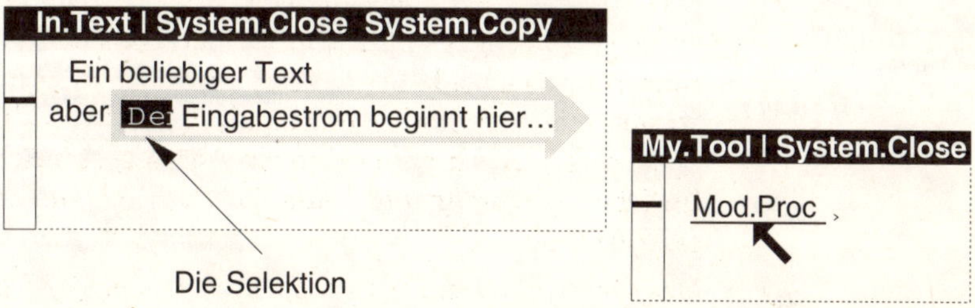

3) Wenn weder (1) noch (2) zutrifft, enthält der Text, von dem aus das Kommando gestartet wurde, den Eingabestrom. Dieser beginnt immer mit einem Leerzeichen, gefolgt von dem ersten Zeichen, das dem Kommandonamen folgt.

1 Im Standard-ASCII-Zeichensatz ist »↑« durch das Zeichen »^« mit ORD("^") = 94 repräsentiert.

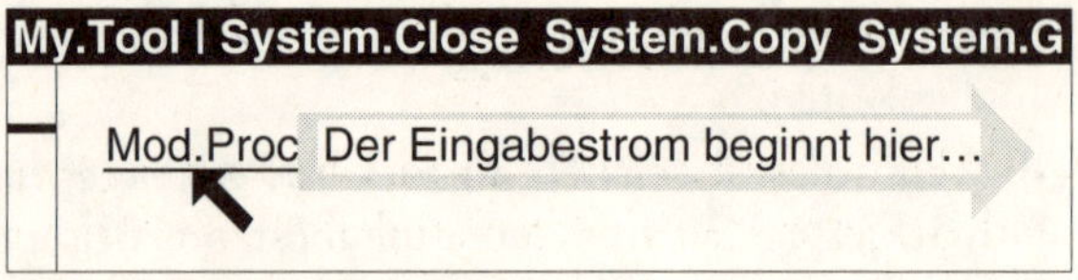

Abbildung 7.7 Der Eingabestrom beginnt hinter dem Kommandonamen

7.4.4 Das Modul *XYplane*

Das Eröffnen der Zeichenfläche durch *XYplane.Open* bedeutet, daß ein Fenster namens *XYplane* im linken Teil des Bildschirms geöffnet wird. *XYplane* belegt einen Großteil des Bildschirms und überlagert andere Fenster. Durch Ausführung von *System.Close* wird *XYplane* geschlossen und die darunterliegenden Fenster restauriert. Bei geöffneter Zeichenfläche können Zeichenprozeduren benutzt werden, um eine Graphik zu erzeugen.

Abbildung 7.8 zeigt ein *XYplane*-Fenster, das in Folge der Ausführung des Kommandos *IFS.Init* geöffnet wurde. Ein fraktaler Farn wird gerade gezeichnet. Die Vergrößerung zeigt das Tool, von dem aus *IFS.Draw* gestartet wurde.

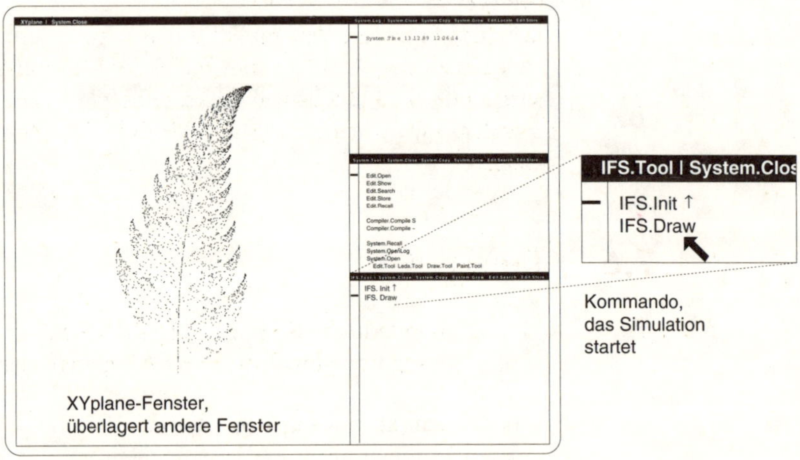

Abbildung 7.8 Ein XYplane-Fenster, geöffnet durch die Ausführung von IFS.Init

7.5 Zusammenfassung

Man kann darüber diskutieren, ob eine Programmiersprache Eingabe- und Ausgabeoperationen definieren soll. Oberon vertritt die Auffassung, daß geeignete Abstraktionen durch Module, die das Betriebssystem erweitern, eingeführt werden sollen.

Dieses Kapitel hat zwei Module, *In* und *Out*, definiert, die auf der Abstraktion des *Eingabe- und Ausgabestroms* beruhen und in den Beispielen dieses Buches benutzt werden. Für die Dokumentation der Module wurde eine nützliche Notation, *Definitionsmodul* genannt, eingeführt.

Abstraktionen für Graphikausgaben sind noch weniger etabliert als textuelle Ein- und Ausgabe. Zum Schreiben einzelner Pixel am Bildschirm und zum Lesen der Tastatur wurde ein Modul *XYplane* vorgestellt.

Unter Benutzung dieser Module wurde das in Kapitel 6 begonnene Beispiel des fraktalen Farns fertiggestellt. Ein wichtiges Konzept ist das *Kommando* – eine parameterlose Prozedur exportiert von einem Modul. Das Kommando ist die Einheit, die vom Oberon-System zur Ausführung akzeptiert wird.

Das Kapitel endete mit einem Ausflug: eine kurze Einführung in die Grundideen der Benutzeroberfläche des Oberon-Systems, das auf Fenstern und nicht-flüchtigen Texten beruht. Eine für diesen Kontext geeignete Implementierung der Module *In*, *Out* und *XYplane* wurde skizziert.

7.6 Übungen

Ü 7.1 [**Unendliche Reihen**] Schreiben Sie eine Prozedur zur Berechnung von sin(x) für x: REAL gemäß der Reihe:

$$\sin(x) = x - \frac{x^3}{3!} + \frac{x^5}{5!} - \frac{x^7}{7!} + \ldots$$

Finden Sie ein geeignetes Terminierungskriterium für die Addition und zählen Sie die Anzahl benötigter Terme, um die gewünschte Genauigkeit zu erreichen. Berechnen Sie sin(x) für verschiedene Argumente und vergleichen Sie das Ergebnis mit einer Tabelle (oder dem Ergebnis mathematischer Bibliotheksfunktionen). Finden Sie eine Erklärung für allfällige abweichende Ergebnisse. Schafft die Benutzung von doppelter Genauigkeit (Typ LONGREAL) Abhilfe?

Anmerkung: Effiziente und genaue Berechnung mathematischer Funktionen erfordert viel mathematisches Wissen. *Die Benutzung von Standard-Bibliotheken* wird empfohlen.

Ü 7.2 [**Harmonische Funktion**] Schreiben Sie eine Prozedur zur Berechnung der harmonischen Funktion $H(n)$ für ganzzahlige Argumente n:

$$H(n) = 1 + \frac{1}{2} + \frac{1}{3} + \ldots + \frac{1}{n}$$

Berechnen Sie diese Funktion auf zwei Arten: einmal durch Summation mit dem ersten Term (1) zuerst und einmal mit dem letzten ($1/n$). Vergleichen Sie die Ergebnisse für große n und erklären Sie allfällige Unterschiede.

Ü 7.3 [**Quadratwurzel**] Schreiben Sie eine Funktionsprozedur zur Berechnung der Quadratwurzel y eines reellen Arguments x mit dem Verfahren von Newton; d.h. durch Berechnung einer Folge von y_i bis zwei aufeinanderfolgende Werte sich um weniger als einen bestimmten Betrag unterscheiden.

$$y_{i+1} = \frac{1}{2}\left(y_i + \frac{x}{y_i}\right)$$

Geben Sie zuerst die Invariante an. Ist $y_{i+1} = y_i$ ein gültiges Abbruchskriterium? Wie genau ist das Ergebnis?

Ü 7.4 [**Eingabe von ganzen Zahlen**] Implementieren Sie die Prozedur *Int* des Moduls *In* unter Benutzung der Prozedur *In.Char*. *Hinweis*: ORD("0") = 48, ORD("1") = 49, ...

Ü 7.5 [**Tischrechner**] Implementieren Sie einen Tischrechner, der UPN (umgekehrte polnische Notation) benutzt. Das Zahlenformat ist das von reellen Zahlen. Die vier Register *X*, *Y*, *Z* und *T* bilden einen Stapel, auf den das Kommando *Enter* eine neue Zahl legt; das entspricht der Anweisungsfolge *T* := *Z*; *Z* := *Y*; *Y* := *X*; *X* := *neue Zahl*. Das Kommando *Add* resultiert in *X* := *X* + *Y*; *Y* := *Z*; *Z* := *T*. Die Kommandos *Subt*, *Mult*, und *Div* sind analog dazu definiert.

Stellen Sie visuelles Feedback so wie im folgenden gezeigt zur Verfügung:

```
> 3.14159
> 2.71828
+ 5.85987
```

Eingegebene Zahlen werden durch ein vorangestelltes »>«-Zeichen markiert. Die Ergebnisse zeigen als Erklärung den Operator, zum Beispiel »+«.

Stellen Sie sicher, daß nur syntaktisch korrekte Zahlen eingegeben werden können. Geben Sie andernfalls eine Fehlermeldung aus. Beim Laden des Moduls werden die Register mit 0 initialisiert. *Hinweis*: Studieren Sie die Arbeitsweise eines Taschenrechners von Hewlett-Packard.

Ü 7.6 [**IFS**] Implementieren Sie das Modul *IFS*. Geben Sie den Text von Abbildung 7.9 in einem Oberon-Textfenster ein. Die zweite Parametermenge erzeugt ein Fraktal, das wie ein Ahornblatt aussieht.

Abbildung 7.9 *Beispiele für Eingaben an Modul IFS*

```
IFS.Text | System.Close  System.Copy  System.Grow  Edit.Search
Fraktaler Farn
320    0      64
0.0    0.85   0.2    –0.15   0.0     0.04    –0.26   0.28
0.0    –0.04  0.23   0.26    0.16    0.85    0.22    0.24
0.0    0.0    0.0    0.0     0.0     1.6     1.6     0.44
0.01   0.85   0.07   0.07
Fraktales Ahornblatt
90     0      450
0.65   0.65   0.32   –0.32   –0.013  –0.026  –0.32   0.32
0.013  0.026  0.32   0.32    0.65    0.65    0.32    0.32
0.175  0.175  0.2    0.8     0.0     0.35    0.0     0.0
0.3    0.3    0.2    0.2
```

Ü 7.7 [**Modul Shapes**] Implementieren Sie unter Benutzung von Prozedur *XYplane.Dot* das Modul *Shapes* mit folgender Definition:

```
DEFINITION Shapes;
PROCEDURE Hline(x, y, l, mode: INTEGER);
PROCEDURE Vline(x, y, l, mode: INTEGER);
PROCEDURE FilledRect(x, y, w, h, mode: INTEGER);
PROCEDURE Rect(x, y, w, h, mode: INTEGER);
END Shapes.
```

Der Formalparameter *mode* akzeptiert die Werte *XYplane.erase* und *XYplane.draw. Hline* und *Vline* zeichnen horizontale und vertikale Linien der Länge *l. FilledRect* zeichnet ein gefülltes Rechteck mit linker unterer Ecke in *x* und *y*, Breite *w* und Höhe *h. Rect* erzeugt ein umrandetes Rechteck.

Es wird angenommen, daß *XYplane.Open* schon vor der Ausführung der *Shapes*-Prozeduren ausgeführt wurde.

Anmerkung: Für realistische Anwendungen bietet das Modul *Display*, das Bestandteil des Oberon-Systems ist, eine weit effizientere Lösung zum Zeichnen eines gefüllten Rechtecks (siehe nächste Übung).

Ü 7.8 Die Standard-Bibliothek von Oberon enthält ein Modul *Display* für Ausgaben auf den Bildschirm. Unter den Exporten ist auch eine

```
PROCEDURE ReplConst(col, x, y, w, h, mode: INTEGER);
```

die ein mit der Farbe *col* gefülltes Rechteck zeichnet. *x*, *y*, *w*, *h* und *mode* bedeuten die Position der linken unteren Ecke, Breite, Höhe und Zeichenmodus. Benutzen Sie *Display.ReplConst,* um das Modul *Shapes* zu implementieren.

Die Prozedur *ReplConst* begrenzt ihre Ausgaben nicht auf die Zeichenfläche von *XYplane* (so wie *XYplane.Dot*). Stellen Sie sicher, daß das Zeichnen auf den sichtbaren Teil des Fensters eingeschränkt wird (clipping). *Hinweis*: benutzen Sie die Variablen *XYplane.X*, *XYplane.Y*, *XYplane.W* und *XYplane.H* für das Clipping.

Display.white und *Display.black* sind die zulässigen Farbwerte und *Display.replace* wird für *mode* benutzt. Beachten Sie, daß *Display.white* und *Display.black* relativ zu einem schwarzen Hintergrund definiert sind.

Vergleichen Sie die Geschwindigkeit der beiden Implementierungen von *Shapes*. Diskutieren Sie die Gründe, falls eine davon signifikant schneller ist.

Ü 7.9 [**Zeichnen einer Linie**] Der *Bresenham-Algorithmus für Linien* soll zum Zeichnen einer geraden Linie zwischen dem Koordinatenursprung und dem Endpunkt (a, b), wobei $a > b$ ist, benutzt werden, indem Punkte im diskreten Raster mit *XYplane.Dot.* gesetzt werden. Um die Berechnung der Punktkoordinaten zu beschleunigen, wird nur ganzzahlige Arithmetik benutzt.

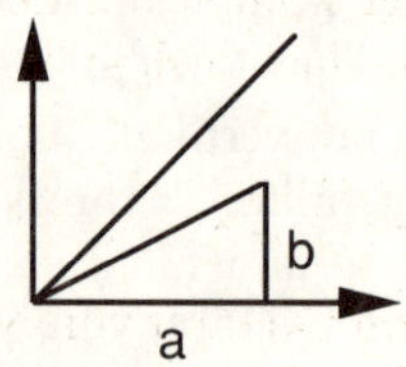

Das Prinzip des Bresenham-Algorithmus ist folgendes: Man gehe schrittweise von $x = 0$ bis $x = a$. In jedem Schritt wird x um 1 und y entweder um 0 oder 1 erhöht. *Hinweis*: Benutzen Sie eine Variable $h = (bx - ay + b - a/2)$, und erhöhen Sie y falls $h > 0$.

Ü 7.10 Fügen Sie dem Modul *Shapes* eine Prozedur

```
PROCEDURE Line(x1, y1, x2, y2, mode: INTEGER)
```

hinzu, die eine Linie zwischen den Punkten mit den Koordinaten *x1*, *y1* und *x2*, *y2*. zeichnet. Benutzen Sie geeignete Koordinatentransformationen, damit der Bresenham-Algorithmus auf alle *x1*, *y1*, *x2* und *y2* Werte angewendet werden kann. *Hinweis*: Unterscheiden Sie zwischen den acht Oktanten der Ebene.

Ü 7.11 [**Turtle-Graphik**] Implementieren sie das Modul *Turtle* mit der Definition:

```
DEFINITION Turtle;
PROCEDURE SetPen(x, y: INTEGER);
PROCEDURE Move(l: INTEGER);
PROCEDURE TurnLeft;
PROCEDURE TurnRight;
END Turtle.
```

Ein Stift zeichnet Kurven bestehend aus vertikalen und horizontalen Linien. Das Modul *Turtle* hat globalen Zustand bestehend aus der *Stiftposition* und der *Richtung*, die auf Nord, West, Süd und Ost beschränkt ist. *SetPen* setzt die Stiftposition auf *x*, *y*. *Move* zeichnet ein Liniensegment der Länge *l* ausgehend von der aktuellen Position. Nach *Move* befindet sich die Stiftposition am Ende des neuen Liniensegments. *TurnLeft* und *TurnRight* verändern die Richtung relativ zur gerade aktuellen Richtung um einen rechten Winkel.

Diskutieren Sie die Implikation von *Turtle* in bezug auf die Abstraktion des Stroms.

Ü 7.12 [**Mandelbrot-Menge**] Schreiben Sie ein Modul *Mandelbrot*, das die Mandelbrot-Menge *M* anzeigt. *M* besteht aus jenen Punkten *c* der komplexen Ebene, für die z_i begrenzt bleibt wenn *i* gegen Unendlich strebt; Die Werte z_i werden berechnet durch

$$z_0 = 0, \quad z_i = z_{i-1}^2 + c, \quad i = 1, 2$$

Wählen Sie ein Quadrat von *N* mal *N* Pixel im *XYplane*-Fenster und bilden Sie das durch die Pixel definierte Raster auf einen Bereich der komplexen Ebene ab. Jeder dadurch definierte komplexe Punkt ist einer der *c* Werte, für die die Folge $\{z_i\}$ berechnet wird. Wählen Sie einen Maximalwert I_{max} für den Index *i*. Wenn für irgendein $i < I_{max}$: $|z_i| > 2$ ist, dann wird das Pixel weiß dargestellt. Falls der Maximalwert erreicht wird, wird das Pixel schwarz gefärbt – der korrespondierende *c*-Wert befindet sich dann in der Mandelbrot-Menge (oder nahe daran).

Die Anzahl der Pixel *N*, der Maximalwert für die Anzahl der Iterationen I_{max} und die Position des Quadrats in der komplexen Ebene sind Parameter, die vom Eingabestrom gelesen werden sollen. Eine gute Wahl ist

$-2.1 \leq \mathrm{Re}(c) \leq 0.7, -1.4 \leq \mathrm{Im}(c) \leq 1.4.$

Vergrößern Sie verschiedene Bereiche, zum Beispiel die Werte:

$-0.66 \leq \mathrm{Re}(c) \leq -0.41, \quad 0.49 \leq \mathrm{Im}(c) \leq 0.74$

$-0.5373 \leq \mathrm{Re}(c) \leq -0.5195, \quad 0.6597 \leq \mathrm{Im}(c) \leq 0.6775$

$-1.8293 \leq \mathrm{Re}(c) \leq -1.7173, \quad -0.056 \leq \mathrm{Im}(c) \leq 0.056$

$-0.793 \leq \mathrm{Re}(c) \leq -0.7, \quad 0.0466 \leq \mathrm{Im}(c) \leq 0.14$

Ü 7.13 Wenn Sie einen Farbmonitor besitzen, färben Sie die Pixel aus Übung 7.12 gemäß Index *i*, bei dem zum ersten mal $|z_i| \geq 2$ gilt. Experimentieren Sie mit verschiedenen Farbzuordnungen. Wenn Sie einen Schwarz-Weiß-Monitor haben, dann teilen sie den Bereich $0 \leq i \leq I_{max}$ in schwarze und weiße Bänder.

Ü 7.14 Die Punkte

$z_1 = c, \quad z_i = z^2_{i-1} + c, \quad i = 2, 3, \ldots$

bilden einen *Orbit*. Fügen Sie dem Modul *Mandelbrot* zwei Kommandos *StartOrbit* und *StepOrbit* hinzu. *StartOrbit* wählt einen *c*-Wert, *StepOrbit* durchläuft den Orbit Punkt für Punkt. Machen Sie die Punkte des Orbits sichtbar. Wenn ein Orbit-Punkt innerhalb der Mandelbrot-Menge liegt, zeichnen Sie ihn weiß; wenn er außerhalb liegt, schwarz. Benutzen Sie eine Markierung, die größer ist als ein Pixel, damit die Orbit-Punkte deutlich herauskommen.

Ü 7.15 [**Deterministisches IFS**] Schreiben Sie ein deterministisches *IFS*-Modul. Unterteilen Sie dazu die Zeichenfläche von *XYplane* in zwei quadratische Bereiche. In jedem Bereich wird ein Koordinatensystem mit dem Ursprung in der linken unteren Ecke angenommen. Zeichnen Sie im ersten Quadrat eine Anfangsfigur, zum Beispiel ein gefülltes Rechteck und wenden Sie die vier Transformationen auf alle gesetzten Punkte an. Zeichnen Sie die transformierten Punkte im zweiten Quadrat. Löschen Sie den Punkt, der transformiert wurde. Nachdem alle Punkte des ersten Quadrats abgearbeitet sind, vertauschen Sie die Rollen der beiden Quadrate. Iterieren Sie solange, bis die Stoptaste gedrückt wird. Die ersten vier Iterationen sowie die Iteration 100 sind in Abbildung 7.10 dargestellt.

Abbildung 7.10
Iterationen 1, 2, 3, 4 und 100 des deterministischen IFS-Algorithmus

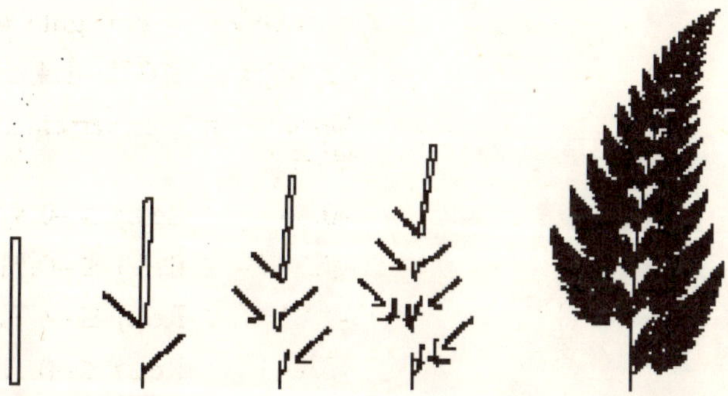

Noch instruktiver ist eine Version, bei der vier Durchläufe über die Pixel des Quellbereichs stattfinden. In jedem Durchlauf wird eine der Transformationen angewendet. Die Pixel des Quellbereichs werden im vierten Durchlauf gelöscht. Das Beobachten des deterministischen Algorithmus lüftet den Schleier, der wahrscheinlich nach der ersten Betrachtung noch über dem statistischen Zeichenalgorithmus liegt.

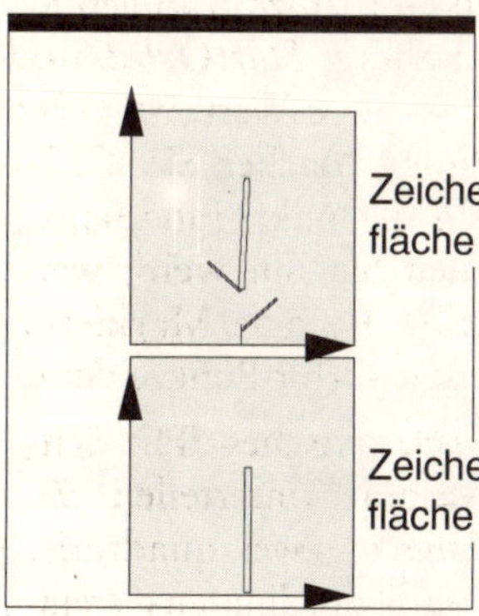

Referenzen

Reiser M. (1991). *The Oberon System, User Guide and Programmer's Manual*. Wokingham: Addison-Wesley.

Wirth N. und Gutknecht J. (1989). The Oberon System. *Software – Practice and Experience*, **19**, 857–93.

Wirth N. und Gutknecht J. (1992). *Project Oberon*. Wokingham: Addison-Wesley.

Teil II

Arrays
Records
Zeiger
Schrittweise Verfeinerung
Datenabstraktion

Übersicht

Teil I vermittelt die notwendigen Kenntnisse, um vollständige Oberon-Programme zu schreiben. Wäre die Sprache jedoch auf diesen Umfang beschränkt, könnten die meisten realistischen Probleme nur sehr umständlich gelöst werden – wenn überhaupt.

Der Grund dafür ist, daß jede Variable durch einen eigenen Namen identifiziert wird. Teil II führt zwei strukturierte Typen ein – das *Array* und den *Record* – die beide aus Elementen von Grundtypen bestehen.

Records und Arrays sind statische Strukturen. Es gibt aber auch Situationen, in denen sich das Datenvolumen und die Beziehung zwischen den Datenelementen dynamisch ändert. Der Zeiger, in Verbindung mit Records, erlaubt die Konstruktion solcher *dynamischer Datenstrukturen* in Form von Listen, Bäumen oder allgemeinen Graphen.

Unter Benutzung dieser Werkzeuge wird ein realistisches Beispielprogramm entwickelt: Simulation einer Warteschlange. Das Programm wird auf strukturierte Weise, *schrittweise Verfeinerung* genannt, entworfen. In diesem Zusammenhang wird die Mächtigkeit des Verbergens von Informationen hinter Modulgrenzen klar werden – eine Technik, die *Datenabstraktion* genannt wird.

8 Typdeklarationen, Array- und Record-Typen

Bisher hatten alle Variablen einen individuellen Namen. Das kann aber im Fall einer großen Anzahl von Variablen desselben Typs umständlich – wenn nicht sogar unbrauchbar – sein. In anderen Situationen wiederum ist es wünschenswert, sich mit einem gemeinsamen Namen auf eine Gruppe von Variablen, möglicherweise von verschiedenen Typen, zu beziehen. In diesem Kapitel werden zwei Arten von strukturierten Typen eingeführt, die in Programmiersprachen üblich sind: Das *Array* (Reihung) und der *Record* (Satz).

Das Modell der Array-Datenstruktur ist das der indizierten Variablen der Mathematik:

$a_i \quad \leftrightarrow \quad$ a[i]

$a_{i,j} \quad \leftrightarrow \quad$ a[i, j]

Das Array trägt einen Namen für die gesamte Menge der Variablen. Individuelle Array-Elemente werden mit einem berechneten Index ausgewählt. Offensichtlich spielen Arrays eine wichtige Rolle in numerischen Programmen (als Vektor oder Matrix). Sie modellieren aber auch Tabellen und Zeichenfolgen.

Records hingegen wurzeln in der kommerziellen Datenverarbeitung. Sie repräsentieren Sammlungen von Variablen (Datensätze), die typischerweise verschiedene Typen besitzen. Ein Personen-Record mit Feldern für Namen, Adresse, Geburtsdatum und Gehalt stellt ein oft zitiertes Beispiel dar. Records werden aber auch in der Systemprogrammierung häufig benutzt und sind dort als Kontrollblöcke bekannt. Schließlich bilden Records – in Zusammenhang mit dem Zeigertyp – die Grundlage der Konstruktion dynamischer Datenstrukturen wie zum Beispiel Listen und Bäume.

Eine Deklaration ist eine Spezifikation eines Namens. Durch die Deklaration repräsentiert ein gegebener Name ein Objekt der Sprache Oberon, zum Beispiel eine Variable oder eine Prozedur. Oberon behandelt aber auch Typen als Objekte, die deklariert werden können. Solche Typdeklarationen dienen nicht nur der Bequemlichkeit, sondern bilden – zusammen mit dem Modulkonzept – die Grundlage für abstrakte Datentypen (siehe dazu Kapitel 10 und Teil III).

8.1 Typdeklarationen

Die Deklaration bindet einen Namen an Eigenschaften des repräsentierten Objekts. In Oberon sind die deklarierten Eigenschaften unveränderlich und gelten im gesamten Sichtbarkeitsbereich des Namens. Während sich der Wert einer Variablen während des Programmlaufs ändern kann, bleiben die deklarierten Eigenschaften während der gesamten Lebensdauer der Variablen gleich.

Das Konzept der Typen ist deshalb wichtig, weil es die Menge der Variablen in *disjunkte Klassen* zerlegt. Jeder Typ definiert die *Menge der Werte*, die eine Variable annehmen kann. Unsinnige Zuweisungen zwischen Elementen verschiedener Klassen können deshalb durch eine statische Inspektion des Programmtexts erkannt werden, ohne das Programm auszuführen. In ähnlicher Weise können Faktoren von Ausdrücken und die Paarung von Aktual- und Formalparametern *auf Kompatibilität geprüft werden.*

In Kapitel 3 wurden elementare Typen eingeführt, welche die Eigenschaften der darunterliegenden Rechenmaschine widerspiegeln. Die Grundtypen sind SHORTINT, INTEGER, LONGINT, REAL, LONGREAL, BOOLEAN, SET und CHAR. Der Umstand, daß die Grundtypen mit vordefinierten Namen und nicht mit reservierten Schlüsselwörtern bezeichnet werden, weist darauf hin, daß der Programmierer neue Namen einführen kann, die zusätzliche Typen bezeichnen.

Solche Typdeklarationen sehen zum Beispiel so aus:

```
TYPE
   Time* = REAL;
   Vector = ARRAY 3 OF REAL;
   Person = RECORD first, given: Name END;
```

Die allgemeine Syntax der Typdeklaration lautet:

```
TypeDeclaration = ident ["*"] "=" type.
type = qualident | ArrayType | RecordType | PointerType |
ProcedureType.
```

Der Stern ist die bekannte Exportmarkierung, die den Namen für Klientenmodule sichtbar macht. Der qualifizierte Name (qualident) bezeichnet einen Typ – entweder einen der vordefinierten Typen oder einen vom Programmierer deklarierten. Array- und Record-Typen sind Gegenstand der folgenden Abschnitte, Zeigertypen werden in Kapitel 9 behandelt und Prozedurtypen müssen bis Kapitel 11 warten.

Typkompatibilität

Erinnern Sie sich daran, daß die Operanden von Operatoren *ausdruckskompatibel* sein müssen (siehe Tabelle 4.1). In ähnlicher Weise muß der Typ des Bezeichners auf der linken Seite einer Wertzuweisung *zuweisungskompatibel* mit dem Typ des Ausdrucks auf der rechten Seite sein (Tabelle 4.3).

Damit ein Ausdruck des Typs *T2* (zuweisungs) kompatibel mit einem Bezeichner vom Typ *T1* ist, wird verlangt, daß

1) *T2* von *T1* eingeschlossen ist, d.h.
   LONGREAL $\supseteq$ REAL $\supseteq$ LONGINT $\supseteq$ INTEGER $\supseteq$ SHORTINT
   oder

2) *T2* als *gleich zu T1 deklariert* ist.

In der Typdefinition

TYPE T1 = REAL; T2 = T1; T3 = INTEGER;

ist zum Beispiel *T2* mit *T1* kompatibel (gleich), und *T3* zu *T1* und *T2* (eingeschlossen).

Allerdings sind in der Typdeklaration

```
TYPE
    A1 = ARRAY 10 OF INTEGER;
    A2 = ARRAY 10 OF INTEGER;
    A3 = A1;
```

nur *A1* und *A3* kompatibel. *A1* und *A2* sind inkompatibel, obwohl die Spezifikationen des Typs auf der rechten Seite des Gleichheitszeichens strukturell gleich sind. Technisch gesprochen heißt die Regel (2) *Namensäquivalenz* – zum Unterschied von *Strukturäquivalenz* von *A1* mit *A2*.

Variablendeklaration

Eine Variable *t* kann auf zwei Arten als zu einem bestimmten Typ gehörend deklariert werden:

```
TYPE T = someType;  VAR t: T;
```

oder einfach

```
VAR t: someType;
```

In beiden Fällen ist *t* von einem bestimmten Typ – im zweiten Fall bleibt jedoch der Typ anonym (es sei denn, *someType* ist ein Name). In der Deklaration

```
VAR  a: A1;  b, c: ARRAY 10 OF INTEGER;
```

zum Beispiel, ist der Typ von *b* ein anonymer Array-Typ. Wegen der Namensäquivalenzregel ist *b* nicht kompatibel mit *a*. Allerdings sind *b* und *c* kompatibel, da sie in einer gemeinsamen Namensliste deklariert sind und daher denselben Typ besitzen.

8.2 Arrays

8.2.1 Array-Typ und Array-Deklarationen

Der Datentyp Array repräsentiert eine Menge von Elementen, die alle vom selben Typ – dem *Elementtyp* – sind. Die Anzahl der Elemente ist fest und wird die *Länge* des Arrays genannt. Der Name einer Array-Variablen bezieht sich auf alle Elemente. Ein einzelnes Element wird durch eine Zahl – dem sogenannten *Index* – identifiziert. Indices sind Zahlen zwischen 0 und der Array-Länge minus 1.

Das Array ist ein *strukturierter Datentyp*. Es ist eine homogene Struktur, weil alle Elemente vom selben Typ sind. Die Array-Struktur ist mathematisch definiert als Abbildung der Menge der ganzen Zahlen {0...Länge – 1} auf die Menge der Werte, die durch den Elementtyp festgelegt ist (Abbildung 8.1).

Abbildung 8.1
Array

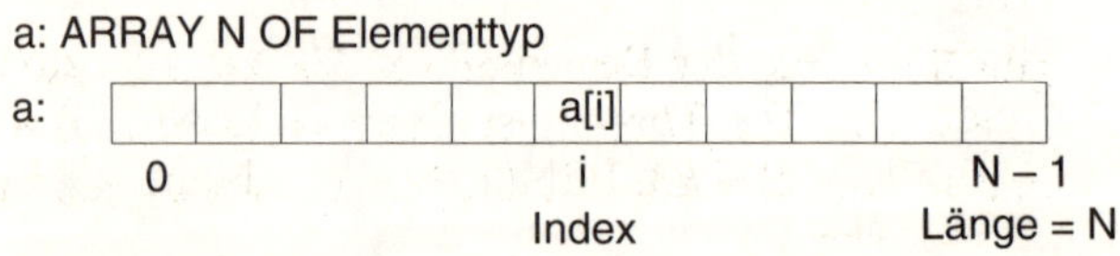

Im folgenden Beispiel einer Array-Deklaration besteht die Variable *v* aus 3 Elementen, alle vom Typ REAL.

```
VAR  v: ARRAY 3 OF REAL;
```

Wenn der Array-Typ explizit gemacht werden soll, kann man ihm einen Namen geben, zum Beispiel *Vector*:

```
TYPE  Vector = ARRAY 3 OF REAL;  VAR  v: Vector;
```

Die Deklaration von Array-Typen hat folgende Syntax:

```
ArrayType = "ARRAY" length {"," length} "OF" type.
length = ConstExpression.
```

Gemäß Syntax kann die Länge des Arrays durch einen konstanten Ausdruck definiert werden. Der Typ *Vector* könnte also auch wie folgt deklariert werden:

```
CONST  n = 3;
TYPE  Vector = ARRAY n OF REAL;
```

Mehrdimensionale Arrays

Die Elemente eines Arrays sind alle vom selben Typ. Der Elementtyp ist aber nicht auf die Grundtypen oder unstrukturierte Typen beschränkt, sondern kann selbst wieder ein Array sein. Ein Array von

Arrays wird *mehrdimensionales Array* genannt, weil jeder Index als Dimension eines kartesischen Raums betrachtet werden kann. Ein dreidimensionaler Array-Typ *ThreeD* mit Elementtyp *T* ist zum Beispiel folgendermaßen deklariert:

```
TYPE  ThreeD =  ARRAY k1 OF
                ARRAY k2 OF
                ARRAY k3 OF  T;
```

Die Gesamtanzahl der Elemente des Typs *ThreeD* beträgt $k1 \times k2 \times k3$. Für eine derartige mehrdimensionale Array-Deklaration erlaubt Oberon die abkürzende Schreibweise

```
TYPE ThreeD = ARRAY  k1, k2, k3  OF  T;
```

Die äußerste Verschachtelungsstufe wird *Dimension null* genannt. In obigem Beispiel ist das der Index mit dem Bereich $\{0...k1 - 1\}$. Die nächste Stufe entspricht Dimension eins, usw.

Die vordeklarierte Funktion LEN

Die vordeklarierte Funktion

```
LEN(a, n)
```

gibt die Länge der Dimension *n* des Arrays *a* zurück. Wenn zum Beispiel *a* vom Typ *ThreeD* ist, dann ist LEN(*a*, 0) = *k*1, LEN(*a*, 1) = *k*2 und LEN(*a*, 2) = *k*3. LEN(*a*) ist eine Abkürzung für LEN(*a*, 0).

8.2.2 Elementbezeichner, Array-Zuweisungen und -Ausdrücke

Ein Array-Element ist eine Variable, die durch den Namen des Arrays gefolgt von einem in eckigen Klammern stehenden Index bezeichnet wird. Zum Beispiel hat *v*: *Vector* die Elemente *v*[0], *v*[1] und *v*[2].

Syntaktisch gesehen ist *v*[*i*] ein *Elementbezeichner*, und [*i*] ist ein *Selektor*. Selektoren sind ganzzahlige Ausdrücke eingeschlossen in eckigen Klammern. Ein Selektor kann also berechnet werden – ein Umstand, auf dem die tragende Rolle von Arrays in der Programmierung beruht. Elementbezeichner haben die Form

```
designator = qualident { "[ " ExpList "]" }.
ExpList = expression {"," expression}.
```

Die Indexausdrücke müssen ganzzahlig sein, und ihre Anzahl darf die Anzahl der Dimensionen des Arrays nicht überschreiten.

Regeln

Die Semantik des Elementbezeichners *a*[*expr*] folgt den naheliegenden Regeln:

1) Der Ausdruck *expr* wird ausgewertet und ergibt eine ganze Zahl *j*.

2) Anwendung des Selektors [*j*] aus dem Array *a* führt zur *Variablen* *a*[*j*]. Diese Variable kann als Faktor in Ausdrücken verwendet werden, als Aktualparameter dienen oder auf der linken Seite einer Wertzuweisung auftreten.

3) Hat der Bezeichner zwei Selektoren, *a*[*expr*1][*expr*2], dann wird *expr*1 ausgewertet und auf *a* angewendet. Die resultierende Variable muß wiederum von einem Array-Typ sein. Als nächstes wird *expr*2 ausgewertet und auf die Variable angewendet.

Die Verallgemeinerung von Regel (3) auf mehr als 2 Selektoren ist offensichtlich. Es ist klar, daß *expr* im Bereich $0 \leq expr < \text{LEN}(a)$ liegen muß. Wird diese Bedingung verletzt, so liegt ein Fehler vor. Normalerweise werden Oberon-Programme in diesem Fall vorzeitig beendet.[1)]

Abgekürzte Elementbezeichner

Die Syntax von Bezeichnern erlaubt eine ähnliche Abkürzung, wie die Deklaration mehrdimensionaler Arrays. *A*[*i*, *j*] ist äquivalent zu *A*[*i*][*j*]. Betrachten Sie zum Beispiel

```
TYPE
   Vector = ARRAY n OF REAL;
   Matrix = ARRAY m OF Vector;
   Tensor = ARRAY k OF Matrix;
VAR  x, y: Vector;  A: Matrix; T: Tensor; i, j: INTEGER;
```

Dann bedeutet

x[i]	das Element mit Index *i*[1] des Arrays *x* (Typ REAL)
A[i]	das Unter-Array mit Index *i* von *A* (Typ *Vector*)
A[i][j] oder A[i, j]	das Element mit Index *j* des Unter-Arrays mit Index *i* (Typ REAL)
T[i]	das Unter-Array mit Index *i* von *T* (Typ *Matrix*)
T[i][j] oder T[i, j]	das Unter-Array mit Index *j* des Unter-Arrays mit Index *i* von *T* (Typ *Vector*)
T[i][j][k] oder T[i, j, k]	ein Element vom Typ REAL

1 Da in Oberon Arrays von 0 weg indiziert werden, ist die Bezeichnung »i-tes Element« nicht exakt.

Natürlich können *i*, *j* und *k* durch kompliziertere Ausdrücke, wie zum Beispiel A[*i***j* + *k*], ersetzt werden.

1 Da die Indexprüfung einen zusätzlichen, wenn auch geringen, Laufzeitaufwand nach sich zieht, erlauben manche Compiler, sie per Option abzuschalten.

Array-Zuweisungen und -Ausdrücke

Eine Array-Variable kann das Ziel einer Wertzuweisung sein. Die einzigen Array-Ausdrücke hingegen sind alleinstehende Array-Bezeichner und Zeichenketten. Array-Variablen können nicht verglichen werden. Ausnahme ist der Typ ARRAY *n* OF CHAR (siehe Abschnitt 8.2.6).

In Bezug auf obige Deklarationen sind zum Beispiel folgende Array-Zuweisungen gültig:

```
y := x;     y := A[i + 1];     A[j] := T[i, j];
```

Nach der Wertzuweisung $y := x$ sind x und y Element für Element gleich.

8.2.3 Arrays als Parameter

Arrays können Parameter von Prozeduren sein. Der Name des Array-Typs erscheint in der Formalparameterliste. Zum Beispiel:

```
TYPE: Vect = ARRAY n OF REAL;
...
PROCEDURE Norm(v: Vect): REAL;
   VAR s: REAL;  j: INTEGER;
BEGIN
   j := 0;  s := 0;
   WHILE j < LEN(v) DO s := s + v[j]*v[j];  INC(j)  END;
   RETURN s
END Norm;
```

Eine Deklaration von Formalparametern mit unbenanntem Array-Typ ist wegen der Namensäquivalenzregel nicht sinnvoll. Ein Beispiel wäre etwa

```
PROCEDURE Norm(v: ARRAY n OF REAL): REAL;
```

Oberon erlaubt aber auch Array-Parameter, die keinen expliziten Typ besitzen: *offene Array-Parameter*, die im nächsten Abschnitt besprochen werden.

Ist ein Formalparameter von einem Array-Typ, so ist der Aktualparameter immer ein *alleinstehender Array-Bezeichner* oder eine *Zeichenkette*. Bezüglich der Unterscheidung zwischen Wert- und Variablenparametern gelten dieselben Regeln wie für den skalaren Fall. Zur Wiederholung:

- Ein formaler *Wertparameter* ist eine lokale Variable, deren Wert beim Aufruf der Prozedur initialisiert wird. Für die Dauer der Prozeduraktivierung wird Speicher für Wertparameter (einschließlich Array-Parameter) reserviert. Der korrespondierende Aktualparameter wird dem Formalparameter zugewiesen.

- Ein formaler *Variablenparameter* (Schlüsselwort »VAR«) repräsentiert den Aktualparameter, und Zuweisungen an den Formalparameter wirken auf den Aktualparameter. Für Var-Parameter wird kein Speicher reserviert, und es findet keine Initialisierung statt.

Beachten Sie, daß eine Array-Zuweisung eine teure Operation sein kann. *Wertparameter für Arrays sollen deshalb nur verwendet werden, wenn sie wirklich gerechtfertigt sind.* Das Fehlen von Array-Konstanten (abgesehen von Strings; siehe Abschnitt 8.2.6) erschwert diese Rechtfertigung. Unter Beachtung dieser Empfehlung sollte das vorherige Beispiel, die Prozedur *Norm*, mit dem Kopf

```
PROCEDURE Norm(VAR v: Vector): REAL;
```

deklariert sein, obwohl der Parameter *v* nicht verändert wird.

Array-Bezeichner als Aktualparameter

Natürlich kann ein Elementbezeichner auch als Aktualparameter auftreten. Wird er an einen Wertparameter übergeben, so wird der Bezeichner ausgewertet und das Ergebnis dem Formalparameter zugewiesen. Interessanter ist, was im Fall eines Var-Parameters geschieht:

1) Bei der Ausführung des Prozeduraufrufs wird der Selektor ausgewertet und auf das Array angewendet, was zu einer Variablen führt.
2) Diese Variable wird für den Formalparameter eingesetzt.

Diese Substitution wird manchmal *Referenzaufruf* (call by reference) genannt. Beachten Sie, daß es einen allgemeineren Substitutionsmechanismus gibt, wobei der nichtausgewertete Bezeichner für den Formalparameter eingesetzt wird. Dieser Mechanismus wird *Namensaufruf* (call by name) genannt, ist aber in Oberon nicht verfügbar.

Betrachten Sie nun ein anderes Beispiel, eine Prozedur *SetZero*, die ein als Parameter übergebenes Array initialisiert:

```
PROCEDURE SetZero(VAR v: Vector);
   VAR j: INTEGER;
BEGIN  j := 0;
   WHILE j < LEN(v) DO  v[j] := 0;  INC(j)  END
END SetZero;
```

In bezug auf frühere Deklarationen (d.h. *x*: *Vector*; *A*: *Matrix*) kann *SetZero* folgendermaßen aufgerufen werden:

```
SetZero(x);
i := 2;  SetZero(A[i + 1]);
```

Der zweite Aufruf veranschaulicht die Regel für die Behandlung von Elementbezeichnern als Aktualparameter. Der Selektor [*i* + 1] wird ausgewertet und ergibt [3]. Dann wird die Variable *A*[3] an die Prozedur übergeben. Sie ist vom passenden Typ *Vector*. Nach Beendigung des Aufrufs sind alle Elemente des vierten Unter-Arrays von *A* auf null. Die anderen Elemente von *A* bleiben unverändert.

Schleifen über Arrays

Die zwei vorangegangenen Beispiele zeigen trotz ihrer Einfachheit ein typisches Muster des Arbeitens mit Arrays: die Schleife über alle Elemente. Für diesen Zweck wird die WHILE-Schleife[1] empfohlen. Die Integer-Zahl, die in jedem Schleifendurchlauf erhöht wird, heißt *Kontrollvariable*. Zum bequemen, d.h. von der Deklaration unabhängigen, Zugriff auf die Array-Länge, kann die vordefinierte Funktion LEN benutzt werden. Nach dem Verlassen der Schleife hat die Kontrollvariable den wohldefinierten Wert LEN(*v*).

8.2.4 Offene Array-Parameter

Betrachten Sie folgendes Beispiel, um die Notwendigkeit von offenen Array-Parametern zu verstehen. Ein Modul *LinAlg* wird von einer Gruppe numerischer Mathematiker entwickelt. *LinAlg* soll aufbauend auf ein- und zweidimensionalen Arrays eine Sammlung von Matrixoperationen zur Verfügung stellen, zum Beispiel

```
MODULE LinAlg;
CONST  n = 100;
TYPE
   Vector = ARRAY n OF REAL;
   Matrix = ARRAY n, n OF REAL;
   ...  (* Weitere Deklarationen, einschl. Prozeduren *)
END LinAlg.
```

Die Entwickler stehen jedoch vor einem Dilemma: Welche Array-Größe *n* sollen sie wählen? Bei großem *n* wird viel Speicher verwendet und wahrscheinlich in den meisten Fällen verschwendet. Bei zu kleinem *n* sind wahrscheinlich einige wichtige Anwender frustriert.

Auch der Benutzer steckt in einem Dilemma. Angenommen ein existierendes Programm soll so umgeschrieben werden, daß es ein Klient von *LinAlg* wird. Das erfordert, daß alle Array-Typen auf *LinAlg.Matrix* und *LinAlg.Vector* umgeschrieben werden müssen, eine mühsame und fehleranfällige Aufgabe. Die Lösung dieses Problems liegt in offenen Array-Parametern.

Der offene Array-Parameter ist ein formaler Typ, *der mit jedem aktuellen Array-Parameter mit derselben Dimensionalität und demselben Elementtyp kompatibel ist*. Seine Syntax ist

```
FormalType = {"ARRAY" "OF"} qualident.
```

1 FOR-Schleife in Oberon-2. Siehe Kapitel 14.

Die Prozedur *SetZero* kann zum Beispiel davon profitieren, ihren Parameter als offenes Array zu deklarieren:

```
PROCEDURE SetZero(VAR v: ARRAY OF REAL);
   VAR j: INTEGER;
BEGIN
   j := 0;
   WHILE j < LEN(v) DO  v[j] := 0;  INC(j)  END
END SetZero;
```

Der Formalparameter *v* ist nun ein offenes Array. Jeder aktuelle (eindimensionale) Array-Parameter mit Elementtyp REAL ist zu *v* kompatibel. Die Länge von *v* bleibt offen – daher der Name offener Array-Parameter.

Offene Array-Parameter können auch mehrdimensional sein. Zum Beispiel ist

```
ARRAY OF ARRAY OF REAL
```

mit jedem zweidimensionalen Array mit Elementtyp REAL kompatibel.

Matrix-multiplikation

Eine Prozedur zur Multiplikation beliebiger Matrizen ist ein klassisches Beispiel für Array-Verarbeitung:

A: linker Operand (*m* mal *l* Matrix),
B: rechter Operand (*l* mal *n* Matrix),
C = A × B: Produkt (*m* mal *n* Matrix).

Die Matrizen sind in zweidimensionalen Arrays von entsprechender Länge gespeichert. Die Prozedur zur Multiplikation sieht so aus:

```
PROCEDURE Mult(VAR A, B, C: ARRAY OF ARRAY OF REAL;
                                        m, n, l: INTEGER);
   VAR  i, j, k: INTEGER;  s: REAL;
BEGIN  i := 0;
   WHILE i < m DO  j := 0;
      WHILE j < n DO  k := 0;  s := 0;
         WHILE k < l DO  s := s + A[i, k]*B[k, j]; INC(k)  END;
         C[i, j] := s;  INC(j)
      END;
      INC(i)
   END
END Mult;
```

Der Formalparameter *C* liefert das Ergebnis und muß ein Var-Parameter sein. *A* und *B* könnten auch als Wertparameter deklariert werden. Var-Parameter werden aber aus Effizienzgründen empfohlen.

8.2.5 Arrays als Tabellen

Das gemeinsame Merkmal der bisherigen Beispiele ist, daß die Schleifen über *alle Elemente* des Arrays laufen.

Eine der typischen Anwendungen der Array-Struktur ist eine Tabelle, die geändert, sortiert oder durchsucht werden könnte. In diesem Fall laufen Schleifen häufig nur so lange, bis das entsprechende Element gefunden ist.

Ein einfaches Beispiel wäre etwa die Suche nach dem Index j, der mit einem gegebenen Eintrag x in Tabelle t korrespondiert.

```
TYPE  Table = ARRAY n OF INTEGER;
VAR t:  Table;  j, x: INTEGER;
...
j := 0;
WHILE  (j < n) & (t[j] # x)  DO  INC(j)  END;
```

Unter Anwendung des Gesetzes von De Morgan kann aus der Verneinung der While-Bedingung geschlossen werden, daß nach Beendigung der Schleife die Bedingung $(i = n)$ OR $(t[j] = x)$ gilt. Wenn der erste Term FALSE ist, wurde das gesuchte Element gefunden und hat Index j; wenn $j = n$, ist, dann existiert kein $t[j]$, das gleich x ist.

Die Anzahl der Abfragen, die benötigt werden, um x zu finden, wächst im Mittel linear mit der Größe der Tabelle. Daher heißt dieser Suchalgorithmus auch *lineare Suche*.

Lassen Sie uns noch eine geringfügig abgeänderte Variante des obigen Programms betrachten, nämlich

```
WHILE  (t[j] # x) & (j < n)  DO  INC(j)  END;
```

Das Vertauschen der beiden booleschen Faktoren erscheint auf den ersten Blick ganz legal. Falls jedoch alle Elemente von x verschieden sind, sieht man, daß ganz am Schluß die Bedingung $t[n]$ # x getestet würde, die einen Zugriff auf ein nichtvorhandenes Element impliziert. Daher ist diese Variante *falsch*. Erinnern Sie sich daran, daß die booleschen Verknüpfungen p & q und p OR q in Form von bedingter Auswertung definiert wurden. Als Folge davon sind sie *nicht kommutativ*. Die bedingte Auswertung vermeidet in der ersten – und korrekten – Variante die Auswertung von $t[j]$ # x wenn $j = n$.

Binäres Suchen

Ein schwierigeres Problem ist die effiziente Suche nach einem bestimmten Element x in einem geordneten Array t, d.h. $t[i] \leq t[j]$ für alle i und j: $0 \leq i < j < n$, wobei n die Größe des Arrays bedeutet.

Die beste Technik für diesen Fall ist das sogenannte *binäre Suchen*: Man prüfe das mittlere Element und wende dann dieselbe Methode entweder auf die linke oder rechte Hälfte des Arrays an.

```
PROCEDURE Search(VAR t: Table; x: INTEGER; VAR i: INTEGER);
  VAR j, m: INTEGER;
BEGIN
  i := -1;  j := LEN(t);
  WHILE  j # i + 1  DO  (* t[i] <= x < t[j] *)
    m := (i + j) DIV 2;
    IF  t[m] <= x  THEN  i := m  ELSE  j := m  END
  END
  (* t[i] <= x < t[i + 1] *)
END Search;
```

Der Formalparameter *i* gibt die Position von *x* zurück und muß daher ein Var-Parameter sein. Für *x* ist das nicht der Fall, deshalb wird es als Wertparameter deklariert. Ein Wertparameter wäre auch für *t* zulässig. Aus Effizienzgründen empfiehlt sich jedoch ein Var-Parameter. Es wäre auch möglich (besser), einen offenen Array-Parameter zu benutzen.

Das elegante, aber nicht triviale binäre Suchen eignet sich gut, um den in Kapitel 4 und 5 eingeführten Formalismus für den Beweis der totalen Korrektheit eines Programms einzusetzen. Ein kleiner Trick hilft, um Spezialfälle zu vermeiden. Die Tabelle *t* wird um zwei gedachte Elemente $t[-1] = -\infty$ and $t[n] = \infty$ erweitert. Diese virtuellen Elemente treten nur in den Prädikaten auf, werden also im Programm nicht zugegriffen.

Schleifeninvariante

Die Schleifeninvariante ist die Bedingung

$t[i] \le x < t[j]$.

Der Formalparameter *i* und die lokale Variable *j* werden mit $i = -1$ und $j = n$ initialisiert. Unter Benutzung der virtuellen Elemente gilt die Invariante zu Beginn.

Wenn der linke Zweig der If-Anweisung durchlaufen wird, ändert sich der Wert von *i*. In diesem Fall weiß man aber von der Wache, daß $t[i] \le x$ gilt. Da *j* nicht verändert wird, bleibt die Invariante erhalten.

Wenn der rechte Zweig aktiviert wird, gilt $\sim(t[j] \le x)$, was äquivalent zu $x < t[j]$ ist. Da in diesem Fall *i* unverändert bleibt, wird die Invariante nicht zerstört.

Variantenfunktion

Um die totale Korrektheit zu zeigen, muß noch eine Variantenfunktion gefunden werden, die in jeder Iteration erniedrigt wird. In unserem Fall ist

$j - i$

eine solche Funktion.

Zu Beginn jeder Iteration gilt $i + 1 < j$. Nach der Zuweisung zu m gilt $i < m < j$. Beide Zuweisungen, $i := m$ und $j := m$, vermindern also den Wert von $j - i$.

Das binäre Suchen terminiert also in jedem Fall und liefert einen Index i, so daß $t[i] \leq x < t[i + 1]$. Das gesuchte Element x ist gefunden, wenn $0 \leq i < n$ und $t[i] = x$. Wenn andererseits:

- $i = -1$ dann $x < t[0]$;
- $i = n - 1$ dann $x > t[n - 1]$.

Abbildung 8.2
Analyse des binären Suchens

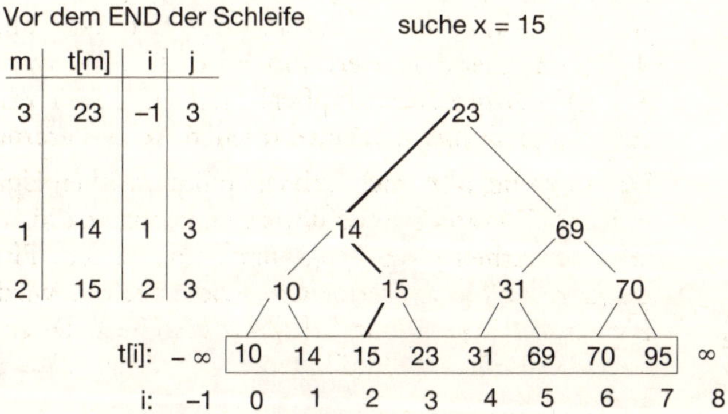

Abbildung 8.2 stellt das binäre Suchen bei der Arbeit dar. Der Baum zeigt alle möglichen Folgen von $t[m]$, die für beliebiges x auftreten können. Die Interpretation als Baum zeigt, daß die Anzahl der Vergleiche durch $\log_2(n)$ bestimmt ist – eine substantielle Einsparung gegenüber der linearen Suche.

8.2.6 Zeichenketten und der Typ ARRAY *n* OF CHAR

Neben Matrizen und Tabellen sind Texte eine der Hauptanwendungen von Arrays. Ein natürliches Modell eines Texts ist das einer geordneten Folge von Zeichen. Das Zeichen-Array (also ein Typ der Art ARRAY *n* OF CHAR) repräsentiert dieses Konzept in Oberon. Einige Beispieldeklarationen sind

```
CONST  n = 4048;  m = 32;
TYPE
   Text = ARRAY n OF CHAR;
   Pattern = ARRAY m OF CHAR;
   NameList = ARRAY n OF ARRAY m OF CHAR;
VAR
   txt: Text;  pat: Pattern;  nl: NameList;  str: ARRAY 5 OF CHAR;
```

Oberon unterstützt die Handhabung von Zeichen-Arrays:

1) Zeichenketten (Strings) können an Zeichen-Arrays zugewiesen werden.
2) Zeichen-Arrays können verglichen werden; das heißt, sie können Relationen <, <=, >, >=, = und # bilden. Variablen und Zeichenketten können in diesen Vergleichen gemischt auftreten.

String-Terminierung

Eine Zeichenkette ist als ARRAY *n* OF CHAR repräsentiert, wobei *n* größer als die Länge der Zeichenkette (in Zeichen) ist. Die Zeichenkette wird durch das spezielle Zeichen 0X abgeschlossen. Wenn *s* ein Zeichen-Array bezeichnet, so wird dessen textueller Wert durch die Zeichen vor dem ersten 0X repräsentiert. Der Index des abschließenden 0X-Zeichens ist die *Länge einer Zeichenkette*. Sie sollte nicht mit LEN(*s*) verwechselt werden, das die Anzahl der Array-Elemente von *s* angibt.

Abbildung 8.3 stellt den Effekt der Zuweisung s := »this« dar.

Abbildung 8.3
String-Terminierung und Zuweisung

```
s: ARRAY 8 OF CHAR;
...
s := "this"
```

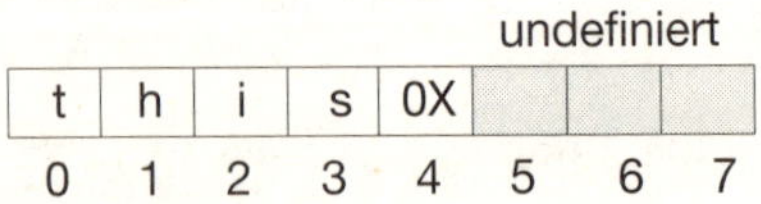

Die Funktion *Len* präzisiert den Begriff der Länge und gibt ein erstes Beispiel:

```
PROCEDURE Len(x: ARRAY OF CHAR): INTEGER;
   VAR j: INTEGER;
BEGIN  (* es existiert ein k: 0 <= k < LEN(x): x[k] = 0X *)
   j := 0;
   WHILE  x[j] # 0X  DO  INC(j)  END;
   RETURN j
END Len;
```

Beachten Sie, daß der offene Array-Paramter essentiell ist. Da *x* ein Wertparameter ist, kann die Funktion auch mit einer Zeichenkette als Aktualparameter aufgerufen werden, zum Beispiel *Len*(»abc«) = 3.

COPY(s, x)

Auf den ersten Blick scheint die vordefinierte Prozedur COPY mit der Zuweisung *x* := *s* identisch zu sein. Bei COPY werden aber nur jene Elemente von *s* kopiert, deren Index kleiner oder gleich der Länge von *s* ist; also bis einschließlich des ersten 0X-Zeichens. Die natürliche Vorbedingung für COPY ist also LEN(*x*) > *Len*(*s*). Falls diese Bedingung verletzt wird, so werden nur so viele Zeichen kopiert, wie in *x* Platz finden. Das Ergebnis ist immer 0X-terminiert. COPY kann durch folgende Prozedur ausgedrückt werden:

```
PROCEDURE COPY(s: ARRAY OF CHAR; VAR x: ARRAY OF CHAR);
   VAR j: INTEGER;
BEGIN  (* s ist 0X-terminiert *)
   j := 0;
   WHILE (s[j] # 0X) & (j < LEN(x) - 1) DO x[j] := s[j]; INC(j)
END;
   x[j] := 0X
END COPY;
```

x := "string"

Da *s* ein Wertparameter ist, kann COPY mit einer Zeichenkette als Aktualparameter aufgerufen werden. Ein Aufruf COPY("*string*", *x*) ist also gleichbedeutend mit der Zuweisung *x* := "*string*". Offensichtlich muß LEN(*x*) größer sein als die Länge der Zeichenkette.

Vergleiche

Zeichen-Arrays und Zeichenketten können miteinander verglichen werden. Dazu sind die Typregeln entsprechend abgeschwächt, d.h. die Operanden können Zeichenketten, Variablen vom Typ ARRAY *n* OF CHAR oder offene Zeichen-Arrays sein. Unter Benutzung der vorherigen Beispieldeklarationen sind folgende Vergleiche zulässig:

```
txt = pat     str = nl[3]     pat <= "really?"
```

Sei $L_x = Len(x)$; dann sind die Vergleichsoperationen wie folgt definiert:

$$x = y \equiv (\forall\, k: 0 \le k \le L_x : x[k] = y[k]) \quad (1)$$
$$x < y \equiv (\exists\, k: 0 \le k \le L_x : (\forall\, j: 0 \le j < k: x[j] = y[j])\ \&\ x[k] < y[k]) \quad (2)$$

Die Ungleichheit # und >= folgen durch Verneinung aus (1) beziehungsweise (2). Der Test auf <= ergibt sich als »kleiner oder gleich« und > als Verneinung daraus.

Es mag einfacher sein, die Definition des String-Vergleichs aus folgender Regel abzuleiten: Zuerst wird die Länge *k* des gemeinsamen Präfixes von *x* und *y* gesucht (Präfix ohne 0X). Der Vergleich der ASCII-Codes der in *x* und *y* darauf folgenden Zeichen (Index *k*) definiert das Ergebnis. Dabei macht man sich zunutze, daß das Terminationszeichen 0X kleiner als alle anderen Zeichen einer Zeichenkette ist. Beachten Sie, daß diese Regel bereits einen Algorithmus für den String-Vergleich darstellt, (1) und (2) aber nicht.

Einige Beispiele sollen diese Konzepte veranschaulichen. Es sei *s*: ARRAY 8 OF CHAR und *s* := "this"; dann gilt folgendes:

```
s = "this"     s # "this."     s > "that"     s < "Xenon".
```

Mit diesen Definitionen ist die Grundlage für weitere Beispiele gelegt.

Suche nach einer Zeichenkette in einer Tabelle

Die erste Aufgabe ist das Durchsuchen einer Tabelle *nl* vom Typ *NameList* nach einer gegebenen Zeichenkette *x*.

```
PROCEDURE Search(VAR nl: NameList; x: ARRAY OF CHAR;
                                            VAR j: INTEGER);
BEGIN
   j := 0;
   WHILE  (j < LEN(nl)) & (nl[j] # x)  DO  INC(j)  END
END Search;  (* x gefunden falls j < LEN(nl) *)
```

Durch die bequemen String-Operationen in Oberon wird die Suchprozedur fast identisch mit der Suche nach einer Zahl in einem Zahlen-Array. Ist die Namensliste *nl* sortiert, so könnte auch das effiziente binäre Suchen leicht angepaßt werden.

Suche nach einem Textmuster

Ein anspruchsvolleres Problem ist die Suche nach einem Muster *x* in einem Text *txt*. Sowohl der Text als auch das Muster sind durch Zeichen-Arrays dargestellt und mit 0X abgeschlossen.

```
PROCEDURE Locate(VAR txt: ARRAY OF CHAR;
                x: ARRAY OF CHAR; VAR pos: INTEGER);
VAR j, Lx, Lt: INTEGER;
BEGIN
   Lx := Len(x);  Lt := Len(txt);  pos := -1;
   REPEAT  j := 0;
      INC(pos);
      WHILE (x[j] = txt[pos + j]) & (j < Lx)  DO INC(j)  END
   UNTIL (j = Lx) OR ((pos + Lx) > Lt);
   IF  j < Lx  THEN pos := -1 (* Muster nicht gefunden *)  END
END Locate;
```

Einfügen in einen Text

Textsuche ist häufig kombiniert mit Löschen, Ersetzen oder Einfügen von Zeichenketten. Die folgende Prozedur *Insert* zeigt das Einfügen eines Strings *x* in einen Text *txt* vor dem Zeichen mit Index *pos*. Es wird angenommen, daß $0 \leq pos \leq Len(txt)$ gilt.

```
PROCEDURE Insert(VAR txt: ARRAY OF CHAR; x: ARRAY OF CHAR;
                pos: INTEGER);
VAR j, Lt, Lx: INTEGER;
BEGIN
   Lt := Len(txt);  Lx := Len(x);
   IF (Lx + Lt < LEN(txt)) & (pos >= 0) & (pos <= Lt) THEN
      (* Platz schaffen *)
      j := Lt;
      WHILE j >= pos DO  txt[j + Lx] := txt[j];  DEC(j)  END;
      (* kopiere x nach txt[pos] *)
      j := 0;
      WHILE j < Lx DO  txt[pos + j] := x[j]; INC(j)  END
   END
END Insert;
```

Dieses Beispiel zeigt zwei typische Nachteile von Arrays, wenn sie zur Modellierung von Tabellen oder Texten verwendet werden:

1) Man muß darauf achten, daß genug Platz zum Einfügen vorhanden ist und daß Überlaufbedingungen richtig behandelt werden.
2) Vor dem Einfügen eines Eintrags muß durch Verschieben eines Teils des Arrays Platz geschaffen werden.

Beide Probleme können durch die Verwendung von dynamischen Datenstrukturen umgangen werden. Ein solcher Ansatz hat aber auch seinen Preis; ein komplexeres Programm und/oder weniger effiziente Speicherbenutzung.

8.3 Records

8.3.1 Record-Typ und Record-Deklarationen

In einem Array sind alle Elemente vom selben Typ und können über einen berechneten Index zugegriffen werden. Im Gegensatz dazu bietet die Record-Struktur die Möglichkeit, eine Sammlung von Elementen zu deklarieren, auch wenn die Elemente verschiedene Typen besitzen. Ein Record ist deshalb eine *heterogene Struktur.*

Der Ursprung dieser Datenstruktur liegt in der kommerziellen Datenverarbeitung[1] Records modellieren Zeilen einer Tabelle, die auf Papier gedruckt wird. Analog zur Matrixmultiplikation für Array-Verarbeitung ist die Personendatei das unvermeidliche Beispiel für den Fall des Records. Abbildung 8.4 enthält einen Ausschnitt einer Mitarbeiterliste.

Abbildung 8.4 *Ein Ausschnitt aus einer Personendatei in Tabellenform*

Name	Vorname	Nummer	Gehalt	
Ando	Gabi	766051	40150	
Dowe	Sally	341749	31500	Record
Smith	Kimber	416490	35500	
Roke	John	843847	22000	

Eine Zeile in dieser Liste wird ein Record (Satz, Verbund) genannt. Die Beschreibung eines Mitarbeiters (employee) besteht aus Familien- und Vornamen der Person, einer Identifikationsnummer und dem Gehalt. In Oberon wird das durch folgende Typdeklaration ausgedrückt:

1 Programmiersprache COBOL.

```
TYPE
    Name = ARRAY 32 OF CHAR;
    Employee =RECORD
        family, first: Name;
        id, salary: INTEGER;
    END;
```

Die Deklaration des Record-Typs genügt folgender Syntax:

```
RecordType = "RECORD"  FieldListSequence  "END".
FieldListSequence = FieldList { ";" FieldList }.
FieldList = [ IdentList ":" type ].
IdentList = ident [ "*" ] { "," ident [ "*" ] }.
```

Die Record-Struktur ermöglicht, sich entweder auf die gesamte Sammlung zu beziehen oder auf einzelne Elemente. Elemente eines Records heißen auch *Record-Felder* und ihre Namen sind die *Feldnamen*. Jeder Name in der Namensliste (*IdentList*) definiert ein Record-Feld mit einem bestimmten Typ.

Der Stern hinter dem Feldnamen ist die bekannte Exportmarkierung, die selektiv auf die Felder angewendet werden kann. Nur exportierte Felder sind in Klientenmodulen sichtbar. Sie heißen *öffentliche Felder*. Nichtmarkierte Felder werden *private Felder* genannt: Sie sind nur in dem Modul sichtbar, das die Record-Deklaration enthält. Selektiver Export ist ein wichtiges Programmierwerkzeug – und führt zum Begriff der Datenabstraktion. Kapitel 10 sagt mehr darüber. Beachten Sie, daß, wenn ein Feld eines Records *r* exportiert wird, auch *r* selbst exportiert werden sollte.

Ein Record *darf sich nicht selbst enthalten*. Das folgende Beispiel für eine rekursive Typdeklaration ist zwar durch die Syntax nicht ausgeschlossen, aber trotzdem illegal:

```
R = RECORD  x: R  END
```

Sichtbarkeit von Feldern

Die Felder sind lokale Objekte ihres Records. Der Sichtbarkeitsbereich eines Feldnamens ist die Record-Definition selbst (vom Punkt der Deklaration des Feldnamens bis zum Schlüsselwort »END«). Außerhalb dieses Bereichs sind sie nur über Feldbezeichner der Form *r.f* sichtbar, wobei *r* der Record und *f* der Feldname ist (siehe nächsten Abschnitt). Daraus folgt, daß außerhalb des Records der Name *f* wiederverwendet werden kann. Die folgende Anweisungsfolge ist zum Beispiel gültig:

```
TYPE R = RECORD  a: INTEGER; b: REAL  END;
VAR a: REAL;
```

Eine Variable von einem Record-Typ wird auf die übliche Art deklariert, zum Beispiel

```
VAR  worker, manager: Employee;
```

Ebenso wie bei Arrays kann eine Variable mit einem anonymen Record-Typ deklariert werden. Durch folgende Deklaration werden zum Beispiel neue Record-Typen erzeugt, deren Struktur gleich ist wie die des Typs *Employee*:

```
VAR
   person: RECORD
      family, first: Name;
      id, salary: INTEGER;
   END;
```

Durch Anwendung der Typkompatibilitätsregeln des ersten Abschnitts dieses Kapitels (Namensäquivalenz) ergibt sich, daß der Typ der Variablen *person* trotz der strukturellen Gleichheit nicht mit dem Typ der Variablen *worker* und *manager* kompatibel ist. Eine Zuweisung *person* := *worker* wird also vom Compiler zurückgewiesen.

Geschachtelte Records

Ähnlich wie bei Arrays, wo ein Elementtyp selbst wieder ein Array sein darf, kann auch ein Record-Feld selbst wieder von einem Record-Typ sein. Die Definition des Typs *Employee* kann zum Beispiel um das Geburtsdatum vom Record-Typ *Date* erweitert werden:

```
TYPE
   Date = RECORD  mo, day, yr: INTEGER  END;
   Employee =RECORD
      family, first: Name;
      birth: Date;
      id, salary: INTEGER
   END;
```

Gemischte Record- und Array-Typen

In den vorausgegangenen Abschnitten wurden die Array- und Record-Strukturen separat eingeführt. Der aufmerksame Leser hat aber vielleicht bemerkt, daß beide Deklarationen rekursiv über das Nichtterminalsymbol *type* sind, nicht über *ArrayType* oder *RecordType*. Die Elemente von Arrays können also Records sein und die Elemente von Records Arrays – oder Arrays von Arrays – in jeder gewünschten Reihenfolge und Verschachtelungstiefe.

Das Array ist das Modell einer Tabelle und das Record eine Zeile dieser Tabelle. Daher modelliert eigentlich nur die Kombination der beiden strukturierten Typen die Mitarbeiterliste aus Abbildung 8.4. Eine Deklaration könnte zum Beispiel so lauten:

```
VAR DataSheet: ARRAY n OF Employee;
```

Felder von Records können auch wieder Arrays sein. Der Array-Typ *Name* der Felder *family* und *first* ist ein Beispiel dafür.

8.3.2 Feldbezeichner, Record-Zuweisungen und -Ausdrücke

Das Feld *f* eines Records *r* wird bezeichnet durch

r.f

Der Feldbezeichner besteht also aus dem Record-Namen, gefolgt vom Feldnamen und getrennt durch einen Punkt. Die allgemeine Syntax von Feldbezeichnern lautet:

```
designator = qualident {"." selector }.
selector = ident.
```

Aus der Syntax wird deutlich, daß die zusätzliche Flexibilität von Records, nämlich die mögliche Heterogenität, durch eine Restriktion ausgeglichen wird: Die Identifikation eines Elements ist auf einen festen Namen, den Feldnamen, eingeschränkt. Das steht in Gegensatz zu Arrays, wo Elemente durch einen berechneten Index ausgewählt werden können.

Im Fall von geschachtelten Record-Typen (also Records, die Records enthalten) *können die Selektoren kaskadiert werden.* Angenommen, *worker* ist eine Variable vom Typ *Employee*, wie vorhin deklariert, dann ist

worker.id	ein Feld vom Typ INTEGER
worker.birth	ein Unter-Record vom Typ *Date*
worker.birth.yr	ein Feld vom Typ INTEGER

Nehmen Sie nun an, die Variable *manager*, die auch von Typ *Employee* ist, wird von einem Modul *Personnel* exportiert. Dann können in Klientenmodulen von *Personnel* folgende Bezeichner konstruiert werden:

Personnel.manager.id	Typ INTEGER
Personnel.manager.birth	Typ *Date*
Personnel.manager.birth.mo	Typ INTEGER

Beachten Sie, daß der erste Punkt zum qualifizierten Namen *Personnel.manager* gehört. Er unterscheidet sich von den darauffolgenden Punkten, die Record-Felder selektieren.

Record-Zuweisungen und -Ausdrücke

Eine Record-Variable kann auf der linken Seite einer Wertzuweisung auftreten. Die einzige Art von Ausdrücken, die ein Record als Ergebnis hat, ist der alleinstehende Record-Bezeichner. Record-Variablen sind keine Operanden (Ausnahme Typtest, siehe Kapitel 11) und können auch nicht verglichen werden. Nehmen Sie zum Beispiel die Deklarationen *clerk*, *secretary*: *Employee* an; dann sind folgende Record-Zuweisungen möglich:

```
clerk := secretary;     clerk.birth := secretary.birth;
```

Parameter Records können auch als Parameter von Prozeduren benutzt werden. Für die Parameterübergabe gelten die gleichen Regeln wie für unstrukturierte Variablen oder Arrays. Der Typ muß wegen der Namensäquivalenz explizit benannt sein. Im Fall eines Wertparameters wird Speicher reserviert, und zum Zeitpunkt des Prozeduraufrufs findet eine Zuweisung statt. Das wird bei Var-Parametern vermieden, wo ja der Aktualparameter den Formalparameter ersetzt. Kein zusätzlicher Speicherplatz wird reserviert, und es findet kein Kopieren statt. Deshalb wird für Records – ebenso wie bei Arrays – aus Effizienzgründen die Benutzung von Var-Parametern empfohlen, selbst wenn diese Parameter kein Ergebnis liefern.

8.3.3 Benutzung von Records

Die Benutzung von Record-Variablen in der kommerziellen Datenverarbeitung wurde schon erwähnt. Datenbanken in allen Größenordnungen sind die Hauptanwendungen in diesem Bereich. Die Elemente dieser Datenbanken sind typischerweise Records.

Eine andere Anwendung von Records geht ebenfalls auf die Zeit der ersten Betriebssysteme zurück: der *Kontrollblock* – eine Record-Variable, die eine Sammlung von Parametern für eine Ressource oder eine Anforderung beschreibt. Ausdrücke wie Datei- oder Prozeßkontrollblock sind den meisten Programmierern vertraut. Möglichkeiten zur Definition von Records waren bereits vor 30 Jahren Bestandteil von leistungsfähigen Assemblern.

Die Benutzung eines Records ist immer angezeigt, wenn eine Menge von Parametern ein einzelnes Objekt definiert. Nehmen Sie zum Beispiel ein Rechteck, das auf einem Anzeigegerät gezeichnet werden soll. Das Rechteck wird durch die Koordinaten x und y eines der Eckpunkte, die Breite w und Höhe h definiert. Um mehrere dieser Rechtecke zu behandeln, kann der Programmierer vier Arrays deklarieren:

```
VAR x, y, w, h ARRAY n OF INTEGER;
```

Die Erfahrung zeigt aber, daß Programme in vielen Fällen durch Benutzung eines Record-Typs wesentlich klarer werden:

```
TYPE Rect = RECORD  x, y, w, h: INTEGER  END;
VAR r ARRAY n OF Rect;
```

Es ist damit möglich, sich auf Rechtecke als Ganzes zu beziehen. Ein Beispiel dafür ist:

```
PROCEDURE XYinRect(x, y: INTEGER; r: Rect): BOOLEAN;
```

Schließlich ist der Record der Baustein für dynamische Datenstrukturen – eines der mächtigsten Programmierkonzepte überhaupt. In dynamischen Datenstrukturen bestehen Records nicht nur aus Daten-, sondern auch aus Zeigerfeldern, die Verweise auf andere Records darstellen. Zeiger und dynamische Datenstrukturen sind Gegenstand von Kapitel 9.

8.4 Zusammenfassung

In diesem Kapitel wurde die *Typdeklaration* eingeführt und zwei wichtige strukturierte Typen: das *Array* und der *Record*.

Die Typdeklaration ermöglicht benutzerdefinierte Typen. Ein Name wird an einen Typ gebunden, der entweder ein Grundtyp ist (z.B. INTEGEER oder REAL) oder – wichtiger noch – ein strukturierter Typ wie zum Beispiel ein Array oder ein Record. Die Typdeklaration ist ein wichtiges Hilfsmittel zur Formulierung abstrakter Datentypen. Diesem Thema gehen Kapitel 10 und Teil III nach.

Das *Array* ist eine Variable von einem *Array-Typ*, der eine Struktur, zusammengesetzt aus einer Anzahl von Elementen mit gleichem Typ, definiert. Die Elemente werden durch einen berechneten Index ausgewählt. Die Anzahl der Elemente wird *Länge* des Arrays genannt. Ein Elementbezeichner hat die Form *a*[*i*]. Der Ausdruck *i* wird ausgewertet und selektiert das Element des Arrays *a* mit Index *i*. Die Definition von Array-Typen ist rekursiv: Der Elementtyp kann wieder ein Array sein, was zu *mehrdimensionalen* Arrays führt.

So wie jede Variable kann auch ein Array als Parameter von Prozeduren verwendet werden. Speziell vielseitig ist der offene Array-Parameter, der mit allen Arrays mit gleichem Elementtyp und gleicher Dimensionalität kompatibel ist.

Ohne Arrays wäre das Programmieren nicht das, was es heute ist. Beispiele aus den Bereichen numerische Mathematik, Tabellenverwaltung und Textoperationen wurden gezeigt.

Von spezieller Bedeutung ist die Darstellung von Texten durch den Typ ARRAY *n* OF CHAR. Oberon schwächt die Typregeln ab, um Zuweisungen von Zeichenketten an Zeichen-Arrays und Vergleiche von Zeichen-Arrays mit anderen Zeichen-Arrays und/oder Zeichenketten zu erlauben.

Während das Array ein strukturierter Typ von gleichen Elementen ist, bietet der *Record-Typ* die Möglichkeit, eine Sammlung von *Feldern* als Einheit zu deklarieren, selbst wenn die Felder unterschiedliche Typen aufweisen. Ein Feld *f* eines Records *r* wird durch *r.f* bezeichnet. Records werden in der kommerziellen Programmierung eingesetzt und sind die Grundlage für dynamische Datenstrukturen und abstrakte Datentypen, den Themen der Kapitel 9 und 10.

8.5 Übungen

Ü 8.1 **[Galton-Brett]** Ein Galton-Brett ist eine Vorrichtung, die nach dem viktorianischen Statistiker Sir Francis Galton (1822 – 1911) benannt ist.

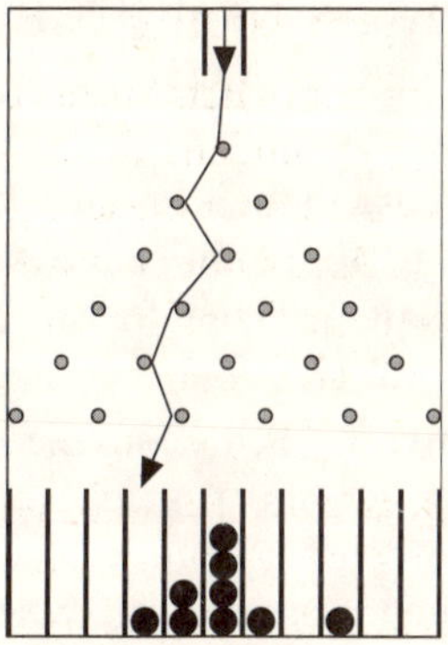

Es handelt sich dabei um eine dreieckige Anordnung von Stiften auf einer schiefen Ebene. Von oben werden kleine Bälle losgelassen, die sich einen Weg nach unten bahnen, wo sie in einer Reihe von Röhren gesammelt werden. Das Interessante an diesem Experiment ist die Kurve, die von den gestapelten Bällen gebildet wird. Implementieren Sie ein Modul, das ein Galton-Brett simuliert.

Hinweis: Es ist nicht notwendig, das Galton-Brett visuell darzustellen – alles, was zählt, ist die *Anzahl der links-rechts-Entscheidungen*.

Benutzen Sie ein Array, um die Bälle zu sammeln. Simulieren Sie 100 Bälle und erzeugen Sie die Ausgabe mit Hilfe von Prozeduren des Moduls *Out*. Wiederholen Sie das Experiment mit 1000, 10000 and 100000 Bällen. Zeichnen sie die resultierende Kurve.

Ü 8.2 [**Histogramm**] Schreiben Sie ein Modul *Histogramm*, das Prozeduren und Kommandos zum Berechnen und Darstellen von Histogrammen (siehe Kasten 10.1) enthält. Die Anzahl der Intervalle, ihre Breite und die Anzahl der Einträge werden vom Eingabestrom gelesen. Stellen Sie Histogramme unter Verwendung des Moduls *XYplane* als Balkendiagramme wie in Kasten 10.1 dar.

Experimentieren Sie mit gleich- und exponentialverteilten Zufallszahlen. Wählen Sie verschiedene Werte des *mu*-Parameters für die zweiten.

Ü 8.3 [**Backup-Dateinamen**] Ein Oberon-Dateiname besteht aus Namen und Punkten, wie zum Beispiel »Syntax10.Scn.Fnt« oder »IFS1.Mod«. Schreiben Sie eine Prozedur, die einen Dateinamen-Parameter akzeptiert und daran ein ».Bak« anfügt, z.B. »Syntax10.Scn.Fnt.Bak« oder »IFS1.Mod.Bak«. Achten Sie darauf, daß keine Indexüberschreitung auftreten kann.

Ü 8.4 [**Matrixausgabe**] Schreiben Sie eine Prozedur, die eine Matrix (gefüllt mit Zufallszahlen) als zweidimensionale Tabelle mit geeignet formatierten Zeilen und Spalten ausdruckt.

Ü 8.5 [**Extremwerte**] Schreiben Sie eine Prozedur, die Indices *min* und *max* berechnet, so daß $a[min]$ und $a[max]$ die kleinsten bzw. größten Elemente eines Arrays *a*: ARRAY *n* OF REAL bezeichnen. *Anmerkung*: Eine Lösung mit $3n/2$ Vergleichen ist möglich. Können Sie diese finden?

Ü 8.6 [**Sortieren**] Gegeben sei ein Array *a* von *n* Zahlen. Schreiben Sie eine Prozedur zum Sortieren durch wiederholte Ausführung folgenden Vorgangs für alle $i = 0, 1,\ldots,n - 2$:

1) Suche den kleinsten Wert in $a[i + 1]\ldots a[n - 1]$.

2) Vertausche diesen Eintrag mit $a[i]$, falls notwendig.

Geben Sie die Schleifeninvariante an.

Ü 8.7 [**Telefonverzeichnis**] Schreiben Sie ein Modul *PhoneDir*, das ein Telefonverzeichnis, basierend auf folgender Deklaration, implementiert

```
TYPE
   Dir  =  ARRAY n OF RECORD
      name: ARRAY 32 OF CHAR;
      phone: ARRAY 16 OF CHAR
   END;
```

Stellen Sie Kommandos zum Öffnen des Verzeichnisses und zum Einfügen, Löschen und Abfragen von Einträgen zur Verfügung. Prüfen Sie auf Tabellenüberlauf. Implementieren Sie zwei Versionen, eine mit linearem und eine mit binärem Suchen.

Ü 8.8 [**Zufallspfad**] Angenommen, ein Partikel bewegt sich auf einem diskreten, quadratischen Raster. Ausgehend von der aktuellen Position wird die nächste zufällig aus den vier Nachbarpunkten ausgewählt.

Schreiben Sie ein Modul, das einen Zufallspfad in einem N mal N Quadrat im *XYplane*-Fenster darstellt. Zeigen Sie immer nur die letzten k Positionen an. Betrachten Sie verschiedene Strategien, wenn der Pfad die Grenzen des Quadrats erreicht: (1) berechne die Position Modulo N; (2) reflektiere das Partikel; (3) warte, bis das Partikel das Quadrat wieder betritt; (4) das Partikel ist verloren.

Ü 8.9 [**Diffusionsbegrenztes Wachstum**] Partikel mit zufälliger Anfangsrichtung bewegen sich auf einem Zufallspfad. Wenn ein Partikel ein bestimmtes Aggregat trifft, hängt es sich daran an. Diffusionsbegrenztes Wachstum tritt in der Natur zum Beispiel beim Sammeln von Ruß auf, beim Wachstum in elektrolytischen Lösungen und in Leitern bei elektrischen Entladungen. Das resultierende Bild ist ein Fraktal.

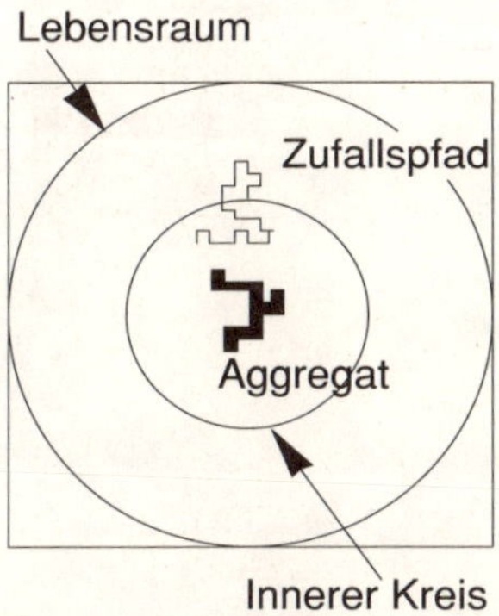

Arbeiten Sie mit einem quadratischen Gitter rund um einen Ursprung. Schreiben Sie zwei Kreise ein. Zufallspfade entspringen an einer beliebigen Position auf dem inneren Kreis. Wenn ein Partikel den Lebensraum (äußerer Kreis) verläßt, ist es verloren und ein neuer Zufallspfad wird gestartet. Wenn ein Partikel auf das Aggregat trifft, hängt es sich daran an (d.h. das Aggregat wächst dadurch), und ein neuer Zufallspfad wird gestartet. Zu Beginn ist das Aggregat ein einzelnes Quadrat am Ursprung. Visualisieren Sie den Zufallspfad und das Aggregat unter Verwendung von *XYplane*.

9 Dynamische Datenstrukturen und Zeigertypen

Bis jetzt wurden die 8 Grundtypen SHORTINT, INTEGER, LONGINT, REAL, LONGREAL, BOOLEAN, CHAR und SET eingeführt. Diese Typen haben eine enge Beziehung zu den Hardware-Eigenschaften der darunterliegenden Rechenmaschine.

Die beiden Typkonstruktoren ARRAY und RECORD definieren neue Typen, die sich aus Elementen von Grundtypen zusammensetzen. Das Array ist eine geordnete Menge von Elementen mit identischem Typ, die durch einen berechneten Index ausgewählt werden können. Der Record ist eine benannte Sammlung von Feldern mit möglicherweise verschiedenen Typen. Abbildung 9.1 zeigt die Array- und Record-Struktur.

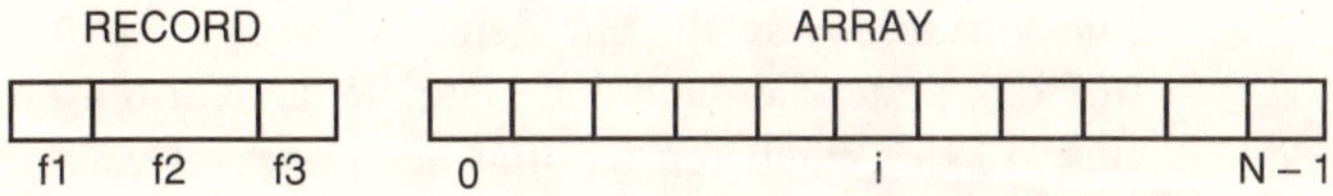

Abbildung 9.1 *Abbildung eines Records und eines Arrays auf einen linearen Adreßraum*

Sowohl der Array- als auch der Record-Typ haben die Eigenschaft, *statisch* zu sein. Das bedeutet, daß Variablen dieser Typen während ihrer gesamten Lebensdauer dieselbe Struktur behalten. Arrays und Records haben auch die gemeinsame Eigenschaft, daß sie direkt auf einen linearen Adreßraum abgebildet werden können – daher ist der Compiler in der Lage, effizienten Code für Zuweisungen und Ausdrücke zu erzeugen.

Viele Anwendungen verarbeiten aber Daten, die nicht nur ihren Wert ändern, sondern auch ihre *Beziehungen zu anderen Daten und ihre Größe*. Typische Beispiele sind Listen (oder Ketten) und Bäume, die *dynamisch* wachsen und schrumpfen. Statt weitere strukturierte Typen in die Sprache aufzunehmen, bietet Oberon eine Möglichkeit, beliebige Strukturen zu konstruieren: den *Zeigertyp* (pointer type).

Jede komplexe Struktur besteht letztlich aus Elementen, die statisch sind. Zeiger werden benutzt, um Beziehungen zwischen diesen statischen Elementen – oft Knoten (nodes) genannt – herzustellen. Man sagt, ein Zeiger *verkettet* Knoten oder *zeigt auf* Knoten.

Was Zeiger zu einem so mächtigen Werkzeug macht, ist der Umstand, daß sie auf Records zeigen können, die selbst wieder Zeiger enthalten. Betrachten Sie die folgende Deklaration:

```
TYPE
    ListNode = POINTER TO ListNodeDesc;
    ListNodeDesc = RECORD
        key: Key;  next: ListNode
    END;
VAR first: ListNode;
```

Die Definition ist offensichtlich *rekursiv.* Abbildung 9.2 zeigt eine schematische Darstellung von Variablen vom Typ *ListNodeDesc.*

Abbildung 9.2
Eine lineare Liste zusammengesetzt aus Records mit Zeigerfeldern

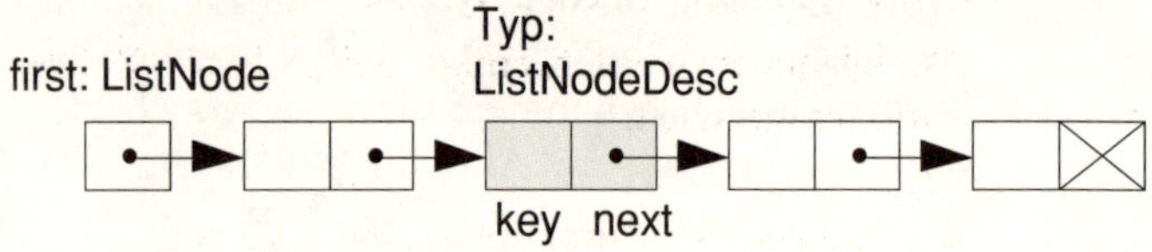

Die Variable *first*, die ein Zeiger vom Typ *ListNode* ist, bietet Zugriff auf das erste Element der Liste. Jeder Knoten enthält ein Zeigerfeld, das auf den nächsten Knoten der Liste verweist. Man kann also über das erste Element Zugriff auf das zweite bekommen, usw.

Offensichtlich können verschiedene Zeigervariablen auf denselben Knoten zeigen, womit die Möglichkeit besteht, beliebig komplexe Strukturen zu konstruieren. Diese augenscheinliche Mächtigkeit des Zeigertyps ist gleichzeitig auch seine Schwäche – er öffnet unbegrenzte Möglichkeiten für Programmierfehler, die schwierig aufzuspüren sind. Am Ende dieser Einleitung deshalb eine Warnung: *Das Arbeiten mit Zeigern erfordert äußerste Vorsicht.*

Über dynamische Datenstrukturen und ihre Algorithmen wurde in den letzten Jahrzehnten ein großer Wissensschatz angehäuft. (Heute existieren bereits viele Lehrbücher darüber. Gute Einführungen sind Wirth (1976), Smith (1987) und Sedgewick (1988).) Dieses Kapitel behandelt nur die grundlegenden Beispiele von Listen und Bäumen. Prozeduren zur Listenverarbeitung werden aber in vielen der folgenden Beispielen wieder auftauchen und verdienen die Aufmerksamkeit des Lesers.

9.1 Zeiger

9.1.1 Der Zeigertyp und Zeigerdeklarationen

In Oberon kann ein Zeiger nicht auf beliebige Variablen zeigen, sondern nur auf solche mit einem bestimmtem Array- oder Record-Typ. Man sagt, der Zeigertyp ist an den Typ des referenzierten Objekts *gebunden*. Die Syntax der Zeigerdeklaration lautet

```
PointerType = "POINTER" "TO" baseType.
baseType = qualident | ArrayType | RecordType.
```

Der qualifizierte Name repräsentiert einen Typ, der entweder ein Array- oder ein Record-Typ ist.

Im folgenden werden einige Beispiele für Zeiger- und Zeigertypdeklarationen gegeben:

```
TYPE
   TreeNode = POINTER TO TreeNodeDesc;
   TreeNodeDesc =RECORD
      key: Key;
      left, right: TreeNode
   END;

   FileCtlBlock =POINTER TO RECORD
      length, date, pos, sectorTable: LONGINT;
      name: ARRAY 32 OF CHAR
   END;

   Vect = POINTER TO ARRAY n OF REAL;
```

Zuweisung und Ausdrücke

Zeiger können an Zeigervariable von kompatiblem Typ zugewiesen werden. Zeiger von kompatiblem Typ können auf *Gleichheit* oder *Ungleichheit* getestet werden; und das sind auch die einzigen Ausdrücke, in denen (vorläufig) Zeiger als Operanden auftreten dürfen. Der Vergleich ist (ebenfalls vorläufig) nur mit Zeigern vom gleichem Typ erlaubt.

Der Wert NIL

Es gibt einen speziellen Zeigerwert, der auf kein Objekt zeigt und *mit allen Zeigertypen kompatibel ist*. Die vordefinierte Konstante NIL repräsentiert diesen Wert. NIL kann jeder Zeigervariablen zugewiesen und mit jedem Zeiger verglichen werden. Typischerweise wird NIL dazu benutzt, um rekursive Datenstrukturen abzuschließen.

9.1.2 Erzeugung von Variablen, die über Zeiger referenziert werden

So wie alle Variablen kann auch ein Zeiger durch eine Variablendeklaration erzeugt werden. Die Deklaration erzeugt eine Variable (Instanz) des Zeigertyps, sagen wir *P*. Für Zeigervariable wird Speicher angelegt, wenn der Bereich, der die Deklaration enthält, aktiviert wird. Ist der Wert eines Zeigers ungleich NIL, so *bezeichnet er eine Variable*, deren Typ der *Basistyp* von *P* ist.

Die Deklaration des Zeigers erzeugt aber noch keine Variable, auf die er zeigt. Eine solche Variable muß explizit erzeugt werden, indem die vordefinierte Prozedur

```
NEW(p)
```

aufgerufen wird. Der Aktualparameter *p* ist dabei ein Zeiger vom Typ *P*. NEW(*p*) erzeugt eine *Variable des Basistyps von P*[1]. Der Zeiger *p* wird so initialisiert, daß er auf diese neu erzeugte Variable zeigt (Abbildung 9.3).

Abbildung 9.3 Erzeugung einer Variablen des Basistyps von P

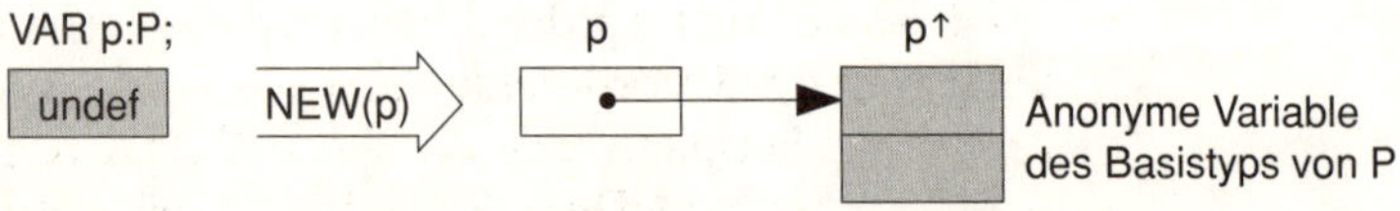

Nehmen Sie zum Beispiel die Deklarationen *first*: *ListNode* und *root*: *TreeNode* an. Dann bedeutet

NEW(*first*) Eine Variable vom Typ *ListNode* wird erzeugt, die durch den Zeiger *first* bezeichnet wird.

NEW(*root*) Eine Variable vom Typ *TreeNode* wird erzeugt, die durch den Zeiger *root* bezeichnet wird.

9.1.3 Dereferenzieren eines Zeigers

NEW(*p*) erzeugt eine Variable vom Basistyp von *P*. Diese Variable wird dynamisch erzeugt und ist deshalb nicht durch einen (statisch bekannten) Namen bezeichnet – man sagt, *die Variable ist anonym*. Um sich auf eine anonyme Variable zu beziehen, wird der Dereferenzierungsoperator ↑ auf den Zeiger angewendet, geschrieben als p↑.[2] Der

---

1 Man spricht auch von *Instanzen, Exemplaren* oder *Inkarnationen* des Basistyps von *P*.

2 Im Standard-ASCII-Zeichensatz ist ↑ durch das Zeichen »^« mit ORD(»^«) = 94 repräsentiert.

Bezeichner p↑ bedeutet also die Variable, auf die *p* zeigt. Ein Zeiger mit dem Wert NIL *kann nicht dereferenziert werden.* Mißachtung dieser Regel resultiert in vorzeitigem Programmabbruch.

Die Syntax von Bezeichnern kann nun durch Aufnahme des Dereferenzierungsoperators verallgemeinert werden.

```
designator = qualident { "." ident | "[" ExpList "]" | "↑" }.
```

Implizite Dereferenzierung

In Programmen, die Zeiger benutzen, tritt die Dereferenzierung sehr häufig auf. Als Erleichterung für den Programmierer und zur besseren Lesbarkeit von Programmtexten *impliziert Oberon die Dereferenzierung,* wenn ein Record-Feld oder Array-Element über eine Zeigervariable zugegriffen wird. Unter Benutzung von früheren Deklarationen und dem Array-Zeiger *vector*: *Vect* steht zum Beispiel

first.next	für	first↑.next
root.key	für	root↑.key
vector[i]	für	vector↑[i]

Wenn also ein Feld- oder Elementselektor nachfolgt, kann ein Zeiger so verwendet werden, *als wäre er der Name der Variablen, auf die er zeigt.* Es sei aber ausdrücklich darauf hingewiesen, daß diese Abkürzung nur für Record-Felder und Array-Elemente gilt. Der Bezeichner *first*, zum Beispiel, bedeutet einen Zeigerwert und nicht ein Objekt vom Typ *ListNodeDesc*. Ein solches Objekt wäre durch *first*↑ bezeichnet. Um diese Regel noch zu verdeutlichen, nehmen Sie *node*: *ListNodeDesc* an, und betrachten Sie die Zuweisungen:

node := first	illegale Zuweisung, Zeiger an Record
node := first↑	legale Zuweisung, Record an Record

Mehrfache Dereferenzierung

Dereferenzierung kann mehrfach wiederholt auftreten. Die Beispielliste in Abbildung 9.4 und die folgenden Beziehungen illustrieren dieses Konzept:

first↑.key = first.key = k1
first↑.next↑.key = first.next.key = k2
first↑.next↑.next↑.key = first.next.next.key = k3
first↑.next↑.next↑.next = first.next.next.next = NIL

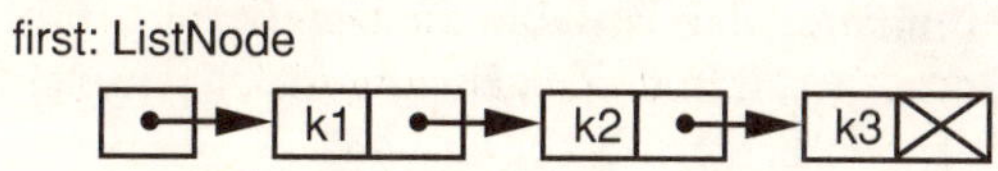

Abbildung 9.4
Beispielliste bestehend aus drei Knoten

9.1.4 Speicherverwaltung

Speicherressourcen für Module, d.h. für die in einem Modul enthaltenen Anweisungsfolgen und *globalen Variablen*, werden erst angelegt, wenn ein Modul tatsächlich benötigt wird. Diese Speicherressourcen sind *statisch alloziert*. Sie bleiben reserviert, solange das Modul geladen ist.

Aktivierungsstapel

Zum Zeitpunkt der Aktivierung der Anweisungsfolge einer Prozedur wird Speicher für lokale Variablen (einschließlich Wertparameter) angelegt. Dieser Speicher wird nur solange belegt, wie die Prozedur aktiv ist. Die Gesamtheit der lokalen Variablen aller gerade aktiven Prozeduren wird in Anlehnung an die Standard-Implementierungstechnik als *Aktivierungsstapel* (activation stack) bezeichnet. Er wächst und schrumpft mit der Schachtelung der Prozeduraufrufe. Die Speicherallokation auf dem Stapel wird *automatisch* genannt.

Heap

Der Speicher für Zeigervariablen wird wie für alle anderen Variablen auch verwaltet – er wird entweder global oder auf dem Stapel angelegt. Speicher für Objekte, die über Zeiger referenziert werden, wird jedoch erst beim Aufruf von NEW bereitgestellt. Da Aufrufe von NEW zu jeder Zeit und in jeder Reihenfolge auftreten können, ist es sinnvoll, eine dritte Art von Speicher einzuführen – den *Heap* (Halde) – der *dynamische* Speicherallokation erlaubt.

Speicherbereinigung

Ohne spezielle Vorkehrungen würde der Heap monoton mit jedem Aufruf von NEW wachsen. Wie aber der Name schon andeutet, können dynamische Datenstrukturen nicht nur wachsen, sondern auch schrumpfen. Betriebssysteme unterscheiden sich darin, wie der Heap kontrolliert wird. Es ist nach wie vor weit verbreitet, diese Aufgabe dem Programmierer zu überlassen. Solche Systeme bieten eine vordefinierte Prozedur FREE(*p*) oder DEALLOCATE(*p*) an. Die Aufgabe, ungebrauchte Knoten von dynamischen Datenstrukturen explizit freizugeben, ist aber nicht nur eine Last für den Programmierer, sie ist auch *fehleranfällig*. Nehmen Sie an, ein Knoten wurde freigegeben, aber es gibt noch Zeiger, die auf diesen Knoten verweisen. Jeder Versuch, einen solchen Zeiger zu dereferenzieren, endet in einem katastrophalen Fehler. Oberon tritt deshalb für *automatische Speicherbereinigung* (garbage collection) am Heap ein und befreit den Programmierer damit von der Aufgabe, sich mit (De-)Allokationsproblemen zu beschäftigen, während gleichzeitig eine Quelle von schwer zu findenden Fehlern beseitigt wird.

9.2 Listen

9.2.1 Lineare Listen

Im letzten Abschnitt wurden die Grundlagen entwickelt, die für den Umgang mit dynamischen Datenstrukturen nötig sind. Die Listenstruktur stellt nun ein geeignetes konkretes Einführungsbeispiel dar. Anwendungen von Listen überspannen einen weiten Bogen, der von kommerzieller Datenverarbeitung über Systemsimulationen bis hin zu Betriebssystemen reicht. Eine Liste ist eine Folge von Records, die über Zeiger miteinander verbunden sind.

Die folgende Deklaration führt einen Listenknoten *Node* ein (der Einfachheit halber nicht wie vorher *ListNode* genannt):

```
TYPE
   Node = POINTER TO NodeDesc;
   NodeDesc = RECORD
      key: Key;
      next: Node
   END;
```

Um den Blick auf das Wesentliche nicht zu verlieren, führen wir keine speziellen Datenfelder im Listenknoten ein – das Feld *key* (Schlüssel) steht für die Daten, die in einem Knoten gespeichert sind. Der Name *key* weist auf eine spezielle Verwendung hin: Die Liste wird nach dem Record, der mit einem bestimmten *key* übereinstimmt, durchsucht. Zu diesem Zweck sind Listen häufig gemäß auf- oder absteigenden Schlüsseln sortiert. In realistischen Anwendungen besitzen Knoten üblicherweise eine Vielzahl von Datenfeldern unterschiedlicher Typen. *Key* steht für den Typ des Schlüssels. Das kann ein beliebiger Typ sein, für den die Beziehung »kleiner als« definiert ist, also zum Beispiel INTEGER, REAL oder ARRAY n OF CHAR.

Knoten erzeugen

Die Deklaration eines Zeigers vom Typ *Node erzeugt noch keine Liste.* Diese muß erst *während der Programmausführung dynamisch aufgebaut werden.*

Lassen Sie uns mit der leeren Liste beginnen, die durch den Wert NIL repräsentiert ist. Eine längere Liste wird am besten durch Einfügen neuer Knoten am Anfang erzeugt. Eine Variable *new*↑ vom Typ *NodeDesc* mit Schlüssel *k* wird folgendermaßen erzeugt:

```
NEW(new);  new.key := k;  new.next := NIL;
```

Diese drei Anweisungen erzeugen eine Struktur, die bereits als einelementige Liste betrachtet werden kann (siehe Abbildung 9.5).

Abbildung 9.5
Ein neu erzeugter Listenknoten

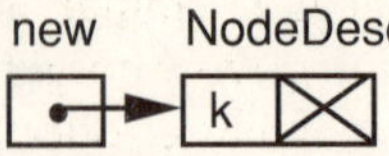

Einfügen

Die einfachste Listenoperation ist das Einfügen eines neuen Knotens am Anfang einer Liste. Angenommen die Variable *new* bezeichnet einen solchen Knoten und *first* ist ein Zeiger auf das erste Element der Liste. Der Zeiger *first* wird auch *Listenanker* genannt. Zwei Zuweisungen genügen, um den neuen Knoten in die Liste einzufügen, wie in Abbildung 9.6 und in der folgenden Beispielprozedur *Insert* gezeigt wird:

```
PROCEDURE Insert(VAR first: Node; new: Node);
BEGIN  (* new # NIL, kein Test auf Duplikate *)
   new.next := first;  first := new
END Insert;
```

Abbildung 9.6
Einfügen eines Knotens an den Listenanfang

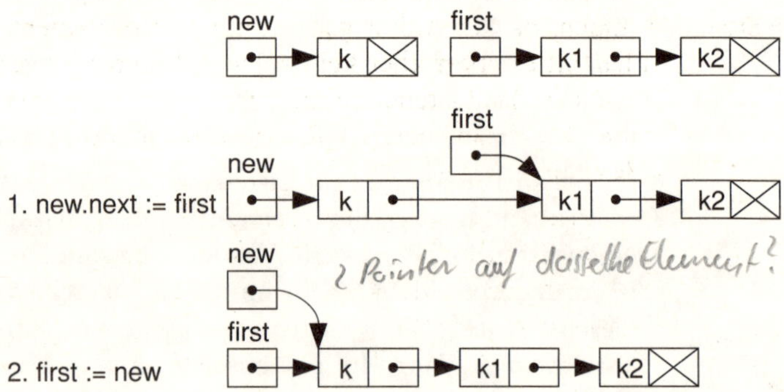

Löschen des ersten Knotens

Das Löschen des ersten Knotens ist ebenfalls eine einfache Operation.

```
PROCEDURE FirstNode(VAR first: Node): Node;
   VAR n: Node;
BEGIN  n := first;
   IF  n # NIL  THEN  first := n.next  END;
   RETURN n
END FirstNode;
```

Beachten Sie, daß die Wache *n* # NIL notwendig ist, um ein mögliches Dereferenzieren eines NIL-Zeigers zu vermeiden. Wie auch nachfolgende Beispiele zeigen werden, ist es typisch, daß die leere Liste speziell behandelt werden muß. Beachten Sie auch, daß *first* ein Var-Parameter ist, durch den die Prozedur *FirstNode* einen Nebeneffekt erzeugt.

Traversieren einer Liste

Eine der Grundoperationen auf dynamischen Datenstrukturen ist das Traversieren (Durchlaufen) aller Elemente. Jeder Knoten *n* wird in einer bestimmten Reihenfolge genau einmal besucht, und eine bestimmte Operation, sagen wir *P*(*n*), wird ausgeführt. Zum Beispiel könnten die Schlüssel der Knoten aufgelistet oder die Knoten kopiert werden. Die folgende Prozedur *Enumerate* traversiert eine Liste und wendet die Prozedur *P* auf jeden Knoten an:

```
PROCEDURE Enumerate(first: Node);
BEGIN
   WHILE first # NIL DO  P(first);  first := first.next  END
END Enumerate;
```

Die While-Anweisung eignet sich ideal für das Durchlaufen der Liste, da sie effizient ist und keine Sonderbehandlung für leere Listen braucht. Beachten Sie, daß der formale Parameter *first* auch als Kontrollvariable der While-Schleife dient. Das ist erlaubt, da *first* ein Wertparameter ist. Der Aktualparameter wird dadurch nicht verändert und *Enumerate* arbeitet wie gewünscht.

Einfügen am Ende der Liste

Das Einfügen eines Knotens an den Anfang einer Liste ist besonders einfach, da der Anker genau zum ersten Element zeigt. Für das letzte Element existiert aber kein solcher direkter Zeiger. Anfügen eines Elements an das Listenende erfordert zuerst eine Traversierung der Liste – eine Operation, deren Laufzeitaufwand proportional zur Anzahl der Listenelemente ist.

```
PROCEDURE InsertLast(VAR first: Node; new: Node);
   VAR n: Node;
BEGIN  (* new # NIL *)
   new.next := NIL;
   IF first = NIL THEN  first := new
   ELSE
      n := first;
      WHILE n.next # NIL DO  n := n.next  END;
      n.next := new
   END
END InsertLast;
```

kein new( ) nötig?

In diesem Beispiel ist *first* ein Var-Parameter – daher wird eine zusätzliche lokale Variable *n* für den Listendurchlauf benötigt.

Geordnetes Einfügen

Listen sind manchmal sortiert, zum Beispiel nach aufsteigenden Schlüsselwerten. Wenn ein neuer Knoten in eine *geordnete Liste* eingefügt wird, sollte die Ordnung erhalten bleiben. Die Prozedur *InsertRanked* erfüllt diese Anforderung:

```
PROCEDURE InsertRanked(VAR first: Node; new: Node);
   VAR n: Node;
BEGIN  (* new # NIL *)
   IF (first = NIL) OR (new.key < first.key) THEN
```

```
      new.next := first;  first := new
    ELSE
      n := first;
      WHILE (n.next # NIL) & (new.key >= n.next.key) DO
        n := n.next
      END;
      new.next := n.next;  n.next := new
    END
END InsertRanked;
```

Suchen eines Schlüssels

Eine weitere häufige Operation ist die Suche nach einem Element mit einem bestimmten Schlüssel:

```
PROCEDURE Search(first: Node; k: Key): Node;
BEGIN
  WHILE (first # NIL) & (first.key # k) DO first := first.next
END;
  RETURN first
END Search;
```

Search durchläuft die Liste, bis das Element mit dem gegebenen Schlüssel gefunden wird. Wird keines gefunden, so wird NIL zurückgegeben. Es ist wichtig, daß die zusammengesetzte Bedingung in der Form (*first* # NIL) & (*first.key* # *k*) geschrieben wird, und nicht umgekehrt, da sonst eine NIL-Dereferenzierung auftreten könnte, die zum Programmabbruch führt.

Löschen

Das letzte Beispiel zeigt, wie ein gegebener Knoten aus der Liste gelöscht werden kann:

```
PROCEDURE Delete(VAR first: Node; node: Node);
  VAR n: Node;
BEGIN  (* node # NIL  *)
  IF first # NIL THEN
    IF first = node THEN  first := node.next
    ELSE
      n := first;
      WHILE (n.next # NIL) & (n.next # node) DO
        n := n.next
      END;
      IF n.next # NIL THEN n.next := node.next END
    END
  END
END Delete;
```

Zusammenfassung

Man könnte noch viele weitere Beispiele für Prozeduren auf einfach verketteten Listen angeben. Es zeigt sich aber, daß sie alle Variationen des gleichen Themas sind, das wie folgt zusammengefaßt werden kann:

1) Operationen am Anfang einer Liste sind einfach. Ihre Ausführung ist schnell und unabhängig von der Listenlänge. Im Gegensatz dazu erfordern Operationen am Listenende, daß die Liste durchlaufen wird. Ihre Ausführungszeit ist deshalb proportional zur Listenlänge.
2) Der Programmierer muß immer sicherstellen, daß Dereferenzierung von NIL-Zeigern ausgeschlossen ist. Typischerweise erfordert der NIL-Fall einen speziellen Zweig in einer If-Anweisung.

9.2.2 FIFO-Listen

Listen sind natürliche Repräsentationen von *Warteschlangen*. Solche Schlangen bilden sich immer, wenn eine seriell benutzbare Ressource für viele Anforderungen, die zu beliebigen Zeitpunkten auftreten, gemeinsam benutzt wird. Wenn die Anforderungen in der Reihenfolge ihres Eintreffens bearbeitet werden, spricht man von einer *first-in, first-out* Strategie – kurz FIFO genannt.

FIFO-Verhalten wird erzielt, wenn die Prozeduren *InsertLast* und *FirstNode* benutzt werden. Das Anfügen eines Elements an das Ende einer Liste ist aber eine teure Operation, weshalb diese Situation besonders optimiert werden muß. Zu diesem Zweck führen wir einen zusätzlichen Record-Typ bestehend aus zwei Zeigern ein, die den ersten und letzten Eintrag in einer Warteschlange bezeichnen:

```
TYPE
   FIFO = RECORD
      first, last: Node
   END
```

Abbildung 9.7 zeigt die dynamische Datenstruktur einer FIFO-Schlange.

***Abbildung** 9.7*
Struktur einer FIFO-Schlange

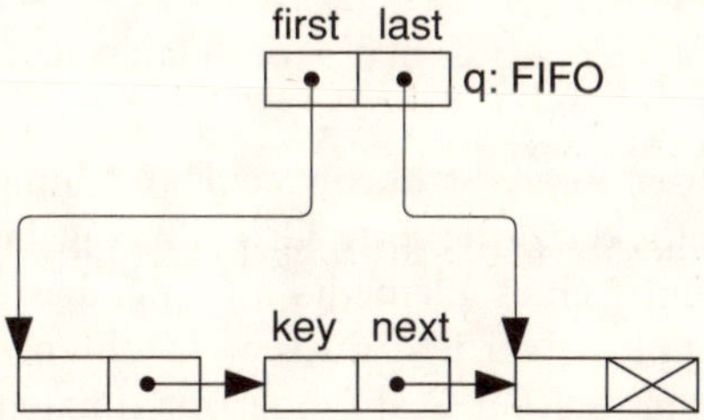

Hinweis Die Information im Feld *last* ist eigentlich redundant, da sie bereits über das Feld *first* berechnet werden kann. Das zusätzliche Feld sollte als Zwischenspeicher betrachtet werden, der benutzt werden kann, um die Anfügeoperation zu beschleunigen.

Das Einfügen (enqueue) und Entfernen (dequeue) von Einträgen wird durch die beiden folgenden Prozeduren durchgeführt:

```
PROCEDURE Enqueue(VAR q: FIFO; n: Node);
BEGIN
   n.next := NIL;
   IF q.first # NIL THEN q.last.next := n ELSE q.first := n
   END;
   q.last := n
END Enqueue;
```

Auf den ersten Blick erscheint die Wache *q.first* # NIL verwirrend – *q.last* # NIL scheint die natürliche Formulierung zu sein. Das Studium von *DequeuedNode* zeigt aber, daß *last* nicht auf NIL gesetzt wird, wenn die Schlange leer wird. Das ist erlaubt, da *last* nur als interner Zwischenspeicher benutzt wird. Es ist natürlich auch möglich, *last* allgemeiner zu definieren – allerdings auf Kosten einer zusätzlichen Anweisung:

```
PROCEDURE DequeuedNode(VAR q: FIFO): Node;
   VAR n: Node;
BEGIN
   n := q.first;
   IF n # NIL THEN q.first := n.next  END;
   RETURN n
END DequeuedNode;
```

9.3 Bäume

In Abschnitt 8.2.5 wurde die Benutzung von Arrays zur Repräsentation von Tabellen eingeführt. Es ist leicht zu sehen, daß Listen dem gleichen Zweck dienen können – die Daten jedes Listenknotens sind ein Eintrag der Tabelle.

Die Nachteile der Array-Struktur zur Darstellung von Tabellen liegen in der Notwendigkeit, eine feste Größe anzugeben, und im Umstand, daß zum Einfügen eines Elements an einer bestimmten Stelle andere Einträge verschoben werden müssen. Erfahrene Programmierer kennen das Dilemma bei der Wahl einer maximalen Tabellengröße: Jede Wahl – wie gut auch immer überlegt – ist in gewissen Anwendungen falsch. Die Listenstruktur auf der anderen Seite hat weder eine feste Größe noch müssen Elemente verschoben werden. Wenn es aber um sortierte (statische) Tabellen geht, bietet die Array-Struktur wegen des schnellen binären Suchens große Vorteile.

Binäre Suchbäume

Unser Ziel ist deshalb, eine dynamische Datenstruktur zu entwickeln, die schnelles Suchen und Sortieren erlaubt. Die Essenz des binären Suchens ist die Möglichkeit, das mittlere Element zu benutzen, um zu entscheiden, ob das gesuchte Element links oder rechts davon liegt. Offensichtlich kann diese Strategie auch mit einem nach Schlüsselwerten geordneten Baum formuliert werden. Abbildung 9.8 zeigt ein Beispiel für einen solchen Baum.

Abbildung 9.8
Ein geordneter binärer Baum

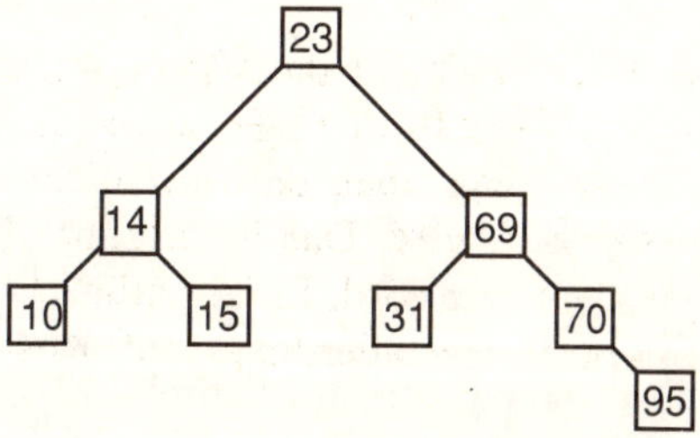

Ein binärer Suchbaum (binary search tree) ist ein *geordneter binärer Baum*. Ein Baum heißt geordneter binärer Baum, wenn jeder Knoten zwei (möglicherweise leere) Teilbäume enthält und alle Schlüssel im linken Teilbaum kleiner sind als sein eigener Schlüssel und alle Schlüssel im rechten Teilbaum größer.

Andere Bäume

Die Baumstruktur tritt auch in anderen Zusammenhängen auf. Man muß kein Programmierer sein, um den *Stammbaum* zu kennen. Näher an der Informatik sind *Ableitungsbäume*, die im Kern von Compilern liegen. Ein anderes Beispiel bieten Spielprogramme, die alle möglichen Züge und Gegenzüge typischerweise in sogenannten *Spielbäumen* repräsentieren.

Typdefinitionen

Lassen Sie uns die Definition des binären Baums zusammenfassen:

```
TYPE
   Node = POINTER TO NodeDesc;
   NodeDesc = RECORD
      key: Key;
      left, right: Node
   END;
```

Analog zu Abschnitt 9.2 nennen wir einen Baumknoten einfach *Node* und nicht *TreeNode*. Das Feld *key* repräsentiert wiederum alle in einem Knoten gespeicherten Daten. Abbildung 9.9 zeigt einen Baum in der gleichen Darstellungsart wie vorher auch für Listen.

Abbildung 9.9 *Die Datenstruktur eines binären Baums*

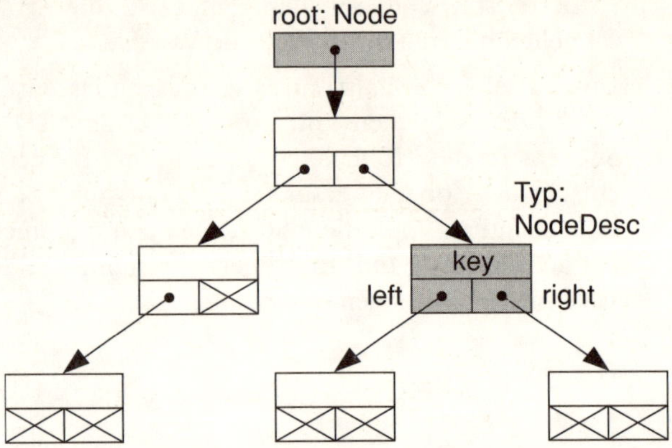

Die Baumdefinition ist wieder rekursiv. Der Zeiger *root* (Wurzel) dient als Anker und stellt einen Zeiger auf das erste Element, auch *Wurzelknoten* genannt, zur Verfügung. Die Zeigerfelder *left* (links) und *right* (rechts) zeigen ihrerseits wieder auf Baumknoten, die Wurzeln für *Teilbäume* sind. Die Rekursion endet bei NIL-Zeigern. Knoten ohne Zeiger auf Teilbäume heißen *Blätter.*

9.3.1 Inhärent rekursive Prozeduren

Die Typdefinitionen sowohl von Listen als auch von Bäumen sind rekursiv. Deshalb könnte man erwarten, daß ihre Bearbeitung natürlicherweise zu rekursiven Prozeduren führt. Im Bereich der Bäume gilt das tatsächlich auch. Ein erstes Beispiel liefert das Durchlaufen eines geordneten (binären) Baums.

Baumdurchlauf

Auf jeden Knoten n eines gegebenen geordneten Baums soll eine bestimmte Prozedur $P(n)$ angewendet werden. Häufig ist wünschenswert, die Knoten nach aufsteigenden Schlüsseln geordnet zu durchlaufen.

Aus der Betrachtung der vorherigen Darstellung sieht man, daß der Baumdurchlauf nicht einfach durch eine Schleife ausgedrückt werden kann. Nachdem alle linken Zweige bis zum ersten Blatt durchlaufen sind, muß man soweit zurücksteigen, bis ein Knoten gefunden wird, der einen rechten Zweig hat (backtracking). Dieser wird besucht und die ganze Prozedur wiederholt sich. Aus der informellen Beschreibung des Baumdurchlaufs geht schon die rekursive Natur des Problems hervor.

Angenommen *root* sei ein Zeiger auf den Wurzelknoten. Wenn der Baum leer ist (d.h. *root* = NIL), muß nichts gemacht werden. Wenn er nicht leer ist, wissen wir, daß alle Knoten im linken Teilbaum von *root* kleinere Schlüssel haben als *root.key*. Daher wenden wir die Aufzählungsprozedur zunächst auf *root.left* an. Nachdem das getan ist, kommt *root* an die Reihe, d.h. die Prozedur *P* wird auf den Knoten angewendet, auf den *root* zeigt. Anschließend sind jene Knoten mit Schlüsselwerten größer (oder gleich) als *root.key* dran – daher wird die Aufzählungsprozedur auf *root.right* angewendet. Dieser rekursive Algorithmus kann folgendermaßen in Oberon formuliert werden:

```
PROCEDURE Enumerate(root: Node);
BEGIN
   IF root # NIL THEN
      Enumerate(root.left);  P(root);  Enumerate(root.right)
   END
END Enumerate;
```

Man sieht, daß die rekursive Datendefinition auf natürliche Weise – man könnte auch sagen mühelos – zu einem rekursiven Algorithmus führt. Dasselbe gilt natürlich auch für Listen. In der folgenden Variante des Listendurchlaufs wird Rekursion benutzt:

```
PROCEDURE Enumerate(first: ListNode);
BEGIN
   IF first # NIL THEN
      P(first); Enumerate(first.next)
   END
END Enumerate;
```

Im Fall der Listen ist aber die rekursive Formulierung nicht wirklich einfacher als die iterative. Da jeder Prozeduraufruf *zusätzlichen Verwaltungsaufwand* nach sich zieht, ist die iterative Formulierung unter Benutzung der While-Anweisung schneller und damit die Methode der Wahl.

Für das Traversieren von Bäumen existiert keine einfache iterative Formulierung. Tatsächlich zeigt eine nähere Untersuchung, daß nichtrekursive Formulierungen die erwähnte Verwaltung von rekursiven Prozeduraufrufen explizit nachbilden. Deshalb ist Rekursion die geeignete Methode für den Baumdurchlauf.

Einfügen eines Knotens

Eine weitere rekursive Operation ist das Einfügen eines neuen Knotens in einen geordneten Baum, so daß die Ordnung erhalten bleibt. Für den Spezialfall des leeren Baums (also *root* = NIL) ist die Einfügeoperation einfach: Der neue Knoten, nennen wir ihn *new*, wird die Wurzel. Das kann so ausgedrückt werden:

```
root := new;
```

Im Fall eines nicht-leeren Baums muß die geeignete Stelle für das Einfügen des neuen Knotens gefunden werden. Ausgehend von der Wurzel weiß man nur, ob der neue Knoten im rechten oder linken Teilbaum eingefügt werden muß. Deshalb wendet man die ganze Prozedur einfach auf den entsprechenden Unterbaum an, bis ein leerer Baum gefunden wird. Die folgende Prozedur drückt diese Idee in Oberon aus:

```
PROCEDURE Insert(VAR root: Node; new: Node);
BEGIN  (* new # NIL *)
   IF root = NIL THEN  (* beende Rekursion *)
      root := new;  root.left := NIL;  root.right := NIL
   ELSIF new.key < root.key THEN Insert(root.left, new)
   ELSIF new.key > root.key THEN Insert(root.right, new)
   ELSE  (* doppelter Schlüssel, füge gewünschte Aktion ein *)
   END
END Insert;
```

Löschen eines Knotens

Löschen eines Knotens – ebenfalls eine rekursive Operation – ist etwas komplizierter als Einfügen.

Zuerst muß der zu löschende Knoten gefunden werden. Wenn er nur einen Nachfolger hat, ist die Sache einfach. Wenn aber zwei Teilbäume vorhanden sind, ist die Aufgabe schwieriger – ein Zeiger kann ja nicht auf zwei Knoten zeigen! In diesem Fall muß ein Knoten von weiter unten im Baum aufrücken, um den gelöschten Knoten zu ersetzten. Eine Möglichkeit dafür ist der Knoten mit dem größten Schlüssel im linken Unterbaum, so wie in Abbildung 9.10 dargestellt. Die Prozedur *RemoveMax* findet und entfernt diesen Knoten.

Abbildung 9.10 *Löschen eines Knotens in einem binären Suchbaum*

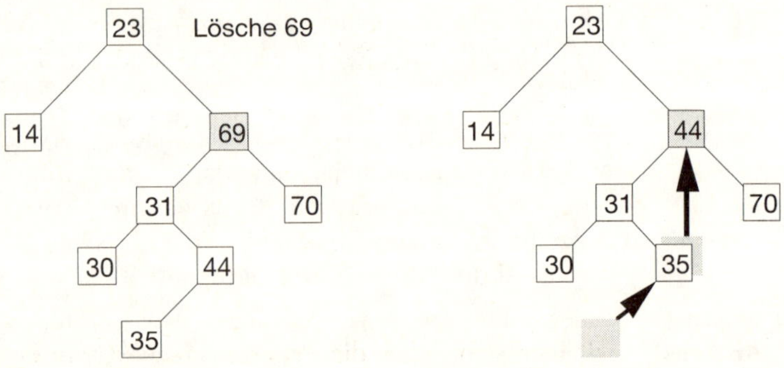


```
PROCEDURE: RemoveMax(VAR root, max: Node);
BEGIN
   IF root.right # NIL THEN RETURN RemoveMax(root.right, max)
   ELSE max := root;  root := max.left
```

```
   END
END RemoveMax;
```

Mit Hilfe von *RemoveMax*, kann die Prozedur *Delete* so formuliert werden:

```
PROCEDURE Delete(VAR root: Node; key: INTEGER);
   VAR node: Node;
BEGIN
   IF root # NIL THEN
      IF key < root.key THEN Delete(root.left, key)
      ELSIF key > root.key THEN Delete(root.right, key)
      ELSE  (* lösche root *)
         IF root.left = NIL THEN root := root.right
         ELSIF root.right = NIL THEN root := root.left
         ELSE  (* root hat zwei Nachfolger *)
            RemoveMax(root.left, node);
            node.left := root.left;  node.right := root.right;
            root := node
         END
      END
   END
END Delete;
```

9.3.2 Suchen in Bäumen

Die Baumstruktur wurde mit dem Ziel eingeführt, effizientes Suchen in einer Tabelle zu ermöglichen, die durch eine dynamische Datenstruktur repräsentiert ist. Ein solcher Algorithmus ist nun einfach zu formulieren:

```
PROCEDURE Search(root: Node; key: INTEGER): Node;
BEGIN
   WHILE (root # NIL) & (root.key # key) DO
      IF key < root.key THEN root := root.left
      ELSE  root := root.right
      END
   END;
   RETURN root
END Search;
```

Beachten Sie, daß die Prozedur *Search* iterativ arbeitet, während die vorangegangenen Prozeduren rekursiv sind. Der Grund dafür ist, daß beim Suchen *nie zurückgestiegen wird*. Das Verfahren wählt einfach zwischen linken und rechten Zweigen des binären Baums aus. Eine rekursive Formulierung wäre natürlich auch möglich, ist aber komplizierter und weniger effizient.

Balancieren von Suchbäumen

Eine entscheidende Frage ist die nach der Geschwindigkeit der Prozedur *Search*. Die Antwort darauf hängt von der Struktur des Baums ab. Ein Baum heißt *perfekt balanciert* (ausgeglichen), wenn sich die Anzahl der Knoten in seinen linken und rechten Teilbäumen höchstens um eins unterscheidet. Geordnete binäre Bäume sind nicht automatisch ausgeglichen. Abbildung 9.11 zeigt zwei Extremfälle.

Abbildung 9.11
Balancierter und unbalancierter binärer Suchbaum

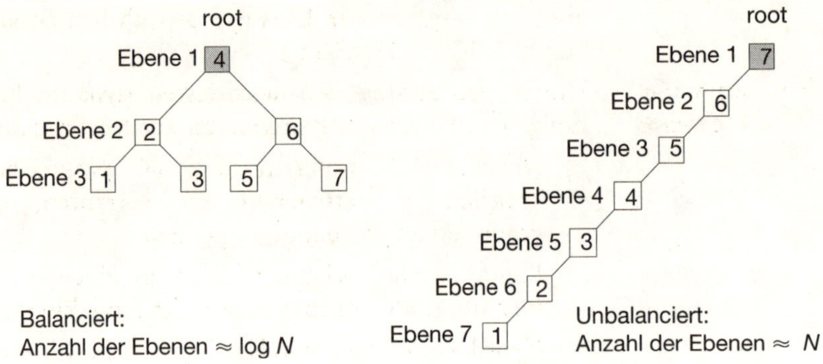

Wenn N die Anzahl der Knoten bedeutet, kann leicht gezeigt werden, daß die Anzahl der Ebenen (Höhe) eines perfekt balancierten binären Baums von der Ordnung $\log_2(N)$ ist. Andererseits kann ein geordneter binärer Baum auch extrem unbalanciert sein. Die Höhe eines solchen Baums beträgt bis zu N.

Für einen gegebenen Baum ist im schlechtesten Fall die Suchzeit proportional zur Höhe. Daher ist die Anzahl der Iterationen in Prozedur *Search* zwischen $\log_2(N)$ und N. Um *logarithmisches Verhalten* zu erzielen, muß der Baum balanciert sein. Die Prozeduren *Insert* und *Delete* achten aber nicht auf Balancierung. Glücklicherweise kann jedoch gezeigt werden, daß der resultierende Baum mit hoher Wahrscheinlichkeit gut ausgeglichen ist, wenn die Schlüssel zufällig gewählt werden.

In den meisten Anwendungen weiß man wenig über die tatsächliche Verteilung der Schlüssel. Deshalb muß man Vorkehrungen treffen, um den Suchbaum auszugleichen. Das perfekte Balancieren eines geordneten Baums ist aber eine komplexe Operation – sowohl in Bezug auf die Länge des Programmtexts als auch auf die Laufzeit. Zwischen der Anzahl von Balancierungsschritten und der vergrößerten Länge der Suchpfade, die durch Unbalancierung entstehen, muß ein Kompromiß gefunden werden. Wie oft und wie gut man den Baum balanciert, hängt von der Häufigkeit der Einfüge- und Löschoperationen im Vergleich zum Suchen ab. Wenn das Suchen dominiert, zahlt sich eine perfekte Balancierung aus, wenn Änderungen dominieren, kaum.

Für einen praktikablen Kompromiß kann das Kriterium der perfekten Balancierung abgeschwächt werden – mit dem Ziel, den Balancierungsaufwand zu reduzieren. Mehrere solcher Strategien wurden veröffentlicht.

Eine detaillierte Behandlung dieses Themas geht über dieses Buch hinaus, wird aber in der Literatur ausführlich behandelt (Wirth, 1976; Smith, 1987; Sedgewick, 1988).

Zusammenfassung

Bäume gehören zu den wichtigsten dynamischen Datenstrukturen. Einige ihrer Eigenschaften können wie folgt zusammengefaßt werden:

1) Die Baumstruktur tritt in vielen praktischen Situationen auf: Tabellen mit effizienten Suchverfahren, Compiler, Spielprogramme, um nur einige zu nennen.
2) Baumdurchlauf wird am besten mit einem rekursiven Algorithmus formuliert, der Zurücksteigen (backtracking) ermöglicht.
3) Geordnete Bäume bestehend aus *N* Knoten erlauben Suchalgorithmen der Komplexität log(*N*), wenn sie balanciert sind.
4) Die meisten Baum-Algorithmen können auf natürliche Weise rekursiv ausgedrückt werden. Jene Prozeduren, die nicht zurücksteigen müssen, haben üblicherweise auch eine einfache iterative Lösung unter Benutzung der While-Anweisung. Eine iterative Formulierung von zurücksteigenden Prozeduren ist möglich, aber umständlich und ihr Geschwindigkeitsvorteil ist gering.
5) In Suchbäumen führt der Kompromiß zwischen schnellerem Suchen und Balancierungskosten zu einer Vielzahl von Verfahren, die einen begrenzten Grad von Unbalanzierung erlauben, um den Balancierungsaufwand zu reduzieren.

9.4 Andere dynamische Datenstrukturen

Lineare Listen und binäre Bäume sind nur zwei wichtige Beispiele von dynamischen Datenstrukturen. Weitere existieren – einige mit dem Ziel, die Effizienz bestimmter Operationen zu verbessern, andere widerspiegeln kompliziertere Modelle. Im folgenden wird für jede Kategorie ein Beispiel gegeben.

Alternative Listendarstellung

Die Beispiele von Abschnitt 9.2 benutzten die einfachste Listendarstellung. Die leere Liste ist der Zeiger NIL und auf die Liste wird über einen Anker zugegriffen. Es existieren noch andere Repräsentierungen, mit dem Ziel, gewisse Operationen zu vereinfachen oder zu beschleunigen. Eine dieser Darstellungen enthält, wie in Abbildung 9.12 gezeigt, immer zwei (virtuelle) Knoten, einen *Anker* und einen *Stopper* (sentinel). Wenn der Schlüssel des Stoppers den maximal möglichen Wert enthält, kann das Abbruchkriterium der Suchschleife vereinfacht werden. Die Benutzung einer Selbstreferenz (statt NIL) als Listenterminierung vereinfacht das Löschen, und der Ankerknoten vereinfacht alle Operationen, bei denen bisher leere Listen unterschiedlich behandelt werden mußten.

Abbildung 9.12
Lineare Liste mit zwei virtuellen Knoten

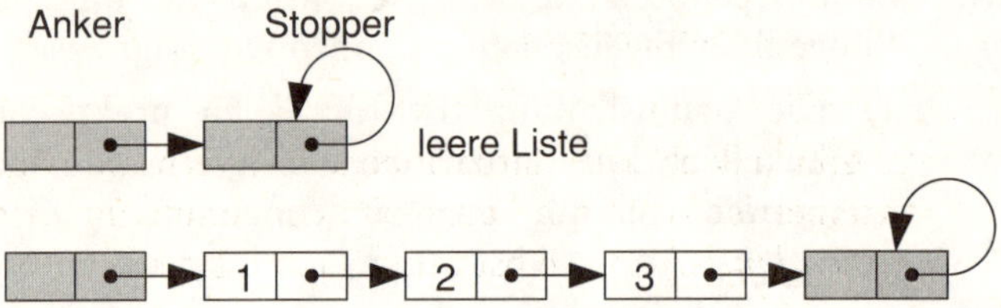

Es ist auch möglich, die Listenknoten in einem doppelt verketteten Ring anzuordnen, wie in Abbildung 9.13 gezeigt. In der doppelt verketteten Liste ist das Löschen eines Knotens speziell einfach – Listendurchlauf ist nicht nötig. Ähnlich dazu können sowohl FIFO (first-in, first-out) als auch LIFO (last-in, first-out) Verhalten effizient erzielt werden.

Abbildung 9.13
Eine Liste dargestellt als doppelt verketteter Ring

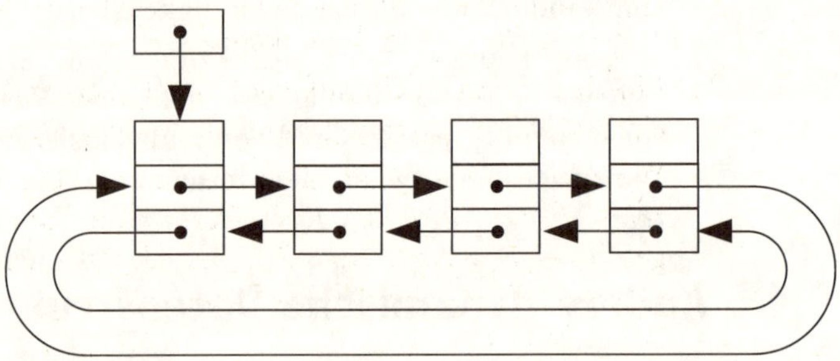

n-Weg Bäume

Graphen sind eine mächtige mathematische Abstraktion für viele Probleme. Der binäre Baum aus Abschnitt 9.3 ist ein Spezialfall eines Graphen. Eine einfache Verallgemeinerung des binären Baums ist der Baum vom Grad *n*. In einem solchen Baum hat jeder Knoten maximal *n* Nachfolger (descendants). Wenn *n* fest ist und vernünftig klein, kann folgende Knotendeklaration benutzt werden (siehe auch Abbildung 9.14):

```
TYPE
   Node = POINTER TO NodeDesc;
   NodeDesc = RECORD
      key: INTEGER;
      descendants: ARRAY n OF Node
   END;
```

Abbildung 9.14
Knoten eines 4-Weg Baumes

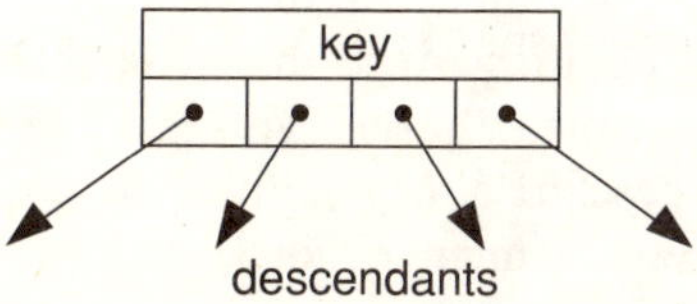

Es gibt jedoch auch Situationen, in denen die Anzahl der Nachfolger variabel ist oder sehr groß werden kann. In diesem Fall sollte das *descendants*-Array selbst durch eine Liste ersetzt werden.

9.5 Zusammenfassung

In vielen Programmen ändern die Daten ihre Beziehungen zueinander und ihre Größe. Oberon stellt die Grundlage zur Konstruktion beliebiger dynamischer Datenstrukturen zur Verfügung: den *Zeigertyp*.

Dieses Kapitel führte den Zeigertyp und den Zeiger ein: eine Variable, deren Wert eine Referenz auf ein anderes Objekt darstellt. Die folgenden Punkte sollte man sich merken:

1) Ein Zeiger kann nicht auf jedes Objekt zeigen. Der Zeigertyp ist an ein Record oder Array gebunden: den *Basistyp des Zeigers*.
2) Wenn *p* ein Zeiger ist, dann erhält man die Variable, auf die *p* zeigt, durch Anwendung des Dereferenzierungsoperators ↑ auf *p*; geschrieben als *p*↑. Aus Gründen der Bequemlichkeit *impliziert Oberon die Dereferenzierung* im Fall eines Record-Felds oder Array-Indexes.
3) NIL ist ein Wert, der mit allen Zeigertypen kompatibel ist. Die Dereferenzierung eines NIL-Zeigers führt zum Programmabbruch.
4) Eine (anonyme) Variable p↑ vom Basistyp des Zeigers wird durch die vordefinierte Prozedur NEW(*p*) erzeugt; gleichzeitig wird *p* initialisiert. Die Variable p↑ wird im *Heap*-Speicher angelegt.

5) Der Heap ist konzeptuell unendlich groß, d.h. der Programmierer muß sich nicht um das Freigeben von Objekten kümmern. Nicht mehr verwendete Objekte werden automatisch durch den *Garbage Collector* eingesammelt.

Eine dynamische Datenstruktur besteht aus *Knoten*, die von einem Record-Typ sind und ihrerseits wieder Zeigerfelder enthalten. Die Definition dynamischer Datenstrukturen ist daher *rekursiv*. Eine der einfachsten (aber vielseitigsten) Datenstrukturen ist die *Liste*: eine Folge von Knoten. Beispiele für das Einfügen und Löschen von Knoten in Listen wurden gezeigt. Eine zentrale Beobachtung ist, daß der Zugriff auf das letzte Element einen Listendurchlauf erfordert, was eine teure Operation ist.

Da Zugriff auf das letzte Element in FIFO-Listen häufig vorkommt, wurde ein spezieller *Zwischenspeicher* eingeführt, um effiziente Einfügeoperationen zu ermöglichen. Der Zwischenspeicher ist ein Zeiger auf das letzte Element.

Eine weitere nützliche dynamische Datenstruktur ist der *Binärbaum*. Im Gegensatz zu Listen erlaubt der Baum das Suchen eines bestimmten Knotens in logarithmischer Zeit. Beispiele für Operationen auf Bäumen unter Benutzung von *Rekursion* wurden gezeigt. Bäume stellen ein gutes Beispiel dafür dar, wie sich rekursive Datendefinitionen und rekursive Prozeduren gegenseitig ergänzen.

9.6 Übungen

Ü 9.1 Welche der folgenden Deklarationen sind gültig?

a) `VAR p: POINTER TO REAL;`

b) `VAR q: POINTER TO RECORD END;`

c) `VAR v: POINTER TO ARRAY OF REAL;`

d) `VAR a: POINTER TO ARRAY N, N OF REAL;`

e) `VAR  b: ARRAY 100 OF REAL; p: POINTER TO b;`

f) `TYPE A: ARRAY 100 OF REAL; a: POINTER TO A;`

Ü 9.2 Finden Sie die Fehler in der folgenden Prozedur:

```
PROCEDURE Search(VAR first: Node; k: Key): Node;
BEGIN
   WHILE (first.key # k) & (first # NIL) DO
      first := first.next
   END;
```

```
   RETURN first
END Search;
```

Ü 9.3 **[Listen]** Implementieren Sie unter Verwendung der einfachsten Listendarstellung ein Modul *Lists* mit der Schnittstelle

```
DEFINITION Lists;
TYPE
   Data = INTEGER;
   Key = INTEGER;
   Node = POINTER TO NodeDesc;
   NodeDesc = RECORD
      key: Key;  data: Data;  next: Node
   END;

PROCEDURE Insert(VAR first: Node; new: Node);
PROCEDURE InsertLast(VAR first: Node; new: Node);
PROCEDURE InsertRanked(VAR first: Node; new: Node);
PROCEDURE FirstNode(VAR first: Node): Node;
PROCEDURE Search(first: Node; k: Key): Node;
PROCEDURE Delete(VAR first: Node; node: Node);
END Lists.
```

Entwickeln Sie unter Benutzung der Module *In* und *Out* ein Modul *UseLists*, das ein Klient von Modul *Lists* ist. Die von *UseLists* exportierten Kommandos sind:

- *Make*: erzeugt eine neue Liste.
- *Add*: liest die Werte von Schlüssel und Daten vom Eingabestrom, erzeugt einen neuen Knoten und fügt ihn zur Liste hinzu.
- *Query*: liest den Wert eines Schlüssels vom Eingabestrom und druckt die korrespondierenden Daten, falls der Schlüssel gefunden wird, sonst »nicht gefunden«.
- *Delete*: liest den Wert eines Schlüssels vom Eingabestrom und löscht den korrespondierenden Listenknoten.

Ü 9.4 Wiederholen Sie Übung 9.3 unter Verwendung der Listendarstellung mit zwei virtuellen Knoten (Abbildung 9.12). In den Prozeduren von 9.3 wird der Var-Parameter *first* durch einen Wertparameter *head* ersetzt, zum Beispiel

```
PROCEDURE Insert(head: Node; new: Node);
```

Stellen Sie eine Prozedur

```
PROCEDURE New(): Node;
```

zur Verfügung, die eine leere Liste erzeugt. Warum sind keine Var-Parameter mehr erforderlich? Warum wird jetzt eine Prozedur *New* benötigt, vorher aber nicht?

Hinweis: studieren Sie die folgende Implementierung von *Delete*:

```
PROCEDURE Delete(head: Node; k: Key);
BEGIN
   head.tail.key := k;(* stoppt die Suche *)
   WHILE  head.next.key # k  DO  head := head.next  END;
   head.next := head.next.next
END Delete;
```

Ü 9.5 Wiederholen Sie Übung 9.3 mit doppelt verketteten Ringen (Abbildung 9.13).

Ü 9.6 [**Bäume**] Schreiben Sie ein Modul *Trees*, das die Prozeduren *Insert*, *Search* und *Delete* von Abschnitt 9.4 implementiert. Implementieren Sie ein Modul *UseTrees* analog zu *UseLists*.

Ü 9.7 [**Baumdurchlauf**] Ausdrücke können bequem als Bäume, sogenannte *Ableitungsbäume*, repräsentiert werden. Schreiben Sie Prozeduren, die den (vereinfachten) Ableitungsbaum aus Abbildung 9.15 in folgenden Reihenfolgen durchläuft:

a) Preorder: $* + a / b\ c - d * e\ f$

b) Inorder: $a + b / c * d - e * f$

c) Postorder: $a\ b\ c / + d\ e\ f * - *$

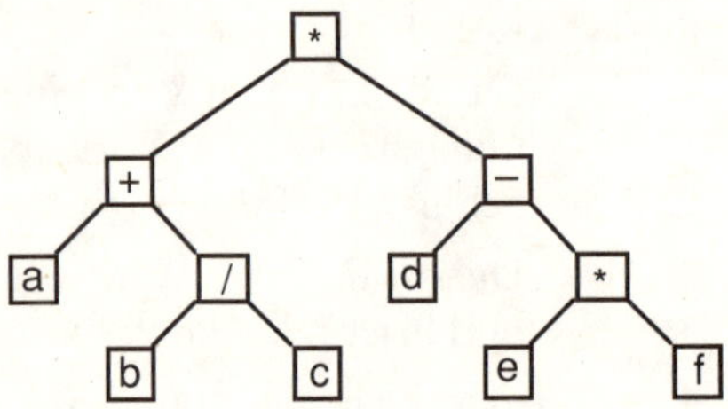

Abbildung 9.15 *Baumdarstellung des Ausdrucks (a + b/c)*(d – e*f)*

Hinweis: Betrachten Sie die Prozedur Enumerate von Abschnitt 9.3.1 mit modifizierter Reihenfolge in der Anweisungsfolge.

Enumerate(root.left); P(root); Enumerate(root.right).

Referenzen

Sedgewick R. (1988). *Algorithms*, 2nd ed. Reading, MA: Addison-Wesley.

Smith H. F. (1987). *Data Structures, Form and Function*. New York: Academic Press.

Wirth N. (1976). *Algorithms + Data Structures = Programs*. Englewood Cliffs, NJ: Prentice Hall.

10 Schrittweise Verfeinerung und Datenabstraktion

Beim Bearbeiten einer komplexen Programmieraufgabe kann es leicht passieren, daß man von den Details der Datenstrukturen und Algorithmen überwältigt wird. Es ist deshalb ratsam, auf sorgfältig gewählten Abstraktionsebenen vorzugehen. Zuerst wird die Gesamtaufgabe grob in Teilaufgaben zerlegt, dann werden diese Teilaufgaben verfeinert, wobei möglicherweise wieder Probleme auftauchen, die erst in einer weiteren Verfeinerungsstufe betrachtet werden. In diesem Vorgang der *schrittweisen Verfeinerung* sind Prozeduren unverzichtbare Hilfsmittel (Wirth, 1971, 1974; Dahl *et al.*,1972). Wenn die Teilaufgaben durch geeignet benannte Prozeduren ausgeführt werden, bleibt die dem Programm innewohnende Struktur sichtbar, und die Teilaufgaben können von verschiedenen Programmierern bearbeitet werden. Das Modul bietet über die Import-Beziehung und sorgfältige Wahl der Schnittstellen eine weitere Strukturierungsmöglichkeit.

Dieses Kapitel diskutiert ein realistisches Beispiel: die Simulation einer Warteschlange. Dabei wird schrittweise Verfeinerung praktiziert sowie die Rolle der Prozedur und, wichtiger noch, des Moduls zum Formulieren von *Abstraktionen* beleuchtet. Das Szenario, also die Simulation einer Warteschlange, ist ein Beispiel aus der Klasse der Programme zur Simulation diskreter Ereignisse.

10.1 Simulation diskreter Ereignisse, Warteschlangen

Der digitale Computer ist ein neues und mächtiges Analysewerkzeug in den Händen von Wissenschaftlern und Ingenieuren. Die graphischen Fähigkeiten moderner Arbeitsplatzrechner sind eine große Hilfe bei der Visualisierung komplexer Ergebnisse. Ein gutes Beispiel dafür ist die Berechnung des fraktalen Farns. Wer würde schon die Struktur der begrenzenden Menge erkennen, indem er über Unmengen von 7-stelligen Gleitkommazahlen brütete?

Viele Systeme entziehen sich der Formulierung durch eine Menge von deterministischen Gleichungen. Betrachten Sie zum Beispiel eine Warteschlange (queue) vor einem Fahrkartenschalter. Die Ankunft von

Kunden und das Verlassen des Schalters ist das Gesamtergebnis individueller Entscheidungen einer großen Zahl von Personen.

Das einzige Modell, das einer solchen Situation gerecht wird, ist ein statistisches. Zufallszahlen erzeugen Ereignisse (events) wie zum Beispiel Ankunft von Kunden oder Beendigung eines Vorgangs. Der Zustand ändert sich nur zu diskreten Zeitpunkten. Zwischen diesen Ereignissen passiert nichts. Bei der Simulation einer Warteschlange im Computer *springt die Zeit von Ereignis zu Ereignis*. Diese Art der Simulation diskreter Ereignisse heißt deshalb auch zeitdiskret.

Zur Simulation der Warteschlange werden zwei Folgen von Zufallszahlen benötigt: eine, um die Zeit zwischen den Ankunftsereignissen zu messen, die andere, um die Abfertigungszeit eines Kunden zu bestimmen. Die Eigenschaften dieser Zufallsfolgen werden durch ihre *Verteilungen* beschrieben. Der Einfachheit halber benutzen wir hier die Exponentialverteilung (siehe Kasten 10.1).

Der Ereigniskalender

Die Funktionsweise der Warteschlange ist durch zwei Arten von Ereignissen bestimmt: das *Betreten* (arrival) und *Verlassen* (departure) der Schlange durch einen Kunden. Jedem Ereignis ist eine Zeit zugeordnet: die *Ereigniszeit*. Eine algorithmische Beschreibung der Arbeitsweise einer Warteschlange beruht auf dem Begriff des *Ereigniskalenders*. Dahinter verbirgt sich eine Datenstruktur, auf der zwei typische Operationen ausgeführt werden: *Eintragen eines Ereignisses* und *Ermittlung des unmittelbar bevorstehenden Ereignisses*.

Funktionsweise der Warteschlange

Die Funktionsweise der Warteschlange kann unter Benutzung dieser Konzepte in einer Oberon-ähnlichen Schreibweise konkreter formuliert werden:

```
REPEAT
   "Ermittle nächstes Ereignis (event) aus dem Kalender"
   IF event = arrival THEN
      "Trage ein neues arrival-Ereignis ein";
      "Wenn die Schlange leer ist, trage ein departure-Ereignis ein"
      "Betrete Schlange"
   ELSIF event = departure THEN
```

```
        "Verlasse Schlange. Wenn die Schlange nicht leer ist,
        trage ein neues departure-Ereignis ein"
    END
UNTIL "Simulationszeit abgelaufen";
```

Kasten 10.1
Die Verteilung von Zufallszahlen

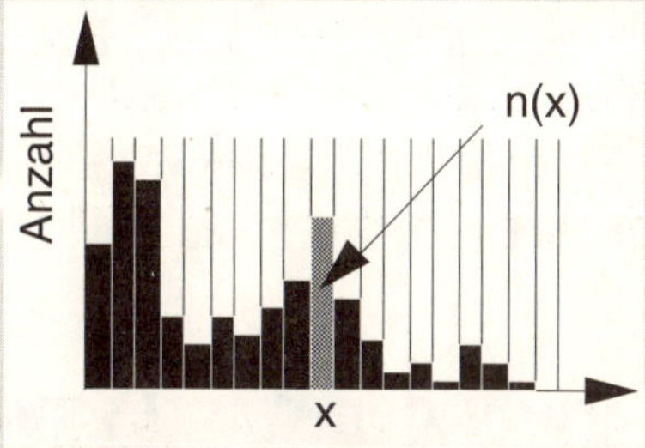

Angenommen, wir hätten eine große Anzahl von Beobachtungen eines Zufallsereignisses gemacht. Eine sinnvolle Art, die Ergebnisse zu charakterisieren, ist die Darstellung in Form eines Histogramms. Die Abszisse wird dazu in gleich große Intervalle unterteilt, und die Zahl $n(x)$ der Beobachtungen, die in das Intervall x fallen, wird als Balken dargestellt.

Werden die Intervalle verkleinert und gleichzeitig die Zahl der Beobachtungen vergrößert, so nennt man den resultierenden Grenzwert (sofern er existiert) die *Verteilung* der zufälligen Beobachtungen.[1]

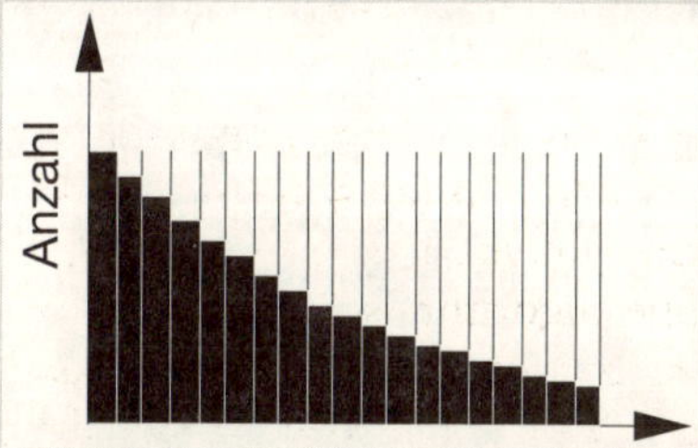

Manchmal sieht das Balkendiagramm wie das rechts Abgebildete aus: Die Form nähert sich einer negativen Exponentialkurve an – man spricht von einer *negativen Exponentialverteilung*. Die Zeit zwischen Telefonanrufen ist ein praktisches Beispiel für das Auftreten der Exponentialverteilung.

Eine exponentialverteilte Zufallszahl rn_{exp} kann aus einer gleichverteilten Zufallszahl rn_{uni} gemäß folgender Formel berechnet werden:

$$rn_{\text{exp}} = -\ln(rn_{\text{uni}})/\mu$$

1 Technisch gesprochen, die Verteilung der *Zufallsvariablen*.

wobei $1/\mu$ den Mittelwert aller Zufallszahlen bedeutet. Wenn die Zufallszahlen benutzt werden, um die Zeit zwischen Ereignissen zu messen, ist der Parameter μ gleichzeitig die Häufigkeit der Ereignisse (gemessen in Ereignissen/sek).

Systemzustand

Der Zustand der Warteschlange ist eine ganze Zahl *n*, welche die Anzahl der wartenden Kunden angibt. Die Aktion

- »Betrete Schlange« bedeutet Erhöhen von *n* um 1;
- »Verlasse Schlange« bedeutet Vermindern von *n* um 1.

10.2 Implementierung der Warteschlange in Oberon

Der vorangegangene Abschnitt beschreibt die Funktionsweise einer Warteschlange zwar ziemlich präzise, ist aber noch immer weit von einem ausführbaren Oberon-Programm entfernt. Die Spezifikation eines solchen Programms benötigt zusätzlich

1) eine Datenrepräsentierung des Systemzustands (Warteschlange, Ereignisse und so weiter);
2) die Implementierung des Kalenders, speziell der Operationen »trage Ereignis ein« und »ermittle nächstes Ereignis«;
3) die Umformung der algorithmischen Beschreibung der Arbeitsweise einer Warteschlange in eine Oberon-Prozedur;
4) Spezifikation weiterer Prozeduren, die das Simulationsmodell initialisieren, statistische Ergebnisse sammeln und Ausgaben erzeugen;
5) die Einbettung aller Prozeduren in ein (oder mehrere) Modul(e).

Die Schwierigkeit, eine komplizierte Programmieraufgabe anzupakken, liegt in der Entscheidung, wo man anfangen soll – und wie man systematisch weitermacht. Viele Probleme des Datenentwurfs und der Spezifikation der Prozeduren sind ineinander verwoben – es scheint, als müßte alles auf einmal erledigt werden.

Der Schlüssel, der dem Programmierer ermöglicht, diesen Teufelskreis zu durchbrechen, heißt *Abstraktion*. Abstrahieren bedeutet, Details wegzulassen. Die Prozedur ist diesbezüglich ein mächtiges Werkzeug: *Ein Prozeduraufruf kann hingeschrieben werden, ohne sofort auch den Text dieser Prozedur anzugeben.* Mit dieser Idee kann die Warteschlangensimulation folgenderweise in Angriff genommen werden:

Man beginne mit (1), verschiebe (2) und setze fort mit (3), kehre zurück zu (2) und vervollständige anschließend (4) und (5). Die Methodik hinter dieser Vorgangsweise wird als *strukturierte Programmierung* oder *schrittweise Verfeinerung* bezeichnet.

10.2.1 Datenrepräsentierung des Systemzustands

Die logischen Einheiten der Warteschlangensimulation sind die *Ereignisse*, der *Kalender*, die *Warteschlange* und der *Zufallszahlengenerator*. Ebenfalls zur Beschreibung des globalen Zustands notwendig ist der Begriff der *Simulationszeit*.

Ereignisse Mathematisch gesehen, sind die Ereignisse Marken auf der Zeitachse. In unserem Beispiel gibt es zwei Arten von Ereignissen: Ankünfte und Abgänge. Es ist zweckmäßig, die Ereignisarten als ganze Zahlen darzustellen. Deswegen ist ein Ereignis ein Tupel (e, t), wobei e die Ereignisart angibt und t die Ereigniszeit.

Kalender Um die Simulation der Warteschlange zu spezifizieren, benötigen wir auch den Kalender. Eine Möglichkeit wäre, sich jetzt auf dieses Problem zu konzentrieren. Das ist aber nicht die vorhin ins Auge gefaßte Vorgangsweise. Es ist jedoch nötig, eine Annahme über die Funktionalität des Kalenders zu machen. Die Prozeduren *GetNextEvent* zum Abholen des nächsten Ereignisses und *Schedule* zum Eintragen eines neuen Ereignisses werden dazu vorausgesetzt:

```
PROCEDURE GetNextEvent(VAR e: INTEGER; VAR t: REAL);
PROCEDURE Schedule(e: INTEGER; t: REAL);
```

Zu diesem Zeitpunkt bleibt der Kalender noch abstrakt – viele Details sind hinter den beiden Prozeduren verborgen. Eine Datenstruktur, die nur durch Prozeduren definiert ist, die auf ihr arbeiten, heißt *abstrakte Datenstruktur* – ein Konzept, das in Abschnitt 10.3 verfeinert wird.

Warteschlange Erinnern Sie sich daran, daß der Zustand der Warteschlange einfach eine Zahl ist, die angibt, wie viele Kunden warten. Das ist deswegen ausreichend, weil zwischen den Kunden nicht unterschieden wird, oder anders formuliert, weil sie keine Identität besitzen. Diese kompakte Zustandsbeschreibung der Warteschlange vereinfacht das Programm beträchtlich.

Zufallszahlen Zufallszahlen sind bereits durch das Modul *RandomNumbers* verfügbar, das als Bestandteil der Bibliothek eines Rechners vorausgesetzt wird. Zum Erzeugen exponentialverteilter Zufallszahlen wird die Prozedur *RandomNumbers.Exp* benutzt. Zwei Parameter müssen angegeben werden: Die Ankunftsrate λ [Kunden/sek] und die *mittlere Bedienzeit* $1/\mu$.

Globale Variablen

Mit diesen Voraussetzungen können die Deklarationen der globalen Variablen für das Simulationsprogramm aufgelistet werde:

```
CONST arrival = 0;  departure = 1;
VAR
    event: INTEGER; (* die aktuelle Ereignisart *)
    time: REAL;     (* die Simulationszeit *)
    n: INTEGER;     (* die Anzahl der Kunden in der Schlange *)
    lambda: REAL;   (* die Ankunftsrate *)
    mu: REAL;       (* die Servicerate *)
```

Die benannten Konstanten *arrival* und *departure* erhöhen die Lesbarkeit des Programmtexts. Ihre Verwendung sollte als Muß betrachtet werden, nicht nur als Verzierung.

10.2.2 Ein erster Verfeinerungsschritt des Simulationsalgorithmus

Die Vorbereitungen für eine Verfeinerung des Algorithmus aus Abschnitt 10.1 sind nun abgeschlossen:

```
REPEAT
    GetNextEvent(event, time)
                    (* hole nächstes Ereignis aus Kalender *)
    IF event = arrival THEN  ProcessArrival
    ELSIF event = departure THEN  ProcessDeparture
    END
UNTIL time > tEnd;
```

Wie Sie sehen, wird die Simulationsaufgabe auf Teilaufgaben zurückgeführt, was die Gesamtstruktur hervorhebt und Details unterdrückt.

Natürlich müssen geeignete Datenstrukturen gewählt werden, und die Teilaufgaben *ProcessArrival* und *ProcessDeparture* müssen noch im Detail beschrieben werden. *GetNextEvent* ist Teil der Kalenderoperationen und wird erst später verfeinert.

Anstatt den »Pseudocode« durch mehr oder weniger ausgereifte Oberon-Anweisungen zu ersetzen, können wir ihn auch als Prozedurnamen auffassen, und damit fortfahren, die Prozedurtexte zu schreiben.

Betrachten wir zunächst das Verarbeiten eines arrival-Ereignisses. Mit den vorangegangenen Betrachtungen kann der Prosatext aus Abschnitt 10.1 leicht in eine korrekte Oberon-Prozedur transformiert werden:

```
PROCEDURE ProcessArrival;
BEGIN
    Schedule(arrival, time + RandomNumbers.Exp(lambda));
    IF n = 0 THEN
```

```
      Schedule(departure, time + RandomNumbers.Exp(mu))
   END;
   INC(n)
END ProcessArrival;
```

Die Verarbeitung eines departure-Ereignisses ist ähnlich einfach:

```
PROCEDURE ProcessDeparture;
BEGIN
   DEC(n)
   IF n > 0 THEN
      Schedule(departure, time + RandomNumbers.Exp(mu))
   END
END ProcessDeparture;
```

Die Teilaufgaben sind nun bis auf den Kalender und die Einbettung in ein Modul verfeinert. Diese Aktivitäten werden in einem zweiten und dritten Verfeinerungsschritt durchgeführt.

10.3 Verbergen von Details

10.3.1 Implementierung des Moduls Calendar

Der Ereigniskalender ist eine zentrale Komponente jeder Simulation diskreter Ereignisse. Deswegen ist es sinnvoll, ihn in einem eigenen Modul zu kapseln. Ein solches Modul *Calendar* kann viele verschiedene Simulationsmodelle unterstützen – es dient als Service-Modul in der Bibliothek des Rechners.

Im letzten Abschnitt wurde der Kalender abstrakt als eine Sammlung von zeitbezogenen Ereignissen beschrieben, auf der die Operationen *GetNextEvent* und *Schedule* ausgeführt werden können. Nun ist es an der Zeit, die abstrakte Definition zu konkretisieren; das heißt, es muß eine Datendefinition für den Kalender gewählt und die Prozeduren müssen implementiert werden.

Zum Speichern der Ereignisse wird eine Tabelle benötigt. Ereignisse im Kalender besitzen über die zugeordnete Zeit eine natürliche Ordnung. Die Entscheidung, eine geordnete Liste mit dem als nächstes stattfindenden Ereignis als Kopf zu verwalten, liegt deshalb nahe.

Die Definition des Typs *Node* aus Abschnitt 9.2 muß für den Zweck, Ereignisse darzustellen, angepaßt werden. Bei der Einführung von Listen wurde ja bewußt darauf verzichtet, anwendungsspezifische Felder einzuführen. In diesem Fall wird ein »Datenfeld« zur Identifikation des Ereignisses benötigt. Die anwendungsspezifische Bedeutung des Schlüssels ist die Ereigniszeit. Deshalb ist er vom Typ REAL.

Um die Lesbarkeit des Programmtexts zu erhöhen, wird außerdem der Typname von *Node* auf *Event* und der Schlüssel von der neutralen Bezeichnung *key* auf *time* (Zeit) geändert. Die Prozeduren *FirstNode* und *InsertRanked* können einfach adaptiert werden – der Text des Moduls *Calendar* sollte daher ziemlich selbsterklärend sein.

```
MODULE Calendar;
CONST  deadlock* = MAX(INTEGER);
TYPE
   Event = POINTER TO EventDesc;
   EventDesc = RECORD
      id: INTEGER;
      time: REAL;
      next: Event
   END;

1) →   VAR clndr: Event;

PROCEDURE GetNextEvent*(VAR id: INTEGER; VAR t: REAL);
BEGIN
   IF clndr # NIL THEN
      id := clndr.id;  t := clndr.time;
      clndr := clndr.next
2) →   ELSE id := deadlock
   END
END GetNextEvent;

PROCEDURE Schedule* (id: INTEGER; t: REAL);
   VAR x, y: Event;
BEGIN
3) →   NEW(x);  x.id := id;  x.time := t;
   IF (clndr = NIL) OR (t < clndr.time) THEN
      x.next := clndr;  clndr := x
   ELSE
      y := clndr;
      WHILE (y.next # NIL) & (t >= y.time) DO  y := y.next  END;
      x.next := y.next;  y.next := x
   END
END Schedule;

PROCEDURE Reset*;
BEGIN  clndr := NIL
END Reset;
```

```
BEGIN
4) →   Reset
END Calendar.
```

Anmerkungen

1) Die globale Variable *clndr* ist der Anker der Kalenderliste

2) Wenn der Kalender leer ist, sagt man, eine Verklemmung (deadlock) ist aufgetreten; eine spezielle Ereignisidentifikation wird zurückgegeben, die Zeit ist undefiniert. Der Klient von Modul *Calendar* muß diese Identifikation überprüfen, wenn nicht garantiert ist, daß die Simulation aktiv bleibt.

3) Eine Instanz vom Typ *Event* wird erzeugt und initialisiert. Anschließend wird das Ereignis in den Kalender so eingetragen, daß er in Bezug auf die Zeit sortiert bleibt.

4) Im Rumpf des Moduls *Calendar* wird die Kalenderliste initialisiert.

Neben den bekannten Prozeduren *GetNextEvent* und *Schedule* wird eine dritte eingeführt, nämlich *Reset*. Sie ist nützlich, um einen existierenden Kalender zu leeren, wenn eine neue Simulation gestartet wird.

Ansonsten gibt es zu Modul *Calendar* nicht viel zu erklären. Lediglich die *Wahl der Exporte* bedarf eines Kommentars. Das Modul *Calendar* führt selbst keine Berechnungen durch. Es ist ein Service-Modul, das Prozeduren exportiert, die von Klientenmodulen benutzt werden.

Offensichtlich müssen die Prozeduren *Reset*, *GetNextEvent* und *Schedule* exportiert werden. Aber muß auch der Kalender selbst – also die globale Variable *clndr* – exportiert werden? Auf den ersten Blick erscheint das notwendig zu sein.

Sie wissen aber bereits, daß ein importierendes Modul perfekt bedient ist, wenn es Zugriff auf die Prozeduren *Reset*, *GetNextEvent* und *Schedule* hat. Der Export wird bewußt auf diese Prozeduren eingeschränkt. Die Konsequenz daraus ist, *daß die dynamische Datenstruktur, die den Kalender repräsentiert, versteckt wird.* Der Klient hat keinen Zugriff auf diese Datenstruktur. Die exportierten Deklarationen sehen für einen Klienten von Modul *Calendar* folgendermaßen aus:

```
DEFINITION Calendar;
   CONST deadlock = MAX(INTEGER);
   PROCEDURE GetNextEvent(VAR id: INTEGER; VAR t: REAL);
   PROCEDURE Schedule(id: INTEGER; t: REAL);
   PROCEDURE Reset;
END Calendar.
```

Abstrakte Datenstruktur

Eine Datenstruktur, die außerhalb eines Moduls nicht sichtbar ist, aber durch exportierte Prozeduren erzeugt und verändert werden kann, heißt *abstrakte Datenstruktur.*

Sie ist in dem Sinn abstrakt, daß nur ihre Eigenschaften bekannt sind – nicht ihre Implementierung. Die Eigenschaften einer Datenstruktur, die für Klienten sichtbar sind, werden *Schnittstelle* (interface) genannt. Im Kalenderbeispiel besteht die Schnittstelle aus *deadlock*, *Reset*, *GetNextEvent* und *Schedule*.

Versteckt sind der Typ *Event* und der Anker für die Ereignisliste (die globale Variable *clndr*). Ein importierendes Modul ist daher nicht in der Lage, diese Liste zu traversieren, direkt Knoten einzufügen oder zu löschen.

Erhöhte Sicherheit

Welcher Zweck wird nun durch Datenabstraktion erfüllt? Könnte ein Klient mit vollem Zugriff auf die dynamische Datenstruktur des Kalenders nicht mehr machen? Ja, er könnte – aber das ist gleichzeitig auch das Problem.

Bei vollem Zugriff auf den Kalender könnte ein bereits eingetragenes Ereignis zum Beispiel wieder entfernt werden, oder eine Gruppe von fast gleichzeitigen Ereignissen könnte gemeinsam eingefügt werden, um Ausführungszeit zu sparen. Es wäre dadurch aber auch möglich, Fehler einzuführen. Ein Ereignis könnte zum Beispiel an der falschen Stelle in der geordneten Liste eingetragen werden und – als Folge daraus – das Ergebnis der Simulation total verfälschen.

Die Idee ist, daß ein Service-Modul eine Menge von sorgfältig überprüften Funktionen bereitstellt. Die Datenstruktur ist geschützt und ihre *Integrität garantiert* – unbefugtes Hantieren mit ihr kann die Ergebnisse der Prozeduren, die auf ihr arbeiten, nicht verfälschen.

Vereinfachung der Dokumentation

Es ist ein offenes Geheimnis, daß die Dokumentation eines Programms eine mühsame und daher oft vernachlässigte Aufgabe des Programmierers ist. Bei Benutzung von Datenabstraktion bleiben die Implementierungsdetails verborgen. Daher betrifft die Dokumentation (oder das Fehlen eben dieser) nicht die Arbeit anderer, die auf diesem Modul aufbauen. Nur die Schnittstelle muß beschrieben sein. Wenn die Namen der Variablen und Prozeduren gut gewählt sind, beschreibt sich die Schnittstelle fast von selbst – ein bemerkenswerter Vorteil gut durchdachter *schlanker Schnittstellen.*

Freiheit der Implementierung

Das Verbergen von Daten – oder Datenabstraktion – hat noch einen dritten wichtigen Vorteil: der Implementierer ist frei, die Datenstruktur zu ändern, ohne Auswirkungen auf die Klientenmodule befürchten zu müssen.

Zum Beispiel könnte statt einer linearen Liste ein Array als Basis für den Kalender dienen:

```
VAR
   clndr: ARRAY max OF RECORD
      id: INTEGER;  time: REAL
   END;
```

Eine auf Arrays aufgebaute Implementierung würde die sogenannte *heap*-Struktur zulassen, die sortiertes Einfügen in log(n) Schritten ermöglicht (wobei n die Anzahl der Kalendereinträge angibt); siehe Wirth (1976). Das *heap*-Verfahren hat eine gewisse Ähnlichkeit mit dem binären Suchen (Abschnitt 8.2.5). Eine Implementierung der Prozedur *Schedule* mit diesem Verfahren könnte gegenüber der Implementierung mit linearen Listen einen Geschwindigkeitsvorteil erzielen. Eine andere Möglichkeit wäre etwa die Benutzung einer Baumstruktur, die ebenfalls sortiertes Einfügen in log(n) Schritten anstelle linearen Aufwands ermöglicht. Auf alle Fälle zeigen solche verbesserte Implementierungen erst bei wirklich großen Simulationsmodellen mit sehr großem Kalender einen signifikanten Vorteil. Für kleine Modelle könnten die Änderungen sogar kontraproduktiv sein.

Durch Datenabstraktion ist es möglich, ein Service-Modul durch eine neue, verbesserte Implementierung zu Ersetzen. Die Klienten müssen dazu nicht geändert, ja nicht einmal neu kompiliert werden, solange die Schnittstelle unverändert bleibt.

10.3.2 Berechnen der Statistiken: Das Modul Paths

Nun sind alle Komponenten bereit, um das Simulationsprogramm zu vervollständigen. Es ist jedoch nicht sehr aufregend, das Programm so wie in Abschnitt 10.2 beschrieben ablaufen zu lassen – das einzige Ergebnis wäre ein beschäftigter Rechner. Offensichtlich muß das Simulationsexperiment noch instrumentiert werden, um Statistiken über das Systemverhalten zu sammeln.

Es zeigt sich, daß in der Praxis ein großer Teil von Simulationsprogrammen der Instrumentierung und Datenauswertung gewidmet ist. Deshalb ist es eine gute Idee, Werkzeuge zur Unterstützung dieser Tätigkeit in Form eines Service-Moduls bereitzustellen, das für viele Anwendungen benutzt werden kann.

Zur Berechnung des Mittelwerts einer Schlange muß ihr *Pfad* (siehe Kasten 10.2) analysiert werden. In einer realistischen Simulation gibt es nicht nur eine Schlange, sondern mehrere, und alle haben einen Pfad, der analysiert werden muß. Deshalb benötigt man einen Mechanismus, der es dem Benutzer erlaubt, eine *beliebige Anzahl* von Pfaden zu erzeugen und Daten darüber zu sammeln.

Kasten 10.2
Mittelwert und Pfad einer Schlange

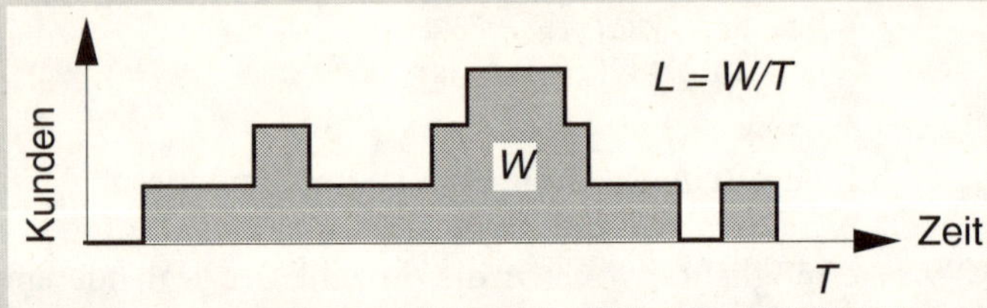

Eine der einfachsten Statistiken, die für eine Warteschlange berechnet werden können, ist das arithmetische Mittel der Anzahl der Kunden, die während einer Periode T in der Schlange warten. Dieser Mittelwert L wird durch die Formel

$$L = W/T$$

berechnet, wobei W die *kumulierte Wartezeit bedeutet*, die als Fläche unter der Kurve »wartende Kunden über der Zeit« gemessen vom Zeitpunkt 0 bis T definiert ist. Eine solche Kurve wird als *Pfad* der Warteschlange bezeichnet.

In Oberon ist dieser Mechanismus der Typ – das Ziel ist also, ein Modul zu entwerfen, das einen Typ *Path* (Pfad) exportiert. Klienten sind dann in der Lage, auf die übliche Art beliebig viele Variablen vom Typ *Path* zu definieren.

Jedesmal, wenn der Pfad nach oben oder unten springt, wird die akkumulierte Wartezeit W aktualisiert. Dazu muß die Zeit t und der Wert n der letzten Änderung des Pfads aufgezeichnet werden. Ein Pfad ist daher durch folgenden Record-Typ beschrieben:

```
TYPE
   Path = RECORD
      n: INTEGER;
      W, t: REAL
   END;
```

Es ist nun einfach, den Programmtext von Modul *Paths* anzugeben:

```
MODULE Paths;
TYPE
   Path* = RECORD
      n*: INTEGER;
      W, t: REAL
   END;
```

```
PROCEDURE Init* (VAR p: Path);
BEGIN  p.W := 0;  p.n := 0;  p.t := 0
END Init;

PROCEDURE Up* (VAR p: Path; t: REAL);
BEGIN  p.W := p.W + p.n*(t - p.t);  INC(p.n, 1);  p.t := t
END Up;

PROCEDURE Down* (VAR p: Path; t: REAL);
BEGIN  p.W := p.W + p.n*(t - p.t);  DEC(p.n, 1);  p.t := t
END Down;

PROCEDURE Mean* (p: Path; tEnd: REAL): REAL;
BEGIN  RETURN (p.W + p.n*(tEnd - p.t))/tEnd
END Mean;

END Paths.
```

Die Prozeduren sind so einfach, daß einige wenige Erklärungen ausreichen sollten:

- *Init*: Initialisiert die Felder eines Pfads.
- *Up*: Zum Zeitpunkt *t* springt der Pfad eine Einheit nach oben.
- *Down*: Wie *Up*, springt aber nach unten.
- *Mean*: Gibt den Mittelwert des Pfads von Zeit 0 bis *tEnd* zurück.

Ebenso wie beim Kalender sind auch hier bezüglich der Wahl der Exporte einige zusätzliche Bemerkungen angebracht.

Abstrakter Datentyp

Klienten von Modul *Paths* sind nicht an der akkumulierten Wartezeit *W* oder der Zeitmarke *t* interessiert. Es ist die mittlere Länge der Warteschlange, die wirklich zählt. Das Modul *Paths* exportiert deshalb nur den Record-Typ *Path* und das Feld *n*, das die aktuelle Länge der Warteschlange angibt. Da Details dem Klienten verborgen bleiben, spricht man von einem *abstrakten Datentyp*. Die öffentliche Sicht des Moduls *Paths* ist

```
DEFINITION Paths;
TYPE
   Path = RECORD
      n: INTEGER
   END;
PROCEDURE Init (VAR p: Path);
PROCEDURE Up (VAR p: Path; t: REAL);
PROCEDURE Down (VAR p: Path; t: REAL);
PROCEDURE Mean (p: Path; tEnd: REAL): REAL;
END Paths.
```

Instanzen eines abstrakten Datentyps werden *nur durch Prozeduren initialisiert und manipuliert*. Jede der Prozeduren benötigt einen *Formalparameter, der die spezielle Instanz des abstrakten Datentyps identifiziert*, auf der eine Operation durchgeführt wird. Es ist gute Praxis, diesen Identifikationsparameter am Anfang der Parameterliste anzugeben.

Die Datenstruktur selbst bleibt verborgen, und die Vorteile des Verbergens von Information sind dieselben wie für die abstrakte Datenstruktur: Einfachheit der Schnittstelle, Sicherheit und Freiheit in der Implementierung. Die Nachteile sind ebenfalls dieselben, nämlich eine mögliche Einschränkung der Operationen, die ein Klient berechtigterweise durchführen möchte.

10.4 Vervollständigung des Simulationsbeispiels

Nun sind wirklich alle Bestandteile bereit, um das vollständige Simulationsprogramm aufzulisten. Das bedeutet die Einführung eines Moduls, das *Model* genannt wird. Dieses Modul baut auf den Diensten von importierten Modulen auf, nämlich *Calendar*, *RandomNumbers*, *Paths*, *In* und *Out*.

Der folgende Programmtext sollte für sich selbst sprechen:

```
MODULE Model;
IMPORT Paths, Calendar, RandomNumbers, In, Out;
CONST arrival = 0;  departure = 1;
VAR
   event: INTEGER;
   time: REAL;          (* Simulationszeit *)
1) →  q: Paths.Path;    (* Zustand der Schlange und Statistiken *)
   lambda: REAL;        (* Ankunftsrate *)
   mu: REAL;            (* Servicerate *)

PROCEDURE ProcessArrival;
BEGIN
   Calendar.Schedule(arrival, time + RandomNumbers.Exp(lambda));
   IF q.n = 0 THEN
      Calendar.Schedule(departure, time + RandomNumbers.Exp(mu))
   END;
2) →  Paths.Up(q, time)
END ProcessArrival;
```

```
    PROCEDURE ProcessDeparture;
       VAR s: REAL;
    BEGIN
3) →  Paths.Down(q, time);
       IF q.n > 0 THEN
          Calendar.Schedule(departure, time + RandomNumbers.Exp(mu))
       END
    END ProcessDeparture;

    PROCEDURE Simulate(dt: REAL);
       VAR tEnd: REAL;
    BEGIN
       tEnd := time + dt;
       REPEAT
          Calendar.GetNextEvent(event, time);
          IF event = arrival THEN  ProcessArrival
          ELSIF event = departure THEN  ProcessDeparture
          END
       UNTIL time > tEnd
    END Simulate;

    PROCEDURE Setup*;
    BEGIN
       In.Open;  In.Real(lambda);  In.Real(mu);
       IF In.Done THEN
          Out.Open;
          Out.String("lambda =");Out.Real(lambda, 10);
          Out.String("    mu =");Out.Real(mu, 10);Out.Ln;
          Calendar.Reset;Paths.Init(q);
          Calendar.Schedule(arrival, 0.0)
       END
    END Setup;

    PROCEDURE Run*;
       VAR dt: REAL;
    BEGIN
       In.Open;  In.Real(dt);
       IF In.Done THEN
          Simulate(dt);
          Out.String("mean =");  Out.Real(Paths.Mean(q, time), 11);
          Out.Ln
       END
    END Run;

    END Model.
```

Anmerkungen

1) Anstelle einer simplen ganzen Zahl, die den Zustand der Warteschlange beschreibt, wird die Abstraktion *Path* benutzt, die ebenfalls die Anzahl der Kunden in der Schlange angibt.
2) Der Aufruf *Paths.Up* ersetzt INC(*n*) in der Lösung von Abschnitt 10.2.2.
3) Der Aufruf *Paths.Down* ersetzt DEC(*n*) in der Lösung von Abschnitt 10.2.2.

Um eine Simulation durchzuführen, müssen nacheinander zwei Kommandos aktiviert werden: *Setup* und *Run*. Das Kommando *Setup* stellt die Parameter *lambda* und *mu* ein und initialisiert die Datenstruktur für einen neuen Simulationslauf. Beachten Sie, daß ein initiales Ankunftsereignis in den Kalender eingetragen werden muß – andernfalls würde die Simulation niemals starten.

Das Ausführen des Kommandos *Run* startet eine Simulation mit der inkrementellen Simulationszeit *dt* als Parameter. Nach Abschluß der Simulation wird die mittlere Länge der Warteschlange angezeigt. *Run* hat die Eigenschaft, wiederholbar zu sein. Eine zweite Ausführung setzt genau dort fort, wo die erste aufgehört hat.

Die Teilung zwischen *Setup* und *Run* wurde bewußt durchgeführt. Typischerweise konvergiert ein Simulationsergebnis gegen einen festen Wert. Ob ein Ergebnis nahe an diesem Wert liegt, weiß man nicht von vorneherein. Ausführung von einem *Setup* und mehreren *Runs* hilft, den Grad der Konvergenz zu bestimmen.

Beachten Sie, daß Modul *Model hauptsächlich aus Deklarationen und Aufrufen von importierten Prozeduren besteht.* Das zeigt sich durch die Dominanz von qualifizierten Namen und ist typisch für ein sauber modularisiertes Oberon-Programm.

10.5 Mehr über Programmstrukturierung und Abstraktion

Strukturierung und Abstraktion sind die zentralen Techniken, die zu verständlichen und daher vertrauenswürdigen Programmen führen. Abstrahieren bedeutet wörtlich, das Essentielle von irrelevanten Details zu trennen.

Die Qualität eines Programms ist eine schwer faßbare Eigenschaft und kann für verschiedene Leute verschiedenes bedeuten. Alle werden aber darin übereinstimmen, daß die Programmkorrektheit von fundamentaler Bedeutung ist. Die Korrektheit eines Programms zu zeigen, bedeutet letztendlich eine Person zu überzeugen, daß das Programm vertrauenswürdig ist. Wie kann dieses Ziel erreicht werden? Trotz großer Fortschritte beim Beweis der Korrektheit von Programmen mittels Zusicherungen, ist diese Methode noch immer kein Allheilmittel. Beweisbare Programme sind nach wie vor eine – wenn auch wachsende – Minderheit.

Die einzige Rettung für den Rest liegt in der *Struktur.* Ein Programm muß in Teile zerlegt werden, die jeweils für sich betrachtet werden können, ohne allzu viele Abhängigkeiten von anderen Teilen. Auf unterster Ebene sind die strukturellen Komponenten Anweisungen; auf der nächsten Ebene Prozeduren; und auf der höchsten Ebene Module. Parallel zur Programmstrukturierung findet die Datenstrukturierung statt. Die Essenz des Programmierens liegt im Finden der richtigen – oder zumindest einer geeigneten – Struktur.

10.5.1 Modularisierung, Verbergen von Daten

Die spezielle Eigenschaft des Moduls als größte Strukturierungseinheit ist seine Fähigkeit, Details zu verbergen und damit eine neue Ebene von Abstraktion einzuführen. Zerlegen eines Programms in Module teilt die Programmierer in *Anbieter* und *Abnehmer.* Der Anbieter einer Abstraktion schreibt ein Modul und wählt die zu exportierenden Variablen und Prozeduren sorgfältig aus. Wie schon erwähnt, heißen diese Exporte die *Schnittstelle* des Moduls. Der Anbieter erzeugt ein *Service-Modul.* Der Abnehmer bedient sich der Fähigkeiten eines Service-Moduls nur über dessen Schnittstelle. Da Abstraktion ein hierarchisches Konzept ist, ist ein Anbieter normalerweise selbst ein Abnehmer von Abstraktionen auf einer tieferen Ebene.

Modulhierarchie

Die Aufteilung eines Programms in Module erzeugt eine *Hierarchie von Abstraktionen.* Die Hierarchie ist definiert durch die Beziehung: »Modul *K* importiert Modul *S.*« *K* wird Klient von *S* genannt, und *S* heißt *Service-Modul* für *K.*

Um die Hierarchie der Abstraktionen darzustellen, ist ein Graph mit Modulen als Knoten und Importbeziehungen als Kanten hilfreich. Sauber strukturierte Abstraktionen vermeiden gegenseitige Abhängigkeiten – das bedeutet, ihr Modulgraph ist *zyklenfrei.* Abbildung 10.1 zeigt ein Beispiel einer Modulhierarchie.

Auch wenn es kein Patentrezept zum Finden der besten Aufteilung gibt, haben sich doch einige Kriterien herausgebildet, die gute von schlechten unterscheiden. Eine Grundregel ist, daß die *Verbindung zwischen den Modulen – die Schnittstelle – einfach oder »schlank« sein soll.* Ein grobes Maß dafür ist die Anzahl der Deklarationen, aus denen die Schnittstelle besteht. Natürlich ist es schwierig ein Optimum zu finden, da diese Zahl gegen null geht, wenn das gesamte Programm in ein einziges Modul gestopft wird – klarerweise eine unerwünschte Lösung.

Man unterscheidet die folgenden typischen Modularten:

1) Das Modul enthält keine eigenen Daten, sondern exportiert nur eine Sammlung von Prozeduren. Das typische Beispiel ist eine mathematische Funktionsbibliothek. Solche Module sind *Pakete von Prozeduren*.
2) Die Essenz des Moduls ist eine Menge von Daten. Das Modul versteckt die Details der Datenrepräsentierung, indem es Zugriff auf diese Daten nur über ihre exportierten Prozeduren erlaubt. Man spricht von einer *abstrakten Datenstruktur.*
3) Das Modul exportiert einen Datentyp zusammen mit darauf arbeitenden Prozeduren. Der Datentyp kann wieder eine dynamische Datenstruktur darstellen. Im Unterschied zu (2) kann ein Klient eines solchen Moduls mehrere Instanzen des Typs – *abstrakter Datentyp* genannt – deklarieren.

Das Verbergen von Details hat drei Vorteile:

1) Der Benutzer oder Klient eines Service-Moduls muß sich nicht mit unwichtigen Implementierungsdetails herumschlagen. Nur die Schnittstelle muß beschrieben sein – und das ist weit einfacher als eine vollständige Dokumentation des Moduls.
2) Im Fall einer abstrakten Datenstruktur oder eines abstrakten Datentyps wird der Benutzer nicht nur von Details verschont, sondern unsachgemäßes Hantieren mit der Datenstruktur wird effektiv ausgeschlossen. Wenn die Funktionen des Service-Moduls sorgfältig getestet sind, ist die Integrität der Daten durch falsche Benutzung nicht gefährdet. Anders ausgedrückt, gewisse Invarianten können garantiert werden. *Datenabstraktion erhöht die Sicherheit des Programms.*
3) Der Implementierer hat die Freiheit, eine Datenrepräsentierung zu wählen und sogar zu ändern, ohne daß Klientenmodule davon betroffen sind.

Datenabstraktion hält aber auch Klienten davon ab, zulässige und sinnvolle Operationen auf den Daten auszuführen. Es ist nicht immer einfach, einen vernünftigen Kompromiß zu finden.

10.5.2 Das Modul *Out*: ein Beispiel einer abstrakten Datenstruktur

Lassen Sie uns nochmals das Modul *Out* betrachten, das in Kapitel 7 für Textausgabe eingeführt wurde. Dieses Modul hängt davon ab, wie das Betriebssystem mit Dateien und dem Fenstersystem umgeht. Im Oberon-System benutzt der Anbieter von *Out* die gesamte Hierarchie von Systemmodulen wie Abbildung 10.1 zeigt. Jedes Modul stellt eine eigene Abstraktion zur Verfügung.

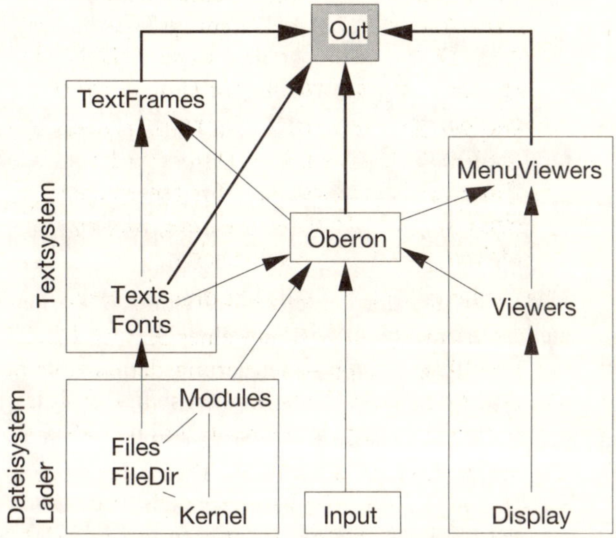

Abbildung 10.1 *Einbettung des Moduls Out in die Hierarchie von Oberon-Systemmodulen (nur die wichtigsten Importbeziehungen sind dargestellt)*

Die Module *TextFrames*, *Oberon*, *Texts* und *MenuViewers* werden vom Modul *Out* direkt importiert. Da diese Module jedoch selbst wieder von tiefer liegenden Modulen abhängen, wird beinahe das gesamte Oberon-System von *Out* benutzt.

Der Benutzer von *Out* arbeitet mit all dieser Komplexität nur durch sechs einfache Prozeduren: *Open*, *Char*, *Ln*, *Int*, *Real* und *String*. Hinter den sechs Prozeduren steht eine einzelne Instanz einer Datenstruktur – der Eingabestrom, der nur anhand *seiner Eigenschaften* bekannt ist: (1) er besteht aus Elementen, die einen Nachfolger und möglicherweise ein letztes Element haben und (2) er hat eine aktuelle Position.

Der Vorteil der vom Modul *Out* eingeführten Abstraktion ist offensichtlich. Ein einfaches Konzept, der Strom, und sechs einfache Prozeduren erlauben dem Benutzer, Ausgabeoperationen durchzuführen.

Außerdem ist die Abstraktion hoch genug, um auf allen heutigen Computern vom PC bis zum Großrechner implementiert zu werden.

Verdrängt nun das Modul *Out* die Funktionen des Grundsystems bestehend aus den Modulen *Kernel*, *FileDir*, *Modules*, *Display*, *Input*, *Files*, *Fonts*, *Texts*, *Viewers*, *Oberon*, *MenuViewers* und *TextFrames*? Natürlich nicht. Diese Module stellen eine Vielfalt von nützlichen, ja sogar essentiellen Funktionen zur Verfügung, die von Modul *Out* abstrahiert (oder versteckt) werden. *Der Preis der Abstraktion ist deshalb ein Verlust von Funktionalität – eingetauscht für konzeptuelle Einfachheit, Korrektheit der Funktionen und Freiheit der Implementierung*. Wo man diesen Kompromiß ansiedelt, ist immer eine Sache der Einschätzung und Gegenstand von Diskussionen.

10.5.3 Das Modul *Files*: ein Beispiel eines abstrakten Datentyps

Das Konzept des abstrakten Datentyps wurde bereits in Abschnitt 10.3.2 bei der Einführung des Typs *Path* angetroffen. Zugegeben, das Modul *Paths* ist ein einfaches Beispiel – obwohl plausible Gründe für das Verbergen der beiden Felder *t* und *W* vorliegen, sind einige Leser vielleicht noch nicht wirklich überzeugt.

Für ein überzeugendes Beispiel betrachten wir Oberons Dateisystem, das sehr viele Details verbirgt und die Vorteile der Abstraktion eindrücklich demonstriert. Die Schnittstelle ist wie folgt definiert:

```
DEFINITION Files;
TYPE
   File = POINTER TO Handle;
   Handle = RECORD END;

   Rider = RECORD
      res: LONGINT;(* Ergebniskode *)
      eof: BOOLEAN (* Ende der Datei erreicht *)
   END;

   (* Prozeduren, die auf dem Typ File arbeiten *)
   PROCEDURE New(name: ARRAY OF CHAR): File;
   PROCEDURE Old(name: ARRAY OF CHAR): File;
   PROCEDURE Register(f: File);
   PROCEDURE Length(f: File): LONGINT;

   (* Prozeduren, die auf dem Typ Rider arbeiten *)
   PROCEDURE Set(VAR r: Rider; f: File; pos: LONGINT);
   PROCEDURE Read(VAR r: Rider; VAR x: CHAR);
```

```
    PROCEDURE Write(VAR r: Rider; x: CHAR);
    PROCEDURE Pos(VAR r: Rider): LONGINT;
    PROCEDURE Base(VAR r: Rider): File;

    (* Prozeduren, die auf dem Dateiverzeichnis arbeiten *)
    PROCEDURE Rename(old, new: ARRAY OF CHAR; VAR res: INTEGER);
    PROCEDURE Delete(name: ARRAY OF CHAR; VAR res: INTEGER)
END Files.
```

Eine Datei (*File*) ist ein Zeiger auf ein Record, genannt *Handle*. Keines der Felder von *Handle* ist für Klienten sichtbar. Stattdessen muß der Benutzer nur die folgenden Eigenschaften einer Datei kennen:

- Eine Datei ist eine Folge von Zeichen (abgelegt auf einem nichtflüchtigen Speichermedium wie zum Beispiel einer Festplatte).
- Eine Datei hat zum Unterschied von einer Zeichenkette einen *Namen*, eine *Länge* und ein *Erzeugungsdatum*.

Das Modul *Files* implementiert auch das Konzept eines Verzeichnisses, in dem Dateien unter einem Namen registriert sind. Die Prozeduren *Rename* (Umbenennen) und *Delete* (Löschen) stellen die angedeuteten Operationen auf dem Verzeichnis zur Verfügung; der Parameter *res* ist ein Ergebniscode.

Ein Zeiger auf eine Datei kann auf zwei Arten erzeugt werden: Die Prozedur *New*(*name*) liefert eine neue, leere Datei; die Prozedur *Old*(*name*) liefert die unter *name* im Verzeichnis eingetragene Datei, oder NIL, falls diese Datei nicht existiert.

Zum Lesen und Schreiben von Dateien stellt das Modul einen weiteren abstrakten Datentyp *Rider* zur Verfügung. Wie der Name schon andeutet, agiert eine Variable dieses Typs als Iterator (wörtlich: Reiter) auf der Zeichenfolge und wird nach jeder Lese- oder Schreiboperation mittels *Read* oder *Write* um ein Zeichen vorgerückt. Die Eigenschaften eines Iterators sind also:

- eine Position (versteckt);
- ein Feld *res*, das einen Ergebniscode für die letzte Lese- oder Schreiboperation enthält;
- ein boolesches Feld *eof*, das angibt, ob eine Leseoperation das Ende der Datei überschritten hat.

Die Prozedur *Set*(*R*, *F*, *pos*) setzt den Iterator *R* auf die Datei *F* auf Position *pos*. Die Funktion *Base*(*R*) liefert die Datei, auf der *R* sitzt. Die Prozedur *Read*(*R*, *ch*) liest ein Zeichen an der aktuellen Position von *R* und gibt es in *ch* zurück. In ähnlicher Weise schreibt *Write*(*R*, *ch*) ein Zeichen *ch* an die aktuelle Position von *R*. In beiden Fällen rückt *R* um ein Zeichen vor.

Im folgenden Programmbeispiel wird eine registrierte Datei »Laura« geöffnet und für jedes Zeichen eine Prozedur *Consume* aufgerufen:

```
VAR ch: CHAR;  F: Files.File;  R: Files.Rider;
...
F := Files.Old("Laura");
IF F # NIL THEN
   Files.Set(R, F, 0);  Files.Read(ch);
   WHILE ~R.eof DO  Consume(ch);  Files.Read(R, ch)  END
END;
```

Das Feld *eof* zeigt an, ob eine Leseoperation erfolgreich war, oder ob das Dateiende überschritten wurde. Bei TRUE ist *ch* kein Zeichen der Datei sondern die Konstante 0X.

Im nächsten Beispiel werden Zeichen erzeugt und sequentiell auf eine neue Datei geschrieben, die am Ende im Verzeichnis registriert wird. Das Beispiel benutzt dieselben Deklarationen wie das vorherige:

```
F := Files.New("Laura");
Files.Set(R, F, 0); Produce(ch);
WHILE ~done DO  Produce(ch);  Files.Write(R, ch)  END;
Files.Register(F);
```

Die boolesche Variable *done* wird von der Prozedur *Produce* gesetzt, um das Ende der erzeugten Zeichensequenz anzuzeigen. Die Prozedur *Register*(*F*) schließt die Datei und registriert ihren Namen im Dateiverzeichnis. Hat sie schon vorher existiert, so wird die alte Version aus dem Verzeichnis gelöscht.

Als letztes Beispiel wird ein Zeichen *ch* an das Ende einer Datei *F* angefügt:

```
Files.Set(R, F, Files.Length(F));  Files.Write(R, ch);
```

Length(*F*) liefert die Länge von *F*. Daher positioniert der Aufruf *Files.Set*(*R*, *F*, *Files.Length*(*F*)) den Iterator *R* an das Ende der Datei *F*.

Ohne weiter auf die Details des Dateikonzepts und seiner Realisierung im Oberon-System eingehen zu wollen, noch einige Bemerkungen:

1) Die Prozedur *Set* erlaubt dem Benutzer, einen Iterator auf eine beliebige Position zwischen 0 und der Dateilänge zu setzen. Der Zugriff auf Dateielemente muß daher nicht sequentiell sein. Aus verschiedenen Gründen ist es aber ratsam, Dateien hauptsächlich, wie in den Beispielen gezeigt, sequentiell zu bearbeiten. Dateien werden praktisch immer sequentiell geschrieben, aber nicht immer sequentiell gelesen.

2) Genaugenommen sind Dateien Folgen des Datentyps SYSTEM.BYTE (siehe Anhang A, Abschnitt A.12). Dementspre-

chend ist der Formalparameter *ch* der Prozeduren *Read* und *Write* SYSTEM.BYTE und nicht CHAR. SYSTEM.BYTE kann jedoch immer durch CHAR ersetzt werden, nicht aber umgekehrt.

Das *File*-Beispiel zeigt, in welchem Umfang Abstraktion fähig ist, die Komplexität einer Schnittstelle zu reduzieren und genug Freiheiten für die Implementierung zu bewahren. Man muß sich dessen bewußt sein, daß diese kurz und bündig beschriebene Schnittstelle auf einem Mechanismus mit beträchtlicher Komplexität aufbaut. Er besteht aus einem Plattentreiber, einer Sektoren-Allokationsstrategie, einem Puffermechanismus und einer Verwaltung des Dateiverzeichnisses, die schnelles Suchen, Einfügen und Löschen von Eintragungen zuläßt (siehe Abbildung 10.2).

Abbildung 10.2
Einige der Datenstrukturen hinter dem abstrakten Datentyp File

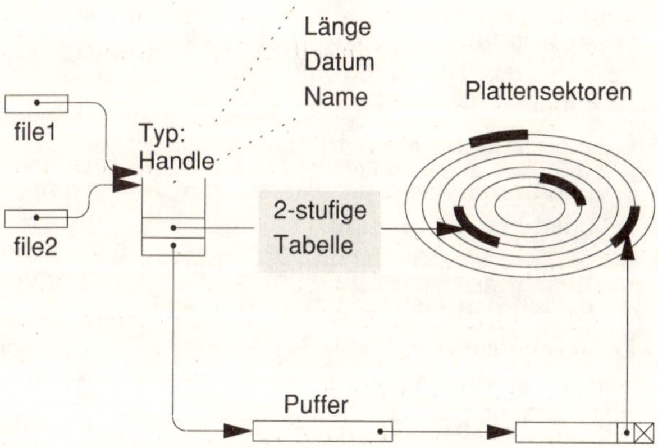

10.5.4 Textuelle Struktur und Namen

Die textuelle Struktur eines Programms ist essentiell. Das kann leicht gezeigt werden, indem zum Beispiel die Textstruktur von Modul *Model* entfernt wird – das heißt, das Modul wird einfach als Folge von Symbolen dargestellt.

```
MODULE Model; IMPORT Paths, Calendar, RandomNumbers, In, Out;
CONST  arrival = 0;  departure = 1; VAR event: INTEGER; time:
REAL; (*  current time  *) q: Paths.Path; (*  state of queue
and statistics   *) lambda: REAL; (*  arrival rate  *) mu:
REAL; (*  inverse of mean service time *) PROCEDURE ProcessAr-
rival;  BEGIN  Calendar.Schedule(arrival,  time  +  RandomNum-
bers.Exp(lambda));        IF        q.n       =       0      THEN
Calendar.Schedule(departure,  time  +  RandomNumbers.Exp(mu))
END; Paths.Up(q, time) END ProcessArrival; PROCEDURE Process-
```

```
Departure; VAR s: REAL; BEGIN Paths.Down(q, time); IF q.n > 0
THEN Calendar.Schedule(departure, time+RandomNum-
bers.Exp(mu)) END END ProcessDeparture; PROCEDURE Simu-
late(dt: REAL); VAR tEnd: REAL; BEGIN tEnd := time + dt;
REPEAT Calendar.GetNextEvent(event, time); IF event = arrival
THEN ProcessArrival ELSIF event = departure THEN ProcessDe-
parture END UNTIL time > tEnd END Simulate; PROCEDURE Setup*;
BEGIN In.Open; In.Real(lambda); In.Real(mu);
Out.String("lambda ="); Out.Real(lambda, 10); Out.String("
mu ="); Out.Real(mu, 10); Out.Ln; Calendar.Reset;
Paths.Init(q); Calendar.Schedule(arrival, 0.0) END Setup;
PROCEDURE Run*; VAR dt: REAL; BEGIN In.Open; In.Real(dt);
Simulate(dt); Out.String("mean ="); Out.Real (Paths.Mean (q,
time), 11); Out.Ln END Run;BEGIN Out.Open END Model.
```

Obwohl immer noch formal korrekt und daher vom Compiler akzeptiert, ist das Modul *Model* ohne textuelle Struktur praktisch unverständlich. In allen bisherigen Beispielen wurden folgende Formatierrichtlinien befolgt:

- Beschränken Sie die Anzahl der Anweisungen pro Zeile auf eins oder eine kleine Zahl.
- Benutzen Sie Einrückungen, um die rekursive Natur von strukturierten Anweisungen auszudrücken.

Die geeignete Wahl von Namen ist ebenfalls von großer Bedeutung und kann die Bedeutung eines Programms entweder verdeutlichen oder verschleiern. Aus langer praktischer Erfahrung empfehlen wir

- *Verben* (imperativ) für gewöhnliche Prozeduren, zum Beispiel *Insert*, *Delete*, *Search* oder *Schedule*.
- *Substantive* für Variablen (ausgenommen Variablen vom Typ BOOLEAN), zum Beispiel *time*, *queue*, *event*.
- *Adjektive* für boolesche Variablen und Funktionsprozeduren, zum Beispiel *empty*, *full*.
- *Substantive* für Funktionsprozeduren, zum Beispiel *Length* oder *Base*.
- *Substantive* (Einzahl) für Module, die eine abstrakte Datenstruktur exportieren, zum Beispiel *Out*, *Calendar*.
- *Substantive* (Mehrzahl) für Module, die einen abstrakten Datentyp exportieren, zum Beispiel *Paths*, *Texts* und *Files*. Beachten Sie, daß sich der Name für den (Haupt-) Typ normalerweise aus der Einzahl des Modulnamens ergibt, zum Beispiel *Paths.Path*, *Texts.Text* oder *Files.File*.

Es empfiehlt sich, Namen nicht zu verschlüsseln – im Zweifelsfall sollte der längere Name gewählt werden. Dies gilt allerdings nicht unbedingt für lokale Variablen in kleinen Prozeduren, wo lange Namen keinen anderen Zweck erfüllen, als die Verbosität des Programms zu erhöhen. Strenge Regeln können aber gutes Sprachgefühl auch hier nicht ersetzen.

10.6 Zusammenfassung

Dieses Kapitel führte die saubere Benutzung von Datenstrukturen, Prozeduren und Modulen in Programmen ein: Im speziellen ging es um

1) das Programmieren im Großen;
2) die Rolle von Prozeduren und Modulen bei der Programmstrukturierung;
3) das Verbergen von Daten und die Konzepte der *abstrakten Datenstruktur* und des *abstrakten Datentyps*.

Die angewendete Methode ist *schrittweise Verfeinerung* und *Datenabstraktion*. Dabei beginnt die Formulierung des Programms auf einer hohen Abstraktionsebene unter Benutzung von Oberon-ähnlichem Pseudocode, der in darauffolgenden Schritten mehr und mehr verfeinert wird. Die Prozedur ist dabei ein besonders nützliches Strukturierungsmittel: Beschreibungen in Prosa werden durch Prozeduraufrufe ersetzt. Die korrespondierende Prozedur wird später ausformuliert.

Eines der mächtigsten Werkzeuge ist *Abstraktion*: *Verbergen von Details*. Wenn ein Programmierer einen Prozeduraufruf anstelle der entsprechenden Anweisungsfolge hinschreibt, praktiziert er Abstraktion. Die Fähigkeit eines Moduls, Deklarationen selektiv zu exportieren, während andere versteckt bleiben, stellt noch wichtigere Konzepte zur Verfügung: die *abstrakte Datenstruktur* und den *abstrakten Datentyp*.

Eine abstrakte Datenstruktur ist in einem Modul verborgen und nur über Prozeduren zugreifbar. Im Fall des abstrakten Datentyps kann der Benutzer mehrere Instanzen deklarieren, von denen jede einzelne eine versteckte (und daher abstrakte) Datenstruktur darstellt.

Die Vorteile der Datenabstraktion sind Einfachheit der Schnittstellen sowie Sicherheit und Freiheit der Implementierung. Ein potentieller Nachteil ist ein Verlust an Funktionalität, die ansonsten den Klienten zur Verfügung stünde.

Dieses Kapitel schloß mit weiteren Beispielen für abstrakte Datenstrukturen und abstrakte Datentypen und mit Empfehlungen für die textuelle Strukturierung von Programmen und der Benennung von Objekten.

10.7 Übungen

Ü 10.1 **[Stapel]** Implementieren Sie ein Modul *Stacks*, das den abstrakten Datentyp *Stack* (Stapel) exportiert:

```
DEFINITION Stacks;
TYPE
   Data = INTEGER;
   Stack = RECORD END;
PROCEDURE Push(s: Stack; i: Data);
PROCEDURE Pop(s: Stack): Data;
PROCEDURE Empty(s: Stack): BOOLEAN;
PROCEDURE Open(s: Stack)
END Stacks.
```

Ein Stapel ist ein Behälter für Datenelemente. Ein Element *i* wird durch die Operation *Push* auf den Stapel gelegt. Das zuletzt gestapelte Element wird durch *Pop* wieder entfernt. *Empty* gibt an, ob der Stapel leer ist, und ein neuer Stapel wird durch einen Aufruf von *Open* erzeugt.

Was geschieht nun, wenn *Pop* mit einen leeren Stapel aufgerufen wird? Zwei Lösungen drängen sich auf: (1) ein spezieller Wert *undefined* wird zurückgegeben (z.B. MIN(INTEGER)) oder (2) das Programm wird vorzeitig beendet (HALT). Diskutieren Sie Vor- und Nachteile beider Lösungen.

Implementieren Sie zwei Varianten: eine basierend auf Listen und eine andere auf Arrays. Wie wird im zweiten Fall mit Array-Überlauf umgegangen?

Implementieren Sie ein Modul *UseStack* mit den Kommandos *New*, *Push* und *Pop*. *Push* liest eine ganze Zahl vom Eingabestrom und legt sie auf den Stapel, *Pop* holt eine Zahl vom Stapel und schreibt sie auf den Ausgabestrom.

Ü 10.2 **[Mittelwert und Varianz]** In Simulationen trifft man oft auf *Sequenzen von aufeinanderfolgenden Beobachtungen,* die durch reelle Zahlen $\{x_i : i = 1, 2, 3, ... n\}$ ausgedrückt sind.

Von Interesse sind das arithmetische Mittel und die Varianz, die durch die Formeln (1) und (2) definiert sind:

$$\overline{X}_n = (1/n)\sum_{i=1}^{n} x_i, \qquad S_n^2 = \frac{1}{n-1}\sum_{i=1}^{n}(x_i - \overline{X}_n)^2, \quad \text{für } n > 1 \qquad (1,2)$$

Die Beobachtungen x_i erfolgen einzeln, während die Simulation fortschreitet. Glücklicherweise kann man den Mittelwert und die Varianz *mit einer Rekursionsformel berechnen*, also ohne die gesamte Folge zu speichern:

$$S_n^2 = S_{n-1}^2\left(\frac{n-2}{n-1}\right) + \frac{(x_n - \overline{X}_{n-1})^2}{n}, \qquad \text{für } n > 1 \qquad (3)$$

$$\overline{X}_n = \overline{X}_{n-1} + (x_n - \overline{X}_{n-1})/n, \qquad \text{für } n \geq 1 \qquad (4)$$

Beachten Sie, daß die Berechnung der Varianz mittels (2) vermieden werden sollte; die Differenz von großen, aber fast gleichen Zahlen kann zu Verlust an Genauigkeit führen (Auslöschung). Neben den Annehmlichkeiten der Berechnung »im vorbeigehen« sind (3) und (4) frei von solchen numerischen Instabilitäten.

Schreiben Sie ein Modul *Sequences*, das einen abstrakten Datentyp namens *Sequence* exportiert. Eine Instanz von *Sequence* wird benutzt, um Mittelwert und Varianz einer Folge von Beobachtungen zu ermitteln. Das Modul *Sequences* hat folgende Schnittstelle:

```
DEFINITION Sequences;
TYPE  Sequence = RECORD  END;
PROCEDURE Init(VAR s: Sequence);
PROCEDURE Add(VAR s: Sequence; x: REAL);
PROCEDURE Mean(s: Sequence): REAL;
PROCEDURE Var(s: Sequence): REAL;
END Sequences.
```

Warum werden die Felder *X*, *S2* und *n* nicht exportiert? Die Prozeduren *Mean* und *Var* sind eher trivial. Wozu sind sie nötig?

Ü 10.3 [**Pfadverteilung**] Ändern Sie das Modul *Paths* so, daß zusätzlich zum Mittelwert die *Pfadverteilung* berechnet wird. Die Pfadverteilung ist eine Funktion $P(n)$, die angibt, wie hoch die Wahrscheinlichkeit ist, daß der Pfad im Zustand n ist:

$P(n) = T(n)/T$

mit

$T(n)$ = kumulierte Zeit, die der Pfad im Zustand n verbringt.
T = Länge des Simulationslaufs.

Benutzen Sie ein Array T zum Sammeln von $T(n)$. Ist der Index begrenzt? Stellen Sie sicher, daß keine Indexüberschreitung auftreten kann.

Fügen Sie der Prozedur *Open* einen Parameter *max* hinzu, der den maximalen Wert von n angibt. Erweitern Sie das Modul *Paths* außerdem um eine Prozedur *Distr*, die $P(n)$ berechnet.

Ü10.4 [**Simulation von Doppelschlangen**] Implementieren Sie unter Verwendung der Module *Calendar* und *Paths* ein Modul *Tandem*, das zwei aufeinanderfolgende Warteschlangen simuliert. Die Funktionsweise ist wie folgt: Ein ankommender Kunde stellt sich in die erste Schlange. Nachdem er bedient wurde, stellt er sich sofort in die nächste – wenn er auch dort bedient wurde, verläßt er das System. Alle Zufallszahlen sind exponentialverteilt. Benutzen Sie die folgenden Konstanten und globalen Variablen:

```
CONST
   arrival = 0;           (* Ankunft *)
   departure1 = 1;        (* Verlassen von Schlange 1 *)
   departure2 = 2;        (* Verlassen von Schlange 2 *)
VAR
   event: Calendar.Event;
   time: REAL;            (* Simulationszeit *)
   q1, q2: Paths.Path;    (* Zustand der Schlangen,
                                         Statistiken *)
   lambda: REAL;          (* Ankunftsrate *)
   s1: REAL;              (* mittlere Bedienzeit 1 *)
   s2: REAL;              (* mittlere Bedienzeit 2 *)
```

Hinweis: Der Parameter der Exponentialverteilung ist der Kehrwert der mittleren Bedienzeit.

Ü10.5 [**Dateien**] Unterstützen Sie das Telefonverzeichnis aus Übung 8.7 durch eine Datei. Das Kommando *Open* nimmt einen Namen als Parameter. Wenn eine Datei mit diesem Namen existiert, initialisiert *Open* das Verzeichnis mit dieser Datei, ansonsten öffnet es ein leeres Verzeichnis.

Fügen Sie ein Kommando *Store* hinzu, um ein (neues oder geändertes) Verzeichnis auf Platte zu speichern. Behalten Sie die alte Datei als Sicherung. *Hinweis*: Geben Sie zuerst der Datei mittels *Rename* einen Backup-Namen (Übung 8.3). Erzeugen Sie dann eine neue Datei mit dem Originalnamen, schreiben Sie das Verzeichnis in diese Datei und registrieren Sie die neue Datei.

Referenzen

Dahl O. J., Dijkstra E. W. und Hoare C. A. R. (1972). *Structured Programming*. New York: Academic Press.

Wirth N. (1971). Program developement by stepwise refinement. *Communications of the ACM*, **14**, 221–7.

Wirth N. (1974). On the composition of well-structured programs,« *Computing Surveys*, **6**, 247–9.

Wirth N. (1976). *Algorithms + Data Structures = Programs*. Englewood Cliffs, N.J: Prentice Hall.

Teil III

Typerweiterung
Prozedurtypen
Objektorientierung

Übersicht

Heutzutage ist das Programmieren ein Handwerk, das sich dadurch auszeichnet, daß das Rad jeden Tag neu erfunden wird. Jeder erfahrene Programmierer hat schon Algorithmen für Bäume und Listen programmiert – aber nicht nur einmal, sondern immer wieder.

Warum gibt es diese Verschwendung in einer Zeit, in der Standardisierung von Komponenten und Methoden in anderen Bereichen, zum Beispiel der Hardwareentwicklung, so erfolgreich sind?

Die Antwort darauf ist nicht einfach. Aber einer der Hauptgründe liegt sicher darin, daß traditionelle Programmiersprachen ein Defizit aufweisen, wenn es darum geht, zusätzliche Daten oder Prozeduren an Services einer existierenden Objektbibliothek zu binden.

Die Entwicklung von Werkzeugen zur Kapselung von Standardmethoden in wiederverwendbaren Modulen ist Gegenstand aktueller Forschung. Die folgenden Kapitel diskutieren Oberons Antwort: *Typerweiterung*. So wie benutzerdefinierte Datentypen Pascal von seinem Vorgänger Algol unterschied und Datenabstraktion Modula-2 von Pascal, ist Typerweiterung der wichtigste Unterschied zwischen Oberon und seinem Vorgänger.

11 Typerweiterung und Prozedurtypen

Kapitel 9 zeigte, wie komplexe Datenstrukturen aus Knoten zusammengesetzt werden können, die Zeiger auf andere Knoten der Struktur enthalten. Ein Knoten ist eine (anonyme) Record-Variable – und als solches der *statische* Bestandteil der Struktur. Während dynamische Strukturen hinsichtlich der Verkettung ihrer Knoten beliebig komplex sein können, sind sie bezüglich des Knotentyps *homogen*. Das ist eine schwerwiegende Einschränkung, die durch *Typerweiterung* aufgehoben wird. Das Konzept der Typerweiterung ist im Prinzip einfach: Von jedem existierenden Record-Typ können neue Typen abgeleitet werden, die zusätzliche Felder einführen, aber kompatibel zum Basistyp bleiben (Wirth, 1988).

In weiterer Folge wird das Konzept der *Prozedurvariablen* eingeführt. In Kapitel 6 wurden Prozeduren als benannte Anweisungsfolgen definiert. Eine Prozedurdeklaration ist in gewisser Weise wie eine Konstantendeklaration – eine feste Beziehung zwischen Name und Wert wird hergestellt. Es ist nicht schwer, sich das Konzept einer Prozedurvariablen vorzustellen, deren Wert eine Anweisungsfolge ist. Der Typ einer solchen Variablen, der *Prozedurtyp*, wird durch die Parameterliste der Prozedur spezifiziert.

Typerweiterung und Prozedurvariablen haben eines gemeinsam: sie erlauben den Entwurf von Service-Modulen, die gewisse Punkte offenlassen. Die fehlenden Teile – also Datenfelder oder spezielle Aktionen – werden erst später im Klientenmodul eingesetzt. Typerweiterung und Prozedurvariablen erlauben verzögertes Einfügen von Datenfeldern beziehungsweise Aktionen.

Record-Erweiterung

Für ein einführendes Beispiel zur Typerweiterung wird nochmals die Deklaration des Listenknotens aus Abschnitt 9.2.1 aufgegriffen.

```
TYPE
   Node = POINTER TO NodeDesc;
   NodeDesc = RECORD
      key: Key;
      next: Node
   END;
```

Eine Liste bestehend aus solchen Elementen kann als *Verzeichnis* (directory) dienen, wobei der Schlüssel den Namen von Personen angibt. Anstatt zusätzliche Felder, zum Beispiel die Telefonnummer, direkt im Knoten anzugeben, kann man den Typ *Node* anderswo erweitern. Die Deklaration eines solchen erweiterten Typ sieht folgendermaßen aus:

```
TYPE
   Entry = POINTER TO EntryDesc;
   EntryDesc = RECORD (NodeDesc)
      phone: ARRAY 16 OF CHAR
   END;
```

Eine Variable vom Typ *Entry* besteht aus drei Feldern: *key*, *next* und *phone*. Das Feld *phone* ist direkt deklariert, wohingegen die Felder *key* und *next* vom Typ *NodeDesc* geerbt sind. Der Typ *NodeDesc* heißt Basistyp von *EntryDesc*, und dieser wird Erweiterung von *NodeDesc* genannt. Der Basistyp wird in runden Klammern hinter dem reservierten Wort RECORD angegeben.

Es ist essentiell, daß der *erweiterte Typ kompatibel zum Basistyp bleibt*. Nehmen Sie an, *base* sei ein Zeiger vom Typ *Node* und *ext* vom Typ *Entry*. Kompatibilität bedeutet, daß eine Zuweisung der Art *base* := *ext* möglich ist. Wichtiger noch, das Konzept des Typs wird dadurch dynamisch. Das bedeutet, daß sich der Zeiger *base* nach der Zuweisung an den Typ von *ext* »erinnert«. Mehr dazu später in diesem Kapitel.

Abbildung 11.1
Hinzufügen von Datenfeldern in einem Klientenmodul

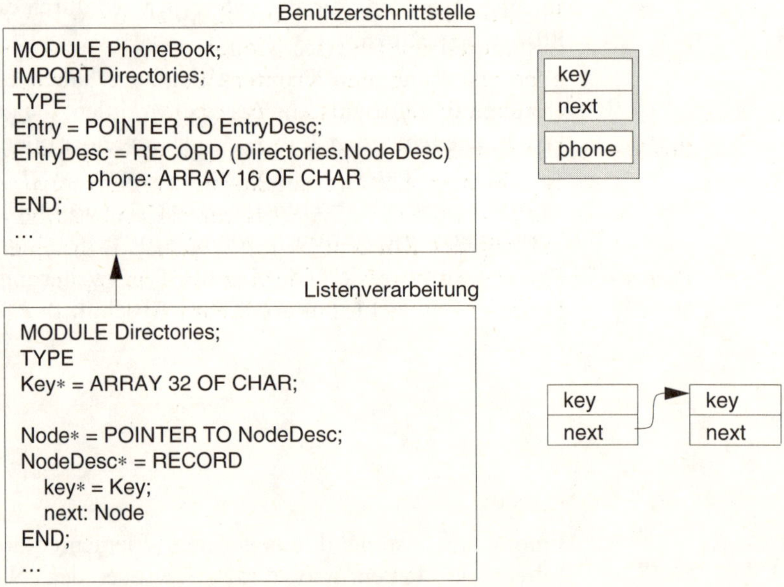

Die Typerweiterung entfaltet ihre volle Ausdruckskraft, wenn Basistyp und Erweiterung in verschiedenen Modulen deklariert sind. Nehmen Sie zum Beispiel an, das Modul *Directories* implementiere die Funktionen zum Durchsuchen und Ändern des Verzeichnisses. *PhoneBook* sei ein Klientenmodul, das Telefonnummern für gegebene Namen liefert. Die Aufgabe ist damit in zwei unabhängige Teile zerlegt. Das Modul *Directories* arbeitet auf einer dynamischen Datenstruktur, wohingegen der Klient, in diesem Beispiel das Modul *PhoneBook*, den anwendungsspezifischen Teil implementiert, im speziellen die Benutzeroberfläche. Das befreit das Service-Modul von allen anwendungsbezogenen Details – es bedient eine ganze Klasse von Verzeichnisdiensten – und kann mit gutem Recht als *generisches Modul* bezeichnet werden (siehe Abbildung 11.1).

Prozedurtypen

Ebenso wie Typerweiterung helfen Prozedurtypen, ein Service-Modul von seinen Klienten zu entkoppeln. Ein gutes Beispiel bieten numerische Prozeduren zum Finden der Nullstellen von Funktionen, zum Integrieren oder zum Lösen von Differentialgleichungen. Betrachten Sie eine Funktion *Bisection*, welche die Lösung der Gleichung f(x) = 0 findet. Anstatt die Funktion durch einen globalen Namen *f* zu übergeben, kann, wie in den folgenden Deklarationen gezeigt wird, ein Formalparamter mit Prozedurtyp benutzt werden:

```
TYPE RealFunct = PROCEDURE (x: Real): REAL;
PROCEDURE Bisection(f: RealFunct; x1, x2: REAL): REAL;
```

Ebenso wie im Directory-Beispiel kann die Prozedur *Bisection* Bestandteil eines Service-Moduls sein. Die untersuchte Funktion *f* wird aber erst in jenem Klientenmodul zur Verfügung gestellt, das die Berechnung der Nullstelle benötigt.

Objekte

Die einführenden Beispiele zeigen, wie Typerweiterung und Prozedurvariablen benutzt werden können, um das Konzept eines *generischen Moduls* zu realisieren. Aus ihrer Kombination folgt aber ein noch mächtigeres Konzept – das *Objekt.*[1] Dabei handelt es sich um ein Record mit Prozedurfeldern, die als Instanz eines abstrakten Datentyps betrachtet werden können. Mehr darüber in den Kapiteln 12 und 13.

1 Im Sinn der objektorientierten Programmierung.

11.1 Erweiterung von Record-Typen

11.1.1 Deklaration eines erweiterten Typs

In Oberon sind Record-Typen erweiterbar. Die in Abschnitt 8.3.1 angegebene Syntax muß deshalb erweitert werden; die fettgedruckten Teile sind hinzugefügt:

```
RecordType = "RECORD" [ "(" BaseType ")" ] FieldListSequence
"END".
BaseType = qualident.
FieldListSequence = FieldList { ";" FieldList }.
FieldList = [ IdentList ":" type ].
IdentList = ident ["*"] { "," ident ["*"] }.
```

Wenn eine Record-Definition einen Typ *T* erweitert, dann heißt *T* *Basistyp* und erscheint in runden Klammern nach dem Schlüsselwort RECORD. Der qualifizierte Name, der den Basistyp angibt, muß einen Record-Typ bezeichnen.

Die Felder der *FieldListSequence* werden *zu den Feldern des Basistyps hinzugefügt*. Eine Variable des erweiterten Typs besteht deshalb aus der Vereinigung der Felder des Basistyps und der neu hinzugefügten Felder. Man sagt auch, die Felder des Basistyps sind *geerbt*.

Typerweiterungen können kaskadiert werden. Betrachten Sie das folgende Beispiel der Typdeklarationen *T*0, *T*1 und *T*2. *T*0 ist der bekannte Listenknoten, dieses mal ohne *key* und *data*. *T*1 erweitert *T*0; das Feld *data* wird hinzugefügt. *T*2 erweitert wiederum *T*1 und fügt ein Feld *b* hinzu. Die Bilder rechts der Deklarationen enthalten eine schematische Darstellung der Felder *a* und *b*.

```
P0 = POINTER TO T0;
T0 = RECORD
   next: P0
END;
```

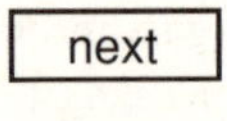


```
T1 = RECORD (T0)
   a: Data1
END;
```

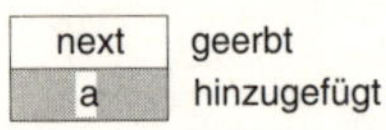


```
T2 = RECORD (T1)
   b: Data2
END;
```

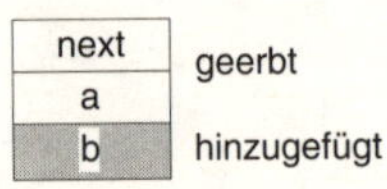

Sowohl *T*1 als auch *T*2 sind Erweiterungen von *T*0. *T*1 heißt *direkte Erweiterung*. Ebenso ist *T*2 eine direkte Erweiterung von *T*1. Analog dazu sind *T*1 und *T*0 Basistypen von *T*2. *T*1 ist ein direkter Basistyp von *T*2, und *T*0 ist ein direkter Basistyp von *T*1.

Ein erweiterter Typ kann als *Spezialisierung* seines Basistyps aufgefaßt werden. Der speziellere Typ repräsentiert jene Instanzen, die zusätzliche Attribute, ausgedrückt durch zusätzliche Felder, aufweisen.

Typischerweise werden Erweiterungen in anderen Modulen deklariert als der Basistyp. In diesem Fall wird der Basistyp durch einen qualifizierten Namen bezeichnet. Nur die öffentlichen Felder des Basistyps sind im Klientenmodul sichtbar.

Es ist praktisch, die Beziehung »*T*1 erweitert *T*0« als transitiv zu definieren. Anders ausgedrückt, *T*1 erweitert *T*0, wenn es entweder gleich *T*0 ist oder eine direkte Erweiterung einer Erweiterung von *T*0.

11.1.2 Feldbezeichner und Record-Zuweisungen

Alle Felder einer Record-Variablen eines erweiterten Typs können wie üblich angesprochen werden. Betrachten Sie

```
VAR  x0, y0: T0;  x1, y1: T1;  x2, y2: T2;
```

Dann sind

```
x2.next  x2.a  x2.b
```

Bezeichner, die sich auf die drei Record-Felder der Variablen *x*2 beziehen. Analog dazu bezeichnen *x*1.*next* und *x*1.*a* die Felder von *x*1. Die Variable *x*0 hat nur das eine Feld *x*0.*next*.

Was ist mit den Zuweisungen? Die Essenz einer streng typisierten Sprache ist, daß der Typ auf der rechten Seite von »:=« *zuweisungskompatibel* (siehe Tabelle 4.3) mit dem Typ des Bezeichners auf der linken Seite ist. Der Compiler überprüft die Einhaltung dieser Regel auch über Modulgrenzen hinweg.

Kann ein Basistyp kompatibel zu seiner Erweiterung sein oder umgekehrt? Betrachten Sie die Zuweisung *y*2 := *x*2; beide Variablen sind vom selben Typ (Abbildung 11.2).

Abbildung 11.2 *Zuweisungen von Records mit identischem Typ*

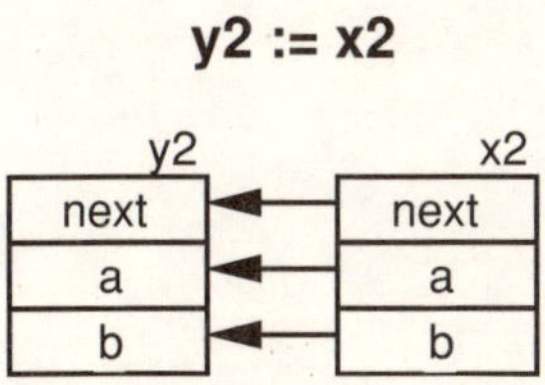

Die Zuweisung ist gleichbedeutend zur elementweisen Zuweisung der Felder

```
y2.next := x2.next;
y2.a := x2.a ;
y2.b := x2.b;
```

die alle notwendig sind, um die Vorbedingung *P* in

```
(* P *) y2 := x2 (* R *)
```

als Prädikat *R* zu etablieren, wobei alle Vorkommen von *y*2 durch *x*2 ersetzt sind.

Lassen Sie uns nun den Fall *y*1 := *x*2 betrachten, wobei der Typ *T*2 von *x*2 den Typ *T*1 von *y*1 erweitert. Abbildung 11.3 veranschaulicht diese Zuweisung

Abbildung 11.3 *Zuweisung eines erweiterten Records an einen vom Basistyp*

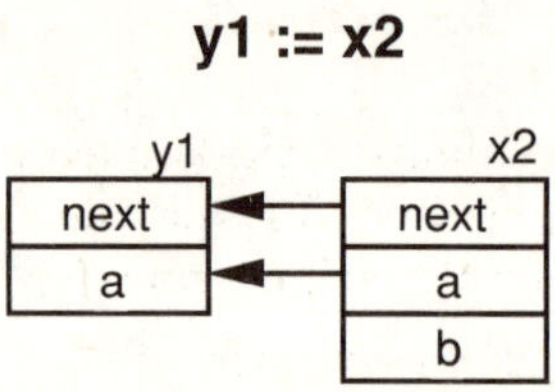

Diese Zuweisung kann definiert werden als

```
y1.next := x2.next;
y1.a := x2.a;
```

*Nur jene Felder, die im Typ T*1 *enthalten sind, werden zugewiesen. T*1 ist ein Basistyp von *T*2; das heißt *x*2 ist nicht nur eine Instanz von *T*2, sondern hat auch alle Eigenschaften von *T*1. Deswegen ist gewährleistet, daß alle Felder von *T*1 zugewiesen werden können.

Projektion

Diese Definition hat eine Entsprechung in der Mathematik: die Projektion eines höher-dimensionalen Vektors auf einen niedriger-dimensionalen, die in Abbildung 11.4 dargestellt ist. Unter Benutzung dieser Analogie nennt man die Zuweisung eine Projektion von Typ *T*2 auf Typ *T*1.

Abbildung 11.4 *Projektion*

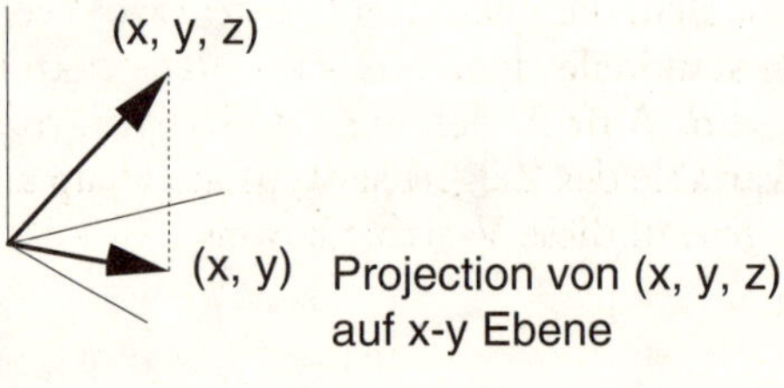

Stellen Sie sich schließlich noch den umgekehrten Fall vor, *y*2 := *x*1. Der Typ des Ziels der Zuweisung erweitert den Typ der zugewiesenen Variablen. Abbildung 11.5 zeigt, daß nicht genug Information vorhanden ist, um *y*2 eindeutig zu spezifizieren. Eine solche Zuweisung ist in Oberon *nicht erlaubt*. Der Versuch einer künstlichen Definition, zum Beispiel »Feld *b* bleibt unverändert«, stimmt nicht mit dem Zuweisungsaxiom überein.

Abbildung 11.5 *Unzulässige Zuweisung eines Records an einen erweiterten Typ*

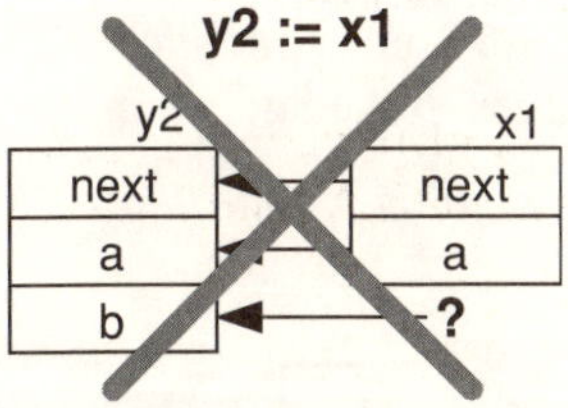

Typkompatibilität, Var-Parameter

Die modifizierten Kompatibilitätsregeln können nun zusammengefaßt werden. Typ *T*2 ist kompatibel mit *T*1; d.h. die Zuweisung eines Ausdrucks vom Typ *T*2 an einen Bezeichner vom Typ *T*1 ist möglich, falls

1) *T*2 eine Erweiterung von *T*1 ist, oder

2) *T*2 in *T*1 enthalten ist (wie zum Beispiel INTEGER in REAL).

Beachten Sie, daß (1) die Fälle einschließt, daß *T*2 und *T*1 identisch sind oder *T*2 als gleich *T*1 deklariert ist.

Die Typregel für Var-Parameter wird abgeschwächt: Der Typ des Aktualparameters kann eine Erweiterung des Typs des formalen Var-Parameters sein. Zum Beispiel kann eine Prozedur

```
PROCEDURE Proc(VAR t0: T0);
```

als *Proc*(*x*2) aufgerufen werden, mit *x*2:*T*2.

11.2 Zeiger, Typzusicherung und Typtest

11.2.1 Erweiterung von Zeigertypen

Record-Variablen, die über Zeiger zugegriffen werden, sind die grundlegenden Bestandteile dynamischer Datenstrukturen. Abschnitt 9.1.2 zeigt, wie ein Aufruf der vordefinierten Prozedur NEW(*p*) eine anonyme Variable des Zeigerbasistyps am Heap anlegt und gleichzeitig *p* einen Zeiger auf diese Variable zuweist.

Derselbe Mechanismus wird angewendet, wenn *p* an einen erweiterten Record-Typ gebunden ist. Betrachten Sie die Typdeklarationen

```
P0 = POINTER TO T0;     | P1 = POINTER TO T1;    | P2 = POINTER TO T2;
T0 = RECORD             | T1 = RECORD (T0)       | T2 = RECORD (T1)
        next: P0        |         a: Data1       |         b: Data2
     END;               |      END;              |      END;
```

Abbildung 11.6 zeigt den Effekt von NEW(*p*2) mit *p*2: *P*2. Wie erwartet, wird eine Instanz von *T*2 einschließlich aller geerbten Felder, am Heap angelegt. Der Zeiger *p*2 zeigt nun auf die neue (anonyme) Instanz von *T*2.

Abbildung 11.6
Erzeugung einer Instanz eines erweiterten Typs

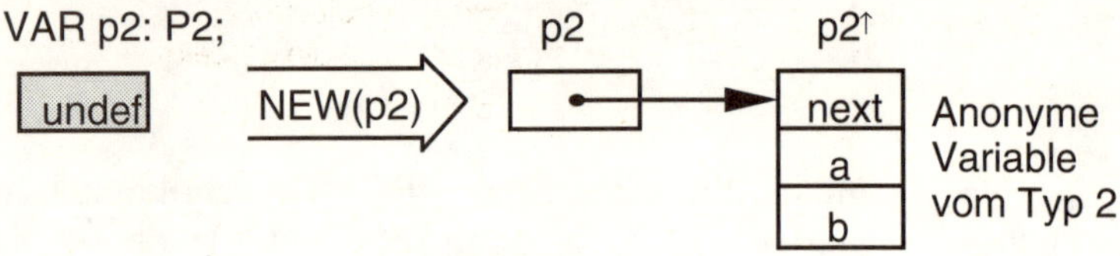

Ein Zeiger ist an seinen Zeiger-Basistyp gebunden. Programmierer betrachten häufig den Zeiger und die damit bezeichnete Record-Variable als synonym. Das wird durch die implizite Dereferenzierung in Oberon noch unterstützt. Erinnern Sie sich daran, daß implizite Dereferenzierung gestattet, *p*2↑.*b* als *p*2.*b* abzukürzen. Es ist deshalb angebracht, das Konzept der Typerweiterung auch auf Zeiger anzuwenden. Betrachten Sie wieder die vorherigen Deklarationen, im speziellen

- *P*0 ist ein Zeigertyp mit Basistyp *T*0;
- *P*1 ist ein Zeigertyp mit Basistyp *T*1;
- *T*1 erweitert *T*0.

In diesem Fall sagt man, der Zeigertyp *P*1 erweitert *P*0.

Erweiterung von Zeigertypen, Definition

Allgemein gilt, ein Zeigertyp *P*1 erweitert einen Zeigertyp *P*0, falls sein Basistyp *T*1 den Basistyp *T*0 von *P*0 erweitert. Wie bei Records sagt man, *P*1 ist eine (direkte) Erweiterung von *P*0, und *P*0 ist ein (direkter) Basistyp[1] von *P*1.

1 Beachten Sie den Unterschied zwischen Zeigerbasistyp und Basistyp im Sinn der Typerweiterung.

11.2.2 Statischer und dynamischer Typ, Typzusicherung, Typtest

Die Kompatibilitätsregel für Record-Zuweisung wird auch auf Zeiger übertragen: Ein Zeiger vom Typ *P*1 kann einem Zeiger vom Typ *P*0 zugewiesen werden, falls *P*1 eine Erweiterung von *P*0 ist.

Abbildung 11.7 Zuweisung von Zeigern verschiedener Typen

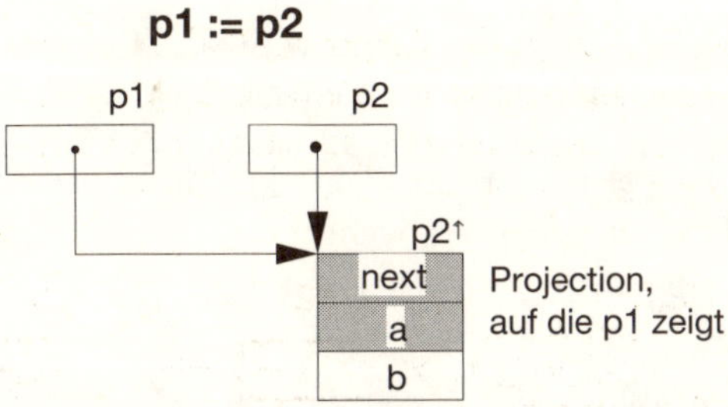

Sei *p*1: *P*1 und *p*2: *P*2 entsprechend den Typdeklarationen des letzten Abschnitts. Die Auswirkung der Zuweisung *p*1 := *p*2 ist in Abbildung 11.7 dargestellt. Es wird angenommen, daß bereits vorher eine Instanz des Typs T2 erzeugt wurde. Nach der Zuweisung erlauben beide Zeiger Zugriff auf dieselbe anonyme Variable *p2*↑. Da *p*1 aber vom Typ *P*1 ist, liefert dieser Zeiger eine projizierte Sicht auf *p2*↑; das Feld *b* kann über *p*1 nicht angesprochen werden.

Wenn aber bekannt ist, daß *p*1 auf eine Variable vom Typ *T*2 zeigt, könnte Feld *b* eindeutig zugegriffen werden – wenn nur die Typregeln von einer statischen Sicht auf eine dynamische verallgemeinert wären, die den aktuellen Zustand der Berechnung berücksichtigt.

Dynamischer Typ

Oberon bietet eine solche Verallgemeinerung an. Nach der Zuweisung *p*1 := *p*2 hat *p*2 den *dynamischen Typ P*2 und auf das Feld *b* kann zugegriffen werden. Der dynamische Typ unterscheidet sich vom deklarierten oder *statischen Typ*, der immer noch *P*1 ist. Man muß aber sicherstellen, daß die Annahme, *p*1 sei von einem bestimmten dynamischen Typ, tatsächlich stimmt. Dies geschieht durch die *Typzusicherung* (type guard), ausgedrückt als

```
p1(P2)
```

Der erwartete dynamische Typ wird in runden Klammern unmittelbar hinter dem Zeigernamen angegeben. Mittels Typzusicherung sind folgende Zuweisungen zulässig:

```
y2 := p1(P2)↑;  d2 := p1(P2).b;
```

mit *y2*: *T2* und *d2*: *Data2*. Die Typzusicherung garantiert, daß der aktuelle Wert von *p1*↑ vom Typ *T2* ist. Wird während der Programmausführung eine Typzusicherung verletzt, so liegt ein Fehler vor, und das *Programm bricht vorzeitig ab*.

Verallgemeinerte Bezeichner

Die Syntax der Bezeichner kann nun in ihrer vollen Allgemeinheit angegeben werden:

```
designator = qualident {"." ident| "[" ExpList "]"
                      | "(" qualident ")" | "↑"}.
ExpList = expression {"," expression}.
```

Die Typzusicherung ist fett gedruckt. Ein »bewachter« Bezeichner der Form *v*(*T*) ist nur zulässig, wenn

1) *T* den deklarierten (oder *statischen*) Typ der Variablen *v* erweitert und
2) die Variable *v* ein Zeiger (ungleich NIL) oder ein formaler Var-Parameter mit Record-Typ ist.

Typtest

Die Benutzung von erweiterten Record-Typen kommt nur dann voll zum Tragen, wenn der dynamische Typ von Variablen auch getestet werden kann. Der relationale Operator »IS« führt diesen Test durch:

```
v IS T
```

ist erfüllt, wenn der tatsächliche (oder dynamische) Typ von *v* eine Erweiterung von *T* ist, also entweder gleich *T* oder eine direkte Erweiterung einer Erweiterung von *T*. Die Variable *v* und der Typ *T* müssen dieselben zwei Bedingungen erfüllen wie vorhin für die Typzusicherung *v*(*T*) angegeben. Bei *v* = NIL ist das Ergebnis des Typtests undefiniert.

Betrachten Sie zum Beispiel

```
VAR  p0: T0;  p1: T1;  p2: T2;
...
NEW(p1);  p0 := p1;
```

mit *T0* und *T2* wie in Abschnitt 11.2.1. Dann gilt folgendes:

(p0 IS P0) = TRUE   (p0 IS P1) = TRUE   (p0 IS P2) = FALSE.

Wenn nicht von vornherein garantiert werden kann, daß eine Typzusicherung erfüllt ist, muß die bewachte Variable innerhalb einer If-Anweisung stehen. Nehmen Sie zum Beispiel die vorherige Anweisungsfolge *y2* := *p1*(*P2*)↑; *d2* := *p1*(*P2*).*b*; Wenn es nicht sicher ist, daß *p1* vom dynamischen Typ *P2* ist, muß mittels Typtest eine Fallunterscheidung programmiert werden

```
IF p1 IS P2 THEN
   y2 := p1(P2)↑; d2 := p1(P2).b
ELSE ...
END
```

11.2.3 Die With-Anweisung, regionale Typzusicherung

Häufig kommt die gleiche Typzusicherung in einer Anweisungsfolge mehrfach vor. Um die Klarheit des Programms zu erhöhen und Schreibarbeit zu sparen, ist eine Typzusicherung über einen größeren textuellen Bereich wünschenswert. Die With-Anweisung stellt eine solche *regionale Typzusicherung* dar. Obiges Beispiel kann damit so ausgedrückt werden:

```
IF p1 IS P2 THEN
   WITH p1: P2 DO
      y2 := p1↑; d2 := p1.b
   END
ELSE ...
END;
```

Die Syntax der With-Anweisung lautet:

```
WithStatement = "WITH" guard "DO" StatementSequence "END".
guard = qualident ":" qualident.
```

In einer Anweisung

WITH v: T DO S_1; S_2; ... S_n END

ist *v* eine Variable und *T* ein Typ, für die dieselben Regeln gelten wie für die Typzusicherung in Abschnitt 11.2.2 beschrieben. Innerhalb der Anweisungsfolge wird *v* so betrachtet, als wäre es vom Typ *T* deklariert worden.

Varianten-Records Programmiersprachen wie Pascal oder Modula-2 stellen spezielle Konstrukte für *Records mit varianten Bestandteilen* zur Verfügung. In Oberon werden Varianten-Records durch Typerweiterung ausgedrückt. Der vielstrapazierte Personen-Record soll ein letztes Mal als Beispiel dienen:

```
TYPE
   Person = RECORD
      first, last: Name;
      idno: INTEGER;
      birth: Date
   END

   Pilot = RECORD (Person)
```

```
      hoursInFlight: INTEGER;
   END;
   Clerk = RECORD (Person)
      jobCode: INTEGER
   END;
```

Zwei Varianten – das heißt Erweiterungen, oder anders gesagt Spezialisierungen – von *Person*, nämlich *Pilot* und *Clerk*, wurden definiert. In einer Prozedur zur Verarbeitung von Personen-Records kann mittels Typtest zwischen den Varianten unterschieden werden, zum Beispiel

```
PROCEDURE ProcessPerson(VAR p: Person);
BEGIN
   ... (* verarbeite gemeinsame Felder:first,last,idno und birth *)
   IF p IS Pilot THEN
      WITH p: Pilot DO
         ... (* verarbeite pilotenspezifische Daten *)
      END
   ELSIF p IS Clerk THEN
      WITH p: Clerk DO
         ... (* verarbeite beamtenspezifische Daten)
      END
   END
END ProcessPerson;
```

Beachten Sie, daß der formale Parameter der Prozedur *ProcessPerson* ein Var-Parameter sein muß, da sonst der Typtest nicht zulässig wäre.

11.3 Prozedurtypen

11.3.1 Der Prozedurtyp und Prozedurvariablen

Bisher wurden Prozeduren ausschließlich als benannte Anweisungsfolgen betrachtet. Sie geben Aktionen an, die auf Variablen (einschließlich Parametern) ausgeführt werden sollen. Man kann Prozeduren aber auch als Objekte betrachten, die einer Variablen zugewiesen werden können. So gesehen erscheint eine Prozedurdeklaration als spezielle Art einer Konstantendeklaration, wobei der Wert der Konstanten eine Anweisungsfolge und ein Parametermechanismus ist, zum Beispiel

```
CONST white = 0;
PROCEDURE Init;
BEGIN
   NEW(list);  list.next := NIL
END Init.
```

Die erste Deklaration bindet den Namen *white* an die Zahl 0. Die zweite Deklaration assoziiert *Init* mit der Anweisungsfolge NEW(*list*); *list.next* := NIL.

Wenn zusätzlich zu Prozedurkonstanten auch Prozedurvariablen eingeführt werden sollen, muß es möglich sein, Typen zu deklarieren, deren Instanzen Prozeduren sind. Sie heißen *Prozedurtypen*. Die Deklaration eines Prozedurtyps legt die Anzahl und Typen der Formalparameter und, im Fall von Funktionsprozeduren, den Ergebnistyp fest.

Betrachten Sie die Beispiele

```
RealFunct = PROCEDURE (x: REAL): REAL;
Quadratic = PROCEDURE (a, b, c, x: REAL): REAL;
Handler = PROCEDURE (obj: Object; VAR msg: Message);
```

Die Namen der Formalparameter in der Prozedurtyp-Deklaration sind *Dummy-Namen* – sie dienen nur als Merkhilfe für den Zweck der Parameter. Nur ihr Typ zählt wirklich.

Die Syntax der Prozedurtyp-Deklaration lautet:

```
ProcedureType = PROCEDURE [ FormalParameters ].
```

Übereinstimmende Parameterlisten

Ein Prozedur kann einer Prozedurvariablen zugewiesen werden, wenn ihre *Formalparameterlisten übereinstimmen*; das heißt, wenn folgende drei Bedingungen erfüllt sind:

1) sie haben dieselbe Anzahl von Parametern;
2) sie haben denselben Ergebnistyp oder beide keinen;
3) korrespondierende Parameter haben denselben Typ und sind entweder beide Var- oder beide Wertparameter.

Kompatibilität von Prozedurvariablen folgt der üblichen Namensäquivalenzregel. Variablen eines Prozedurtyps können wie üblich deklariert werden, zum Beispiel

```
VAR
   f, g, trig: RealFunct;
   combinatorial: PROCEDURE (x: INTEGER): INTEGER;
   q: Quadratic;
   handleFigure: Handler;
```

11.3.2 Ausdrücke und Zuweisungen

Prozedurvariablen können auf *Gleichheit oder Ungleichheit verglichen werden*. Sie erhalten ihre Werte durch normale *Wertzuweisungen*. Letztendlich werden Werte, die an Prozedurvariablen zuweisbar sind, durch normale Prozedurdeklarationen eingeführt. Oberon fordert bei der Zuweisung *v* := *procId*, wobei *procId* ein Prozedurname ist, folgende Einschränkungen:

1) *procId* muß eine Prozedur bezeichnen, die weder lokal zu einer anderen Prozeduren ist, noch vordeklariert;
2) die Parameterliste von *procId* muß mit der des Typs von *v* übereinstimmen.

NIL Ein spezieller Wert, NIL, bedeutet vorzeitigen Programmabbruch. NIL ist mit allen Prozedurtypen kompatibel; das heißt, NIL kann jeder Prozedurvariablen zugewiesen und mit jeder verglichen werden. Typischerweise wird NIL dazu benutzt, um Prozedurvariablen zu initialisieren, bevor eine bestimmte Aktion festgelegt ist.

Betrachten Sie die Prozedurdeklarationen:

```
PROCEDURE Square(x: REAL): REAL;
BEGIN  RETURN x*x
END Square;

PROCEDURE Quadratic(a, b, c, x: REAL): REAL;
BEGIN  RETURN a*x*x + b*x + c
END Quadratic;
```

Die folgenden Zuweisungen sind in Bezug auf die vorherigen Deklarationen möglich:

```
f := Square;   g := f;   q := Quadratic;   handleText := NIL;
trig := Math.sin;
```

Die Zuweisung *f* := *q* ist jedoch nicht zulässig, weil die Typen der Variablen *f* und *q* nicht kompatibel sind.

11.3.3 Aufruf von Prozedurvariablen

Eine Prozedurvariable *kann aufgerufen werden*. Im Fall einer gewöhnlichen Prozedur ist der Aufruf eine Anweisung – im Fall einer Funktionsprozedur ein Faktor in einem Ausdruck. Enthält der Typ der Prozedurvariablen Formalparameter, so müssen Aktualparameter angegeben werden. Syntaktisch gesehen werden die Aktualparameter genauso hingeschrieben wie beim Aufruf von Prozedurkonstanten, nämlich

```
factor = designator ActualParameters.
ProcedureCall = designator [ActualParameters].
ActtualParameters = "(" [ ExpList ] ")".
ExpList = expression { "," expression}.
```

wobei *designator* für die Prozedurvariable steht. Der Aufruf einer Prozedurvariablen bindet die Aktualparameter an die Formalparameter und wertet die der Variablen zugeordnete Anweisungsfolge aus. Die Regeln für die Parameterübergabe sind genau gleich wie für den Aufruf von Prozedurkonstanten (siehe Kapitel 6). Beachten Sie, daß der Versuch, eine Prozedurvariable mit dem Wert NIL aufzurufen, das Programm vorzeitig abbricht.

Die in früheren Beispielen definierten Variablen können auf folgende Art aufgerufen werden:

```
y := f(x);      a := g(3.14);      s := q(1, 2, c, y);
```

Die Auswertung einer Funktionsprozedur ist durch eine (möglicherweise leere) Parameterliste gekennzeichnet.

11.3.4 Prozeduren als Parameter

Prozedurvariablen und -parameter befreien den Programmierer davon, die Prozedurdeklaration *vor* dem Aufruf anzugeben.

Ein gutes Beispiel sind numerische Prozeduren zum Finden von Nullstellen, Integrieren von Funktionen oder dem Lösen von Differentialgleichungen, zum Beispiel

```
PROCEDURE Bisection(f: RealFunct; x1, x2: REAL): REAL;
```

Wenn der einzige Grund, einen benannten Funktionstyp einzuführen, die Spezifikation eines Formalparameters ist, erlaubt Oberon die Abkürzung

```
PROCEDURE Bisection(f: PROCEDURE (x: REAL): REAL;
                                        x1, x2: REAL): REAL;
```

Die EBNF-Definition von *FormalType* wird deshalb erweitert zu

```
FormalType = { "ARRAY OF" } qualident | ProcedureType.
```

Der wichtige Vorteil aus der Benutzung einer Prozedur als Parameter ist der Umstand, daß *Bisection* Teil eines Service-Moduls ist, während die Deklaration der Funktion, deren Nullstelle gesucht wird, im Kontext des Klientenmoduls definiert ist.

Ein weiteres gutes Beispiel für die Verwendung eines Prozedurparameters ist das Traversieren von dynamischen Datenstrukturen, mit dem Zweck, eine bestimmte Prozedur *P* auf jeden Knoten anzuwenden. Betrachten Sie zum Beispiel die Prozedur *Enumerate* aus Abschnitt 9.2.1. Das Übergeben der Prozedur *P* als Parameter macht sie allgemein verwendbar – der Algorithmus zum Durchlaufen der Listenstruktur ist von der Bearbeitung der Knoten entkoppelt.

```
PROCEDURE Enumerate(first: Node; P: PROCEDURE (n: Node));
BEGIN
   WHILE first # NIL DO  P(first);  first := first.next  END
END Enumerate;
```

11.3.5 Up-Calls

Typischerweise stellt ein Modul eine Abstraktion zur Verfügung, und eine Programmieraufgabe ist in eine Hierarchie solcher Abstraktionen zerlegt. Ein Klientenmodul importiert ein Service-Modul und benutzt die exportierten Datenstrukturen und Prozeduren. Wenn zum Beispiel Zufallszahlen benötigt werden, wird Modul *RandomNumbers* importiert und *RandomNumbers.Uniform*() aufgerufen. Module, die in der Hierarchie höher stehen, benutzen Objekte von Modulen weiter unten.

Mit Hilfe von Prozedurvariablen kann diese Beziehung zwischen Service-Modul und Klient umgekehrt werden: Ein Modul kann eine Prozedur aufrufen, die weiter oben in der Hierarchie definiert ist. Ein solcher Aufruf heißt *Up-Call*[1]. Up-Calls werden zur objektorientierten Programmierung benötigt, eine Technik, die in den folgenden Kapiteln eingeführt wird.

An dieser Stelle wird das Prinzip des Up-Calls nur durch ein Beispiel erklärt. Eine Anwendung finden Sie in Abschnitt 12.4.3. Das Szenario ist ein Service-Modul *S*, das mit einer Prozedur *Generate* ein Objekt erzeugt. Um ein Objekt zu erzeugen, wird eine Prozedurvariable *new* aufgerufen. Der Wert dieser Variablen stammt von einer Zuweisung im Klientenmodul *C*. Daher wird mittels *new* eine Anweisungsfolge ausgeführt, die von Modul *S* nicht importiert wird.

```
      MODULE C;
      IMPORT S;
      ...
1) →  PROCEDURE New; ...END New;
      ...
      PROCEDURE Set*;
      BEGIN
2) →     S.new := New
      END Set;
      ...
      END C.

      MODULE S;
```

1 Anm. des Übersetzers: Die wörtliche Übersetzung von Up-Call ist Auf-Ruf; so gesehen müßte ein normaler Prozeduraufruf (Down-Call) mit Ab-Ruf übersetzt werden. Das ist aber nicht üblich.

```
3) →   VAR new*: PROCEDURE;
       ...
       PROCEDURE Generate*;
       BEGIN
         ...
4) →     new;
         ...
       END Generate;
       ...
       END S.
```

Anmerkungen

1) Die Prozedur *New* wird deklariert. Es wird angenommen, daß sie ein bestimmtes Objekt erzeugt.
2) Innerhalb der Anweisungsfolge des Kommandos *Set* wird die Prozedur *New* der Prozedurvariablen *S.new* zugewiesen. Das ist eine Zuweisung an eine globale Variable exportiert von *S*.
3) Hier wird *new* als globale, von Modul *S* exportierte Prozedurvariable deklariert.
4) Die Prozedur *Generate* ruft *new* auf. Es wird angenommen, daß vor diesem Aufruf *new* durch Aktivierung des Kommandos *C.Set* initialisiert wurde. Der Aufruf von *new* ist ein Up-Call, weil die ausgeführte Anweisungsfolge (nämlich die Prozedur *New*) im Klientenmodul C deklariert ist.

11.4 Zusammenfassung

Dieses Kapitel hat drei neue Konzepte eingeführt:

1) Von einem gegebenen Record-Typ kann ein erweiterter Typ abgeleitet werden, der *neue Datenfelder hinzugefügt*. Variablen vom erweiterten Typ können an Variablen des Basistyps zugewiesen werden, aber nicht umgekehrt. Eine solche Zuweisung wird *Projektion* genannt – nur die Record-Felder des Basistyps werden zugewiesen.
2) Ein Zeiger auf einen erweiterten Typ erweitert den Zeiger auf den Basistyp. Für Zeiger gelten dieselben Zuweisungsregeln: Erweiterte Zeiger können an Basistyp-Zeiger zugewiesen werden. Nach einer solchen Zuweisung erhält der Zeiger einen *dynamischen Typ*, der sich vom deklarierten Typ unterscheidet. Unter dem Schutz der Typzusicherung können die erweiterten Felder zugegriffen werden. Der Typtest ermöglicht die Abfrage des dynamischen Typs. Die With-Anweisung stellt eine Typzusicherung mit erweitertem textuellen Bereich dar: Sie ist eine *regionale* Typzusicherung.

3) Der *Prozedurtyp* definiert eine Parameterliste und einen Ergebnistyp. Eine Prozedur kann einer Prozedurvariablen zugewiesen werden, wenn die Formalparamter der Prozedur mit den Formalparametern des Prozedurtyps der Variablen übereinstimmt.

Das Ziel der Typerweiterung und der Prozedurvariablen ist, Programme *erweiterbar* zu machen. Ein Programm heißt erweiterbar, wenn das Hinzufügen neuer Funktionen textuell lokalisiert ist – idealerweise durch Hinzufügen eines neuen Moduls zu einer existierenden Modulhierarchie, ohne existierende Teile zu ändern oder neu zu übersetzen.

Durch die Typerweiterung können Record-Felder später zu einem gegebenen Basistyp hinzugefügt werden, normalerweise in einem anderen Modul. Auf diese Weise können generische Module, die auf Listen oder Bäumen arbeiten, realisiert werden, ohne die »Datenfelder« festzulegen. Die Prozedurvariable erlaubt die Plazierung eines Aufrufs vor der Deklaration der Prozedur. Zum Beispiel könnte in einer Bibliothek für numerische Routinen die zu integrierende Funktion aufgerufen werden, obwohl sie erst später vom Klienten definiert wird.

Aber erst die *Kombination* von Typerweiterung und Prozedurvariablen bringt die Erweiterbarkeit entscheidend vorwärts. Diese Technik ist als *Objektorientierung* bekannt und wird in den Kapiteln 12 und 13 ausführlich behandelt.

11.5 Übungen

Ü 11.1 Betrachten Sie die Deklarationen:

```
TYPE
   LN = POINTER TO LND; LND = RECORD next: LN END;
   TN = POINTER TO TND; TND = RECORD right, left TN END;
   M = RECORD END;
```

Welche Erweiterungen sind zulässig?

a) `LN1 = POINTER TO LN1D; LN1D= RECORD(LN) a: Data END;`

b) `LN2 = POINTER TO LN2D; LN2D= RECORD(LND) a: Data END;`

c) `LN3 = POINTER TO LN3D; LN3D= RECORD(M) a: Data END;`

d) `LN4 = POINTER TO LN4D; LN4D= RECORD(LND);nextLN4 END;`

e) `TN1 = POINTER TO TN1D; TN1D= RECORD(LND) a: Data END;`

f) `TN2 = POINTER TO TN2D; TN2D= RECORD(TND) a: Data END;`

g) `M1 = RECORD: M; a: DATA END;`

h) `M2 = POINTER TO RECORD(M) c: Data END;`

Ü 11.2 Nehmen Sie die Deklaration von Übung 11.1 an und:

```
LN1 = POINTER TO LN1D; LN1D = RECORD(LND) a: Data END;
TN1 = POINTER TO TN1D; TN1D = RECORD(TND) b: Data END;
M1 = RECORD(M) x, y: Data END;
VAR a: LN;  b: LN1;  c: TN;  d, t: TN1;  e: M;  f, m: M1;
g: Data;
```

Welche der folgenden Zuweisungen und Relationen sind gültig?

```
a := b;  b := a;  a := c;  a↑ := b↑;  f := e;
a(LN1).a := d.a;
c.a := f.x;  d(TN1).a := g;  WITH a: LN1 DO g := a.a END;
a IS b     a IS LN1     a IS TN1     e IS M     e IS M1
```

Ü 11.3 Gegeben seien die Deklarationen aus Übung 11.2 und

```
PROCEDURE H(t: TN; VAR m: M);
VAR msg: M;
BEGIN  c := t; msg := m;  IF m IS M1 THEN g := m(M1).x END
END H;
```

Welche dynamischen Typen besitzen *c* und *msg* bei einem Aufruf *H(t, m)*. Wird die Zuweisung *g := m(M1).x* ausgeführt?

Ü 11.4 [**Verzeichnis basierend auf Listen**] Schreiben Sie ein Modul *Directories*. Ein Verzeichnis (directory) ist eine Sammlung von Einträgen, die eingefügt, gelöscht und nach einem Schlüssel durchsucht werden können. Benutzen Sie die Listen aus Abschnitt 9.2.1 zur Darstellung der Verzeichnisse.

```
DEFINITION Directories;
TYPE
   Key = ARRAY 32 OF CHAR;
   Entry = POINTER TO EntryDesc;
   EntryDesc = RECORD key: Key END;
   Directory = Entry;
   EntryProc = PROCEDURE(n: Entry);
PROCEDURE Insert(VAR dir: Directory; new: Entry);
PROCEDURE Search(dir: Directory; k: Key): Entry;
PROCEDURE Delete(VAR dir: Directory; k: Key);
PROCEDURE Enumerate(dir: Directory; P: EntryProc);
PROCEDURE New(): Directory;
END Directories.
```

Ü 11.5 [**Telefonverzeichnis**] Schreiben Sie ein Modul *PhoneDir*, das ein Klient von Modul *Directories* ist. Entwerfen Sie eine geeignete Benutzeroberfläche mit den Kommandos *Open*, *Add*, *Delete* und *Query*. *Hinweis*: verwenden Sie einen Typ *PhoneEntry*, der *Directories.Entry* erweitert, zum Beispiel

```
TYPE
   PhoneEntry = POINTER TO PhoneEntryDesc;
   PhoneEntryDesc = RECORD (Directories.EntryDesc)
      phone: ARRAY 10 OF CHAR
   END;
```

Ü 11.6 [**Dateiunterstützung**] Unterstützen Sie das Telefonverzeichnis durch eine Datei namens »Phone.Dir«. *PhoneDir.Open* öffnet das Telefonbuch von der Datei, falls diese existiert; ansonsten wird ein neues Verzeichnis erzeugt. *PhoneDir.Store* schreibt das Verzeichnis zurück auf die Datei.

Ü 11.7 [**Verzeichnis basierend auf Bäumen**] Implementieren Sie das Modul *Directories* unter Verwendung einer Baumstruktur. Lassen Sie die Schnittstelle unverändert. Zeigen Sie, daß das neue Modul das alte ersetzen kann, ohne daß die Klienten davon betroffen sind.

Ü 11.8 [**Telefon- und Adreßverzeichnis**] Erweitern Sie die Funktionalität des Telefonverzeichnisses. Einige (aber nicht alle) der Einträge geben nicht nur die Telefonnummer, sondern auch die Adresse an. *Hinweis*: Benutzen Sie einen Typ *PhoneEntry*, der *Directories.Entry* erweitert und einen Typ *AddrEntry*, der *PhoneEntry* erweitert.

Ü 11.9 [**Dateiunterstützung**] Unterstützen Sie das Telefon- und Adreßverzeichnis durch eine Datei. *Hinweis*: Definieren Sie eine Typmarkierung, zum Beispiel bedeutet das Zeichen 0X »Typ ist *PhoneEntry*« und 1X »Typ ist *AddrEntry*.« Organisieren Sie die Datei so, daß jedem Eintrag eine Markierung vorausgeht. Das Lesen der Marke ermöglicht Ihnen, die passende Variable zu erzeugen.

Referenzen

Wirth N. (1988). Type Extension, *ACM Transactions on Programming Languages and Systems*, **10**, 204–14.

12 Objektorientierung

Strukturierung und Abstraktion sind wichtige Techniken des Softwareentwurfs. Kapitel 10 führte diese Konzepte anhand eines realistischen Beispiels ein. Eine saubere Struktur ist für die Lesbarkeit – und damit letztlich für die Glaubwürdigkeit – eines Programmtexts unabdingbar. Abstraktion – speziell der Begriff des abstrakten Datentyps – hilft, wohldefinierte *Schnittstellen* zwischen Modulen zu spezifizieren und eine große Programmieraufgabe *in Teile zu zerlegen*, die von verschiedenen Programmierern oder Programmierteams bearbeitet werden können.

Strukturierte Programmierung ist seit ihrer Einführung vor etwa zwanzig Jahren zu einer allgemein bekannten und anerkannten Programmiertechnik geworden. Wenn so programmiert wird, wie in Kapitel 10 beschrieben, sind zum Zeitpunkt der Übersetzung eines Moduls alle Variablen deklariert und alle Prozeduren vollständig spezifiziert. Die Deklarationen können aus importierten Modulen stammen – in diesem Fall müssen die Service-Module zuerst übersetzt werden. Wie Sie gleich sehen werden, ergeben sich daraus aber gewisse Einschränkungen für die Erweiterbarkeit von Programmen – Einschränkungen, die durch sogenanntes *objektorientiertes* Programmieren beseitigt oder abgeschwächt werden.

Lokalisierte Erweiterung

Es ist allgemein bekannt, daß Programme Wartung brauchen. Wenn ein Programm nützlich ist und häufig verwendet wird, so erweitern sich im Lauf der Zeit die Anforderungen. Unglücklicherweise versagt selbst exzellentes Strukturieren häufig darin, Funktionalität durch eine lokale Änderung im Programmtext hinzuzufügen. Statt dessen gibt es zahlreiche, über mehrere Module verteilte Stellen, die geändert werden müssen. Das Durchführen solcher Änderungen ist nicht nur mühsam, sondern auch fehleranfällig. Nur allzuleicht wird eine der notwendigen Änderungen vergessen oder die Konsequenz einer Änderung übersehen. Offensichtlich wäre eine Entwurfsmethode, die mithilft, Erweiterungen textuell an einer Stelle durchzuführen, von größtem Wert. Das Endziel ist ein System, das es gestattet, zusätzliche Funktionalität einfach durch zusätzliche Bibliotheksmodule einzuführen – ohne die existierenden Module des Systems ändern oder neu übersetzen zu müssen.

Wiederverwendung von Modulen

Der Begriff des Moduls kommt auch im Bereich der Hardwareentwicklung vor und bedeutet dort eine Standard-Baugruppe – typischerweise eine VLSI-Komponente. Die Modularisierung von Hardware ist durch geeignete Wahl der Baugruppen und Standardisierung ihrer Schnittstellen sehr erfolgreich.

Für das Modulkonzept im Bereich der Software, obwohl auch schon älter als ein Jahrzehnt, ist ein ähnlicher Erfolg bisher ausgeblieben. Das Ziel ist eine *Standardbibliothek von Service-Modulen*, die von Experten in Objektform zur Verfügung gestellt wird. Für den Erfolg dieses Konzepts ist essentiell, daß die Benutzer dieser Module *den Quelltext nicht ändern müssen*. Programmierer haben eine berechtigte Abneigung gegen das Ändern von fremden Programmtexten. Entweder ein Modul löst ein Problem – dann kann es benutzt werden – oder die Funktion wird neu erstellt, obwohl es sich möglicherweise nur geringfügig vom existierenden Programm unterscheidet. Wichtiger noch, aus praktischen oder kommerziellen Gründen ist der Quelltext oft gar nicht verfügbar.

Das früheste und immer noch eines der erfolgreichsten Beispiele für wiederverwendbare Prozedursammlungen bilden Bibliotheken für numerische Verfahren. Zum Glück beharrt heute kaum mehr ein Programmierer auf seiner eigenen Implementierung der Sinus- oder Exponentialfunktion. Eine zweite Erfolgsgeschichte ist die Benutzung von *abstrakten Datenstrukturen* und *abstrakten Datentypen* in Betriebssystemen. Andererseits sind gute Programme zur Verarbeitung von Listen oder Bäumen immer noch ziemlich rar.

Der Hauptgrund für das Problem, funktionelle Erweiterungen zu lokalisieren, und für den mangelnden Erfolg des Konzepts der wiederverwendbaren Bibliotheken entstammt dem Umstand, daß in traditionellen Programmiersprachen[1)]

- Datenfelder statisch an ihren Record-Typ gebunden sind;
- Prozeduren statisch mit einem Modul verknüpft sind – daher sind die Prozeduren eines abstrakten Datentyps statisch an den Typ gebunden.

Ein bedeutender Fortschritt in Richtung wiederverwendbarer und erweiterbarer Programmiersysteme zeichnet sich aber ab – durch eine Technik, die als *Objektorientierung* bezeichnet wird. In Oberon wird Objektorientierung durch Typerweiterung und Prozedurvariablen erreicht.

1 Wie zum Beispiel PL/I, Pascal oder Modula-2.

Dieses Kapitel ist eine Einführung in die Schlüsselkonzepte des objektorientierten Programmierens, nämlich

- das *generische Modul*;
- die *heterogene Datenstruktur*;
- das *Objekt* und seine Repräsentierung;
- die *dynamische Bindung* von Prozeduren;
- die *Modulstruktur* eines objektorientierten Programms.

Die objektorientierten Konzepte werden mit Hilfe von Beispielen eingeführt und begründet. Um aber nicht in einer Flut von Details unterzugehen, zeigt dieses Kapitel keine großen Programme, sondern nur die wesentlichen Ideen des Entwurfs von Datenstrukturen und Datentypen.

Eines dieser Beispiele ist ein Graphikeditor. Generell sind Editoren gute Beispiele für Programme, die von Objektorientierung profitieren. Andere Beispiele sind im Bereich der Systemsoftware[1)] und Simulation. Kapitel 13 präsentiert ein vollständiges, auf objektorientierten Entwurfsprinzipien aufgebautes Simulationsbeispiel.

12.1 Generische Module

Lassen Sie uns das Beispiel der FIFO-Schlange aus Kapitel 9 betrachten, um das Konzept des generischen Moduls zu verdeutlichen. Die Definition eines Moduls *FIFOs* könnte so aussehen:

```
DEFINITION FIFOs;
TYPE
   FIFO = RECORD END;

   Node = POINTER TO NodeDesc;
   NodeDesc = RECORD END;

PROCEDURE Enqueue(VAR q: FIFO; n: Node);
PROCEDURE DequeuedNode(VAR q: FIFO): Node;
PROCEDURE Open(VAR q: FIFO);
END FIFOs.
```

In dieser Schnittstelle sind die Datentypen *FIFO* und *Node* abstrakt.

---

1 Im speziellen das Fenstersystem von graphikfähigen Arbeitsplatzrechnern. Ein Beispiel ist das Oberon-System selbst (siehe Wirth und Gutknecht, 1992).

Eine mögliche Implementierung ist jene aus Abschnitt 9.2.2. In diesem Fall ist die Initialisierungsprozedur *Open* besonders einfach:

```
PROCEDURE Open(VAR q: FIFO);
BEGIN  q.first := NIL
END Open;
```

Ohne Typerweiterung wäre eine solche Schnittstelle, obwohl syntaktisch korrekt, ziemlich nutzlos. Um *FIFOs* brauchbar zu machen, müßte der Typ *Node anwendungsspezifische Felder exportieren.* Das verletzt aber die Bedingung, daß ein Service-Modul nicht vom Benutzer modifiziert und neu übersetzt werden soll.

Typerweiterung macht aber das Modul *FIFOs* sofort für viele Anwendungen nützlich, die *FIFOs* benötigen: *Die anwendungsspezifischen »Datenfelder« werden vom Klienten hinzugefügt.* In Würdigung dieser Allgemeinheit wird *FIFOs* ein *generisches Modul* genannt.

Klienten von Modul FIFOs

Es folgt ein Ausschnitt aus einem Klienten von *FIFOs*, nämlich einem Simulationsprogramm, in dem sich Kunden für eine Ressource anstellen.

```
MODULE Sim;
IMPORT FIFOs, ... ;
TYPE
   Customer = POINTER TO CustomerDesc;
   CustomerDesc = RECORD (FIFOs.NodeDesc)
      priority: INTEGER
   END;
...
VAR
   c: Customer;  q: FIFOs.FIFO;  temp: FIFOs.Node;
...
```

Ein Kunde *c* wird folgendermaßen erzeugt und in die FIFO-Schlange *q* eingetragen:

```
NEW(c);  c.priority = 0;  FIFOs.Enqueue(q, c);   ...
```

Es ist wichtig, daß die Variable *c* vom erweiterten Typ *Customer* ist. Dieser Typ wird in der Liste vermerkt, da der entsprechende Zeiger den dynamischen Typ *Customer* annimmt.

Die nachstehende Anweisungsfolge holt einen Kunden *c* aus der Warteschlange *q*:

```
temp := FIFOs.DequeuedNode(q);
IF (temp # NIL) & (temp IS Customer) THEN
      c := temp(Customer);  ...
END;
```

Eine Hilfsvariable *temp* vom Typ *FIFOs.Node* wird zum Abspeichern des Ergebnisses von *FIFOs.DequeuedNode* benötigt. Der Grund dafür ist, daß die Typzusicherung nicht direkt auf eine Funktion angewendet werden kann. Außerdem muß das Ergebnis zusätzlich auf NIL getestet werden. Die Typzusicherung ist wichtig, weil *FIFOs.DequeuedNode* ein Ergebnis vom Typ *FIFOs.Node* liefert, nicht *Customer.*

Zusammenfassung

Ein generisches Modul ist eines, das von mehreren Klienten typischerweise mittels Typerweiterung benutzt wird. Im Fall von dynamischen Datenstrukturen ist es oft möglich, die Algorithmen, die auf den Zeigern arbeiten, von der Verarbeitung der »Daten« zu trennen.

1) Oftmals kapselt ein generisches Modul die Algorithmen, die auf einer dynamischen Struktur, wie Listen oder Bäume, arbeiten. Diese Datenstrukturen sind verborgen und als abstrakte Datentypen repräsentiert.
2) Das Klientenmodul fügt zum Knotentyp des generischen Moduls anwendungsspezifische Felder hinzu.
3) Es ist Aufgabe des Klienten, Datenelemente zu erzeugen und sie unter Verwendung geeigneter Prozeduren in die Datenstruktur einzufügen.
4) Wenn Datenelemente herausgeholt werden, sind entsprechende Typzusicherungen notwendig.
5) Es ist die Aufgabe des generischen Moduls, Instanzen ihres abstrakten Typs zu initialisieren (typischerweise *Open* oder *Init* genannt).

12.2 Heterogene Datenstrukturen

Die aus Kapitel 9 bekannten dynamischen Datenstrukturen bestehen aus statischen Elementen – oder Knoten – verkettet durch Zeiger. Da die Zeiger auf den Knotentyp verweisen, setzt sich die gesamte Struktur aus Knoten desselben Typs zusammen. In vielen Fällen ist diese Einschränkung nicht akzeptabel.

Typerweiterung ist das Hilfsmittel zum Aufbau von *heterogenen Datenstrukturen*; also Strukturen die aus verschiedenen (aber verwandten und daher kompatiblen) Knotentypen bestehen. Die zentrale Idee ist, einen *gemeinsamen Basistyp zu deklarieren*, der die Verkettung und mögliche, für alle Typen gemeinsame Datenfelder enthält, und *»private Daten« durch Erweiterung des Basistyps hinzuzufügen.*

Betrachten Sie das Modul *FIFOs*. Verschiedene Kunden können als Erweiterungen des Basistyps *FIFOs.Node* deklariert sein, zum Beispiel

```
Customer1 = POINTER TO C1D;
C1D = RECORD (FIFOs.NodeDesc)
    priority: INTEGER
END;
```

```
Customer2 = POINTER TO C2D;
C2D = RECORD (FIFOs.NodeDesc)
    timeStamp: REAL;
    workDemand: REAL
END;
```

Beide Typen, *Customer1* und *Customer2*, sind Erweiterungen von *FIFOs.Node*; daher können sie in dieselbe FIFO-Schlange eingetragen werden. Es ist wichtig, daß der *dynamische Typ beim Herausholen nicht verlorengeht* – ein Typtest erkennt ihn und erlaubt typspezifische Verarbeitung der Kunden.

Um den letzten Punkt zu verdeutlichen, betrachte man als Beispiel eine Liste von graphischen Objekten oder Figuren, die von einem Graphikeditor benutzt wird. Der Editor benutzt eine solche Liste, um die darzustellenden Objekte zu verwalten. Typische Elemente dieser Liste sind Geraden, Rechtecke, Kreise, Ellipsen, Polygone, Splinekurven und Beschriftungen.

Die Beschreibungen der Figuren bauen auf einem Typ *Figure* auf, der nur die Strukturinformation enthält:[1)]

```
TYPE
   Figure = POINTER TO FigureDesc;
   FigureDesc = RECORD
      next: Figure
   END;
```

Jede spezielle Figur ist durch einen Typ repräsentiert, der den Basistyp *Figure* erweitert. Die folgenden Beispiele greifen zwei von vielen Möglichkeiten heraus, nämlich die Typen *Line* und *Rect*, welche die entsprechenden Figuren definieren:

```
TYPE
   Line = POINTER TO LineDesc;
   LineDesc = RECORD (FigureDesc)
      x1, y1, x2, y2: INTEGER
   END;
```

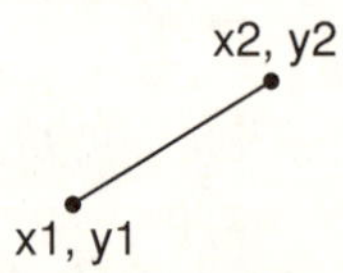

1 Der Typ *Figure* spielt die Rolle von *Node* in Abschnitt 9.2.

```
Rect = POINTER TO RectDesc;
RectDesc = RECORD (FigureDesc)
   x, y, w, h: INTEGER
 END;
```

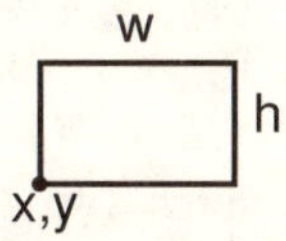

Abbildung 12.1 stellt eine heterogene Liste bestehend aus zwei Linien und zwei Rechtecken dar.

Abbildung 12.1 *Eine heterogene Liste. Der dynamische Typ der Zeiger ist dargestellt*

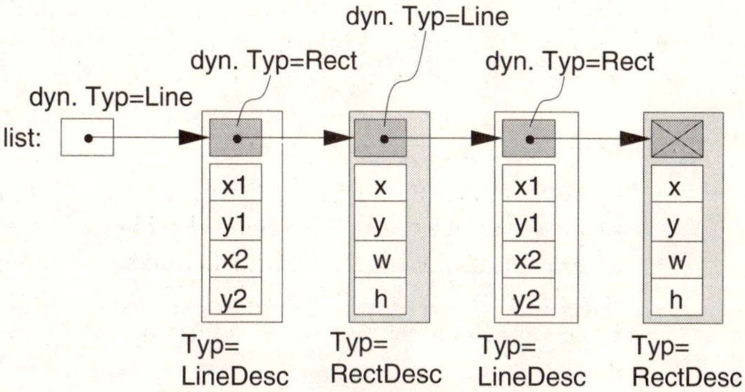

Zwei typische Aktionen sind: (1) die Erzeugung einer neuen Figur und (2) die Verarbeitung aller Elemente einer heterogenen Liste von Figuren.

Eine Instanz vom Typ *Line* wird durch folgende Prozedur *NewLine* erzeugt und in die Liste eingefügt:

```
PROCEDURE NewLine(list: Figure; x1, y1, x2, y2: INTEGER);
   VAR l: Line;
BEGIN
   NEW(l);(* erzeuge Instanz von Line *)
   l.x1 := x1; l.y1 := y1; l.x2 := x2; l.y2 := y2;
   (* initialisiere Felder *)

   InsertLast(list, l)
END NewLine;
```

Der Formalparameter *list* ist der Anker der Figurenliste, welche die Graphik beschreibt. Der Text der Prozedur *InsertLast* stammt aus Abschnitt 9.2 (mit dem Unterschied, daß sie hier auf dem Typ *Figure* arbeitet und nicht auf *Node*). Ähnliche Initialisierungsprozeduren, zum Beispiel *NewRect* oder *NewCircle*, werden für alle Figuren benötigt.

Eine andere Aktion, die typischerweise von Graphikeditoren ausgeführt wird, ist das Zeichnen aller Figuren der Liste. Eine Prozedur *DrawAll* erledigt das. Sie durchläuft die Listenstruktur und zeichnet je nach Typ die entsprechende Figur:

```
PROCEDURE DrawAll(list: Figure);
   VAR f: Figure;
BEGIN
   f := list;
   WHILE f # NIL DO
      IF f IS Line THEN  DrawLine(f(Line))
      ELSIF f IS Rect THEN  DrawRect(f(Rect))
      ELSIF ... (* andere Figuren *)
      END;
      f := f.next
   END
END DrawAll;
```

wobei *DrawLine* und *DrawRect* Prozeduren zur Darstellung der jeweiligen Figur am Bildschirm sind. Sie weisen folgende Prozedurköpfe auf:

```
PROCEDURE DrawLine(l: Line);
PROCEDURE DrawRect(r: Rect);
```

Die Fallunterscheidung gemäß dem dynamischen Typ des Listenknotens ist typisch für Prozeduren zur Verarbeitung von heterogenen Listen.

Zusammenfassung

Heterogene Datenstrukturen treten üblicherweise dann auf, wenn Programme objektorientiert entworfen werden. Die folgenden Punkte sind typisch für die Verarbeitung von heterogenen Strukturen und sollten beachtet werden:

1) Operationen auf Zeigern werden unter Benutzung des Basistyps durchgeführt; im obigen Beispiel ist das der Typ *Figure*.
2) Elemente der heterogenen Datenstruktur werden als Instanzen der erweiterten Typen (zum Beispiel *Line*, *Rect*) erzeugt.
3) Beim Einfügen eines Elements in die Liste stellt die Zuweisung sicher, daß der Listenzeiger (die Variable *list* oder das Feld *next*) den dynamischen Typ des Objekts, auf das er verweist, annimmt.
4) Zur Bearbeitung der Elemente der Datenstruktur wird der Elementtyp durch einen Typtest abgefragt und die entsprechende Aktion ausgeführt. Typischerweise ist eine *Typzusicherung* erforderlich. Der Typtest garantiert, daß die Typzusicherung immer erfüllt ist.

12.3 Objekte, dynamische Bindung von Prozeduren

Nehmen Sie an, eine neue Figur, zum Beispiel eine Ellipse, soll zum Graphikeditor hinzugefügt werden. Welche Änderungen am Programmtext sind erforderlich? Zuerst muß ein neuer Typ definiert werden. So wie *Line* und *Rect* erweitert auch der neue Typ, *Ellipse* genannt, den Basistyp *Figure*:

```
TYPE
   Ellipse = POINTER TO EllipseDesc;
   EllipseDesc = RECORD (FigureDesc)
      x, y: INTEGER; (* Koordinaten des Mittelpunkts *)
      a, b: INTEGER  (* Haupt- und Nebenachsen *)
   END;
```

Als nächstes muß eine Prozedur *NewEllipse* eingeführt werden, die eine Instanz des Typs *Ellipse* erzeugt und in die Figurenliste einträgt. Ebenso müssen Prozeduren wie *DrawEllipse* implementiert werden. Und schließlich werden überall, wo typspezifische Aktionen auftreten, die folgenden Anweisungen eingefügt:

```
...
ELSIF f IS Ellipse THEN
   WITH f: Ellipse DO
      ... (* behandle Ellipse *)
   END
ELSIF ...
```

Wie schon in der Einführung erwähnt, können solche Modifikationen zahlreich und über den ganzen Programmtext verstreut sein – ein Widerspruch zum Ziel, die Änderungen textuell auf eine einzige Stelle zu begrenzen. Lokalisierung kann nur erzielt werden, indem die Formulierung der Operationen, die auf allen Objekten ausgeführt werden, vom dynamischen Typ unabhängig ist.

Die Schlüsselidee ist, *die Zustandsbeschreibung von Figuren durch Prozedurvariablen zu erweitern.* In unserem Beispiel geht es um das Zeichnen von Figuren; also fügen wir ein Prozedurfeld *draw* zum Typ *Figure* hinzu:

```
Figure = POINTER TO FigureDesc;
FigureDesc = RECORD
   draw: PROCEDURE (f: Figure);
   next: Figure
END;
```

Das zusätzliche Feld ist fett gedruckt. Mit Hilfe des angepaßten Typs *Figure* kann nun eine allgemeine, *typunabhängige* Prozedur zum Zeichnen aller Listenelemente realisiert werden:

```
PROCEDURE DrawAll(list: Figure);
   VAR f: Figure;
BEGIN f := list;
   WHILE f # NIL DO  f.draw(f);  f := f.next  END
END DrawAll;
```

Beachten Sie, daß die neue Prozedur *die Figuren nur abstrakt zeichnet. DrawAll* arbeitet daher auf allen möglichen Figuren des Graphikeditors – jetzt und in der Zukunft. Tatsächlich ist eine Instanz des neuen Typs *Figure* mehr als nur ein Element einer Liste, sie ist eine Instanz des abstrakten Datentyps *Figure*. Ihre Eigenschaften sind (1) ein Verweis auf die nächste Figur (oder keine) und (2) die Fähigkeit, sich selbst zu zeichnen. Die zur Beschreibung einer Figur notwendigen Daten und die konkrete Prozedur zum Zeichnen sind *DrawAll* verborgen.

Damit dieses allgemeine Schema funktioniert, müssen die entsprechenden typspezifischen Prozeduren beim Erzeugen einer Figur dem Feld *draw* zugewiesen werden. Jeder Figurentyp hat seine eigene Initialisierungsprozedur – diejenige für Ellipsen lautet:

```
PROCEDURE NewEllipse(list: Figure; x, y, a, b: INTEGER);
   VAR e: Ellipse;
BEGIN
   NEW(e);  e.x := x;  e.y := y;  e.a := a;  e.b := b;
   e.draw := DrawEllipse;
   InsertLast(list, e)
END NewEllipse;
```

Der einzige Unterschied zu den Initialisierungen im vorherigen Abschnitt ist die Zuweisung von *DrawEllipse* an *e.draw* (fettgedruckt). Diese Zuweisung bindet die typspezifische Prozedur an das graphische Objekt, also an die Instanz *e* des Typs *Ellipse*. Man sagt auch: »Die Prozedur *DrawEllipse* wird im Objekt installiert«.

dynamische Bindung

Kehren wir nochmals zur ursprünglichen Art zurück, die heterogene Liste zu bearbeiten und schreiben wir den Aufruf der Prozedur *DrawEllipse* innerhalb des Typtests:

```
...
ELSIF f IS Ellipse THEN
   WITH f: Ellipse DO
      DrawEllipse(f)
   END;
```

Beim Aufruf von *DrawEllipse* ist statisch (d.h. ohne Programmausführung) bestimmt, welche Prozedur aufgerufen wird. Vergleichen Sie das mit dem Aufruf der Prozedurvariablen *draw* in *DrawAll*:

```
f.draw(f)
```

Die aufgerufene Prozedur ist vor der Programmausführung nicht bekannt, sondern ergibt sich zur Laufzeit aus dem Wert des Feldes *draw* der Record-Variablen *f*↑. Ist *f*↑ eine Ellipse, so ist dieser Wert die Prozedur *DrawEllipse*; ist *f*↑ ein Rechteck, dann *DrawRect* u.s.w. Das Binden eines Aufrufs an eine bestimmte Aktion zur Laufzeit wird als *dynamisches Binden* bezeichnet, zum Unterschied vom *statischen Binden*, das bereits zur Übersetzungszeit stattfindet.

Objekt Bisher wurde mit dem Begriff »Objekt« eher informell umgegangen. Variablen und Typen wurden zum Beispiel als Objekte der Sprache Oberon bezeichnet. Von nun an bekommt *Objekt* eine präzise Bedeutung: *ein Record mit Prozedurfeldern, zugegriffen über einen Zeiger.* Ein Objekt kann noch andere Felder enthalten, die seinen Zustand angeben. Die Prozedurfelder legen das Verhalten des Objekts auf dieselbe Art fest, wie Prozeduren den abstrakten Datentyp festlegen. Das Objekt ist eine *Instanz eines abstrakten Datentyps mit dynamischer Bindung der Prozeduren* (siehe auch Abschnitt 12.4).

Betrachten wir abschließend noch die spezifische Prozedur, die dem Feld *draw* eines Graphikobjekts zuweisbar sein muß. Der Formalparameter des Prozedurtyps von *draw* ist vom Basistyp *Figure*. Die spezifischen Prozeduren, wie *DrawLine*, *DrawRect* oder *DrawEllipse*, benötigen deshalb eine *Typzusicherung über ihre ganze Anweisungsfolge*, wie für *DrawEllipse* schematisch gezeigt:

```
PROCEDURE DrawEllipse(f: Figure);
BEGIN
   WITH f: Ellipse DO
      ...
   END
END DrawEllipse;
```

Was wurde nun durch die Ausstattung eines Graphikobjekts mit individuellen Prozeduren erreicht? Hauptsächlich eine Entkopplung von Operationen, die für alle Objekte der Liste ausgeführt werden, und individuellen Aktionen, die sich auf einen bestimmten Typ beziehen. Das Hinzufügen eines neuen Objekttyps wird dadurch eine lokalisierte Ergänzung von Programmtext, die folgende Deklarationen umfaßt:

- eine Typerweiterung, zum Beispiel *Ellipse*;
- typspezifische Prozeduren, zum Beispiel *DrawEllipse*;
- eine Prozedur zum Erzeugen einer Instanz des neuen Typs.

In der vorausgegangenen Diskussion ging es nur um das Zeichnen einer Figur. Natürlich war das eine bewußte Übersimplifizierung. Andere typische Operationen eines Graphikeditors sind Selektieren und Deselektieren, Kopieren, Schattieren, Größe ändern u.s.w. Eine realistischere Deklaration einer Figur zeigt deshalb mehrere Prozedurvariablen, von denen jede eine bestimmte Operation repräsentiert. Das folgende Objekt »weiß«, wie es sich zeichnen, löschen, markieren und bewegen kann:

```
TYPE
   Figure = POINTER TO FigureDesc;
   FigureDesc = RECORD
      draw, clear, mark: PROCEDURE (f: Figure);
      move: PROCEDURE (f: Figure; dX, dY: INTEGER);
      next: Figure
   END;
```

Zusammenfassung

Die folgenden wichtigen Punkte sollten Sie sich merken:

1) Ein Objekt wird durch einen Zeiger auf ein Record dargestellt, der neben anderen Zustandsinformationen *Felder von Prozedurtypen* enthält. Diese Prozedurvariablen bestimmen die Operationen, die auf ein Objekt angewendet werden können. Ein Objekt ist eine Instanz eines abstrakten Datentyps.
2) Der Typ eines Objekts wird normalerweise mehrfach erweitert. In unserem Beispiel wurde *Figure* erweitert zu *Line*, *Rect* und *Ellipse*.
3) Der Objektzeiger ist ein Parameter der typspezifischen Prozeduren. Der Typ des Formalparameters ist der *Basistyp des Objekts*. Innerhalb einer typspezifischen Prozedur erlaubt eine regionale Typzusicherung den Zugriff auf die Felder der Erweiterung des Basistyps.
4) Prozedurvariablen ermöglichen dem Programmierer, allgemeine Prozeduren zu schreiben, *die abstrakt auf allen Objekten* einer heterogenen Datenstruktur arbeiten, ohne daß alle Erweiterungen deklariert oder vorausgeahnt werden müssen.
5) Der Vorteil ist, daß neue Erweiterungen eingeführt werden können, ohne viele der Prozeduren zu ändern, aus denen eine Anwendung besteht. Die Änderungen sind *textuell lokalisiert*. Eine Erweiterung kann sogar innerhalb eines anderen Moduls liegen – eine überaus wichtige Strukturierungskonzept, das im nächsten Abschnitt erklärt wird.

12.4 Objekte und Module

Heterogene Datenstrukturen und dynamische Bindung von Prozeduren sind technisch gesehen die Essenz der Objektorientierung. Das Konzept kommt aber nur im Zusammenhang mit einer zweckmäßigen Modularisierung eines großen Programms oder Systems voll zum Tragen. In Oberon kontrolliert das Modul die Sichtbarkeit von Deklarationen und legt damit die Abstraktionsschichten fest.

Lassen Sie uns zum Graphikeditor zurückkehren. Wenn dieser auf traditionelle Art programmiert ist, so kann er auf die in Abbildung 12.2 gezeigte Art in Module zerlegt sein. Jede Figur, zum Beispiel Linie, Rechteck oder Kreis, wird in einem eigenen Modul behandelt. Aktionen auf allen Figuren, etwa *DrawAll*, werden im Modul *Draw* ausgeführt, das auch für die Benutzeroberfläche zuständig ist.

Abbildung 12.2
Traditionelle Modulhierarchie

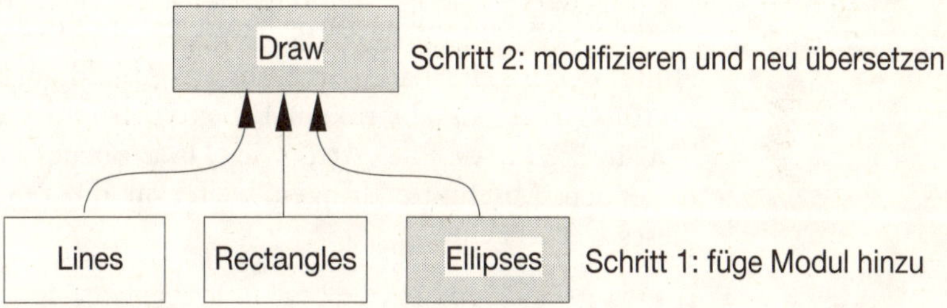

Zum Einfügen einer neuen Figur wird ein neues Modul eingeführt und das Hauptmodul *Draw* muß angepaßt und neu übersetzt werden. Wie erwähnt ist es eben diese Modifikation des Moduls *Draw*, die das System schwer zu warten und noch schwerer in seiner Funktionalität zu erweitern macht.

Abbildung 12.3
Eine erweiterbare Modulhierarchie

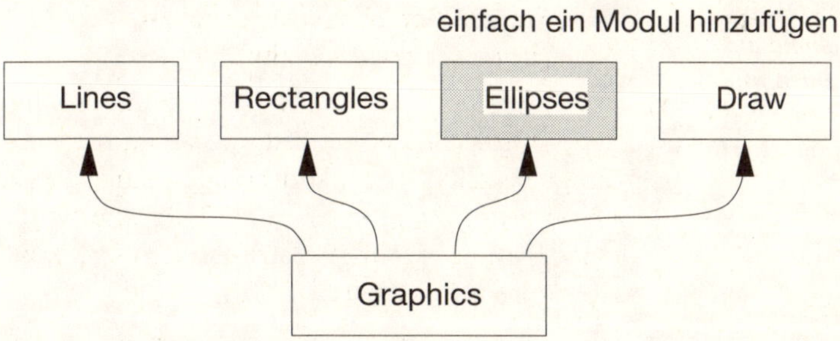

Wünschenswert ist eine Modulstruktur, die Abbildung 12.2 auf den Kopf stellt. Abbildung 12.3 stellt eine solche erweiterbare Struktur dar. Hinzufügen einer neuen Figur, zum Beispiel einer Ellipse, bedeutet einfach das Hinzufügen eines neues Modul *Ellipses* in die Modulbibliothek des Systems. Keinerlei Änderungen in anderen Modulen sind nötig. Im speziellen sind auch keine Neuübersetzungen erforderlich. Daraus folgt, daß eine Erweiterung möglich ist, ohne daß der Quelltext des Grundsystems verfügbar ist.

Die Gesamtaufgabe ist folgendermaßen auf die Module aus Abbildung 12.3 verteilt:

- Das Modul *Graphics* deklariert den grundlegenden Typ *Figure* und die Datenstrukturen zur Repräsentierung einer Graphik. Es arbeitet mit der *Gesamtheit der Figuren auf abstrakte Art* (so wie in *DrawAll*) und verwaltet die heterogene Liste der Figuren.
- Die Module *Lines*, *Rectangles*, *Ellipses* u.s.w. deklarieren alle typspezifischen Datenstrukturen und Prozeduren, wie zum Beispiel *DrawLine*, und generieren eine Instanz der Figur (etwa *NewLine*).
- Das Modul *Draw* behandelt die Benutzeroberfläche – im speziellen die Maus und die Tastatur – und legt ihre Bedeutung fest.

Hinter der erweiterbaren Struktur aus Abbildung 12.3 liegt ein interessantes Gerüst aus abstrakten Datentypen und Up-Calls. Von speziellem Interesse ist die Art, wie *Draw* neue Figuren erzeugt. Die folgenden Abschnitte dringen weiter in die zentralen Eigenschaften dieses Gerüsts ein.

12.4.1 Das Modul Graphics

Das Modul *Graphics* definiert zwei grundlegende abstrakte Datentypen: *Graph* und *Figure*. Der Typ *Figure* ist bereits bekannt. Instanzen von *Figure* sind Objekte im objektorientierten Sinn.

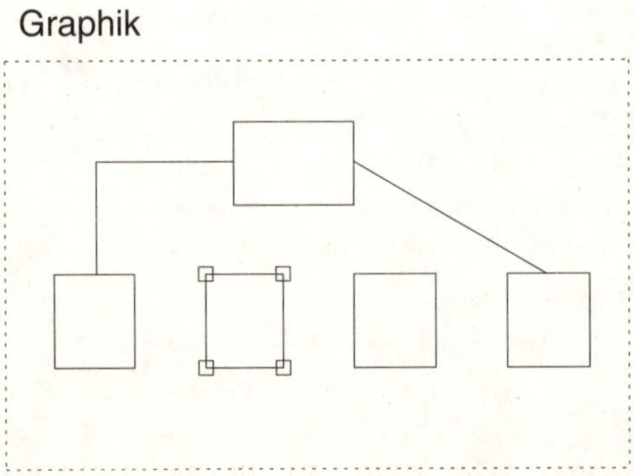

Abbildung 12.4 *Eine Graphik bestehend aus Linien und Rechtecken; eines ist selektiert*

Eine Graphik repräsentiert, so wie in Abbildung 12.4 dargestellt, eine kartesiche Fläche. Graphiken sind Instanzen des abstrakten Datentyps

Graph. In dieser einfachen Version ist die einzige Eigenschaft von *Graph* eine Liste von Figuren. In einer realistischen Implementierung gibt es noch mehr Eigenschaften, etwa Selektion und Position des Ursprungs. Die Typdeklaration von Graph ist deshalb:

```
TYPE
   Graph = POINTER TO GraphDesc;
   GraphDesc = RECORD list: Figure END;
```

Die vertraute Prozedur *DrawAll* ist eine typische Operation, die auf eine Graphik angewendet wird. Andere Prozeduren umfassen *Select*, *Deselect*, *DeleteSelection* und *MoveSelection*, mit offensichtlicher Bedeutung.

Unter diesen Voraussetzungen kann eine vereinfachte Version des Moduls *Graphics* angegeben werden:

```
MODULE Graphics;
TYPE
   Figure* = POINTER TO FigureDesc;
   FigureDesc* = RECORD
      draw*, clear*, mark*: PROCEDURE (f: Figure);
      move*: PROCEDURE (f: Figure; dX, dY: INTEGER);
      next: Figure;
   END ;

   Graph* = POINTER TO GraphDesc;
   GraphDesc* = RECORD  list: Figure  END;

...(* weitere Typ- und Variablendeklarationen *)

PROCEDURE DrawAll*(g: Graph);
   VAR f: Figure;
BEGIN
   f := g.list;
   WHILE f # NIL DO  f.draw(f);  f := f.next  END
END DrawAll;

...(* weitere Prozedurdeklarationen *)
PROCEDURE Open*(VAR g: Graph);
BEGIN g.list := NIL
END Open;

END Graphics.
```

Man sieht, daß *Graph* ein ganz normaler abstrakter Datentyp ist, so wie er in Kapitel 10 eingeführt wurde. Im speziellen sind seine Prozeduren statisch durch den Kontext von Modul *Graphics* gebunden. Das bedeutet, daß der Compiler zum Beispiel für den Aufruf *Graphics.DrawAll* Code für das direkte Anspringen der Anweisungsfolge von *DrawAll* erzeugen kann. Jede der Prozeduren hat einen Formalparameter vom Typ *Graph*, der die Instanz angibt, auf der gearbeitet wird.

Die meisten der Prozeduren von *Graphics* arbeiten auf der (heterogenen) Liste von Figuren. Der Datentyp *Figure* ist ebenfalls abstrakt – aber auf eine andere Art. Normalerweise ist ein Datentyp im Klienten abstrakt und im Service-Modul konkret. Hier ist das Umgekehrte der Fall. *Figure* ist in *Graphics* abstrakt: Die Operationen *draw*, *clear*, *mark* und *move* sind nicht spezifiziert. Sie werden erst in figurenspezifischen Modulen, wie *Rectangles* oder *Lines*, konkretisiert. Wo immer also eine Prozedur von *Figure* aufgerufen wird, zum Beispiel *f.draw(f)* in *DrawAll*, findet dynamische Bindung statt und ein Up-Call wird ausgeführt.

12.4.2 Figurenspezifische Module

Die Aufgabe der figurenspezifischen Module, wie *Rectangles*, *Lines*, *Ellipses* u.s.w., ist, den abstrakten Datentyp *Figure* zu implementieren – im speziellen muß

- der Typ *Figure* um figurenspezifische Daten erweitert werden;
- je eine Prozedur zum Zeichnen, Löschen, Markieren und Bewegen der Figur deklariert werden;
- eine Instanz einer Figur erzeugt werden.

Jedes dieser Module implementiert eine Spezialisierung des abstrakten Datentyps *Figure*. Ein Ausschnitt aus dem Modul *Rectangles* sieht etwa so aus:

```
       MODULE Rectangles;
       IMPORT Graphics, ...;
       TYPE
          Rect* = POINTER TO RectangleDesc;
1) →      RectDesc* = RECORD (Graphics.FigureDesc)
             x*, y*, w*, h*: INTEGER
          END;

       PROCEDURE Draw*(rect: Graphics.Figure);
       BEGIN
2) →      WITH rect: Rect DO
             ...
          END
       END Draw;
```

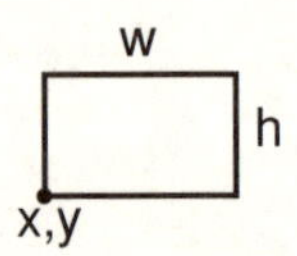

```
... (* Deklarationen von Clear, Mark und Move *)

PROCEDURE New*(): Graphics.Figure;
   VAR rect: Rect;  x, y, w, h: INTEGER;
BEGIN
   NEW(rect);                                          3) →
   rect.draw := Draw;  rect.clear := Clear;
   rect.mark := Mark;  rect.move := Move;
   (* hole Werte x, y, w, h typischerweise mittels der Maus *);
   rect.x := x;  rect.y := y;  rect.w := w;  rect.h := h;
   RETURN rect
END New;

END Rectangles.
```

Anmerkungen

1) Hier wird der Typ *Figure* um die rechteckspezifischen Datenfelder *x*, *y*, *w* und *h* erweitert. Andere Figuren benötigen andere Datenstrukturen, im Fall eines Polygons kann dies sogar eine Listenstruktur sein.
2) Beachten Sie die notwendige Typzusicherung in *Draw*: der Formalparameter muß vom Basistyp *Graphics.Figure* sein.
3) Eine Instanz des erweiterten Typs *Rect* wird erzeugt und die Prozedurfelder initialisiert.

Der einzige Name, der exportiert sein muß, ist *New*. Der Grund dafür, daß vom Modul *Rectangles* auch die Typen *Rect* und die Prozeduren *Draw*, *Clear*, *Mark* und *Move* exportiert werden, wird in Abschnitt 12.4.4 diskutiert, wo die Rechtecke verfeinert werden. Die Mehrzahl der Prozeduren in figurenspezifischen Modulen behandeln die Bildschirmdarstellung, eine Sache, auf die hier bewußt nicht näher eingegangen wird.

12.4.3 Erzeugen einer neuen Figur

Die Initiative zum Erzeugen einer neuen Figur geht vom Modul *Draw* als Reaktion auf eine vom Benutzer durchgeführte Maus- oder Tastatureingabe aus. Die Information zum Erzeugen einer konkreten Figur ist aber in einem der figurenspezifischen Module *Lines*, *Rectangles* u.s.w. enthalten. *Draw* importiert aber diese Module nicht. Wie kann nun dieses Problem gelöst werden?

Ein Up-Call, vermittelt über das Modul *Graphics*, ist die Antwort. Die Methode ist eine Anwendung des Beispiels für Up-Calls aus Abschnitt 11.3.5. Im Modul *Graphics* wird eine Prozedurvariable *newFigure* deklariert und auch eine Prozedur *CreateFigure* zur Benutzung in *Draw* exportiert. *CreateFigure* führt den Up-Call aus, zeichnet die neu erzeugte Figur und trägt sie in die Figurenliste ein.

```
MODULE Graphics;
...
1) →  VAR newFigure*: PROCEDURE (): Figure;
...
PROCEDURE CreateFigure*(g: Graph);
VAR f: Figure;
BEGIN
2) →    f := newFigure();
   f.draw(f);  InsertLast(g.list, f)
END CreateFigure;

END Graphics.
```

Anmerkungen

1) *newFigure* ist eine globale Prozedurvariable, die für den Up-Call in ein figurenspezifisches Modul benutzt wird. Ihr Wert wird durch diese Module eingestellt.
2) Hier wird die Prozedurvariable *newFigure* aufgerufen und ein Up-Call findet statt.

Damit sind alle wesentlichen Bestandteile des Moduls *Graphics* besprochen und ergeben folgende Schnittstelle:

```
DEFINITION Graphics;
TYPE
   Figure = POINTER TO FigureDesc;
   FigureDesc = RECORD
      draw, clear, mark: PROCEDURE (f: Figure);
      move: PROCEDURE (f: Figure; dX, dY: INTEGER);
   END;

   Graph = POINTER TO GraphDesc;
   GraphDesc = RECORD  END;

VAR newFigure: PROCEDURE (): Figure;

PROCEDURE DrawAll(g: Graph);
PROCEDURE Select(g: Graph; x, y: INTEGER);
PROCEDURE Deselect(g: Graph);
PROCEDURE DeleteSelection(g: Graph);
PROCEDURE MoveSelection(g: Graph; dX, dY: INTEGER);
PROCEDURE CreateFigure(g: Graph);
PROCEDURE Open(g: Graph);
END Graphics.
```

Mit der Initialisierung der globalen Prozedurvariablen *Graphics.newFigure* wird auch das letzte Stück des Puzzles eingesetzt. Natürlich kann nur eines der figurenspezifischen Module diesen Wert setzen. Die

Zuweisung findet in einem Kommando *Set* statt. Für das Beispiel des Moduls *Rectangles* sieht die Implementierung von *Set* so aus:

```
MODULE Rectangles;
...
PROCEDURE Set*;
BEGIN  Graphics.newFigure := New;
END Set;

END Rectangles.
```

Jedes der Module *Lines*, *Rectangles*, *Ellipses* u.s.w. hat sein eigenes *Set*-Kommando. Damit sind auch schon alle Funktionen der figurenspezifischen Module abgedeckt. Die Definition des Moduls *Rectangles* steht stellvertretend für alle:

```
DEFINITION Rectangles;
IMPORT Graphics;
TYPE
   Rect = POINTER TO RectDesc;
   RectDesc = RECORD (Graphics.FigureDesc)
      x, y, w, h: INTEGER
   END;

PROCEDURE Draw(rect: Graphics.Figure);
PROCEDURE Clear(rect: Graphics.Figure);
PROCEDURE Mark(rect: Graphics.Figure);
PROCEDURE Move(rect: Graphics.Figure; dX, dY: INTEGER);
PROCEDURE New(): Graphics.Figure;
PROCEDURE Set;
END Rectangles.
```

Graphik-Zustände

Die Ausführung eines *Set*-Kommandos versetzt den Graphikeditor in einen *Zustand*: Alle danach erzeugten Figuren sind von einer bestimmten Art. In kommerziellen Graphikeditoren wird dieser Zustand üblicherweise als »Werkzeug«[1] bezeichnet. Der Benutzer wählt zum Beispiel das »Rechteck-Werkzeug« aus und zeichnet in weiterer Folge eine Anzahl von Rechtecken mit der Maus. Die Auswahl eines solchen Werkzeugs geschieht typischerweise durch Anklicken eines graphischen Symbols (icon).

Die Eignung von Zuständen für Benutzeroberflächen ist umstritten. Obwohl Zustände nicht generell schlecht sind, gibt es viele schlechte Beispiele. Andererseits haben sich Zustände in Form graphischer Werkzeuge in der Praxis bewährt. Eine wichtige Bedingung, die

1 Nicht zu verwechseln mit dem Begriff des Werkzeugs im Oberon-System.

Zustände erst brauchbar macht, ist jedoch, daß sie *sichtbar* sind. Graphikeditoren benutzen normalerweise graphische Symbole (icon), um das selektierte Werkzeug darzustellen.

12.4.4 Überschreiben einer dynamisch gebundenen Prozedur

Überlegungen bezüglich einfacher Erweiterbarkeit des Graphikeditors führten zu der bemerkenswerten Struktur von Abbildung 12.3. Alle Aktionen, die die Benutzeroberfläche betreffen, sind vollständig im Modul *Draw* isoliert. Das Hinzufügen einer neuen Figur, etwa einer Splinekurve, erfordert einfach das Schreiben eines neuen Moduls *Splines*, Übersetzen desselben und Einfügen des Modules in die Modulbibliothek des Rechners.

Das folgende Beispiel zeigt eine noch erstaunlichere Eigenschaft von Objekten mit dynamisch gebundenen Prozeduren: *die Fähigkeit, ein Modul nur teilweise wiederzuverwenden* – jedoch immer noch ohne Modifikation des Quelltexts. Eine neue Figur wird zum Editor hinzugefügt: ein *gefülltes Rechteck*.

Ein gefülltes Rechteck

Ein gefülltes Rechteck besteht aus einer durchgehenden Linie entlang seines Umrisses und ist mit einem Muster gefüllt. Der Name des figurenspezifischen Moduls sei *FilledRectangles*.

Die wichtige Beobachtung ist, daß sich gefüllte Rechtecke von gewöhnlichen nur durch das Zeichnen unterscheidet. Alle anderen Operationen, wie *Mark*, *Clear* und *Move*, sind gleich. Aber selbst das Zeichnen ist nicht ganz verschieden von der Basisfigur. Das gefüllte Rechteck besteht aus einem Umriß und einem gefüllten Inhalt. Der erste Teil wird bereits im Modul *Rectangles* behandelt und muß nicht neu implementiert werden.

Die Schlüsselidee für eine Implementierung, die zur Wiederverwendung aller existierenden Funktionen führt, ist, den Typ *FilledRect* als Erweiterung des Typs *Rectangles.Rect* zu deklarieren und nur jene typspezifischen Prozeduren neu zu definieren, die sich wirklich ändern. Das ist auch die Antwort auf die Frage, warum das Modul *Rectangles* den Typ *Rect* und die darauf operierenden Prozeduren exportiert. Der Text des Moduls *FilledRectangles* sieht damit so aus:

```
MODULE FilledRectangles;
IMPORT Graphics, Rectangles, ...;
...
TYPE
1) →   FilledRect* = POINTER TO FilledRectDesc;
       FilledRectDesc* = RECORD (Rectangles.RectDesc)
```

```
      pat*: Pattern
   END;

PROCEDURE Draw*(rect: Graphics.Figure);
BEGIN
   WITH rect: FilledRect DO
2) →   Rectangles.Draw(rect);
      ...(* fülle Rechteck mit einem Muster *)
   END
END Draw;

PROCEDURE New*(): Graphics.Figure;
   VAR fr: FilledRect;  x, y, w, h: INTEGER;  pat: Pattern;
BEGIN
3) →   NEW(fr);
   fr.draw := Draw;  fr.clear := Rectangles.Clear;
   fr.mark := Rectangles.Mark;  fr.move := Rectangles.Move;
   (* hole Werte von x, y, w, h und pat *);
   fr.x := x;  fr.y := y;  fr.w := w;  fr.h := h;  fr.pat := pat;
   RETURN fr
END New;

END FilledRectangles.
```

Anmerkungen

1) *FilledRect* erweitert *Rectangles.Rect.* Das Feld *pat* gibt ein Füllmuster an.
2) *Draw* aus Modul *Rectangles* wird aufgerufen, um den Umriß zu zeichnen. Anschließend wird das Rechteck gefüllt.
3) Eine Instanz von *FilledRect* wird erzeugt, und die Prozedurfelder *draw*, *clear*, *mark* und *move* initialisiert. Beachten Sie, daß dem Feld *draw* die neue Prozedur *Draw* zugewiesen wird, während die anderen Prozeduren aus dem Modul *Rectangles* stammen.

12.4.5 Zusammenfassung

In Oberon führt Objektorientierung zu Modulhierarchien, die »auf den Kopf gestellt sind« (Abbildung 12.3) und ausgiebig von *Up-Calls* Gebrauch machen. Im speziellen kann man folgendes beobachten:

1) Heterogene Datenstrukturen spielen eine zentrale Rolle.
2) Diese Datenstruktur ist typischerweise eine Instanz eines *abstrakten Datentyps* (in unserem Beispiel *Graph*). Das exportierende Modul (zum Beispiel *Graphics*) steht an der Wurzel der Modulhierarchie. Die Prozeduren dieses Moduls fallen in drei Kategorien: (1) Aktionen, die auf der Gesamtheit der Objekte arbeiten (zum Beispiel *DrawAll*), (2) die Prozedur zum Initialisieren einer

Instanz der heterogenen Datenstruktur (zum Beispiel *Open*) und (3) das Erzeugen neuer Objekte und Einfügen in die Datenstruktur (in unserem Fall *CreateFigure*). Manchmal ist (3) auf das Einfügen neuer Objekte reduziert.

3) Die Elemente der heterogenen Datenstruktur sind Objekte, also Instanzen eines Record-Typs mit Prozedurfeldern, die auch *Methoden* genannt werden. Die Prozeduren der Gruppe (1), zum Beispiel *DrawAll*, benutzen diese Methoden, um die Objekte abstrakt zu behandeln. Im Basismodul bleiben die Methoden häufig noch unspezifiziert oder abstrakt. Als Alternative könnte ein gemeinsames Grundverhalten der Objekte implementiert werden.
4) Die Implementierung der Methoden (oder Spezialisierung, falls Methoden schon im Grundsystem implementiert sind) erfolgt in Modulen weiter oben in der Hierarchie, wie zum Beispiel *Rectangles*. Diese Module importieren das Basismodul. Verschiedene Spezialisierungen des Objekttyps, zum Beispiel Rechtecke oder Linien, werden in verschiedenen Modulen implementiert. Eine wichtige Aufgabe eines solchen Implementierungsmoduls ist, *neue Instanzen des spezialisierten Typs zu erzeugen.*
5) Oftmals wird auch die Benutzeroberfläche in einem eigenen Modul gekapselt. Das Erzeugen von Objekten, ihre Initialisierung und das Einfügen in eine heterogene Datenstruktur erfordern einen sorgfältigen Entwurf und möglicherweise zusätzliche Up-Calls.
6) Manchmal unterscheidet sich eine neue Spezialisierung eines Objekts nur geringfügig von einer schon existierenden Implementierung. In diesem Fall kann diese Implementierung wiederverwendet werden, ohne auf den Quelltext zurückzugreifen.

Der Vorteil der Objektorientierung ist die *Trennung verschiedener Aufgaben in verschiedene Module* (separation of concerns). Und was am wichtigsten ist, die Module können hinzugefügt werden, ohne andere Systemteile neu übersetzen zu müssen. Durch Überschreiben bestimmter Methoden können weitere Spezialisierungen eines Objekts unter Wiederverwendung existierenden Kodes erfolgen.

12.5 Meldung und Meldungsinterpreter

Ein Objekt ist eine Instanz eines abstrakten Datentyps, dargestellt durch eine Record-Variable mit Prozedurfeldern. Diese Prozedurvariablen definieren die auf das Objekt anwendbaren Operationen – im Sinn des abstrakten Datentyps.

Betrachten wir nochmals die Deklaration des Typs Figure aus Abschnitt 12.3:

```
TYPE
   Figure = POINTER TO FigureDesc;
   FigureDesc = RECORD
      draw, clear, mark: PROCEDURE (f: Figure);
      move: PROCEDURE (f: Figure; dX, dY: INTEGER);
      next: Figure
   END;
```

Eine Figur hat einen Nachfolger *next* und vier Prozedurfelder *draw*, *clear*, *mark* und *move*. Die Grundannahme ist, daß die *Anzahl der Prozeduren und ihre Parameterlisten invariant sind.*

Es gibt aber auch Programmieraufgaben, bei denen weder die Anzahl noch die Bedeutung aller Operationen auf einem Objekt von Anfang an bekannt sind. Ein gutes Beispiel ist ein Simulationsereignis. Erinnern Sie sich daran, daß einem solchen Ereignis immer eine bestimmte Aktion zugeordnet ist – diese Aktion kann die Methode eines Objekts sein. Kapitel 13 geht dieser Idee nach.

Die folgenden Abschnitte führen eine neue Möglichkeit zur Darstellung der Aktionen ein; alle Aktionen werden zu einem *einzigen, universellen Prozedurfeld*, genannt *handle*, zusammengefaßt. Die Prozedur, die an dieses Feld zugewiesen wird, heißt *Meldungsinterpreter* (message handler) oder kurz *Handler.* Ein Simulationsereignis kann zum Beispiel folgendermaßen dargestellt werden:

```
TYPE
   Event = POINTER TO EventDesc;
   EventDesc = RECORD
      handle: Handler;
      time: REAL;
      next: Event
   END;
```

Ein Simulationsereignis hat einen Ereigniszeitpunkt, einen Zeiger auf das nächste Ereignis in der Kalenderliste und ein Prozedurfeld *handle* vom Typ *Handler.*

Das Problem, das auf den ersten Blick diese Idee unrealistisch erscheinen läßt, ist der Umstand, daß eine offene Menge von Aktionen eine offene Anzahl von Parametern von möglicherweise verschiedenem Typ benötigt – eine Eigenschaft, die nicht Bestandteil von Oberons Prozedurdeklaration ist. Typerweiterung kommt uns jedoch wieder zur Hilfe und erlaubt genau solche Parameter.

12.5.1 Meldungen und Meldungsinterpreter

Die Schlüsselidee ist einfach und elegant: *Der Formalparameter ist ein Record, der die Identifikation einer bestimmten Aktion und deren Parameter enthält.* Ein Record, der Parameter enthält, heißt *Meldung.*

Wie Typerweiterung und Typtests zusammenspielen, um Meldungsinterpreter für eine beliebige Anzahl von Meldungen zu realisieren, sieht man am besten durch Fortsetzung des Graphikeditor-Beispiels – nun in Objekte mit Handlern gekleidet. Die Grundlage bildet ein leeres Record als Basistyp für die Meldungen:

```
TYPE Message = RECORD END;
```

Spezielle Meldungen werden bei Bedarf als Erweiterungen des Typs *Message* definiert. Jede Aktion auf Graphikobjekten ist durch ihren eigenen Meldunstyp charakterisiert, zum Beispiel

```
TYPE
   DrawMsg  =  RECORD (Message)  END;
   ClearMsg =  RECORD (Message)  END;
   MarkMsg  =  RECORD (Message)  END;
   MoveMsg  =  RECORD (Message)  dX, dY: INTEGER  END;
```

Das Beispiel zeigt deutlich, wie die vorherigen Formalparameter der Prozeduren nun als Felder eines Record-Typs ausgedrückt werden. Prozeduren ohne Parameter, abgesehen von der Instanz, auf der gearbeitet wird, führen zu einer leeren Erweiterung des Typs *Message*. Die Prozedur *Move* mit zwei ganzzahligen Formalparametern *dX* und *dY* führt zu einem erweiterten Meldungstyp mit zwei ganzzahligen Feldern.

Graphische Objekte sind nun Instanzen von folgendem Typ *Figure*:

```
TYPE
   Figure = POINTER TO FigureDesc;
   FigureDesc = RECORD
      handle: Handler;
      next: Figure
   END;
```

Der Typ *Handler* kann deklariert werden als:

```
TYPE Handler = PROCEDURE (f: Figure;  VAR msg: Message);
```

Die *Handler*-Prozedur hat also Zugriff auf ihr Objekt (hier als vom Typ *Figure* angenommen) und auf die Meldung. Beachten Sie, daß es wichtig ist, die Meldung als Var-Parameter zu übergeben, da der Handler Typtests zur Unterscheidung der einzelnen Meldungsarten anwenden muß.

Wie zuvor erweitern spezielle Figuren den Typ *Figure*, zum Beispiel

```
TYPE
   Rect = POINTER TO RectDesc;
   RectDesc = RECORD (FigureDesc);
      x, y, w, h: INTEGER
   END;
```

Ein Meldungsinterpreters für Rechtecke ist zum Beispiel so aufgebaut:

```
PROCEDURE HandleRect(rect: Figure; VAR msg: Message);
BEGIN
   WITH rect: Rect DO
      IF msg IS DrawMsg THEN
         WITH msg: DrawMsg DO
            ... (* zeichne Rechteck *)
         END
      ELSIF msg IS ClearMsg THEN
         WITH msg: ClearMsg DO
            ... (* lösche Rechteck *)
         END
      ELSIF msg IS MarkMsg THEN
         WITH msg: MarkMsg DO
            ... (* markiere Rechteck *)
         END
      ELSIF msg IS MoveMsg THEN
         WITH msg: MoveMsg DO
            ...(* bewege Rechteck um msg.dx, msg.dy *)
         END
      ELSE
         ...(*Meldung nicht verstanden, normalerweise ignorieren*)
      END
   END
END HandleRect;
```

Welche Aktion ausgeführt werden soll, wird aus dem Typ der Meldung geschlossen. Die Parameter für diese Aktion, zum Beispiel der Vektor zum Verschieben eines Objekts, befinden sich in den Feldern des Meldungs-Records. Achten Sie auf die Benutzung von Typzusicherungen dafür, daß das Objekt ein Rechteck ist und für den Meldungstyp. Typischerweise wird keine Aktion ausgeführt, wenn die Meldung nicht verstanden wird. In diesem Fall kann der Else-Zweig weggelassen werden.

Ein Rechteck *rect*, das eine Instanz vom Typ *Rect* ist, wird wie folgt erzeugt:

```
NEW(rect);  rect.handle := HandleRect;
rect.x := x;  rect.y := y;  rect.w := w;  rect.h := h;
```

Die Zuweisung der Prozedur *HandleRect* an das Feld *handle* nennt man *Installation des Handlers.*

Zum Abschluß soll noch gezeigt werden, wie ein Rechteck, dargestellt durch eine Variable *rect*, verschoben wird. Zuerst wird die Distanz (*dX*, *dY*) bestimmt. Dann werden die Meldungsfelder initialisiert und der Handler aufgerufen:

```
VAR m: MoveMsg;  rect: Rect;
... (* bestimme die Distanz dX, dY *)
m.dX := dX;  m.dY := dY;  rect.handle(rect, m);
```

Senden einer Meldung

Die obige Operation heißt auch *Senden einer Meldung m* an das Objekt *rect* oder *Senden einer Move-Meldung* an das Rechteck *rect.*

12.5.2 Meldungsverteilung

Objekte sind meist Elemente einer dynamischen Datenstruktur. Figuren sind zum Beispiel in einer Figurenliste enthalten und Simulationsereignisse in einem Ereigniskalender. Häufig werden Operationen auf allen Objekten durchgeführt. Prozeduren, die diese Operationen durchführen, müssen die Datenstruktur durchlaufen. DrawAll ist ein gutes Beispiel dafür.

Im Fall von Objekten mit Handlern kann der Listendurchlauf in einer Prozedur *Broadcast* isoliert werden, die eine gegebene Meldung an alle Objekte sendet. Für die Liste der Graphikobjekte sieht der Meldungsverteiler so aus:

```
PROCEDURE Broadcast(g: Graph; VAR msg: Message);
   VAR f: Figure;
BEGIN f := g.list;
   WHILE  f # NIL DO  f.handle(f, msg)  END
END Broadcast;
```

Die Benutzung von *Broadcast* vereinfacht *DrawAll* beträchtlich:

```
PROCEDURE DrawAll;
   VAR m: DrawMsg;
BEGIN  Broadcast(m)
END DrawAll;
```

12.5.3 Flexibilität von Handlern

Objekte mit Handlern können alles, was Objekte mit Prozedurvariablen auch können. Handler *können aber noch mehr.* Nehmen Sie an, die Anweisung

```
f.rotate(f, angle)
```

trete irgendwo im Programmtext auf, und die Deklaration des Typs *Figure* sei unverändert so wie in Abschnitt 12.4.1 angegeben. Der Compiler würde dieses Modul zurückweisen.

Die entsprechende Situation ausgedrückt mit einem Handler besteht im Senden einer *Rotate*-Meldung an das Objekt *f*:

```
TYPE RotateMsg = Record(Message) angle: INTEGER END;
VAR m: RotateMsg;
...
m.angle := 45;  f.handle(m);
```

Der Compiler akzeptiert dieses Programm ohne die Notwendigkeit, den Typ *Figure* umzudefinieren. Beachten Sie, daß der Typ *RotateMsg* ebenso wie das Senden einer Meldung von diesem Typ später in anderen Modulen eingeführt werden kann. Der Mechanismus der Meldungsverteilung erlaubt, den Objekten einer heterogenen Struktur beliebige Meldungen zu senden. Nicht jedes Objekt »versteht« allerdings jede Meldung.

Zusammenfassend kann gesagt werden, daß Meldungsinterpreter alle Meldungen akzeptieren, die den Grundtyp *Message* erweitern, aber nur jene Meldungen »verstehen« und darauf reagieren, die explizit in ihrer IF...ELSIF...ELSIF...ELSE...END Anweisung vorkommen.

12.5.4 Zusammenfassung

Dieser Abschnitt hat eine spezielle Klasse von Objekten eingeführt: diejenigen mit einem Handler. Die folgenden Punkte sollten Sie sich merken:

1) Das Objekt wird als Zeiger auf einen Record repräsentiert. Der Record hat nur eine Prozedurfeld, typischerweise *handle* genannt. Die an *handle* zugewiesene Prozedur wird *Meldungsinterpreter* oder kurz *Handler* genannt und besitzt zwei Formalparameter. Der erste bezeichnet das Objekt, auf dem der Handler arbeitet; der zweite, ein Var-Parameter, identifiziert die auszuführende Operation. Sein Typ ist der Grundtyp *Message*, der einen (häufig leeren) Record bezeichnet.
2) Der Handler definiert die Semantik des Objekts. Er wird normalerweise mit einem erweiterten Objekttyp aufgerufen. Deshalb ist eine regionale Typzusicherung erforderlich (WITH *f*: *Rect* DO im Beispiel des Rechtecks).
3) Der aktuelle Meldungsparameter ist eine Erweiterung des Typs *Message* und wird als *Meldung* bezeichnet.

Sein Typ gibt die Aktion an, seine Felder die Parameter für diese Aktion. Die Anzahl der Parameter ist variabel.

4) Der Handler besteht im wesentlichen aus einer großen IF...ELSIF-Kaskade. Zur Unterscheidung der Meldungstypen werden Typtests benutzt.
5) Die Zuweisung der Handler-Prozedur an das Feld *handle* heißt *Installation des Handlers.*
6) Das Zuweisen von Werten an die Felder einer konkreten Meldung und das Aufrufen des Handlers eines gegebenen Objekts heißt *Senden einer Meldung an das Objekt.*
7) Meldungen können an alle Objekte einer heterogenen Datenstruktur verteilt werden; das heißt, die Meldung wird der Reihe nach an jedes einzelne Objekt gesandt. Die Benutzung solcher Verteilmechanismen vereinfacht Prozeduren, die auf allen Objekten der Struktur arbeiten.

12.6 Schlußfolgerungen und Ausblick

Die Konzepte Typerweiterung, Prozedurvariable und abstrakter Datentyp haben den Stand der Technik in Bezug auf Programmerweiterbarkeit entscheidend vorangebracht. Die Programmiertechnik heißt *Objektorientierung*. Richtig eingesetzt, erlauben objektorientiert entworfene Programme das Hinzufügen von Funktionalität einfach durch Hinzufügen von Modulen. Die normale Modulhierarchie wird dadurch umgedreht, wie im Beispiel des Graphikeditors gezeigt wurde. Abbildung 12.5 faßt die neue Modulstruktur zusammen.

Abbildung 12.5 *Modulhierarchie durch Objektorientierung*

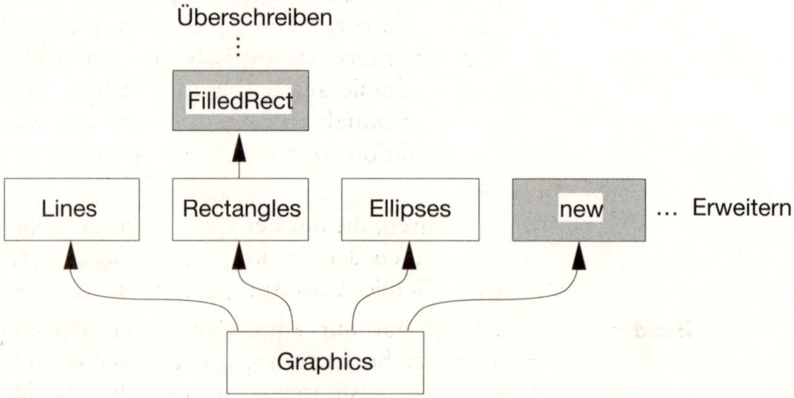

Erweiterungen können auf zwei Arten stattfinden: durch Hinzufügen ganz neuer Funktionen und durch Spezialisierung existierender.

Die technische Grundlage ist der Begriff des *Objekts*: eine Instanz eines abstrakten Datentyps mit dynamisch gebundenen Prozeduren. Objekte gehören typischerweise zu einer heterogenen Datenstruktur, die im Grundmodul verwaltet wird (zum Beispiel Modul *Graphics* in Abbildung 12.5).

Historisch gesehen wurde Objektorientierung zuerst im Gebiet der Simulation diskreter Ereignisse eingeführt (Dahl und Nygaard, 1966). Zur Zeit durchdringt es die meisten Anwendungsbereiche: Betriebssysteme, Text- und Graphikeditoren und nicht zu vergessen Datenbanken.

12.6.1 Zwei Kategorien von Oberon-Objekten – ein Vergleich

In diesem Kapitel wurden zwei Kategorien von Objekten eingeführt: solche mit einer Anzahl von Methoden und solche mit einem einzigen Handler. Es folgt ein kurzer Vergleich. Die Quintessenz daraus ist, daß beide sowohl Vor- als auch Nachteile aufweisen und je nach Rahmenbedingungen eingesetzt werden sollen.

Methoden Die auf ein Objekt anwendbaren Operationen sind als Prozeduren auf dieselbe Art definiert wie für abstrakte Datentypen. Der Unterschied liegt in der dynamischen Bindung: Bei einem Aufruf wird die spezifische Prozedur zur Laufzeit anstatt zur Übersetzungszeit ausgewählt. Die Anzahl der Prozeduren und ihr Typ ist fixiert und zusammen mit dem Objekttyp deklariert. Der Speicherbedarf steigt mit der Anzahl der Prozeduren; dafür ist der Aufruf aber genauso effizient wie der Aufruf einer Prozedurvariablen. Neue Funktionalität kann nur im Rahmen der fest vorgegebenen Menge von Prozeduren eingeführt werden. Das Erweitern dieses Rahmens bedeutet Neuübersetzung der gesamten Modulhierarchie. Im untersuchten Graphikeditor muß neue Funktionalität mittels *draw*, *clear*, *mark* und *move* ausgedrückt werden. Eine Funktion *copy* würde beispielsweise zu einer globalen Änderung führen.

Alle Prozeduren, die auf der Gesamtheit der Objekte arbeiten, müssen das Durchlaufen der Struktur *explizit ausprogrammieren* (siehe zum Beispiel die While-Anweisung in der Prozedur *DrawAll*).

Handler Das Objekt hat nur eine, dafür aber allgemeine Prozedur – und braucht daher höchstwahrscheinlich weniger Speicher. Die Aktionen, die das Objekt ausführen kann, sind nicht an der Stelle der Typdeklaration definiert – weder ihre Anzahl oder Namen noch die Parameter. Sie werden erst mit der *Implementierung des Handlers* festgelegt. Ein Objekt kann mit *jeder* Meldung aufgerufen werden, die zum Basistyp der Meldungen kompatibel ist. Wenn die Meldung »verstanden« wird, wird die angeforderte Aktion ausgeführt; ansonsten passiert nichts. Das Verteilen (broadcasting) von Meldungen ist eine effektive Möglichkeit, auf allen Objekten zu arbeiten; das erspart dem Programmierer, den Strukturdurchlauf mehrfach auszuprogrammieren.

Natürlich müssen alle Objekte eine bestimmte Grundmenge von Meldungen verstehen. Mit dem *Broadcast*-Mechanismus ist es möglich, jede Meldung an jedes Objekt der Struktur zu schicken. In der Tat können solche »Meldungen an alle« an jeder Stelle des Programms stattfinden – sie sind nicht auf das Grundmodul beschränkt. Ebenso können neue Meldungstypen in jedem Modul definiert werden. Diese Allgemeinheit ist manchmal sehr nützlich. Im Oberon-System, zum Beispiel, basiert das Fenstersystem auf Objekten mit Handlern (Wirth und Gutknecht, 1992). Der Handler ist der Kommandointerpreter, der hinter einem Fenster steckt.

Die zusätzliche Allgemeinheit hat aber auch ihren Preis. Bei jedem Aufruf des Handlers muß die Aktion durch Ausführung einer IF...ELSIF-Kaskade unter Benutzung von Typtests wiedererkannt werden. Dieser Zusatzaufwand existiert bei der ersten Art von Objekten nicht.

Der Umstand, daß der Compiler nicht prüfen kann, ob eine Meldung »von einem Objekt verstanden« wird, kann je nach Anwendung sowohl ein Vorteil als auch ein Nachteil sein.

12.6.2 Das Paradigma der objektorientierten Programmierung

Ein Programmierer benötigt zur Ausübung von objektorientierter Programmierung entsprechende Sprachunterstützung. Objektorientierung im heutigen Sinn wurde als Paradigma durch die Sprache *Smalltalk*-80 eingeführt (siehe zum Beispiel Goldberg und Robson, 1983). Ähnlich wie Oberon ist Smalltalk nicht nur eine Sprache, sondern ein ganzes System. In anderen Belangen ist Smalltalk aber extrem verschieden von Oberon – im speziellen besitzt es keine strenge Typbindung und benutzt eine eigene Terminologie. Im Sog von Smalltalk sind zahlreiche Sprachen entstanden, die Smalltalks Terminologie übernahmen, aber typisiert sind. Einige davon sind Erweiterungen existierender Sprachen (Tesler, 1985; Stroustrup, 1986); einige sind neu hinzugekommen, zum Beispiel die Sprache Eiffel (siehe Meyer, 1988).

Das ist kein Buch über die Geschichte der Objektorientierung. Für Leser, die mit dem Gebiet vertraut sind, gibt Tabelle 12.1 die Korrespondenz zwischen der Terminologie der objektorientierten Programmierung (OOP) und entsprechenden Begriffen von Oberon.

Tabelle 12.1 *Objektorientierte Terminologie*

OOP-Terminologie	*Oberon-Terminologie*
Klasse (Class)	Record-Typ[1] mit einer oder mehreren Prozedurvariablen, der einen abstrakten Datentyp definiert
Objekt (Object)	Variable dieses Typs
Methode (Method)	Eine der Prozeduren des Record-Typs
Meldung senden (send Message)	Aufruf einer dynamisch gebundenen Prozedur, zum Beispiel *rect.draw*(*rect*) oder *rect.handle*(*rect*, *msg*)
Unterklasse (Sub-class)	Erweiterter Record-Typ
Oberklasse (Super-class)	Basistyp einer Erweiterung
Vererbung (Inheritance)	Typerweiterung
Überschreiben einer Methode (Overriding a method)	Ändern der einem Feld zugewiesenen Prozedur in einer Erweiterung
Empfänger (Receiver)	Das als Parameter übergebene Objekt einer Prozedur, zum Beispiel *rect* in *rect.draw*(*rect*)
Super-Aufruf (Super call)	Aufruf einer Prozedur, die an den Basistyp einer Erweiterung gebunden ist
Dynamisches Binden (Dynamic binding)	Aufruf einer Prozedurvariablen

1 Genauer, ein Zeigertyp, gebunden an einen Record mit einer oder mehreren Prozedurvariablen, der einen abstrakten Datentyp repräsentiert

Tabelle 12.1 geht von typisierten Sprachen wie zum Beispiel C++ oder *Eiffel* aus. Smalltalk-80 ist noch allgemeiner und korrespondiert eher mit der zweiten Art von Oberon-Objekten, die mit einem Handler. Der Begriff »Methode« ist im Fall von Handlern aber nicht ganz klar definiert. In gewissem Sinne wird die Methode durch den Meldungstyp und das korrespondierende Programmstück im Handler verkörpert. Jedenfalls sind Oberon-Programme mit Handlern immer noch wesentlich effizienter, als alle heute existierenden Smalltalk-Implementierungen.

12.7 Übungen

Ü 12.1 **[Objektorientierter Tischrechner]** Implementieren Sie einen erweiterbaren Tischrechner basierend auf einem Stapel. Der Rechner besteht aus den drei Modulen *Calc*, *Integers* und *FPNs*. *Calc* enthält den Stapel und exportiert die grundlegenden Kommandos des Rechners. *Integers* und *FPNs* (floating point numbers) implementieren die unterstützten Zahlenformate.

Das Modul *Calc* ist definiert als:

```
DEFINITION Calc;
TYPE
   Number = POINTER TO NumberDesc;
   NumberDesc = RECORD
      add, sub, mult, div: PROCEDURE(a, b: Number):
      Number; display: PROCEDURE(n: Number);
   END;
PROCEDURE Add;
PROCEDURE Sub;
PROCEDURE Mult;
PROCEDURE Div;
PROCEDURE Clear
END Calc.
```

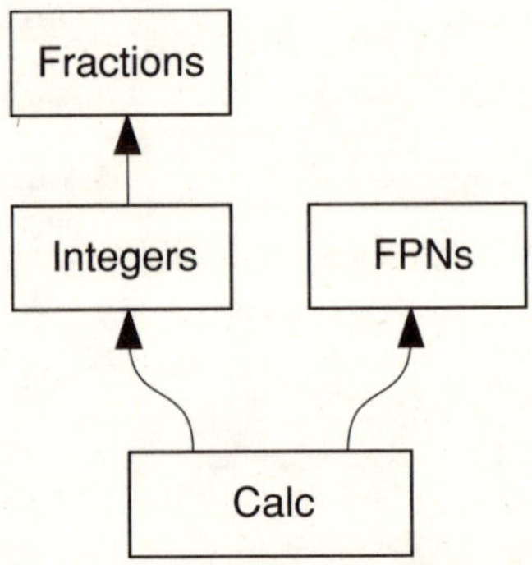

Die Größe des Stapels ist unbeschränkt und der Inhalt des Stapels ist undefiniert, wenn keine Elemente explizit eingegeben wurden (beachten Sie, daß diese Definition von der in Übung 7.6.5 abweicht). Zahlen sind als Objekte repräsentiert.

Die Kommandos *Add*, *Sub*, *Mult* und *Div* arbeiten auf den beiden obersten Stapelelementen, die durch das Ergebnis ersetzt werden. Stellen Sie sicher, daß das Programm bei leerem Stapel nicht abbricht (zeigen Sie in diesem Fall eine Fehlermeldung an).

Das Modul *Integers* implementiert ganze Zahlen aufbauend auf dem Typ INTEGER. Es exportiert das Kommando *Enter*, das eine Zahl vom Eingabestrom liest und auf den Stapel legt. Bei ungültiger Eingabe wird eine Fehlermeldung ausgegeben.

```
DEFINITION Integers;
IMPORT Calc;
TYPE
   Integer = POINTER TO IntegerDesc;
   IntegerDesc = RECORD(Calc.NumberDesc) n: INTEGER END;
PROCEDURE Enter;
END FPNs.
```

Analog dazu behandelt das Modul *FPNs* Gleitkommazahlen aufbauend auf dem Typ REAL.

Ü 12.2 Erweitern Sie den Tischrechner aus Übung 12.1 durch ein Modul *Fractions* zur Behandlung von rationalen Zahlen:

```
DEFINITION Fractions;
IMPORT Calc, Integers;
TYPE
   Fraction = POINTER TO FractionDesc;
   FractionDesc = RECORD(Calc.NumberDesc)
      num, denom: Integers.Integer
   END;
PROCEDURE Enter;
END FPNs.
```

Rationale Zahlen sind Paare von ganzen Zahlen. Benutzen Sie die Schreibweise *integer*"/"*integer* zur Darstellung rationaler Zahlen.

Ein wichtiges Entwurfsprinzip ist die Forderung, daß das Modul *Integers* ohne Konsequenzen für *Fractions* ausgetauscht werden kann. Daraus folgt, daß *Fractions* ausschließlich mit Ressourcen arbeitet, die vom Modul *Integers* exportiert werden. Im speziellen verwendet es den Typ *Integers.Integer* (und nicht etwa INTEGER) und die Prozeduren *Integers.Add* u.s.w. Um Codeverdopplung zu vermeiden, muß das Modul *Integers* noch eine Prozedur

```
PROCEDURE gcd(m, n: Integer): Integer;
```

zur Verfügung stellen, die den größten gemeinsamen Teiler berechnet. Ebenso sollte das Lesen einer Zahl vom Eingabestrom von *Integers* erledigt werden, nicht von *Fractions* (zum Beispiel durch eine Funktion *Integers.Read*()).

Ü 12.3 Erweitern Sie den Tischrechner aus Übung 12.1 durch ein Modul *Complex* zum Rechnen mit komplexen Zahlen.

Ü 12.4 [**Objektorientiertes Verzeichnis**] Die Allgemeinheit des generischen Typs *Entry* in Übung 11.4 ist dadurch eingeschränkt, daß der Typ des Schlüssels angegeben werden muß. Benutzen Sie Objektorientierung, um den Schlüssel erst im Klienten zu definieren.

Hinweis: Im Modul *Directories* ist der Schlüssel ein leerer Record, der von Klienten erweitert wird. Der Typ *Entry* hat zwei Prozedurvariablen, *eq* (gleich) und *lt* (kleiner als), die einen Eintrag mit einem Schlüssel vergleichen. Vergessen Sie nicht, *key* als Var-Parameter zu deklarieren, damit Typtests angewendet werden können, zum Beispiel

```
PROCEDURE Search(dir: Directory; VAR k: Key):Entry
```

Ü 12.5 [**Sehr kleiner Graphikeditor**] Implementieren Sie einen *sehr kleinen Graphikeditor*, der Rechtecke zeichnet. Die beteiligten Module sind *Graphics*, *Rectangles* und *Draw* mit den Definitionen:

```
DEFINITION Graphics;
TYPE
   Figure = POINTER TO FigureDesc;
   FigureDesc = RECORD  draw: PROCEDURE (f: Figure)  END;
   Graph = POINTER TO GraphDesc;
   GraphDesc = RECORD  END;
VAR
   newFigure: PROCEDURE (G: Graph): Figure;
   spanVect: PROCEDURE (VAR x1, y1, x2, y2: INTEGER);
PROCEDURE DrawAll(g: Graph);
PROCEDURE CreateFigure(g: Graph);
PROCEDURE Open(g: Graph);
END Graphics.

DEFINITION Rectangles;
IMPORT Graphics;
TYPE
   Rectangle = POINTER TO RectangleDesc;
   RectangleDesc = RECORD (Graphics.FigureDesc)
      x, y, w, h: INTEGER
   END;
```

```
PROCEDURE Draw(rect: Graphics.Figure);
PROCEDURE New(): Graphics.Figure;
PROCEDURE Set;
END Rectangles.
```

```
DEFINITION Draw;
PROCEDURE Open;
PROCEDURE DrawAll;
PROCEDURE New;
END Draw.
```

Die Prozedurvariable *spanVect* in Modul *Graphics* gibt Start- und Endpunkt eines Vektors zurück. Sie wird in *Rectangles.New* aufgerufen, um die Position und Größe eines Rechtecks zu definieren. Die Prozedur, die *spanVect* zugewiesen wird, ist in *Draw* definiert. Wozu wird *spanVect* eingeführt?

In einem realistischen Graphikeditor würde *spanVect* die Maus benutzen, um einen Vektor zu definieren. Um diese Komplikation zu vermeiden, lesen Sie den Vektor vom Eingabestrom, zum Beispiel

```
PROCEDURE SpanVect(VAR x1, y1, x2, y2: INTEGER);
BEGIN In.Open;In.Int(x1);In.Int(y1);In.Int(x2); In.Int(y2)
END SpanVect;
```

Benutzen Sie das Modul *XYplane* um eine Zeichenfläche zu Öffnen und um Linien zu ziehen. Die von Modul *Draw* exportierten Kommandos sind die folgenden:

- *Draw.Open* öffnet ein *XYplane*-Fenster.
- *Draw.DrawAll* zeichnet alle Figuren. Zum Testen von *DrawAll* löschen Sie die Zeichenfläche (*XYplane.Clear*) und restaurieren die Zeichnung.
- *Draw.New* erzeugt eine Figur (abhängig vom zuletzt ausgeführten *Set*-Kommando).

Ü 12.6 Schreiben Sie ein Modul *Lines* und fügen sie es dem Graphikeditor aus Übung 12.5 hinzu.

Ü 12.7 Schreiben Sie ein Modul *FilledRectangles* und fügen sie es dem Graphikeditor aus Übung 12.5 hinzu. Benutzen Sie dazu die Technik aus Abschnitt 12.4.4. Erzeugen Sie ein Graumuster durch Zeichnen eines Schachbrettmusters aus schwarzen und weißen Punkten. *Hinweis*: effizienter als eine Schleife über *XYplane.Dot* ist die Benutzung der Prozedur

```
Display.ReplPattern(Display.white, Display.grey1,
   x, y, w, h, Display.replace)
```

Ü 12.8 [**Kleiner Graphikeditor**] Fügen Sie folgende Funktionen zum Graphikeditor aus Übung 12.5 hinzu, wodurch er etwas größer wird.

- Eine Figur kann *selektiert* und durch darauffolgende Kommandos verarbeitet werden. Wenn schon eine Selektion existiert, ersetzt die neue Selektion die alte. Das Kommando *Draw.Select x y* selektiert die (älteste) Figur, die nahe bei (*x*, *y*) liegt.
- Die Selektion kann aufgehoben werden (Kommando *Draw.Neutralize*).
- Die selektierte Figur kann gelöscht werden (Kommando *Draw.Delete*).
- Die selektierte Figur kann verschoben werden (Kommando *Draw.Move dX dY*).

Hinweis 1: Die Typen *FigureDesc* und *GraphDesc* werden folgendermaßen ergänzt:

```
TYPE
   FigureDesc = RECORD
      isClose(f: Figure; x, y: INTEGER): BOOLEAN;
      draw, clear, mark: PROCEDURE(f: Figure);
      move(f: Figure; dX, dY: INTEGER);
      next: Figure;
   END
   GraphDesc = RECORD
      selection, list: Figure
   END
```

Die Methode *isClose* gibt an, ob ein Punkt (*x*, *y*) nahe bei einer Figur liegt. Sie wird benutzt, um festzustellen, welche Figur selektiert ist. Die Methode *mark* macht die Selektion sichtbar (siehe Abbildung 12.4). Die Methode *clear* löscht eine Figur (einschließlich Markierung) von der Zeichenfläche.

Hinweis 2: Wenn eine Figur oder Markierung gelöscht wird, bleibt eine Lücke zurück. Die einfachste Art, die Graphik zu restaurieren, ist, *Graphics.DrawAll* aufzurufen.

Ü 12.9 [**Meldungsbasierter kleiner Graphikeditor**] Schreiben Sie den kleinen Graphikeditor aus Übung 12.8 so um, daß er Objekte mit Handlern und Meldungen benutzt. Diskutieren Sie beide Lösungen – welche ziehen Sie vor?

Ü 12.10 [**Dateiunterstützung für Graphikeditor**] *Setzt Kenntnis des Oberon-Systems voraus* (Reiser, 1991). Erweitern Sie die

Prozedur *Graphics.Open* um die Fähigkeit, eine Graphik von einer Datei zu lesen. Stellen Sie eine Prozedur *Graphics.Store* zur Verfügung, die eine Graphik abspeichert.

Um eine Graphik zu speichern, statten Sie Figuren mit einer zusätzlichen Methode *store* aus.

Hinweis: Auf der Datei wird jeder Figur ein String vorangestellt, der ein Kommando der Art »Rectangles.Load« oder »Lines.Load« enthält. Dieser Kommandostring wird vom Modul Graphics gelesen. Dann wird das Kommando mit einem Aufruf

```
Oberon.Call(cmd, NIL, FALSE, res)
```

aktiviert, wobei *cmd*: ARRAY 32 OF CHAR den Kommandostring enthält und *res*: INTEGER einen Ergebniskode bedeutet.

Referenzen

Dahl O.-J. und Nygaard K. (1966). Simula – an Algol-based simulation language. *Communications of the ACM*, 9, 671–8.

Goldberg A. und Robson D. (1983). *Smalltalk-80: The Language and its Implementation*. Reading, MA: Addison-Wesley.

Meyer B. (1988). *Object-Oriented Software Construction*. Englewood Cliffs, NJ: Prentice Hall.

Reiser M. (1991). *The Oberon System, User Guide and Programmer«s Manual*. Wokingham, England: Addison-Wesley.

Stroustrup B. (1986). The C++ Programming Language. Reading, MA: Addison-Wesley.

Tesler L. (1985). Object Pascal report. *Structured Language World*, 9, 10–14.

Wirth N. und Gutknecht J. (1992). *Project Oberon*. Wokingham: Addison-Wesley.

13 Ein Simulationsbeispiel

Kapitel 12 führte das Konzept der Objektorientierung und seine Umsetzung in Oberon ein, wobei die Konzepte aber nur durch Programmfragmente veranschaulicht wurden. Ähnlich wie in Kapitel 10 für Datenabstraktion soll nun als Abschluß ein vollständiges Beispiel für objektorientiertes Programmieren entwickelt werden – ein *Gerüst von abstrakten Datentypen und Modulen* für ein Simulationspaket.

Das Prinzip der Simulation diskreter Ereignisse wurde schon in Kapitel 10 diskutiert. Simulation ist in der Tat ein klassisches Anwendungsgebiet von abstrakten Datentypen – speziell von Objekten. Im folgenden sollen die Einsatzmöglichkeiten von generischen Modulen und Objekten mit Handlern gezeigt werden. Das Ziel ist wiederum, eine erweiterbare Struktur zu entwickeln, die das Hinzufügen neuer Funktionalität einfach durch Hinzufügen neuer Module ermöglicht – ohne Änderung oder Neuübersetzung jener Teile, die schon vorher entwickelt wurden.

13.1 Das generische Modul Qs

In Kapitel 10 treten die Kunden nicht explizit auf – ebensowenig wie die Warteschlange. Das ist aber nur in sehr einfachen Situationen möglich. Im allgemeinen müssen sowohl Kunden als auch Warteschlangen durch geeignete Datenstrukturen des Simulationsprogramms dargestellt werden. Das Ziel dieses Abschnitts ist ein generisches Warteschlangen-Modul für das Simulationspaket.

Das Modul *Qs* implementiert die drei grundlegenden Wartestrategien FIFO, LIFO und »Ranked« als abstrakte Datentypen. Der Inhalt der Schlangen muß mit allen drei Strategien kompatibel sein, das heißt, ein Eintrag kann zum Beispiel aus einer FIFO-Schlange herausgeholt und anschließend in eine sortierte Schlange eingefügt werden. Eine weitere Forderung ist, daß die *Wartestrategie invariant ist*; ein Klient kann sich also darauf verlassen, daß die FIFO-, LIFO- oder Sortierungseigenschaft nicht verletzt werden kann. Diese Invariante soll sowohl gegen versehentlichen als auch gegen absichtlichen Mißbrauch geschützt sein.

13.1.1 Definition

Die Grundlage für das Modul *Qs* bilden zwei abstrakte Datentypen: *Queue* und *Item*. Schlangen (queues) habe eine Eigenschaft: die Wartestrategie. Jeder Eintrag (item) hat einen Schlüssel (key), der für sortiertes Einfügen benutzt wird. Für alle Strategien existieren zwei Grundoperationen: Einfügen (enqueue) und Entfernen (dequeue) eines Eintrags.

Eine Warteschlange, also eine Instanz vom Typ *Queue*, gehört zu einer der Klassen *FIFO*, *LIFO* oder *Ranked*. In traditioneller Programmierung wird diese Charakterisierung häufig durch eine Markierung dargestellt, normalerweise eine ganze Zahl. Typerweiterung erlaubt jedoch eine viel elegantere Lösung: *FIFO*, *LIFO* und *Ranked* sind Typen, die den Basistyp *Queue* erweitern. Instanzen des erweiterten Typs sind kompatibel mit dem Basistyp *Queue* der Formalparameter von *Enqueue* und *DequeuedItem*. Die auszuführende Aktion kann durch einen Typtest ermittelt werden. Abbildung 13.1 zeigt diese Typenhierarchie.

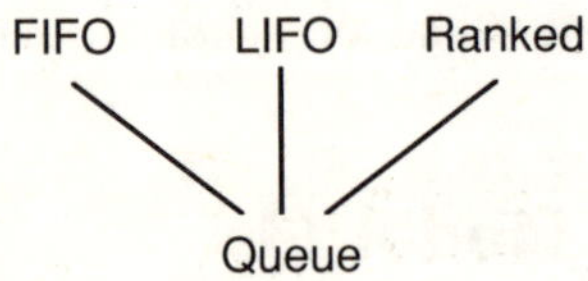

Abbildung 13.1
Die Warteschlangentypen des Moduls Qs

Mit dieser Entwurfsidee sieht die Definition des Modules *Qs* so aus:

```
DEFINITION Qs;
TYPE
   Key = REAL;
   Item = POINTER TO ItemDesc;
   ItemDesc = RECORD
      key: Key
   END;

   Queue = POINTER TO QueueDesc;
   QueueDesc = RECORD  END;

   FIFO = POINTER TO FIFODesc;
   FIFODesc = RECORD (QueueDesc)  END;

   LIFO = POINTER TO LIFODesc;
   LIFODesc = RECORD (QueueDesc)  END;
```

```
   Ranked = POINTER TO RankedDesc;
   RankedDesc = RECORD(QueueDesc)  END;

PROCEDURE Enqueue(q: Queue; i: Item);
PROCEDURE DequeuedItem(q: Queue): Item;
PROCEDURE Empty(q: Queue): BOOLEAN;
PROCEDURE Enumerate(q: Queue; P: PROCEDURE (item: Item));
PROCEDURE Open(q: Queue);
END Qs.
```

Die Namen der Prozeduren sprechen schon für sich:

- *Enqueue* stellt einen Eintrag *i* in die Schlange *q*.
- *DequeuedItem* entfernt und liefert den Kopf der Schlange *q*.
- *Empty* liefert TRUE, wenn *q* leer ist, sonst FALSE.
- *Enumerate* durchläuft *q* und wendet *P* auf jeden Eintrag an.
- *Open* initialisiert eine Schlange *q*.

13.1.2 Implementierung

Zur Implementierung des Moduls *Qs* muß zuerst eine Datenrepräsentierung festgelegt werden. Die einfachste Lösung stellen lineare Listen dar (siehe Abschnitt 9.2).

Da jede der drei Warteschlangen eine Liste von Einträgen verwalten muß, wird bereits im Grundtyp *Queue* der Listenanker *first* eingefügt.

Für FIFO-Schlangen wird die optimierte Methode aus Abschnitt 9.2.2 benutzt. Dazu wird ein Zeiger *last* auf das letzte Element der Liste in der *FIFO*-Erweiterung eingefügt.

Der Text von Modul *Qs* sieht damit so aus:

```
MODULE Qs;
TYPE
   Key* = REAL;
   Item* = POINTER TO ItemDesc;
   ItemDesc* = RECORD
      key*: Key;
      next: Item
   END;

   Queue* = POINTER TO QueueDesc;
   QueueDesc* = RECORD
1) →  first: Item
   END;
```

```
    FIFO* = POINTER TO FIFODesc;
    FIFODesc* = RECORD (QueueDesc)
2) →   last: Item
    END;

    LIFO* = POINTER TO LIFODesc;
    LIFODesc* = RECORD (QueueDesc) END;
    Ranked* = POINTER TO RankedDesc;
    RankedDesc* = RECORD (QueueDesc) END;

PROCEDURE InsertFIFO(q: FIFO; i: Item);
BEGIN
    i.next := NIL;
    IF q.first # NIL THEN q.last.next := i
    ELSE q.first := i
    END;
    q.last := i
END InsertFIFO;

PROCEDURE InsertLIFO(q: LIFO; i: Item);
BEGIN  i.next := q.first;  q.first := i
END InsertLIFO;

PROCEDURE InsertRanked(q: Ranked; i: Item);
    VAR x: Item;
BEGIN
    IF (q.first = NIL) OR (i.key < q.first.key) THEN
        i.next := q.first;  q.first := i
    ELSE
        x := q.first;
        WHILE (x.next # NIL) & (i.key >= x.next.key) DO
            x := x.next
        END;
        i.next := x.next;  x.next := i
    END
END InsertRanked;

PROCEDURE Enqueue*(q: Queue; i: Item);
    VAR x: Item;
BEGIN
3) →  IF q IS FIFO THEN  InsertFIFO(q(FIFO), i)
    ELSIF q IS LIFO THEN InsertLIFO(q(LIFO), i)
    ELSIF q IS Ranked THEN InsertRanked(q(Ranked), i)
    END
END Enqueue;
```

```
PROCEDURE DequeuedItem*(q: Queue): Item;
   VAR x: Item;
BEGIN  x := q.first;
   IF x # NIL THEN q.first := x.next END;
   RETURN x
END DequeuedItem;

PROCEDURE Enumerate*(q: Queue; P: PROCEDURE (i: Item));
   VAR x: Item;
BEGIN  x := q.first;
   WHILE x # NIL DO P(x); x := x.next END
END Enumerate;

PROCEDURE Empty*(q: Queue): BOOLEAN;
BEGIN  RETURN q.first = NIL
END Empty;

PROCEDURE Open*(q: Queue);
BEGIN  q.first := NIL
END Open;

END Qs.
```

Anmerkungen

1) Das Feld first ist der (verborgene) Anker der Liste, welche die Warteschlange repräsentiert.
2) Das Feld last wird als FIFO-spezifische Erweiterung zum Feld first des Basistyps Queue hinzugefügt. last wird benutzt um FIFO-Operationen gemäß der Technik aus Abschnitt 9.2.2 zu optimieren.
3) In dieser If-Anweisung wird die typspezifische Wartestrategie ausgewählt. Beachten Sie auch die Typzusicherungen in den Prozeduraufrufen.

13.2 Ein objektorientierter Ereigniskalender

13.2.1 Der Datentyp *Actor* und die Modulstruktur

Der in Kapitel 10 verfolgte Ansatz ging von einer Formulierung des Programmablaufs auf einer hohen Abstraktionsebene aus. Schrittweise Verfeinerung führte schließlich zur endgültigen Spezifizierung.

Datenzentrierter Entwurf

Bei diesem Beispiel beginnen wir mit den grundlegenden Datentypen. Diese Vorgangsweise ist typisch für objektorientierte Programmierung und heißt *datenzentrierter* Entwurf.

Schrittweise Verfeinerung wird dadurch aber nicht überflüssig, sondern nur auf einen späteren Zeitpunkt verschoben.

Das Simulationsbeispiel von Kapitel 10 ist rund um einen *Ereigniskalender* aufgebaut. Ein Ereignis kann als Marke auf der Zeitachse aufgefaßt werden. Die Simulation ordnet einem Ereignis immer eine Aktion zu. Dieser Umstand *legt die Benutzung eines Objekts nahe*, das diese Zuordnung explizit ausdrückt. Da die Art der Aktion noch unspezifiziert ist, sind Objekte mit einem Handler die natürliche Wahl. Wir nennen ein solches Objekt *Actor* (aktives Objekt). Actors können in den Ereigniskalender eingetragen werden und wenn Sie an der Reihe sind, wird ihre Prozedurvariable *handle* mit einem geeigneten Meldungsparameter aufgerufen.

In einer konkreten Simulation werden Objekte, wie zum Beispiel Kunden oder Ressourcen, durch Instanzen einer Erweiterungen des Basistyps *Actor* ausgedrückt. Deshalb muß dieser Typ kompatibel mit dem *Elementtyp der verschiedenen Warteschlangen sein*. Aus Abschnitt 13.1 stammt das generische Modul *Qs* für Warteschlangen. Wenn *Qs* wirklich generisch ist, so muß es möglich sein, es hier auch für Actors zu benutzen.

Wir wollen es versuchen und deklarieren den Typ *Actor* als Erweiterung von *Qs.Item*:

```
TYPE
   Actor = POINTER TO ActorDesc;
   ActorDesc = RECORD (Qs.ItemDesc);
      handle: Handler
   END;
```

Lassen Sie uns nun die grundlegende Modulstruktur unseres Simulationspakets betrachten. Aus Kapitel 10 stammen die Service-Module *Paths* und *Sequences* (Übung 10.2), welche die Berechnung von Ergebnissen unterstützen. Sie werden auch hier gute Dienste leisten. Das Modul, das den abstrakten Datentyp *Actor* definiert, wird *Sim* genannt. Die Grundlage des Simulationspakets ist also die in Abbildung 13.2 gezeigte Modulstruktur.

Abbildung 13.2 *Grundlegende Modulstruktur des Simulationspakets*

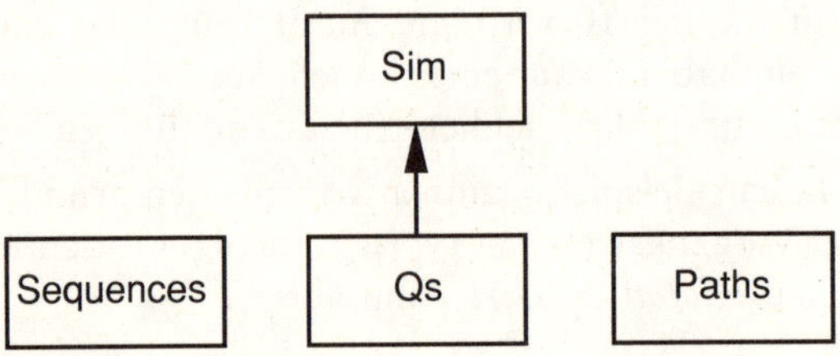

13.2.2 Das Modul *Sim*: eine abstrakte Simulation

So wie sein Vetter *Calendar* (siehe Abschnitt 10.3.1) verkörpert das Modul *Sim* den Kalender als abstrakte Datenstruktur. *Sim* exportiert auch den abstrakten Datentyp *Actor.*

Tatsächlich wäre es möglich, *Sim* ganz ähnlich wie *Calendar* zu implementieren. Die Prozeduren *Schedule* und *GetNextActor* würden Actors in den Kalender eintragen und den als nächsten an die Reihe kommenden wieder herausholen.

Eine solche Implementierung ignoriert allerdings den Umstand, daß Actors »aktive« Ereignisse darstellen, die selber wissen, wie sie auf Ereignisse reagieren müssen. Unter Ausnützung dieser Eigenschaft kann jede spezielle Simulation in folgender abstrakter Form ausgedrückt werden:

```
REPEAT
   "hole Actor aus Kalender";
   "Setze die Simulationszeit auf die Zeit des Actors";
   "aktiviere den Handler des Actors"
UNTIL "Simulationszeit abgelaufen" OR "Kalender ist leer"
```

Das Modul *Sim* ist keine spezielle Simulation – daher werden die *handle*-Felder der Actors nicht innerhalb von *Sim* spezifiziert. Dennoch ist alles vorhanden, um die kanonische Simulationsschleife zu implementieren. Man könnte sagen, das Modul *Sim* führt eine abstrakte Simulation aus. Die Details werden von Klienten eingefügt, die weiter oben in der Modulhierarchie stehen. Diese Klienten können spezifiziert, übersetzt und der Modul-Bibliothek hinzugefügt werden, lange nachdem *Sim* implementiert wurde.

Beachten Sie, daß diese abstrakte Behandlung einer Simulation analog zu der Art ist, wie der Graphikeditor, zum Beispiel in der Prozedur *DrawAll*, alle Objekte abstrakt behandelt hat.

Nach diesen Vorüberlegungen kann die Definition des Moduls *Sim* angegeben werden:

```
DEFINITION Sim;
IMPORT Qs;
TYPE
   Message = RECORD END;
   CalendarMessage = RECORD(Message) END;
   Handler = PROCEDURE (a: Actor; VAR msg: Message);
   Actor = POINTER TO ActorDesc;
   ActorDesc = RECORD (Qs.Item)
      handle: Handler
```

```
   END;
VAR  time: REAL;

PROCEDURE Schedule(a: Actor; t: REAL);
PROCEDURE Simulate(dt: REAL);
PROCEDURE Reset;
END Sim.
```

Der Simulationskalender basiert auf der sortierten Schlange, exportiert von Modul *Qs*.

- *Message* ist der Grundtyp aller Meldungen, die von Actors verstanden werden.
- *CalendarMsg* ist der Typ einer speziellen Meldung (eine Kalendermeldung), die an den aktuellen Actor geschickt wird, wenn er an die Reihe kommt und aus dem Kalender entfernt wird (man sagt, der Actor wird *passiv*).
- *Actor* ist der Grundtyp aller Simulationsobjekte.
- Die Variable *time* gibt die aktuelle Simulationszeit an.
- *Schedule* trägt den Actor *a* in den Kalender ein und setzt seinen Ereigniszeitpunkt auf *t*. Man sagt, der Actor wird *aktiv*.
- *Simulate* führt die (abstrakte) Simulation beginnend mit der aktuellen Zeit und endend bei *time* + *dt* aus. Das bedeutet, daß Actors in den passiven Zustand versetzt (durch Entfernen aus dem Kalender) und Kalendermeldungen verschickt werden.
- *Reset* löscht den Kalender und setzt *time* auf 0.

Sim kann nun als Ganzes aufgelistet werden:

```
MODULE Sim;
IMPORT Qs, Out;

TYPE
   Actor* = POINTER TO ActorDesc;
   Message* = RECORD END;
   CalendarMsg* = RECORD (Message) END;
   Handler* = PROCEDURE (a: Actor; VAR msg: Message);

   ActorDesc* = RECORD (Qs.ItemDesc)
      handle* : Handler
   END;

VAR
   time* : REAL;        (* Simulationszeit *)
   clndr: Qs.Ranked;   (* abstrakte Datenstruktur *)
```

```
1) →  PROCEDURE Schedule* (a: Actor; t: REAL);
      BEGIN  a.key := t;  Qs.Enqueue(clndr, a)
      END Wait;

      PROCEDURE Simulate* (dt: REAL);
         VAR
2) →        cur: Qs.Item;
            msg: CalendarMsg;  tEnd: REAL;
      BEGIN
         tEnd := time + dt;
         LOOP
3) →        IF ~Qs.Empty(clndr) THEN
               cur := Qs.DequeuedItem(clndr);
4) →           WITH cur(Actor) DO
5) →              time := cur.key;  cur.handle(cur, msg)
               END
            ELSE Out.String("empty calendar");  Out.Ln;  EXIT
            END;
            IF time > tEnd THEN EXIT END
         END
      END Simulate;

      PROCEDURE Reset*;
      BEGIN  Qs.Open(clndr);  time := 0
      END Reset;

6) →  BEGIN  NEW(clndr);  Reset
      END Sim.
```

Anmerkungen

1) Ob die Zeit ein Parameter von Schedule ist, oder einfach eine Eigenschaft des Actors (sein *key*), ist eine Überlegung Wert. Beide Lösungen sind möglich. Die Variante mit dem expliziten Parameter wurde gewählt, weil *key* im Simulationskontext keine Bedeutung hat.

2) Beachten Sie, daß die Variable *cur*, der aktuelle Actor, vom Basistyp *Qs.Item* sein muß, damit sie kompatibel zum Ergebnis von *Qs.DequeuedItem* ist.

3) Der Test auf eine leere Schlange ist nötig. Ein leerer Simulationskalender bedeutet eine Verklemmung (deadlock) im Simulationssystem. Wenn Verklemmungen auftreten, terminiert *Simulate*.

4) Vergessen Sie die Typzusicherung nicht. *cur* ist vom Typ *Qs.Item*; hier wird aber mit Actors gearbeitet. Da der Kalender nur Actors oder Erweiterungen davon enthält, ist kein Typtest erforderlich.

5) Die Meldung *msg* vom Typ *CalendarMsg* wird an den Actor gesandt. Sie informiert den Actor, daß er an der Reihe ist und in den passiven Zustand gewechselt hat.

6) Im Rumpf des Modules *Sim* wird die abstrakte Datenstruktur erzeugt und initialisiert.

13.3 Eine Simulation auf der Basis von Modul *Sim*

Wie können nun diese Werkzeuge benutzt werden, um Warteschlangen zu simulieren? Kapitel 10 führte die Grundkonzepte der Warteschlange ein. Eine große Klasse von Anwendungen können in die Einheiten *Kunden*, *Quellen* und *Stationen* zerlegt werden. Abbildung 13.3 zeigt diese Elemente im Fall einer einzelnen Warteschlange.

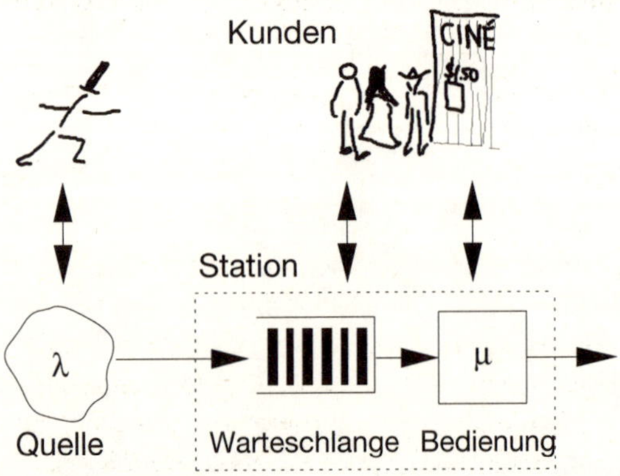

Abbildung 13.3 *Eine einfache Warteschlange bestehend aus nur einer Station*

In der Simulationspraxis ist aber eine einzelne Warteschlange selten von Interesse.[1] Üblich sind ganze Netzwerke von Stationen, die von Kunden durchlaufen werden (siehe Abbildung 13.4).

Genauer gesagt, es liegt folgende Situation vor:

- *Kunden* laufen durch das System von Stationen. Sie bestimmen die Reihenfolge, in der sie die Stationen besuchen, und die gewünschten Dienste.
- *Quellen* erzeugen gemäß einer bestimmten Zufallsstrategie Kunden.
- *Stationen* sind Einheiten bestehend aus einer oder mehreren *Bedieneinheiten* und einer *Warteschlange*. Die Station ordnet Kunden in die Warteschlange ein und sorgt dafür, daß sie bedient werden.

---

1 Die mathematische Theorie für einzelne Warteschlangen ist gut entwickelt. Daher werden diese Fälle analytisch und nicht experimentell gelöst.

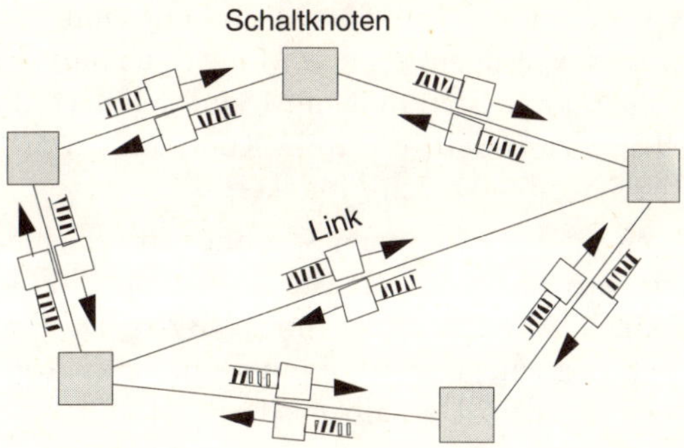

Abbildung 13.4 *Ein Kommunikationsnetzwerk modelliert als System von Warteschlangen*

Beachten Sie, daß in der Simulationspraxis auch Stationstypen vorkommen, die durch die Größe des Warteraums, die Anzahl der Bedieneinheiten und die Wartestrategie gekennzeichnet sind. Dieses Beispiel betrachtet nur den einfachsten Fall: ein unbeschränkter Warteraum und eine einzelne Bedieneinheit, welche die Kunden in der Reihenfolge ihrer Ankunft (FIFO) abarbeitet.

Grundidee Die Interaktion von Kunden und Stationen kann auf viele Arten erfolgen. Hier wird folgender Ansatz gewählt:

1) Der Kunde entscheidet, welche Station er besucht und *fordert einen Dienst* von dieser Station an.
2) Die *Station benachrichtigt den Kunden*, wenn der gewünschte Dienst zur Verfügung steht. Der Kunde (nicht die Bedieneinheit) legt fest, wann die Bedienung beendet ist.
3) Nach Ablauf der Bedienzeit gibt der Kunde *die Bedieneinheit frei*, bevor er weitere Stationen besucht oder das System verläßt.

Kunden, *Quellen* und *Stationen* treten mehrfach auf. Genau das legt die Einführung eines Datentyps nahe. Entwurf und Implementierung dieser Datentypen ist die nächste Aufgabe.

13.3.1 Datentypen und Modulstruktur

In Oberon geht der Entwurf von Datentypen und das Festlegen einer Modulstruktur Hand in Hand, da das Modul die Grundlage für Abstraktionen bildet. Das Ziel ist, drei Typen einzuführen: *Customer*, *Source* und *Station*.

Grundsätzlich gilt, daß Kunden, Quellen und Stationen als Actors implementiert werden müssen, da sie zeitabhängiges Verhalten aufweisen. Ihr Typ erweitert daher den Basistyp *Sim.Actor*.

Die Typen *Customer* und *Source* sind untrennbar mit einem konkreten Simulationsexperiment – auch *Modell* genannt – verbunden. Sie werden deshalb am besten in dem Modul definiert, das auch das spezielle Modell implementiert, etwa ein Kommunikationsnetzwerk. Wir nennen dieses Modul einfach *Model*.

Im Gegensatz dazu kommen Stationen in verschiedenen Standardkonfigurationen vor. Die einfachste ist eine mit FIFO-Strategie und unbeschränktem Warteraum. Wenn eine solche Station als abstrakter Datentyp implementiert ist, kann sie in vielen konkreten Simulationen eingesetzt werden. Deshalb wird ein Modul *Stations* eingeführt, das den Typ *Station* exportiert.

Die einfachen Stationen dieses Beispiels weisen kein zeitabhängiges Verhalten auf. Es ist daher nicht nötig, *Station* als Erweiterung von *Actor* zu definieren. Man kann sich aber leicht Stationen vorstellen, die den Ereigniskalender brauchen, zum Beispiel Stationen, die von Zeit zu Zeit ausfallen.

Abbildung 13.5 zeigt die angestrebte Modulstruktur. Das Ziel ist ein erweiterbares Simulationspaket, in dem neue Stationstypen in Modulen verpackt dem System hinzugefügt werden können, ohne existierende Teile, speziell das Modul *Sim*, ändern oder neu übersetzen zu müssen. Objektorientierter Entwurf ermöglicht das.

Abbildung 13.5
Modulhierarchie (nur wichtige Importbeziehungen sind gezeigt)

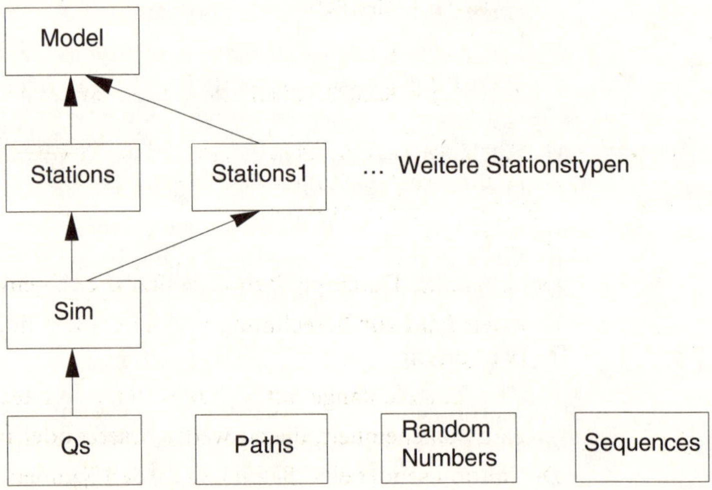

13.3.2 Definition des Moduls *Stations*

Der Grundidee entsprechend ist die Station für die Verwaltung der Warteschlangen zuständig. Im speziellen gibt die Station an, welcher Kunde als nächstes bedient wird und sendet ihm eine »begin service«-Meldung.

An dieser Stelle kommt die Allgemeinheit von Objekten mit einem Handler zum Ausdruck. Es ist nicht notwendig, eine »begin service«-Methode in Modul *Sim* vorzusehen. Das Modul *Stations* definiert einfach einen *BeginMsg*-Typ als Erweiterung von *Sim.Message* und sendet eine »begin service«-Meldung an das Objekt, das einen Service verlangt oder aus der Warteschlange entfernt wird.

Andere Stationstypen können andere Meldungen benötigen, zum Beispiel eine »breakdown«-Meldung. Wiederum wird der erforderliche Meldungstyp in dem Modul deklariert, der ihn benötigt – nicht im Basismodul.

Die Definition des Moduls *Stations* sieht damit folgendermaßen aus:

```
DEFINITION Stations;
IMPORT Sim, Paths;
TYPE
   Station = POINTER TO StationDesc;
   StationDesc = RECORD
      path: Paths.Path
   END;

   BeginMsg = RECORD (Sim.Message)  s: Station  END;

PROCEDURE Request(s: Station; customer: Sim.Actor);
PROCEDURE Free(s: Station);
PROCEDURE Open(s: Station);
END Stations.
```

Der abstrakte Datentyp *Station* besitzt drei Eigenschaften:

- einen *Pfad* zur Berechnung von Statistiken über die Warteschlange der Station;
- eine Warteschlange mit FIFO-Strategie (versteckt);
- eine Bedieneinheit, die entweder besetzt oder frei ist (versteckt).

Die Station sendet eine *BeginMsg* an den Kunden, wenn die Bedienung beginnt. Das Feld *s* dieser Meldung gibt die Station an.

Die Bedeutung der Prozeduren von Modul *Stations* ist wie folgt:

- *Request*: Der Kunde *customer* fordert einen Dienst von Station *s* an, die aus einer Bedieneinheit und einer Warteschlange besteht. Falls die Bedieneinheit besetzt ist, wird der Kunde in die Warteschlange eingeordnet; ist sie frei, so wird die Bedieneinheit dadurch besetzt und beginnt die Bedienung von *customer.*
- *Free*: Station s wird mitgeteilt, daß der gerade bediente Kunde fertig ist. Die Bedieneinheit wird freigegeben. Falls die Warteschlange nicht leer ist, kommt der am längsten wartende Kunde an die Reihe. Die Bedieneinheit wird wieder besetzt und beginnt die Bedienung dieses Kunden.
- *Open*: Initialisiert eine Instanz *s* vom Typ *Station*.

Es ist wichtig, daß *Open* keine neue Instanz erzeugt. Die Klienten rufen das NEW auf und übergeben die neu erzeugte Station zur Initialisierung an *Open*. Der Typ des Parameters von *Open* kann *Station* sein *oder eine Erweiterung* davon.

13.3.3 Implementierung des Moduls *Stations*

Die Implementierung des Moduls *Stations* ergibt sich direkt aus der vorangegangenen Diskussion.

```
MODULE Stations;
IMPORT Qs, Sim, Paths;

TYPE
   Station* = POINTER TO StationDesc;
   StationDesc* = RECORD
      wl: Qs.FIFO;(* Warteschlange  *)
      path* : Paths.Path
   END;

   BeginMsg* = RECORD (Sim.Message)  s*: Station  END;

PROCEDURE Request* (s: Station; customer: Sim.Actor);
   VAR msg: BeginMsg;
BEGIN
   IF s.path.n = 0  THEN  (* Bedieneinheit frei  *)
1) →  msg.s := s;  customer.handle(customer, msg)
   ELSE  Qs.Enqueue(s.wl, customer)
   END;
   Paths.Up(s.path, Sim.time)
END Request;
```

```
      PROCEDURE Free* (s: Station);
         VAR
2) →        customer: Qs.Item;
            msg: BeginMsg;
      BEGIN
         Paths.Down(s.path, Sim.time);
         IF s.path.n > 0 THEN  (* Kunden warten *)
            customer := Qs.DequeuedItem(s.wl);
            WITH customer(Sim.Actor) DO
3) →           msg.s := s;  customer.handle(customer, msg)
            END
         END
      END Free;

      PROCEDURE Open* (s: Station);
      BEGIN
         Paths.Open(s.path);  NEW(s.wl);  Qs.Open(s.wl)
      END Open;

      END Stations.
```

Anmerkungen

1) Das Feld *s* der Meldung *msg* (vom Typ *BeginMsg*) wird initialisiert und der Handler des Kunden aufgerufen (eine *BeginMsg* wird an den Kunden gesandt).
2) Beachten Sie, daß *customer* wegen der Kompatibilität zu *Qs.DequeuedItem* vom Typ *Qs.Item* sein muß.
3) Eine *BeginMsg* wird an den Kunden gesandt. Beachten Sie die wegen (2) notwendige Typzusicherung.

13.3.4 Implementierung des Moduls *Model*

Das Modul *Model* implementiert die Simulation der in Abbildung 13.3 dargestellten einfachen Warteschlange. Das Ziel ist, Statistiken über die Wartezeit der Kunden zu erstellen. Zu diesem Zweck müssen die Kunden explizit dargestellt werden (d.h. sie besitzen ein Identität). Jeder Kunde erhält eine Zeitmarke, die seine Ankunftszeit angibt. Das Modul *Sequences* wird benutzt, um Mittelwert und Varianz der Wartezeiten zu berechnen (siehe Übung 10.2).

Das Programmieren der Simulation besteht im wesentlichen, wie im folgenden Programmtext gezeigt, aus der Implementierung der Handler für Kunden und Quellen:

```
MODULE Model;
IMPORT  Sim, Stations, Paths, Sequences, RandomNumbers, In, Out;
TYPE
```

```
1) →       Customer = POINTER TO CustomerDesc;
           CustomerDesc = RECORD (Sim.ActorDesc)
              ts: REAL
           END;

        VAR
           lambda, mu: REAL;
           s: Stations.Station;
2) →       srce: Sim.Actor;
           w: Sequences.Sequence;

3) →    PROCEDURE HandleCust(cust: Sim.Actor; VAR msg: Sim.Message);
        BEGIN
4) →       WITH cust(Customer) DO
              IF msg IS Stations.BeginMsg THEN
5) →             Sim.Schedule(cust, Sim.time + RandomNumbers.Exp(mu))
              ELSIF msg IS Sim.CalendarMsg THEN
6) →             Stations.Free(s);  Sequences.Add(w, Sim.time - cust.ts)
              END
           END
        END HandleCust;

7) →    PROCEDURE HandleSrce(srce: Sim.Actor; VAR msg: Sim.Message);
           VAR  c: Customer;
        BEGIN
8) →       NEW(c);  c.handle := HandleCust;  c.ts := Sim.time;
           Stations.Request(s, c);
           Sim.Schedule(srce, Sim.time + RandomNumbers.Exp(lambda))
        END HandleSrce;

9) →    PROCEDURE Setup*;
           VAR  c: Customer;
        BEGIN
           In.Open;  Sim.Reset;  Sequences.Open(w);
10) →      NEW(srce); srce.handle := HandleSrce;
           In.Real(lambda);  Out.String("lambda =");  Out.Real(lambda, 10);
11) →      Sim.Schedule(srce, 0);
12) →      NEW(s);  Stations.Open(s);
           In.Real(mu);  Out.String("     mu =");  Out.Real(mu, 10); Out.Ln
        END Setup;

13) →   PROCEDURE Run*;
           VAR  dt: REAL;
        BEGIN
           In.Open; In.Real(dt);
14) →      Sim.Simulate(dt);
           Out.String("Sim.time =");  Out.Real(Sim.time, 10);
           Out.String("     E[W]=");  Out.Real(Sequences.Mean(w), 10);
```

```
    Out.String("    var[W]="); Out.Real(Sequences.Var(w), 10);
    Out.Ln
END Run;

END Model.
```

Anmerkungen

1) Der Typ *Customer* erweitert *Sim.Actor.* Das hinzugefügte Feld *ts* (time stamp) gibt die Ankunftszeit an und wird zur Berechnung der Wartezeitstatistik benutzt.
2) Da die Quelle (*srce*) keinen Zustand einführt, ist es nicht notwendig, *Sim.Actor* zu erweitern.
3) Das ist der Handler für Kunden.
4) Eine regionale Typzusicherung wird benötigt, da *cust* vom Basistyp *Sim.Actor* ist. Unter dem Schutz dieser Zusicherung können die erweiterten Felder der Kunden (hier *ts*) im Handler angesprochen werden.
5) Der Handler wurde mit einer Meldung vom Typ *Stations.BeginMsg* aufgerufen. Das bedeutet, daß die Bedienung beginnt. Der Handler trägt den Kunden (Formalparameter *cust*) für den Zeitpunkt des Endes der Bedienung in den Kalender ein. Beachten Sie, daß der Handler das Feld *s* der Meldung nicht benutzt. Für die Benutzung wäre eine Typzusicherung erforderlich (siehe Übungen).
6) Der Handler wurde mit einer Meldung vom Typ *Sim.CalendarMsg* aufgerufen. Das ist eine Benachrichtigung darüber, daß die Bedienzeit abgelaufen ist. Die Station *s* wird freigegeben und die Wartezeit berechnet und der Sequenz *w* hinzugefügt.
7) Das ist der Handler für die Quelle.
8) Der Handler kann nur von Modul *Sim* aus aufgerufen werden (mit einer Kalendermeldung). Aus diesem Grund ist kein Typtest erforderlich. Bei jedem Aufruf wird ein neuer Kunde erzeugt, der sofort einen Service von Station *s* anfordert. Dann wird die Quelle wieder in den Ereigniskalender eingetragen, um einen neuen Kunden zu erzeugen.
9) *Setup* ist das Kommando zum Initialisieren eines Simulationslaufs.
10) Eine Instanz *srce* vom Typ *Sim.Actor* wird ezeugt und *HandleSrce* wird dem Feld *srce.handle* zugewiesen.
11) Es ist entscheidend, daß die Quelle hier zum ersten Mal in den Kalender eingetragen wird. Erst dadurch läuft die gesamte Simulation. Ohne diesen Eintrag würde nichts geschehen.

12) Eine Instanz vom Typ *Stations.Station* wird erzeugt und initialisiert.

13) Dieses Kommando startet einen inkrementellen Simulationslauf, der *dt* Zeiteinheiten dauert und Wartezeitstatistiken ausgibt.

14) Dieser Aufruf startet die Simulationsschleife, die in Modul *Sim* gekapselt ist.

13.4 Zusammenfassung

In diesem Kapitel wurde unter Benutzung von generischen Modulen und Objekten mit Handlern ein vollständiges Simulationspaket entwickelt. Das Ergebnis ist im wesentlichen eine *Menge von abstrakten Datentypen*, die zusammenspielen.

Die Nützlichkeit von *generischen Modulen* wurde gezeigt. Für den Simulationskalender und für die explizite Repräsentierung der Warteschlangen konnten Erweiterungen der abstrakten Datentypen des Moduls *Qs* benutzt werden. Eine wichtige Eigenschaft von abstrakten Datentypen – garantierte Invarianten – wurde demonstriert. In diesem Beispiel es die Invarianz der Wartestrategie, die garantiert wird.

Der Begriff des Ereignisses, eingeführt in Kapitel 10, wurde verallgemeinert. Um diese Verallgemeinerung auszudrücken, wurde der Typ der Ereignisse *Actor* genannt. Ein Actor ist ein Objekt mit einem Handler. Der Kalender, gekapselt in Modul *Sim*, fordert den Actor durch Senden einer Kalendermeldung auf, die dem Ereignis zugeordnete Aktion auszuführen.

Das Simulationspaket kann um Module erweitert werden, die verschiedene Arten von Stationen implementieren. Jede Station definiert ein Protokoll, zum Beispiel die Prozedurklammer *Request/Free*. Von speziellem Interesse ist die Art, wie das Modul *Stations* einen Meldungstyp *BeginMsg* definiert und entsprechende Meldungen an Kunden sendet.

Andere Stationsarten (in diesem Kapitel nicht gezeigt) können auf ähnliche Weise ihre eigenen Meldungstypen einführen, zum Beispiel eine »breakdown«-Meldung. Die Möglichkeit, Meldungstypen nicht schon im Basismodul, sondern erst in jenen Modulen einzuführen, die sie auch senden, ist eine spezielle Stärke von Objekten mit Handlern. Beachten Sie, daß diese Flexibilität im Standard-Paradigma der Klassen und Methoden nicht enthalten ist.

13.5 Übungen

Ü 13.1 **[Doppelschlangen]** Wiederholen Sie Übung 10.4 mit dem Simulationspaket dieses Kapitels.

Ü 13.2 **[Stationen mit begrenztem Warteraum]** Das Modul *Stations* aus Abschnitt 13.4.2 erlaubt unbeschränkt große Warteschlangen. In den meisten praktischen Situationen ist jedoch der Warteraum begrenzt. Fügen Sie dem Simulationspaket ein Modul *StationsN* hinzu, das diese Beschränkung berücksichtigt.

Hinweis: Statten Sie den Typ *Station* mit zwei Warteschlangen aus, die einen inneren (begrenzten) und einen äußeren (unbegrenzten) Warteraum modellieren. Kommt eine Anforderung und der innere Warteraum ist voll, so wird der anfordernde Actor in den äußeren Warteraum verwiesen. Wenn im inneren Warteraum wieder ein Platz frei wird (Aufruf von *Free*), rückt der am längsten wartende Actor vom äußeren in den inneren Warteraum vor. Benutzen Sie den neuen Meldungstyp *AcceptMsg*, um den Actor davon zu benachrichtigen, daß er im begrenzten Warteraum aufgenommen wurde.

Die Definition von *StationsN* sieht damit folgendermaßen aus:

```
DEFINITION Stations;
IMPORT Sim, Paths;
TYPE
   Station = POINTER TO StationDesc;
   StationDesc = RECORD
      path: Paths.Path
   END;
   BeginMsg = RECORD (Sim.Message)  s: Station  END;
   AcceptMsg = RECORD (Sim.Message)  s: Station  END;
PROCEDURE Request(s: Station; customer: Sim.Actor);
PROCEDURE Free(s: Station);
PROCEDURE Open(s: Station; n: INTEGER); (*n = max. Größe*)
END Stations.
```

Ü 13.3 Simulieren Sie unter Benutzung von *StationsN* Doppelschlangen mit begrenztem Warteraum. Erstellen Sie eine Statistik über die Gesamtzeit, die ein Kunde im System verbringt, und vergleichen Sie die Ergebnisse mit Übung 13.1.

Ü 13.4 [**Paketvermittlung**] Simulieren Sie ein Paketvermittlungs-Netzwerk wie jenes in Abbildung 13.4. Das Netzwerk besteht aus:

- *M* Schaltknoten mit unbegrenzter Pufferkapazität und unendlicher Verarbeitungsgeschwindigkeit.
- *N* Kommunikationsleitungen, die durch ihre Übertragungsrate [Bit/Sek] gekennzeichnet sind.
- *R* Routen, die einen Quellknoten mit einem Zielknoten verbinden. Eine Route ist eine Folge von Kommunikationsleitungen, die sequentiell durchlaufen werden. Jede Route hat eine Quelle, die Pakete erzeugt.
- Die Parameter einer Quelle sind: (i) die Ankunftsrate [Pakete/Sek], (ii) die mittlere Paketgröße [Bit]. Benutzen Sie exponentialverteilte Zufallszahlen für die Paketankünfte und die Paketgrößen.

Wählen Sie geeignete Datenstrukturen, um das Netzwerk zu repräsentieren. Stellen Sie Kommandos zum Initialisieren einer Konfiguration zur Verfügung. Erstellen Sie Statistiken über die Paketlaufzeiten jeder Route und des gesamten Netzwerks. Bestimmen Sie geeignete Puffergrößen für die Knoten.

Stellen Sie Kommandos zur Verfügung, um das Netzwerk in einer Datei zu speichern und von dort zu laden.

Ü 13.5 Wiederholen Sie Übung 13.4 mit Knoten begrenzter Pufferkapazität und endlicher Verarbeitungsgeschwindigkeit.

14 Oberon-2

Die Sprache Oberon wurde entwickelt, um ein neuartiges Betriebssystem mit Hilfe objektorientierter Techniken zu implementieren. Das Hauptaugenmerk lag dabei auf der Eleganz der Konzepte sowie auf einem möglichst einfachen Programmiermodell. Im Laufe der Implementierung des Betriebssystems wurde Oberon sorgfältig auf diese Ziele abgestimmt.

Der jüngste Schritt dieser Entwicklung ist Oberon-2 (Mössenböck und Wirth, 1991), eine geringfügige, *voll aufwärtskompatible Erweiterung von Oberon*. Die wesentliche Neuerung von Oberon-2 sind *typgebundene Prozeduren*, die als Prozedurkonstanten einem Record-Typ zugeordnet werden können. Weitere Neuerungen sind

- die *For*-Anweisung, um eine feste Anzahl von Wiederholungen auszudrücken;
- der offene Array-Typ als *Zeigerbasistyp*;
- eine erweiterte Form der With-Anweisung, die *Varianten* zuläßt;
- der *schreibgeschützte* Export von Variablen und Record-Feldern;
- geschachtelte Kommentare;
- flexiblere Zeichenketten;
- die vordefinierte Prozedur ASSERT.

14.1 Typgebundene Prozeduren

Objekte sind Instanzen eines abstrakten Datentyps, deren Operationen dynamisch gebunden werden. Dynamische Bindung bedeutet, daß die Prozedur, die eine bestimmte Operation ausführt, erst zur Laufzeit ermittelt wird. In Oberon wird dynamische Bindung durch den Aufruf von Prozedurvariablen realisiert, die als Felder eines Record-Typs auftreten.

Am Beispiel des Graphikeditors aus Abschnitt 12.4 sieht man, daß den Prozedurvariablen nur ein einziges Mal ein Wert zugewiesen wird, nämlich dann, wenn ein Objekt erzeugt wird. Diese Vorgehensweise ist typisch: Prozedurvariablen erhalten ihren Wert, wenn ein Objekt erzeugt wird und bleiben danach konstant. Daraus folgt, daß die dynamische Bindung in vielen Fällen ebensogut aufgrund des dynamischen Typs des Objekts erfolgen kann, statt anhand des Objekts selbst. Die typgebundenen Prozeduren von Oberon-2 sind also ein Sprachkonstrukt, das Prozeduren mit Record-Typen anstatt mit Record-Objekten assoziiert. Die Vorteile sind:

- Die Prozeduren belegen keinen Speicherplatz in den Objekten.
- Bei der Erzeugung eines Objekts müssen keine Prozeduren an Record-Felder zugewiesen werden.
- Durch die Bindung von Methoden an den dynamischen Typ des Empfängers entfallen viele Typzusicherungen (siehe 14.1.1).

Die Graphikobjekte aus Kapitel 12 können mit Hilfe von typgebundenen Prozeduren folgendermaßen dargestellt werden:

```
TYPE
   Figure* = POINTER TO FigureDesc;
   FigureDesc* = RECORD
      next: Figure
   END;
...
PROCEDURE (fig: Figure) Draw*;
   ...
END Draw;

... (* Deklaration der Prozeduren Clear und Mark *)

PROCEDURE (fig: Figure) Move* (dX, dY: INTEGER);
   ...
END Move;
```

Der Typ *Figure* enthält keine Prozedurvariablen mehr. In den Deklarationen der Prozeduren *Draw*, *Clear*, *Mark* und *Move* wird der formale Parameter *fig*, der das Objekt bezeichnet, auf das sich die Operation bezieht, vor dem Prozedurnamen angegeben. Dieser Parameter wird auch *Empfänger* (receiver) von Meldungen genannt. Sein Typ *Figure* gibt an, daß diese Prozeduren an *Figure* gebunden sind, d.h. daß sie auf Objekte vom Typ *Figure* angewendet werden können.

Die Prozeduren *Draw* und *Move* werden folgendermaßen aufgerufen:

```
fig.Draw;   fig.Move(x, y);
```

Der Bezeichner *fig* spielt dabei zwei Rollen: Er stellt den aktuellen Empfängerparameter dar, und sein dynamischer Typ bestimmt, welche Prozedur aufgerufen wird.

Man vergleiche das mit dem Aufruf des Prozedurfeldes *move* in der früheren Implementierung:

```
fig.move(fig, x, y);
```

Hier werden die beiden Rollen von *fig* durch *zweimaliges Auftreten* des Bezeichners ausgedrückt. Das erste Auftreten dient zur Auswahl der Prozedur; das zweite stellt das Objekt dar, auf das sich die Prozedur bezieht.

Betrachten Sie nun den Aufruf von *fig.Draw*. Wenn der dynamische Typ von *fig Line* ist, wird die *Draw*-Prozedur aufgerufen, die dem Typ *Line* zugeordnet ist; wenn er *Rect* ist, wird die *Draw*-Prozedur aufgerufen, die *Rect* zugeordnet ist, usw. Dieser Mechanismus stellt auch eine Art von *dynamischer Bindung* dar, da die gewünschte Operation (hier *Draw*) zur Laufzeit aufgrund des dynamischen Typs des Empfängers an eine bestimmte Prozedur gebunden wird.

14.1.1 Syntax und allgemeine Semantik

Die Syntax von Prozedurköpfen (Abschnitt 6.1) wird um einen Empfängerparameter erweitert, der einen weiteren formalen Parameter darstellt und andeutet, daß die Prozedur typgebunden ist:

```
ProcedureHeading =
      "PROCEDURE" [Receiver] ident ["*"]  [FormalParameters].
Receiver = "(" ["VAR"] ident ":" ident ")".
```

Explizites und implizites Binden

Wenn eine Prozedur *P* an einen Typ *T0* gebunden ist, stellt die folgende Deklaration eine explizite Bindung dar:

```
PROCEDURE (p: T0) P (... weitere formale Parameter ...)
BEGIN
  ... (* Anweisungsfolge *)
END P;
```

Die Prozedur *P* ist *implizit auch an alle Erweiterungen* *T*1, *T*2 ... *Tn* *von* *T*0 *gebunden* (Vererbung von typgebundenen Prozeduren). Man kann nun eine andere Prozedur *Q* an Typen binden, die *T*0 erweitern, zum Beispiel an *T*1:

```
PROCEDURE (p: T1) Q (... weitere formale Parameter ...);
BEGIN
  ... (* Anweisungsfolge *)
END Q;
```

In diesem Fall ist *Q* auch an alle Typen gebunden, die *T*1 erweitern, also an *T*2 ... *Tn*, nicht aber an *T*0. Abbildung 14.1 stellt diese Situation dar.

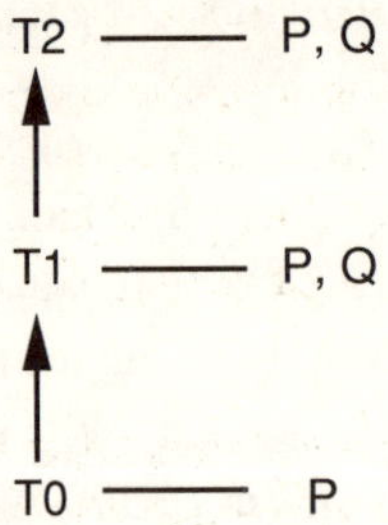

Abbildung 14.1
Typhierarchie mit typgebundenen Prozeduren

Lokalität

Typgebundene Prozeduren sind lokal zu einem Record-Typ, so als wären sie Felder dieses Typs. Um diese Lokalität auszudrücken, kann ein Typ mit gebundenen Prozeduren folgendermaßen dargestellt werden:[1)]

```
DEFINITION Graphics;
TYPE
   Figure = POINTER TO FigureDesc;
   FigureDesc = RECORD
      next: Figure;
      PROCEDURE (fig: Figure) Draw;
      PROCEDURE (fig: Figure) Move (dX, dY: INTEGER);
   END;
...
```

Da eine typgebundene Prozedur lokal zu einem Record-Typ ist, braucht man zu ihrer eindeutigen Bezeichnung sowohl ihren Namen als auch den des Record-Typs, an den sie gebunden ist. Im folgenden wird die Schreibweise P_T verwendet, wobei *T* den Typ und *P* die Prozedur bezeichnet.

Überschreiben

Das Hinzufügen neuer Prozeduren zu erweiterten Typen, wie etwa *Q* in Abbildung 14.1, ist nicht *annähernd* so wichtig wie das Anpassen oder Ersetzen einer typgebundenen Prozedur P_T in einer Erweiterung von *T*.

Angenommen, P_{T0} und P_{T1} seien zwei verschiedene Prozeduren mit *demselben Namen*, die explizit an die Typen *T*0 und *T*1 gebunden sind. Wenn *T*1 eine Erweiterung von *T*0 ist, sagt man, daß die an *T*1 gebundene Prozedur die an *T*0 gebundene *überschreibt* (Abbildung 14.2). Eine Prozedur P_{T1} kann eine Prozedur P_{T0} nur dann überschreiben, wenn ihre formalen Parameter (abgesehen vom Empfängerparameter) mit denen von P_{T0} *übereinstimmen.*

1 Das ist auch der Stil, der vom Browser benutzt wird, um Definitionsmodule darzustellen.

Der Typ des Empfängerparameters wird beim Überschreiben spezialisiert; man spricht deshalb auch von *Kovarianz* des Empfängertyps. Als Folge davon ist für den Zugriff auf erweiterte Felder des Empfängers keine Typzusicherung notwendig. Das vereinfacht den Programmtext und beschleunigt die Programmausführung geringfügig.

Abbildung 14.2
Überschreiben der Prozedur P

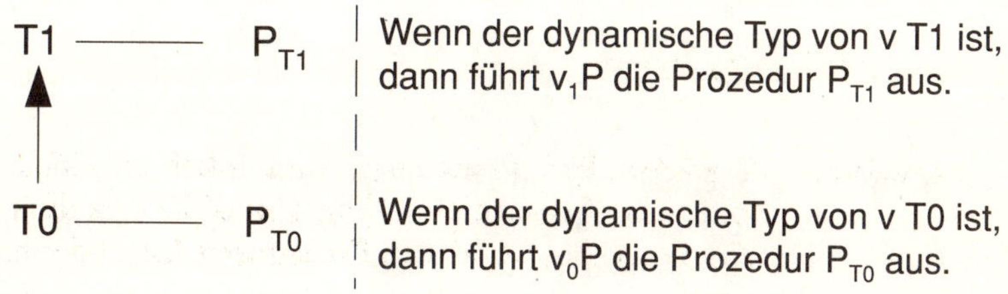

Betrachten Sie zum Beispiel den Typ *Rect*, der eine Erweiterung von *Figure* ist:

```
Rect = POINTER TO RectDesc;
RectDesc = RECORD (FigureDesc)
   x, y, w, h: INTEGER
END;
```

Nun können die folgenden Prozeduren deklariert werden:

```
PROCEDURE (fig: Figure) Draw;
PROCEDURE (fig: Rect) Draw;
```

$Draw_{Rect}$ überschreibt $Draw_{Figure}$.

Dynamische Bindung

Wenn *v* ein Bezeichner ist und *P* eine typgebundene Prozedur, dann bezeichnet

```
v.P
```

die Prozedur *P*, die zum *dynamischen Typ von v gehört*. Es ist essentiell, daß dies eine andere Prozedur sein kann, als die zum statischen Typ von *v* gehörende. Wenn *P* Formalparameter besitzt, werden die aktuellen Parameter in der üblichen Weise übergeben. Die Variable *v* wird ebenfalls unter Beachtung der Paramterübergaberegeln an den Empfängerparameter von *P* übergeben.

Unter Annahme der Deklaration *rect*: *Figure* sind zum Beispiel folgende Aufrufe gültig:

```
rect.Draw;   rect.Move(x, y);
```

Das folgende Beispiel zeigt die Semantik der dynamischen Bindung (siehe auch Abbildung 14.2):

```
VAR v0: T0; v1: T1;
...
NEW(v0);      (* erzeugt eine Instanz vom dynamischen Typ T0 *)
NEW(v1);      (* erzeugt eine Instanz vom dynamischen Typ T1 *)
...
v0.P;         (* PT0 wird ausgeführt *)
v0 := v1;     (* der dynamische Typ von v0 wird T1 *)
v0.P;         (* PT1 wird ausgeführt *)
```

Super-Aufruf Nehmen wir an, P_{T1} überschreibe P_{T0}. Oft ist es nützlich, die überschriebene Prozedur P_{T0} von der überschreibenden Prozedur P_{T1} aus aufrufen zu können. Das ist durch die Schreibweise

```
r.P↑
```

möglich, wobei *r* der formale Empfängerparameter von P_{T1} ist. Die objektorientierte Terminologie nennt das einem *Super-Aufruf*.

Die Idee des Super-Aufrufs ist bereits aus Abschnitt 12.4.4 bekannt, wo das Modul *Rectangles* so erweitert wurde, daß es ein Rechteck mit einem Füllmuster zeichnet. Der Typ *FilledRect* erweitert *Rect*. Um ein ausgefülltes Rechteck zu zeichnen, ist es sinnvoll, die existierende Prozedur $Draw_{Rect}$ zum Zeichnen der Umrandung zu verwenden und in $Draw_{FilledRect}$ nur diejenigen Anweisungen hinzuzufügen, die das Füllmuster zeichnen. Das führt zu folgendem Programmausschnitt:

```
TYPE
   FilledRect = POINTER TO FilledRectDesc;
   FilledRectDesc = RECORD (RectDesc) pat: Pattern END;
...
PROCEDURE (fig: FilledRect) Draw;
BEGIN
   fig.Draw↑;  (* Aufruf von DrawRect *)
   ... (* Rechteck mit fig.pat füllen *)
END Draw;
```

14.1.2 Beispiel: Graphikeditor

Zur Verdeutlichung des Konzepts der typgebundenen Prozeduren werden die Module *Graphics* und *Rectangles* aus Abschnitt 12.4 neu formuliert:

```
MODULE Graphics;
TYPE
   Figure* = POINTER TO FigureDesc;
1) →  FigureDesc* = RECORD
```

```
      next: Figure
   END;

   Graph* = POINTER TO GraphDesc;
   GraphDesc* = RECORD  list: Figure  END;

...(* weitere Typ- und Variablendeklarationen *)

(* typgebundene Prozeduren *)
PROCEDURE (f: Figure) Draw*;END Draw;
PROCEDURE (f: Figure) Clear*;END Clear;
PROCEDURE (f: Figure) Mark*;END Mark;
PROCEDURE (f: Figure) Move*(dX, dY: INTEGER);  END Move;
(* Prozeduren, die auf allen Objekten arbeiten *)
PROCEDURE DrawAll*(g: Graph);
   VAR f: Figure;
BEGIN f := g.list;
  WHILE f # NIL DO  f.Draw;  f := f.next  END
END DrawAll;

... (* weitere Prozedurdeklarationen *)

END Graphics.
```

(Randmarkierungen: 2) → bei `PROCEDURE (f: Figure) Draw*;END Draw;`, 3) → bei `WHILE f # NIL DO ...`)

Anmerkungen

1) Es werden keine Prozedurvariablen deklariert.
2) Typgebundene Prozeduren müssen auch dann deklariert werden, wenn ihre Implementierung für diesen Typ leer ist. Man sagt dann, die Deklaration definiert eine *abstrakte Prozedur.* Es empfiehlt sich, abstrakte Prozeduren durch den Aufruf der vordeklarierten Prozedur HALT zu implementieren. Wenn der Programmierer vergißt, eine solche Prozedur zu überschreiben – offensichtlich ein Fehler –, so wird das Programm abgebrochen.
3) Das Durchlaufen der Liste muß explizit ausprogrammiert werden. Man beachte den Aufruf von *Draw*: die Parameterliste ist leer; allerdings wird der Empfänger *f* als Parameter übergeben.

Das Beispiel *Graphics* zeigt die wichtigste Eigenschaft: Operationen, die auf allen Figuren anwendbar sein sollen, müssen zusammen mit dem Basistyp *Figure* deklariert werden.

In den figurenspezifischen Modulen werden diese Prozeduren überschrieben, wie aus folgendem Modul *Rectangles* ersichtlich ist:

```
MODULE Rectangles;
IMPORT Graphics, ...;
TYPE
   Rect* = POINTER TO RectDesc;
```

```
    RectDesc* = RECORD (Graphics.FigureDesc)
      x*, y*, w*, h*: INTEGER
    END;

1) →  PROCEDURE (rect: Rect) Draw*;
      BEGIN
2) →    ...
      END Draw;

      ... (* Deklaration von Clear, Mark und Move *)
3) →  PROCEDURE New*(): Graphics.Figure;
        VAR rect: Rect;  x, y, w, h: INTEGER;
      BEGIN
4) →    NEW(rect);
        (* hole die Werte von x, y, w, h *);
        rect.x := x;  rect.y := y;  rect.w := w;  rect.h := h;
        RETURN rect
      END New;

      END Rectangles.
```

Anmerkungen

1) Der Empfänger muß vom Typ *Rectangle* sein und nicht vom Typ *Graphics.Figure*, wie in der früheren Version dieses Moduls. Daher wird eine Typzusicherung über alle Anweisungen der Prozedur überflüssig.
2) In der Anweisungsfolge von $Draw_{Rect}$ kann ohne Typzusicherung auf die erweiterten Felder von rect zugegriffen werden, da *rect* vom statischen Typ von *Rect* ist.
3) Der Ergebnistyp von *New* ist jedoch immer noch *Graphics.Figure*, weil *New* später der Variablen *Graphics.newFigure* zugewiesen werden soll und die Formalparameter von *New* und *newFigure* übereinstimmen müssen.
4) Die Zuweisungen zur Initialisierung der Prozedurvariablen sind nicht mehr nötig.

14.2 Die For-Anweisung

Eine For-Anweisung, auch Zählschleife genannt, beschreibt eine feste Anzahl von Wiederholungen einer Anweisungsfolge, während eine ganzzahlige Variable (*Kontrollvariable* genannt) nacheinander eine Folge von Werten annimmt. Angenommen, eine Kontrollvariable *i* soll sich im Bereich *m*, *m*+1, ..., *n*-1 bewegen.

In Oberon wird das normalerweise so ausgedrückt:

```
i := m;
WHILE i < n DO ... (* Verarbeitung *) INC(i) END;
```

Die For-Anweisung drückt diese Zählschleife syntaktisch kürzer aus:

```
FOR i := m TO n - 1 DO ... (* Verarbeitung *) END;
```

Ein Vorteil der For-Anweisung ist ihre garantierte Terminierung, falls die Kontrollvariable im Schleifenrumpf nicht verändert wird. Der Fehler, die Kontrollvariable nicht zu erhöhen, kann nicht auftreten. Die Syntax der For-Anweisung lautet:

```
statement = ForStatement.
ForStatement = "FOR" ident ":=" expression "TO" expression
          ["BY" ConstExpression]
          "DO" StatementSequence "END".
```

Der Typ von *ident*, *expression* und *ConstExpression* muß ganzzahlig sein. Die Semantik der For-Anweisung

```
FOR i := m TO n BY k DO Anweisungsfolge END;
```

ist durch folgende Oberon-Anweisungsfolge definiert:

```
temp := n; i := m;
IF k > 0 THEN
   WHILE i <= temp DO Anweisungsfolge; i := i + k END
ELSE
   WHILE i >= temp DO Anweisungsfolge; i := i + k END
END;
```

Die Variable *i* sowie die Ausdrücke *m*, *n* und *k* sind von ganzzahligem Typ; die Schrittweite *k* muß von 0 verschieden sein. Wenn die Angabe von *k* fehlt, wird *k* = 1 angenommen. Die Variable *temp* ist eine interne Variable mit demselben Typ wie *i*. Der Wert der Kontrollvariablen nach Beendigung der For-Anweisung wird durch die oben angegebene Semantik definiert.

14.3 Offene Arrays als Zeigerbasistypen

Abschnitt 8.2.4 führte offene Arrays als Formalparameter ein. Die Länge eines solchen Arrays wird durch die Länge des Aktualparameters bestimmt. In Oberon-2 können offene Arrays nicht nur als Typen formaler Parameter verwendet werden, sondern auch als *Zeigerbasistypen*. In diesem Fall wird die vordeklarierte Prozedur NEW verwendet, um ein anonymes offenes Array am Heap anzulegen.

Das Programmstück

```
VAR pI: POINTER TO ARRAY OF INTEGER;
... NEW(pI, 100); ...
```

erzeugt ein offenes Array aus 100 ganzen Zahlen und weist *pI* einen Zeiger darauf zu.

Die Syntax von Array-Typen ändert sich folgendermaßen:

```
ArrayType = "ARRAY" [ length { "," length} ] "OF" type.
length = ConstExpression;
```

In Oberon-2 ist die Längenangabe optional. Offene Arrays dürfen nur als Typen formaler Parameter und als Zeigerbasistypen verwendet werden.

Wenn *T* ein *n*-dimensionales offenes Array und *p* eine Variable vom Typ POINTER TO *T* ist, hat der Aufruf der vordeklarierten Prozedur NEW $n + 1$ aktuelle Parameter:

```
NEW(p, e0, e1, ..., en-1)
```

Die Längen des erzeugten Arrays sind durch die Ausdrücke e_0, e_1, ..., e_{n-1} gegeben. Ein Zeiger auf dieses Array wird *p* zugewiesen. Die Variable p↑ ist vom Typ *T* und *p*[*i*] bezeichnet das Element mit Index *i*.

Offene Arrays befreien den Programmierer davon, zur Übersetzungszeit feste Array-Grenzen angeben zu müssen, was oft eine schwierige, ja unmögliche Abwägung zwischen Allgemeinheit und Speicherplatzeffizienz verlangt.

14.4 Die With-Anweisung in Oberon-2

Die With-Anweisung stellt in Oberon eine regionale Typzusicherung dar. In den Kapiteln 12 und 13 wurde sie bei der Verarbeitung heterogener Datenstrukturen und bei der Formulierung von Meldungsinterpretern häufig angetroffen.

Üblicherweise wird die With-Anweisung mit einem Typtest kombiniert, der dafür sorgt, daß sie nicht zu einem Programmabbruch führt. Eine heterogene Liste von Graphikobjekten wird zum Beispiel folgendermaßen verarbeitet:

```
f := list;
WHILE f # NIL DO
   IF f IS Line THEN
      WITH f: Line DO
         ... (* verarbeite Linie *)
```

```
        END
    ELSIF f IS Rect THEN
        WITH f: Rect DO
            ... (* verarbeite Rechteck *)
        END
    ELSIF ...
    END;
    f := f.next
END;
```

In Oberon-2 kann diese With-Anweisung etwas kompakter geschrieben werden:

```
f := list;
WHILE f # NIL DO
    WITH
        f: Line DO ... (* verarbeite Linie *)
    |   f: Rect DO ... (* verarbeite Rechteck *)
    |   ...
    END;
    f := f.next
END;
```

Die erste Anweisungsfolge, deren Typzusicherung erfüllt ist, wird unter dem Schutz dieser Zusicherung ausgeführt.

Die Syntax der With-Anweisung lautet in Oberon-2:

```
WithStatement = "WITH" guard "DO" StatementSequence
                {"|" guard "DO" StatementSequence}
                ["ELSE" StatementSequence]
                "END".
guard = qualident ":" qualident .
```

In einer regionalen Typzusicherung *v*: *T* müssen die Variable *v* und der Typ *T* zwei Bedingungen erfüllen:

1) *T* ist eine Erweiterung des statischen Typs von *v*;
2) *v* ist ein Zeiger auf ein Record oder ein formaler Record-Var-Parameter.

Die Anweisungsfolge der textuell ersten Typzusicherung, die erfüllt ist, wird ausgeführt. Falls keine Zusicherung zutrifft, wird der Else-Zweig ausgeführt und wenn dieser fehlt, wird das Programm abgebrochen.

Das folgende Beispiel zeigt, wie der Meldungsinterpreter *HandleRect* aus Abschnitt 12.5.1 mit Hilfe der With-Anweisung von Oberon-2 ausgedrückt werden kann:

```
PROCEDURE HandleRect (rect: Figure; VAR msg: Message);
BEGIN
```

```
    WITH rect: Rect DO
       WITH
          msg: DrawMsg DO
             ... (* zeichne Rechteck *)
       |  msg: ClearMsg DO
             ... (* lösche Rechteck *)
       |  msg: MarkMsg DO
             ... (* markiere Rechteck *)
       |  msg: MoveMsg DO
             ... (* verschiebe Rechteck um den Vektor
             msg.dx,msg.dy *)
       ELSE
          ... (* Meldung nicht verstanden *)
       END
    END
END HandleRect;
```

14.5 Schreibgeschützter Export

Wenn man einen Datentyp entwirft, möchte man manchmal aus Effizienzgründen Variablen oder Record-Felder sichtbar machen, aber nur lesenden Zugriff erlauben. Der Grund, warum man Zuweisungen von außen verbieten will, ist, daß man gewisse Invarianten des Datentyps garantieren möchte.

Betrachten Sie zum Beispiel den Typ *Sequences* (siehe Übung 10.2). Das Record-Feld *X* enthält dort den Mittelwert einer Zahlenfolge, der mit Hilfe eines Rekursionsverfahrens akkumuliert wird. Um *X* zu schützen, wird es nicht exportiert. Klienten können seinen Wert durch eine Funktion *Mean* abfragen.

```
TYPE
   Sequence* = RECORD
      X: REAL;      (* Mittelwert der Stichprobe *)
      n: LONGINT    (* Anzahl der Elemente der Stichprobe *)
   END;
...
PROCEDURE Mean* (s: Sequence): REAL;
BEGIN RETURN s.X
END Mean;
```

Oberon-2 erlaubt, Variablen oder Record-Felder schreibgeschützt zu exportieren (read-only export). Dazu müssen sie in ihrer Deklaration durch ein Minuszeichen »–« anstatt durch einen Stern »*« markiert werden.

Mit schreibgeschütztem Export sieht die Deklaration von *Sequences* folgendermaßen aus:

```
TYPE
   Sequence* = RECORD
      X-: REAL; n: LONGINT
   END;
```

Die Prozedur *Mean* wird überflüssig, allerdings wird auch die Datenabstraktion aufgegeben.

14.6 Geschachtelte Kommentare

Oberon-2 erlaubt die Verwendung von geschachtelten Kommentaren. Die Kommentarklammern müssen deshalb in Oberon-2 immer paarweise auftreten. Geschachtelte Kommentare können hilfreich sein, wenn man größere Programmteile, die selbst wieder Kommentare enthalten, auskommentieren möchte.

Beispiel: (* das ist ein (* geschachtelter *) Kommentar *)

14.7 Flexiblere Zeichenketten

Oberon-2 definiert Zeichenketten als Folgen von druckbaren Zeichen, die entweder in einfachen (') oder doppelten (") Hochkommas eingeschlossen sind. Das schließende Hochkomma muß gleich sein wie das öffnende und darf innerhalb der Zeichenkette nicht vorkommen.

Außerdem erlaubt Oberon-2, daß eine Zeichenkette der Länge 1 überall dort stehen kann, wo auch eine Zeichenkonstante stehen darf, und umgekehrt. Das erspart in manchen Fällen die Einführung von Hilfsvariablen.

Beispiele: "Oberon-2" "Don't worry" 'x'

14.8 Die vordefinierte Prozedur ASSERT

ASSERT(*x*) wertet den booleschen Ausdruck *x* aus und terminiert das Programm, falls er FALSE ergibt[1]; ansonsten hat ASSERT keinen Effekt. In der Form ASSERT(*x*, *n*) bleibt die Interpretation des zweiten

1 Die meisten Implementierungen erlauben, die Prüfung der ASSERT-Anweisungen per Compiler-Option ein- und auszuschalten.

Parameters *n*, der ein ganzzahliger konstanter Ausdruck sein muß, der Implementierung überlassen. Typischerweise wird *n* zur Unterscheidung mehrerer ASSERT-Anweisung verwendet und vom System im Fehlerfall angezeigt.

14.9 Zusammenfassung und Diskussion

Typgebundene Prozeduren sind lokal zu einem Record-Typ. Sie können für jede Erweiterung dieses Typs überschrieben werden. Typgebundene Prozeduren haben folgende Vorteile:

1) Bei der Erzeugung eines Objekts müssen keine Prozeduren in Record-Feldern installiert werden. Das vermeidet Initialisierungsfehler.
2) Prozedurvariablen belegen keinen Speicherplatz in den Objekten.
3) Der Aufruf von typgebundene Prozeduren ist ähnlich effizient wie der von Prozedurvariablen.
4) Durch die Kovarianz des Typs des Empfängerparameters sind weniger Typzusicherungen nötig.

Ein Nachteil (gegenüber Meldungs-Records) ist, daß alle typgebundenen Prozeduren zusammen mit dem Record-Typ deklariert werden müssen. Falls ihre Implementierung noch nicht feststeht, müssen sie als abstrakt deklariert werden.

Wenn man die Speichergrößen heutiger Arbeitsplatzrechner betrachtet, ist das Argument der Speicherplatzeinsparung kaum stichhaltig. Da in Oberon der Speicherbedarf auch durch sogenannte Methoden-Records (siehe Wirth und Gutknecht, 1992) reduziert werden kann, können typgebundene Prozeduren als Zugeständnis an das herkömmliche Paradigma der objektorientierten Programmierung betrachtet werden.

Die For-Anweisung, Variablen mit offenem Array-Typ, die erweiterte With-Anweisung, der schreibgeschützte Export und die ASSERT-Prozedur sind nützliche Eigenschaften, die Schreibarbeit sparen und gewisse Operationen bequemer und/oder geringfügig effizienter machen.

Ein nicht zu unterschätzender Vorteil der Oberon-2 Erweiterungen besteht auch darin, daß sie die Portierung von Programmen in anderen (objektorientierten) Programmiersprachen nach Oberon erleichtern.

14.10 Übungen

Ü 14.1 Schreiben Sie eine Prozedur für die Matrixmultiplikation unter Verwendung der For-Anweisung.

Ü 14.2 Wiederholen Sie Übung 12.1 (objektorientierter Taschenrechner) unter Verwendung typgebundener Prozeduren.

Ü 14.3 Wiederholen Sie Übung 12.9 (kleiner Graphikeditor) unter Verwendung typgebundener Prozeduren.

Referenzen

Mössenböck H. und Wirth N. (1991). The programming language Oberon-2. *Structured Programming*, **12**, 179–95.

Wirth N. und Gutknecht J. (1992). *Project Oberon: The Design of an Operating System and Compiler.* Wokingham: Addison-Wesley.

Anhang

A Die Programmiersprache Oberon[1)]

A.1 Einführung

Oberon ist eine universelle Programmiersprache, die aus Modula-2 hervorgegangen ist. Die wesentliche Neuerung ist das Konzept der *Typerweiterung*, das es erlaubt, neue Datentypen auf der Basis von existierenden zu definieren und Relationen zwischen beiden herzustellen.

Dieser Report ist keine Einführung in das Programmieren. Er ist bewußt knapp gehalten und soll als Referenz für Programmierer, Implementierer und Autoren von Handbüchern dienen. Was fehlt, wurde (meist) mit Absicht weggelassen, entweder weil es aus allgemeinen Regeln abgeleitet werden kann, oder weil es unklug erschien, die Spezifikation zu stark einzuschränken.

A.2 Syntax

Eine Sprache ist eine unendliche Menge von Sätzen, deren Aufbau bestimmten Vorschriften, der Syntax, genügt. In Oberon heißen diese Sätze Übersetzungseinheiten. Jeder Satz besteht aus einer endlichen Folge von Symbolen, die aus einem endlichen Vokabular stammen. Das Vokabular der Sprache Oberon besteht aus Namen, Zahlen, Zeichenketten, Operatoren, Begrenzern und Kommentaren. Sie werden lexikalische Symbole genannt und bestehen ihrerseits aus Zeichenfolgen (man beachte den Unterschied zwischen Symbolen und Zeichen).

Zur Beschreibung der Syntax wird ein erweiterter Backus-Naur-Formalismus (EBNF) verwendet. Alternative Satzteile werden dabei durch einen Strich | getrennt, eckige Klammern [und] umschließen optionale Teile und die geschwungenen Klammern { und } bedeuten beliebige Wiederholung (einschließlich null mal) des geklammerten Satzteils. Syntaktische Einheiten (Nichtterminalsymbole) werden durch englische Wörter bezeichnet, welche die intuitive Bedeutung ausdrücken. Symbole des Sprachvokabulars (Terminalsymbole) werden in An-

1 Dies ist die Übersetzung einer überarbeiteten Version des Artikels »The programming language Oberon.« *Software – Practice and Experience*, 18, 671-90 (1988) von Niklaus Wirth.

führungszeichen geschrieben oder, im Fall von sogenannten reservierten Wörtern, ausschließlich mit Großbuchstaben. Syntaxregeln (Produktionen) sind durch einen senkrechten Strich am linken Rand gekennzeichnet.

A.3 Vokabular und Darstellung

Die Darstellung von Symbolen durch Zeichen ist mittels des ASCII-Zeichensatzes definiert. Symbole sind Namen, Zahlen, Zeichenketten, Operatoren, Begrenzer und Kommentare. Folgende lexikalische Regeln sind zu beachten: Leerzeichen und Zeilenumbrüche dürfen nicht innerhalb eines Symbols auftreten (ausgenommen innerhalb von Kommentaren und Leerzeichen in Zeichenketten). Sie werden ignoriert, es sei denn, sie sind notwendig, um zwei aufeinanderfolgende Symbole zu trennen. Groß- und Kleinbuchstaben werden unterschieden.

1. *Namen* (identifiers) sind Folgen von Buchstaben und Ziffern, wobei des erste Zeichen ein Buchstabe sein muß.

```
ident = letter {letter | digit}.
```

Beispiele:

```
x   scan   Oberon   GetSymbol   firstLetter
```

2. *Zahlen* (numbers) sind entweder ganze Zahlen (integers) oder Gleitkommazahlen (reals). Ganze Zahlen sind Folgen von Ziffern, optional gefolgt vom Buchstaben »H«. Der Typ einer Zahl ist der kleinste Typ (siehe A.6.1), der die Zahl enthält. Wenn kein »H« folgt, so handelt es sich um eine Zahl in Dezimaldarstellung, folgt ein »H«, dann ist die Darstellung hexadezimal.

Eine Gleitkommazahl enthält immer einen Dezimalpunkt. Optional kann sie auch einen dezimalen Skalierungsfaktor enthalten. Der Buchstabe »E« (oder »D«) bedeutet »mal 10 hoch.« Eine Gleitkommazahl ist vom Typ REAL, es sei denn, sie enthält den Buchstaben »D«; dann ist sie vom Typ LONGREAL.

```
number = integer | real.
integer = digit {digit} | digit {hexDigit} "H" .
real = digit {digit} "." {digit} [ScaleFactor].
LONGREAL = ("E" | "D") ["+" | "-"] digit {digit}.
hexDigit = digit | "A" | "B" | "C" | "D" | "E" | "F".
digit = "0" | "1" | "2" | "3" | "4" | "5" | "6" | "7" | "8" | "9".
```

Beispiele:

1987	
100H	= 256
12.3	
4.567E8	= 456700000
0.57712566D–6	= 0.00000057712566

3. *Zeichenkonstanten* (character constants) werden entweder durch ein einzelnes Zeichen in Anführungszeichen oder durch die hexadezimale Ordnungszahl des Zeichens, gefolgt vom Buchstaben X, bezeichnet.

```
CharConstant = """ character """ | digit {hexDigit} "X".
```

4. *Zeichenketten* (strings) sind in Anführungszeichen (") eingeschlossene Zeichenfolgen. Eine Zeichenkette kann selbst keine Anführungszeichen enthalten. Die Anzahl der Zeichen einer Zeichenkette wird als ihre Länge bezeichnet. Zeichenketten können an Zeichen-Arrays zugewiesen und mit diesen verglichen werden (siehe A.9.1 und A.8.2.4).

```
string = """{character} """.
```

Beispiele:

"OBERON" "Don't worry!"

5. *Operatoren* (operators) und *Begrenzer* (delimiters) sind die nachfolgend aufgeführten Spezialzeichen, Zeichenpaare und reservierten Wörter. Die reservierten Wörter, auch Schlüsselwörter genannt, bestehen ausschließlich aus Großbuchstaben und können nicht als Namen benutzt werden.

+	:=	ARRAY	IS	TO
–	^	BEGIN	LOOP	TYPE
*	=	CASE	MOD	UNTIL
/	#	CONST	MODULE	VAR
~	<	DIV	NIL	WHILE
&	>	DO	OF	WITH
.	<=	ELSE	OR	
,	>=	ELSIF	POINTER	
;	..	END	PROCEDURE	

<table>
<tr><td>|</td><td>:</td><td>EXIT</td><td>RECORD</td><td></td></tr>
<tr><td>(</td><td>)</td><td>IF</td><td>REPEAT</td><td></td></tr>
<tr><td>[</td><td>]</td><td>IMPORT</td><td>RETURN</td><td></td></tr>
<tr><td>{</td><td>}</td><td>IN</td><td>THEN</td><td></td></tr>
</table>

6. *Kommentare* (comments) sind beliebige, in Kommentarklammern (* und *) eingeschlossene Zeichenfolgen, die überall im Programm zwischen zwei Symbolen eingefügt werden dürfen. Kommentare haben keinen Einfluß auf die Bedeutung eines Programms.

A.4 Deklarationen und Sichtbarkeitsregeln

Jeder in einem Programm verwendete Name muß mittels einer Deklaration eingeführt werden, es sei denn, es handelt sich um einen vordeklarierten Namen. Deklarationen dienen auch dazu, bestimmte unveränderliche Eigenschaften eines Objekts festzulegen, zum Beispiel ob es sich um eine Konstante, einen Typ, eine Variable oder eine Prozedur handelt.

Nach der Deklaration wird der Name verwendet, um sich auf das damit verbundene Objekt zu beziehen. Das ist aber nur in jenen Programmteilen möglich, in denen die Deklaration sichtbar ist. Der Sichtbarkeitsbereich erstreckt sich textuell vom Ort der Deklaration bis zum Ende des Blocks (Prozedur oder Modul), zu dem die Deklaration gehört; das Objekt ist daher lokal zu diesem Block. Ein Name darf innerhalb eines Blocks nur einmal definiert werden. Folgende Zusätze gelten für diese Regel:

1) Wird ein Typ *T* als POINTER TO *T*1 definiert (siehe A.6.4), dann darf *T*1 auch textuell nach *T* deklariert werden, aber innerhalb des gleichen Blocks.
2) Feldnamen einer Record-Deklaration (siehe A.6.3) sind nur innerhalb von Feldbezeichnern sichtbar.

Ein im äußersten Block deklarierter Name kann von einer Exportmarkierung (*) gefolgt werden, die anzeigt, daß der Name vom deklarierenden Modul exportiert wird. In diesem Fall kann der Name auch in anderen Modulen verwendet werden, wenn diese das deklarierende Modul importieren. Dem Namen des importierten Objekts wird, durch einen Punkt getrennt, der Name des exportierenden Moduls als Präfix vorangestellt (siehe A.11). Das Präfix und der Name werden zusammen als *qualifizierter Name* bezeichnet.

```
qualident = [ident "."] ident.
identdef = ident ["*"].
```

Folgende Namen sind vordeklariert; ihre Bedeutung wird in den angegebenen Abschnitten erklärt.

ABS	(10.2)			LEN	(10.2)
ASH	(10.2)			LONG	(10.2)
BOOLEAN	(6.1)			LONGINT	(6.1)
CAP	(10.2)			LONGREAL	(6.1)
CHAR	(6.1)			MAX	(10.2)
CHR	(10.2)			MIN	(10.2)
COPY	(10.2)			NEW	(6.4)
DEC	(10.2)			ODD	(10.2)
ENTIER	(10.2)			ORD	(10.2)
EXCL	(10.2)			REAL	(6.1)
FALSE	(6.1)			SET	(6.1)
HALT	(10.2)			SHORT	(10.2)
INC	(10.2)			SHORTINT	(6.1)
INCL	(10.2)			SIZE	(10.2)
INTEGER	(6.1)			TRUE	(6.1)

A.5 Konstantendeklarationen

Eine Konstantendeklaration bindet einen Namen an einen konstanten Wert.

```
ConstantDeclaration  =  identdef "=" ConstExpression.
ConstExpression  =  expression.
```

Ein konstanter Ausdruck (constant expression) kann durch eine statische Analyse des Programmtexts ausgewertet werden, ohne das Programm tatsächlich auszuführen. Seine Operanden sind Konstanten (siehe A.8).

Beispiele:

N = 100
limit = 2*N – 1
all = {0 .. WordSize–1}

A.6 Typdeklarationen

Eine Typdeklaration legt die Menge der Werte fest, die Variablen dieses Typs annehmen können, und definiert die darauf anwendbaren Operationen. Eine Typdeklaration bindet einen Namen an einen Typ, der entweder unstrukturiert sein kann (Grundtyp) oder strukturiert. Im letzteren Fall definiert er auch die Struktur von Variablen dieses Typs und, implizit, die Operationen, die auf die Komponenten angewendet werden können. Es gibt zwei Arten von strukturierten Typen: das Array und den Record, mit unterschiedlichem Zugriff auf die Komponenten.

```
TypeDeclaration  =  identdef "=" type.
type  = qualident | ArrayType | RecordType | PointerType |
        ProcedureType.
```

Beispiele:

```
Table = ARRAY N OF REAL
Tree = POINTER TO Node
Node = RECORD key: INTEGER;
  left, right: Tree
END
CenterNode = RECORD (Node)
  name: ARRAY 32 OF CHAR;
  subnode: Tree
END
Function* = PROCEDURE (x: INTEGER): INTEGER
```

A.6.1 Grundtypen

Die folgenden vordefinierten Namen bezeichnen die in Oberon verfügbaren Grundtypen. Abschnitt A.8.2 definiert die zugeordneten Operatoren A.10.2 die vordefinierten Prozeduren. Die Grundtypen und ihre Wertebereiche sind:

1. BOOLEAN die Wahrheitswerte TRUE und FALSE.
2. CHAR die Zeichen des erweiterten ASCII-Zeichensatzes (0X...0FFX).

3. SHORTINT die ganzen Zahlen zwischen MIN(SHORTINT) und MAX(SHORTINT).
4. INTEGER die ganzen Zahlen zwischen MIN(INTEGER) und MAX(INTEGER).
5. LONGINT die ganzen Zahlen zwischen MIN(LONGINT) und MAX(LONGINT).
6. REAL die reellen Zahlen zwischen MIN(REAL) und MAX(REAL).
7. LONGREAL die reellen Zahlen zwischen MIN(LONGREAL) und MAX(LONGREAL).
8. SET die Mengen der ganzen Zahlen zwischen 0 und MAX(SET).

Die Typen 3 bis 5 heißen *Integer*-Typen, 6 und 7 sind *reelle* Typen, und zusammen heißen sie *numerische* Typen. Sie bilden eine Hierarchie; der größere Typ *schließt die (Werte der) kleineren Typen ein*:

LONGREAL ⊇ REAL ⊇ LONGINT ⊇ INTEGER ⊇ SHORTINT

A.6.2 Array-Typen

Ein Array ist eine Struktur, die aus einer festen Anzahl von Elementen desselben Typs, *Elementtyp* genannt, besteht. Die Anzahl der Elemente eines Arrays heißt seine *Länge*. Die Elemente eines Arrays werden durch Indices bezeichnet, die ganze Zahlen zwischen 0 und der Länge minus 1 sind.

```
ArrayType  =  ARRAY length {"," length} OF type.
length  =  ConstExpression.
```

Eine Deklaration der Form

```
ARRAY N0, N1, ... , Nk OF T
```

wird als Abkürzung folgender Deklaration betrachtet:

```
ARRAY N0 OF
  ARRAY N1 OF
    ...
          ARRAY Nk OF T
```

Beispiele für Array-Typen sind:

```
ARRAY N OF INTEGER
ARRAY 10, 20 OF REAL
```

A.6.3 Record-Typen

Ein Record ist eine Struktur bestehend aus einer festen Anzahl von Komponenten mit möglicherweise verschiedenen Typen. Die Deklaration eines Record-Typs spezifiziert für jede Komponente, genannt *Feld*, den Typ und einen Namen, der das Feld bezeichnet. Der Sichtbarkeitsbereich dieser Feldnamen ist die Record-Deklaration selbst, sie sind aber auch innerhalb von Feldbezeichnern sichtbar (siehe A.8.1), die sich auf Komponenten von Record-Variablen beziehen.

```
RecordType = RECORD ["(" BaseType ")"] FieldListSequence END.
BaseType = qualident.
FieldListSequence = FieldList {";" FieldList}.
FieldList = [IdentList ":" type].
IdentList = identdef {"," identdef}.
```

Wenn ein Record-Typ exportiert wird, so müssen jene Feldnamen, die auch außerhalb des deklarierenden Moduls sichtbar sein sollen, als exportiert markiert werden. Sie heißen *öffentliche Felder*; nicht markierte Felder heißen *privat*.

Record-Typen sind erweiterbar, das heißt, ein Record-Typ kann als Erweiterung eines anderen Record-Typs definiert werden. Im vorherigen Beispiel (A.6) erweitert *CenterNode* (direkt) den Typ *Node*, der ein (direkter) Basistyp von *CenterNode* ist. Genauer gesagt, erweitert *CenterNode* den Typ *Node* um die Felder *name* und *subnode*.

Definition: Ein Typ *T0 erweitert* einen Typ *T*, wenn er gleich *T* ist oder wenn er die direkte Erweiterung einer Erweiterung von *T* ist. Umgekehrt ist ein Typ *T* ein *Basistyp* von *T0*, wenn er gleich *T0* ist, oder wenn er der direkte Basistyp eines Basistyps von *T0* ist.

Beispiele für Record-Typen sind:

```
RECORD day, month, year: INTEGER END

RECORD
  name, firstname: ARRAY 32 OF CHAR;
  age: INTEGER;
  salary: REAL
END
```

A.6.4 Zeigertypen

Variablen eines Zeigertyps *P* enthalten als Werte Zeiger (pointer) auf Variablen eines Typs *T*. Man sagt, der Zeigertyp *P* sei an *T gebunden* und *T* sei der *Zeigerbasistyp* von *P*. *T* muß ein Record- oder Array-Typ sein. Zeigertypen übernehmen die Erweiterungsbeziehung ihrer Basistypen. Wenn ein Typ *T*0 eine Erweiterung von *T* ist und *P*0 ein Zeiger, der an *T*0 gebunden ist, dann wird auch *P*0 als Erweiterung von *P* bezeichnet.

```
PointerType = POINTER TO type.
```

Wenn *p* eine Variable vom Typ *P* = POINTER TO *T* ist, dann hat ein Aufruf der vordefinierten Prozedur NEW(*p*) folgenden Effekt (siehe A.10.2): Eine Variable vom Typ *T* wird im Freispeicher angelegt, und ein Zeiger auf sie wird *p* zugewiesen. Dieser Zeiger *p* ist vom Typ *P*; die referenzierte Variable *p*↑ ist vom Typ *T*. Versagt die Allokation, so bekommt *p* den Wert NIL. Jeder Zeigervariablen kann der Wert NIL zugewiesen werden, der auf keine Variable zeigt.

A.6.5 Prozedurtypen

Variablen eines Prozedurtyps *T* haben eine Prozedur (oder NIL) als Wert. Damit eine Prozedur *P* einer Prozedurvariablen vom Typ *T* zugewiesen werden kann, müssen die (Typen der) Formalparamter von *P* dieselben sein, wie die Formalparamter, die für *T* angegeben sind. Das gleiche gilt für den Ergebnistyp im Fall von Funktionsprozeduren (siehe A.10.1). *P* darf weder eine vordefinierte Prozedur noch lokal zu einer anderen Prozedur deklariert sein.

```
ProcedureType = PROCEDURE [FormalParameters].
```

A.7 Variablendeklarationen

Variablendeklarationen führen Variablen ein und binden einen Namen und einen Typ daran.

```
VariableDeclaration = IdentList ":" type.
```

Variablen, deren Namen in derselben Liste aufscheinen, sind vom selben Typ. Beispiele für Variablendeklarationen (mit Bezug auf die Beispiele in A.6) sind:

i, j, k: INTEGER
x, y: REAL
p, q: BOOLEAN
s: SET
F: Function
a: ARRAY 100 OF REAL
w: ARRAY 16 OF
    RECORD ch: CHAR;

```
        count: INTEGER
    END
t: Tree
```

Variablen eines Zeigertyps *T*0 und Var-Parameter eines Record-Typs *T*0 können Werte annehmen, deren Typ eine Erweiterung des deklarierten Typs *T*0 ist.

A.8 Ausdrücke

Ausdrücke (expressions) beschreiben Rechenvorschriften, nach denen Konstante und die aktuellen Werte von Variablen kombiniert werden, um durch Anwendung von Operatoren und Funktionsprozeduren neue Werte zu liefern. Ausdrücke bestehen aus Operanden und Operatoren. Runde Klammern können benutzt werden, um spezielle Assoziationen von Operatoren und Operanden auszudrücken.

A.8.1 Operanden

Mit Ausnahme von Mengen und Literalen, also Zahlen und Zeichenketten, werden Operanden durch Bezeichner dargestellt. Ein Bezeichner (designator) besteht aus einem Namen, der sich auf die bezeichnete Konstante, Variable oder Prozedur bezieht. Dieser Name kann durch einen Modulnamen qualifiziert sein (siehe A.4 und A.11) und von Selektoren gefolgt werden, falls das bezeichnete Objekt strukturiert ist. Wenn *A* ein Array und *E* einen ganzzahligen Ausdruck bezeichnen, dann bezeichnet $A[E]$ jenes Element von *A*, dessen Index der aktuelle Wert von *E* ist. Ein Bezeichner der Form $A[E_1, E_2, \ldots , E_n]$ steht für $A[E_1]\,[E_2]\,\ldots\,[E_n]$. Wenn *p* einen Zeiger bezeichnet, so bezeichnet $p\uparrow$ die durch *p* referenzierte Variable. Wenn *r* einen Record bezeichnet, dann bezeichnet *r.f* das Feld *f* von *r*. Wenn *p* einen Zeiger bezeichnet, dann bezeichnet *p.f* das Feld *f* des Records $p\uparrow$ (d.h. der Punkt impliziert die Dereferenzierung und *p.f* steht für $p\uparrow.f$) und $p[E]$ bezeichnet das Element von $p\uparrow$ mit Index *E*.

Die *Typzusicherung* (type guard) $v(T0)$ stellt sicher, daß die Variable *v* vom Typ *T*0 ist; falls nicht, wird die Programmausführung abgebrochen. Eine Typzusicherung ist anwendbar, falls

1) *T*0 eine Erweiterung des deklarierten Typs *T* von *v* ist und
2) *v* ein formaler Var-Parameter mit Record-Typ oder ein Zeiger auf ein Record ist.

```
designator = qualident {"." ident | "[" ExpList "]" |
              "(" qualident ")" |"↑" }.
ExpList =     expression {"," expression}.
```

Ist das bezeichnete Objekt eine Variable, so bezieht sich der Bezeichner auf den aktuellen Wert der Variablen. Ist das Objekt eine Prozedur, dann bezieht sich ein Bezeichner ohne Parameterliste auf die Prozedur selbst. Folgt eine (möglicherweise leere) Parameterliste, so bewirkt der Bezeichner einen Aufruf der Prozedur und steht für den Wert, der aus der Prozedurausführung resultiert. Die (Typen der) Aktualparameter müssen mit den in der Prozedurdeklaration angegebenen Formalparametern übereinstimmen (siehe A.10).

Beispiele für Bezeichner (mit Bezug auf die Beispiele in A.7) sind:

i	(INTEGER)
a[i]	(REAL)
w[3].ch	(CHAR)
t.key	(INTEGER)
t.left.right	(Tree)
t(CenterNode).subnode	(Tree)

A.8.2 Operatoren

Die Syntax von Ausdrücken unterscheidet zwischen vier Klassen von Operatoren mit unterschiedlicher Bindungsstärke. Der Operator ~ hat die höchste Bindungsstärke, gefolgt von Multiplikationsoperatoren, Additionsoperatoren und Relationen. Operatoren mit gleicher Bindungsstärke binden von links nach rechts (linksassoziativ), zum Beispiel steht $x - y - z$ für $(x - y) - z$.

```
expression = SimpleExpression [relation SimpleExpression].
relation = "=" | "#" | "<" | "<=" | ">" | ">=" | IN | IS.
SimpleExpression = ["+"|"-"] term {AddOperator term}.
AddOperator = "+" | "-" | OR .
term = factor {MulOperator factor}.
MulOperator = "*" | "/" | DIV | MOD | "&" .
factor = number | CharConstant | string | NIL | set |
         designator [ActualParameters] | "(" expression ")" |
         "~" factor.
set = "{" [element {"," element}] "}".
element = expression [".." expression].
ActualParameters = "(" [ExpList] ")" .
```

Die verfügbaren Operatoren sind in A.8.2.1–A.8.2.4 aufgelistet. Manchmal werden verschiedene Operationen durch das gleiche Symbol bezeichnet. In diesen Fällen wird die tatsächliche Operation durch den Typ der Operanden bestimmt.

Logische Operatoren

Symbol	*Ergebnis*
OR	logische Disjunktion
&	logische Konjunktion
~	Negation

Diese Operatoren sind auf Operanden vom Typ BOOLEAN anwendbar und liefern ein Ergebnis vom Typ BOOLEAN.

p OR q steht für »wenn p, dann TRUE, sonst q«
p & q steht für »wenn p, dann q, sonst FALSE«
~ p steht für »nicht p«

Arithmetische Operatoren

Symbol	*Ergebnis*
+	Summe
–	Differenz
*	Produkt
/	Quotient
DIV	ganzzahliger Quotient
MOD	ganzzahliger Rest

Die Operatoren +, –, * und / sind auf alle numerischen Typen anwendbar. Der Typ des Ergebnisses ist derjenige Operandentyp, der den Typ des anderen Operanden einschließt, außer bei der Division (/), deren Ergebnis der kleinste reelle Typ ist, der beide Operandentypen einschließt. Als einstellige Operatoren bezeichnet Minus (–) die Vorzeichenumkehr und Plus (+) die Identität.

Die Operatoren DIV und MOD sind nur auf ganzzahlige Operanden anwendbar. Sie sind durch folgende Beziehung zwischen beliebigem *x* und positivem *y* definiert:

```
x  =  (x DIV y) * y  +  (x MOD y)
0  <= (x MOD y) < y
```

Mengenoperatoren

Symbol	*Ergebnis*
+	Vereinigung
–	Differenz
*	Durchschnitt
/	symmetrische Differenz

Mengen sind Werte vom Typ SET. Mengenoperatoren sind auf Operanden dieses Typs anwendbar. Das einstellige Minus (–) bedeutet das Komplement von *x*; das heißt, –*x* bezeichnet die Menge der ganzen Zahlen zwischen 0 und MAX(SET), die nicht Element von *x* sind.

$$x - y = x * (-y)$$
$$x / y = (x-y) + (y-x)$$

Relationen

Symbol	*Relation*
=	gleich
#	ungleich
<	kleiner
<=	kleiner oder gleich
>	größer
>=	größer oder gleich
IN	Mengenzugehörigkeit
IS	Typtest

Relationen liefern ein Ergebnis vom Typ BOOLEAN. Die Ordnungsrelationen <, <=, > und >= sind auf numerische Typen, CHAR und Zeichen-Arrays (Zeichenketten) anwendbar. Die Relationen = und # sind auch auf die Typen BOOLEAN und SET sowie auf Zeiger und Prozedurvariablen anwendbar. *x* IN *s* steht für »*x* ist Element von *s*«. *x* muß dabei ganzzahlig sein und *s* vom Typ SET. *v* IS *T* steht für »*v* ist vom Typ *T*« und wird Typtest genannt. Er ist anwendbar, wenn

1) *T* eine Erweiterung des deklarierten Typs *T*0 von *v* ist und
2) *v* ein Var-Parameter mit Record-Typ oder ein Zeiger auf ein Record ist.

Angenommen, *T* erweitert *T*0 und *v* ist eine Variable mit deklariertem Typ *T*0, dann gibt der Typtest »*v* IS *T*« an, ob der Typ des aktuellen

Werts von *v* (nicht nur *T*0 sondern) *T* ist. Der Wert von NIL IS *T* ist undefiniert. Beispiele für Ausdrücke (mit Bezug auf die Beispiele in A.7) sind:

1987	(INTEGER)
i DIV 3	(INTEGER)
~p OR q	(BOOLEAN)
(i+j) * (i–j)	(INTEGER)
s – {8, 9, 13}	(SET)
i + x	(REAL)
a[i+j] * a[i–j]	(REAL)
(0<=i) & (i<100)	(BOOLEAN)
t.key = 0	(BOOLEAN)
k IN {i .. j–1}	(BOOLEAN)
t IS CenterNode	(BOOLEAN)

A.9 Anweisungen

Anweisungen (statements) bezeichnen Aktionen. Es gibt elementare und strukturierte Anweisungen. Elementare Anweisungen enthalten keine Teile, die selbst wieder Anweisungen sind. Dazu gehören die Wertzuweisung, der Prozeduraufruf, die Return- und die Exit-Anweisung. Strukturierte Anweisungen bestehen aus Teilen, die selbst wieder Anweisungen sind. Sie werden verwendet, um Hintereinanderausführung, bedingte Ausführung, Auswahl und Wiederholung auszudrükken. Eine Anweisung kann auch leer sein; in diesem Fall bezeichnet sie keine Aktion. Die leere Anweisung dient dazu, um die Interpunktionsregeln in Anweisungsfolgen zu vereinfachen.

```
statement = [assignment | ProcedureCall | IfStatement |
            CaseStatement | WhileStatement | RepeatStatement |
            LoopStatement | WithStatement | EXIT |
            RETURN [expression] ].
```

A.9.1 Wertzuweisungen

Wertzuweisungen (assignments) ersetzen den aktuellen Wert einer Variablen durch einen neuen Wert, der als Ausdruck spezifiziert ist. Der Zuweisungsoperator »:=« wird ausgesprochen als *wird zu*.

```
assignment = designator ":=" expression.
```

Der Typ des Ausdrucks muß im Typ der Variablen eingeschlossen sein oder den Typ der Variablen erweitern. Dabei gelten folgende Ausnahmen:

1) Die konstante NIL kann jeder Zeiger- oder Prozedurvariablen zugewiesen werden.
2) Zeichenketten können jeder Variablen vom Typ ARRAY *N* OF CHAR zugewiesen werden, vorausgesetzt die Länge der Zeichenkette ist kleiner als *N*. Wird eine Zeichenkette *s* der Länge *n* einem Array *a* zugewiesen, dann ist das Ergebnis $a[i] = s_i$ für $i = 0, ..., n-1$, und $a[n]$ = 0X.

Beispiele für Wertzuweisungen (mit Bezug auf die Beispiele in A.7) sind:

```
i := 0
p := i = j
x := i + 1
k := log2(i+j)
F := log2
s := {2, 3, 5, 7, 11, 13}
a[i] := (x+y) * (x-y)
t.key := i
w[i+1].ch := "A"
```

A.9.2 Prozeduraufrufe

Ein Prozeduraufruf (procedure call) aktiviert eine Prozedur. Der Aufruf kann eine Liste von Aktualparametern enthalten, die für die korrespondierenden, in der Prozedurdeklaration angegebenen Formalparameter eingesetzt werden (siehe A.10). Die Korrespondenz ergibt sich aus der Position der Parameter in der Aktual- und Formalparameterliste. Zwei Arten von Parametern werden unterschieden: *Variablen-* und *Wertparameter.*

Im Fall eines Variablenparameters (auch Var-Parameter genannt) muß der korrespondierende Aktualparameter eine Variable bezeichnen. Bezeichnet er eine Komponente einer strukturierten Variablen, so wird der Selektor bei der Parameterübergabe ausgewertet, also schon vor der Ausführung der Prozedur. Ist der Parameter ein Wertparameter, muß der korrespondierende Aktualparameter ein Ausdruck sein. Dieser Ausdruck wird vor dem Prozeduraufruf ausgewertet und das Ergebnis dem Formalparameter zugewiesen, der innerhalb der gerufenen Prozedur eine lokale Variable darstellt (siehe auch A.10.1).

```
ProcedureCall = designator [ActualParameters].
```

Beispiele für Prozeduraufrufe sind:

ReadInt(i) (siehe A.10)
WriteInt(j*2+1, 6)
INC(w[k].count)

A.9.3 Anweisungsfolgen

Eine Anweisungsfolge (statement sequence) bedeutet die Hintereinanderausführung der enthaltenen Anweisungen, die durch Strichpunkte voneinander getrennt sind.

```
StatementSequence = statement {";" statement}.
```

A.9.4 If-Anweisungen

```
IfStatement = IF expression THEN StatementSequence
              {ELSIF expression THEN StatementSequence}
              [ELSE StatementSequence]
              END.
```

If-Anweisungen spezifizieren die bedingte Ausführung von Anweisungen. Der boolesche Ausdruck vor einer bedingten Anweisung wird *Wache* (guard) genannt. Die Wachen werden in der Reihenfolge ihres Auftretens ausgewertet, bis eine davon den Wert TRUE ergibt; die damit verbundene Anweisungsfolge wird ausgeführt. Ist keine der Wachen erfüllt, so wird die Anweisungsfolge hinter dem Symbol ELSE ausgeführt, sofern diese vorhanden ist. Ein Beispiel ist:

```
IF (ch >= "A") & (ch <= "Z") THEN ReadIdentifier
ELSIF (ch >= "0") & (ch <= "9") THEN ReadNumber
ELSIF ch = 22X THEN ReadString
END
```

A.9.5 Case-Anweisungen

Case-Anweisungen spezifizieren die Auswahl und Ausführung einer Anweisungsfolge gemäß dem Wert eines Ausdrucks. Zuerst wird der Ausdruck berechnet, dann wird jene Anweisungsfolge ausgeführt, die mit dem berechneten Wert markiert ist. Der Ausdruck und alle Markierungen müssen vom gleichen Typ sein, der entweder ein ganzzahliger Typ oder CHAR sein muß. Die Markierungen (labels) sind Konstanten, und kein Wert darf mehr als einmal vorkommen. Wenn der berechnete Wert keiner Markierung entspricht, so wird die Anweisungsfolge nach dem Symbol ELSE ausgeführt, sofern dieses vorhanden ist, andernfalls liegt ein Fehler vor.

```
CaseStatement  =CASE expression OF case {"|" case}
                [ELSE StatementSequence] END.
case  = [CaseLabelList ":" StatementSequence].
CaseLabelList  = CaseLabels {"," CaseLabels}.
CaseLabel  = ConstExpression [".." ConstExpression].
```

Ein Beispiel ist:

```
CASE ch OF
    "A" .. "Z": ReadIdentifier
  | "0" .. "9": ReadNumber
  | 22X : ReadString
ELSE SpecialCharacter
END
```

A.9.6 While-Anweisungen

While-Anweisungen spezifizieren die Wiederholung einer Anweisungsfolge. Wenn ein boolescher Ausdruck (guard) TRUE ergibt, wird die Anweisungsfolge ausgeführt. Das Auswerten des Ausdrucks und das Ausführen der Anweisungsfolge werden so lange wiederholt, wie der Ausdruck TRUE ergibt.

```
WhileStatement  = WHILE expression DO StatementSequence END.
```

Beispiele sind:

```
WHILE j > 0 DO
  j := j DIV 2; i := i+1
END

WHILE (t # NIL) & (t.key # i) DO
  t := t.left
END
```

A.9.7 Repeat-Anweisungen

Repeat-Anweisungen spezifizieren die wiederholte Ausführung einer Anweisungsfolge bis eine Bedingung erfüllt ist. Die Anweisungsfolge wird mindestens einmal ausgeführt.

```
RepeatStatement  =  REPEAT StatementSequence UNTIL expression.
```

A.9.8 Loop-Anweisungen

Eine Loop-Anweisung spezifiziert die wiederholte Ausführung einer Anweisungsfolge. Sie wird durch Ausführung einer Exit-Anweisung innerhalb der Anweisungsfolge beendet (siehe A.9.9).

```
LoopStatement  =  LOOP StatementSequence END.
```

Ein Beispiel ist:

```
LOOP
  IF t1 = NIL THEN EXIT END ;
  IF k < t1.key THEN t2 := t1.left; p := TRUE
  ELSIF k > t1.key THEN t2 := t1.right; p := FALSE
  ELSE EXIT
  END ;
  t1 := t2
END
```

Obwohl While- und Repeat-Anweisungen durch Loop-Anweisungen mit einem einzelnen EXIT ausgedrückt werden können, wird die Verwendung von WHILE und REPEAT für die sehr häufigen Situationen empfohlen, in denen die Terminierung von einer einzigen Bedingung am Anfang oder Ende der wiederholten Anweisungsfolge abhängt. Die Loop-Anweisung ist dann hilfreich, wenn mehrere Abbruchbedingungen und -punkte vorliegen.

A.9.9 Return- und Exit-Anweisungen

Eine Return-Anweisung besteht aus dem Symbol RETURN, möglicherweise gefolgt von einem Ausdruck. Sie zeigt die Beendigung einer Prozedur an und gibt, im Fall von Funktionsprozeduren, den Wert des Ausdrucks als Ergebnis des Funktionsaufrufs zurück. Der Typ des Ausdrucks muß mit dem im Prozedurkopf angegebenen Ergebnistyp kompatibel sein (siehe A.10).

Funktionsprozeduren verlangen die Anwesenheit einer Return-Anweisung, die den Ergebniswert angibt. Mehrere Return-Anweisungen in einer Prozedur sind erlaubt, aber nur eine wird ausgeführt. Bei gewöhnlichen Prozeduren impliziert das Prozedurende eine Return-Anweisung. Ein explizites RETURN stellt daher einen zusätzlichen (meist in Ausnahmesituationen verwendeten) Abschlußpunkt dar.

Eine Exit-Anweisung besteht aus dem Symbol EXIT. Sie spezifiziert die Beendigung der umschließenden Loop-Anweisung und die Fortsetzung der Programmausführung mit der auf die Loop-Anweisung folgenden Anweisung.

Exit-Anweisungen sind also immer an eine umschließende Loop-Anweisung gebunden, auch wenn das nicht durch die Syntax ausgedrückt ist.

A.9.10 With-Anweisungen

Eine Zeigervariable oder ein Var-Parameter mit Record-Struktur vom Typ *T*0 darf im Kopf einer With-Anweisung zusammen mit einem Typ *T* angegeben werden, der eine Erweiterung von *T*0 ist. Die Variable wird innerhalb der With-Anweisung so behandelt, als wäre sie vom Typ *T* deklariert. Die With-Anweisung spielt eine ähnliche Rolle wie die Typzusicherung (siehe A.8.1), nur daß die Zusicherung über eine ganze Anweisungsfolge gilt. Sie kann daher als *regionale Typzusicherung* aufgefaßt werden.

```
WithStatement = WITH qualident ":" qualident DO
                StatementSequence END .
```

Ein Beispiel ist:

```
WITH t: CenterNode DO name := t.name; L := t.subnode END
```

A.10 Prozedurdeklarationen

Prozedurdeklarationen bestehen aus einem *Prozedurkopf* (procedure heading) und einem *Prozedurrumpf* (procedure body). Der Kopf gibt den Prozedurnamen, die *Formalparameter* und den Ergebnistyp (falls vorhanden) an. Der Rumpf enthält Deklarationen und Anweisungen. Am Ende der Prozedurdeklaration wird der Name der Prozedur wiederholt.

Es gibt zwei Arten von Prozeduren, nämlich *gewöhnliche Prozeduren* (proper procedures) und *Funktionsprozeduren* (function procedures). Die letzteren werden durch einen Funktionsbezeichner als Bestandteil eines Ausdrucks aktiviert und liefern ein Ergebnis, das ein Operand des Ausdrucks ist. Gewöhnliche Prozeduren werden durch einen Prozeduraufruf aktiviert. Funktionsprozeduren enthalten im Prozedurkopf hinter den Formalparametern zusätzlich den Ergebnistyp. Ihr Rumpf muß eine Return-Anweisung enthalten, die das Ergebnis des Funktionsaufrufs bestimmt.

Alle innerhalb eines Prozedurrumpfs deklarierten Konstanten, Variablen, Typen und Prozeduren sind *lokal* zu dieser Prozedur. Die Werte der lokalen Variablen sind zum Zeitpunkt des Prozeduraufrufs undefiniert. Da auch Prozeduren als lokale Objekte deklariert werden dürfen, können Prozeduren geschachtelt sein.

Zusätzlich zu den Formalparametern und lokal deklarierten Objekten sind auch die Objekte aus der Umgebung der Prozedur innerhalb der Prozedur sichtbar (außer jenen Objekten, die durch lokal deklarierte Objekte mit gleichem Namen verdeckt werden).

Das Aufrufen einer Prozedur innerhalb ihrer eigenen Deklaration bedeutet einen rekursiven Prozeduraufruf.

```
ProcedureDeclaration =
        ProcedureHeading ";" ProcedureBody ident.
ProcedureHeading =
        PROCEDURE ["*"] identdef [FormalParameters].
ProcedureBody =
        DeclarationSequence [BEGIN StatementSequence] END.
ForwardDeclaration =
        PROCEDURE "↑" identdef [FormalParameters].
DeclarationSequence =
        {CONST {ConstantDeclaration ";"} |
        TYPE {TypeDeclaration ";"} |
        VAR {VariableDeclaration ";"}}
        {ProcedureDeclaration ";" | ForwardDeclaration ";"}.
```

Eine *Vorwärtsdeklaration* (forward declaration) erlaubt Referenzen auf Prozeduren, die erst später im Text deklariert werden. Die tatsächliche Deklaration – die auch den Rumpf enthält – muß dieselben Parameter und denselben Ergebnistyp (falls vorhanden) aufweisen wie die Vorwärtsdeklaration und muß im selben Block liegen.

Ein Stern hinter dem Symbol PROCEDURE weist den Compiler darauf hin, daß diese Prozedur einer Prozedurvariablen zuweisbar sein soll (je nach Implementierung ist der Hinweis optional oder erforderlich).

A.10.1 Formalparameter

Formalparameter sind Namen, welche die aktuellen Parameter eines Prozeduraufrufs repräsentieren. Die Korrespondenz zwischen aktuellen und formalen Parametern wird beim Prozeduraufruf hergestellt. Es gibt zwei Arten von Parametern: *Wert-* und *Variablenparameter.* Die Art wird in der Formalparameterliste festgelegt. Wertparameter stehen für lokale Variablen, die mit dem Ergebnis der Auswertung des korrespondierenden Aktualparameters initialisiert werden. Variablenparameter korrespondieren mit aktuellen Parametern, die Variablen sind, und stehen für diese Variablen. Variablenparameter werden durch das Symbol VAR gekennzeichnet, Wertparameter durch dessen Abwesenheit. Eine Funktionsprozedur ohne Parameter muß im Prozedurkopf eine leere Parameterliste aufweisen und wird durch einen Funktionsbezeichner mit leerer Aktualparameterliste aufgerufen.

Formalparameter sind lokal zur Prozedur; das heißt ihr Sichtbarkeitsbereich ist der Programmtext bis zum Ende der Prozedurdeklaration.

```
FormalParameters  ="(" [FPSection {";" FPSection}] ")"
                   [":" qualident].
FPSection  =  [VAR] ident  {"," ident} ":" FormalType.
FormalType  =  {ARRAY OF} qualident | ProcedureType.
```

Die Parameterliste spezifiziert den Typ jedes Formalparameters. Für Variablenparameter muß dieser Typ identisch sein zum Typ des korrespondierenden Aktualparameters, außer im Fall von Records, bei dem er ein Basistyp des Aktualparametertyps sein muß. Für Wertparameter gelten die Regeln der Wertzuweisung (siehe A.9.1). Wird der Typ eines Formalparameters als

```
ARRAY OF T
```

angegeben, so nennt man den Parameter einen *offenen Array-Parameter* und der korrespondierende aktuelle Parameter kann ein beliebiges Array mit Elementtyp *T* sein.

Spezifiziert ein Formalparameter einen Prozedurtyp, dann muß der korrespondierende Aktualparameter entweder eine global deklarierte Prozedur sein oder eine Variable (oder Parameter) desselben Prozedurtyps. Eine vordeklarierte Prozedur kann nicht zugewiesen werden. Der Ergebnistyp einer Prozedur darf weder ein Record noch ein Array sein.

Beispiele für Prozedurdeklarationen sind:

```
PROCEDURE ReadInt(VAR x: INTEGER);
  VAR i: INTEGER; ch: CHAR;
BEGIN i := 0; Read(ch);
  WHILE ("0" <= ch) & (ch <= "9") DO
    i := 10*i + (ORD(ch)-ORD("0")); Read(ch)
  END ;
  x := i
END ReadInt

PROCEDURE WriteInt(x: INTEGER);  (* 0 <= x < 1.0E5 *)
  VAR i: INTEGER;
    buf: ARRAY 5 OF INTEGER;
BEGIN i := 0;
  REPEAT buf[i] := x MOD 10;  x := x DIV 10;  INC(i) UNTIL x = 0;
```

```
  REPEAT DEC(i); Write(CHR(buf[i] + ORD("0"))) UNTIL i = 0
END WriteInt

PROCEDURE log2(x: INTEGER): INTEGER;
  VAR y: INTEGER;  (*x>0*)
BEGIN y := 0;
  WHILE x > 1 DO x := x DIV 2; INC(y) END ;
  RETURN y
END log2
```

A.10.2 Vordeklarierte Prozeduren

Die Tabellen A.1–A.3 listen alle vordeklarierten Prozeduren auf. Einige sind *generische Prozeduren*; das heißt, sie sind auf mehrere Operandentypen anwendbar. *v* steht für eine Variable, *x* und *n* für Ausdrücke und *T* für einen Typ. *Integer* steht für einen der ganzzahligen Typen und *Real* für einen der reellen Typen.

Tabelle A.1: Funktionsprozeduren

Name	*Argumenttyp*	*Ergebnistyp*	*Bedeutung*
ABS(*x*)	numerisch	Typ von *x*	Absolutwert
ODD(*x*)	Integer	BOOLEAN	*x* MOD 2 = 1
CAP(*x*)	CHAR	CHAR	entsprechender Großbuchstabe
ASH(*x*, *n*)	*x*, *n*: Integer	LONGINT	$x * 2^n$, arithmetischer Shift
LEN(*v*, *n*)	*v*: Array *n*: Integer	LONGINT	Länge von *v* in Dimension *n*
LEN(*v*)	Array	LONGINT	LEN(*v*, 0)
MAX(*T*)	*T* = Grundtyp *T* = SET	*T* INTEGER	größter Wert von *T* größtes Element einer Menge
MIN(*T*)	*T* = Grundtyp *T* = SET	*T* INTEGER	kleinster Wert von *T* 0
SIZE(*T*)	*T* = beliebig	Integer	Anzahl Bytes erforderlich für *T*

Tabelle A.2: Typkonversionsprozeduren

Name	*Argumenttyp*	*Ergebnistyp*	*Bedeutung*
ORD(*x*)	CHAR	INTEGER	Ordnungszahl von *x*
CHR(*x*)	Integer	CHAR	Zeichen mit Ordnungszahl *x*
SHORT(*x*)	LONGINT INTEGER LONGREAL	INTEGER SHORTINT REAL	Identität (Überlauf möglich)

Name	*Argumenttyp*	*Ergebnistyp*	*Bedeutung*
LONG(x)	SHORTINT INTEGER REAL	INTEGER LONGINT LONGREAL	Identität
ENTIER(x)	Real	LONGINT	größte ganze Zahl <= x

Beachten Sie: ENTIER(i/j) = i DIV j

Tabelle A.3
Gewöhnliche Prozeduren

Name	*Argumenttypen*	*Bedeutung*
INC(v)	Integer	$v := v + 1$
INC(v, x)	Integer	$v := v + x$
DEC(v)	Integer	$v := v - 1$
DEC(v, x)	Integer	$v := v - x$
INCL(v, x)	v: SET; x: Integer	$v := v + \{x\}$
EXCL(v, x)	v: SET; x: integer type	$v := v - \{x\}$
COPY(x, v)	x: Zeichen-Array, String v: Zeichen-Array	$v := x$
NEW(v)	Zeigertyp	erzeuge $v\uparrow$
HALT(x)	Integerkonstante	beende Programmlauf

In HALT(x) bleibt die Interpretation des Parameters x der Implementierung überlassen.

A.11 Module

Ein Modul ist eine Sammlung von Konstanten-, Typen-, Variablen- und Prozedurdeklarationen und eine Anweisungsfolge zum Zweck der Initialisierung der globalen Variablen. Ein Modul stellt typischerweise einen Text dar, der als Einheit übersetzt werden kann.

```
module  = MODULE ident ";"  [ImportList] DeclarationSequence
          [BEGIN StatementSequence] END ident "." .
ImportList  =  IMPORT import {"," import} ";" .
import  =  ident [":=" ident].
```

Die Importliste gibt alle Module an, von denen das importierende Modul Klient ist. Wird ein Name x von einem anderen Modul M exportiert und wird M in der Importliste aufgeführt, dann wird auf x

in der Form *M.x* zugegriffen. Wenn in der Importliste die Form »*M* := *M*1« benutzt wird, so bezieht sich *M.x* auf das Objekt *x* aus dem Modul *M*1.

Namen, die in Klientenmodulen sichtbar sein sollen, also außerhalb des deklarierenden Moduls, müssen in ihrer Deklaration mit einer Exportmarkierung versehen werden.

Die Anweisungsfolge nach dem Symbol BEGIN wird ausgeführt, wenn das Modul zum System hinzugefügt (geladen) wird. Individuelle (parameterlose) Prozeduren können danach vom System aus aktiviert werden und dienen als Kommandos.

Beispiel:

```
MODULE Out;
(*exportierte Prozeduren:  Write, WriteInt, WriteLn*)
IMPORT Texts, Oberon;
VAR W: Texts.Writer;

PROCEDURE Write*(ch: CHAR);
BEGIN Texts.Write(W, ch)
END Write;

PROCEDURE WriteInt*(x, n: LONGINT);
  VAR i: INTEGER; a: ARRAY 16 OF CHAR;
BEGIN i := 0;
  IF x < 0 THEN Texts.Write(W, "-"); x := -x END ;
  REPEAT
    a[i] := CHR(x MOD 10 + ORD("0")); x := x DIV 10; INC(i)
  UNTIL x = 0;
  REPEAT Texts.Write(W, " "); DEC(n) UNTIL n <= i;
  REPEAT DEC(i); Texts.Write(W, a[i]) UNTIL i = 0
END WriteInt;

PROCEDURE WriteLn*;
BEGIN Texts.WriteLn(W); Texts.Append(Oberon.Log, W.buf)
END WriteLn;

BEGIN Texts.OpenWriter(W)
END Out.
```

A.12 Das Modul SYSTEM

Das Modul SYSTEM enthält Definitionen, die notwendig sind, um Operationen zu programmieren, die sich direkt auf Ressourcen eines bestimmten Rechners und/oder einer bestimmten Implementierung beziehen. Beispiele sind der Zugriff auf Peripheriegeräte, die an einem Computer angeschlossen sind, und Möglichkeiten zur Umgehung der Typkompatibilitätsregeln, die ansonsten von der Sprachdefinition erzwungen werden. Es wird empfohlen, die Benutzung von SYSTEM auf wenige »*low-level*«-Module zu beschränken. Solche Module sind inhärent unportabel, aber durch den Namen SYSTEM in der Importliste leicht zu identifizieren. Die folgenden Definitionen beziehen sich auf die Implementierung für NS32000, sind aber auf die meisten modernen Rechner anwendbar. Andere Implementierungen können davon abweichen und spezielle Definitionen für den darunterliegenden Prozessor enthalten.

Das Modul SYSTEM exportiert einen Datentyp BYTE ohne Interpretation der Werte. Statt dessen werden einige Kompatibilitätsregeln zu anderen Typen gegeben:

1) Der Typ BYTE ist kompatibel mit CHAR und SHORTINT.
2) Ist ein formaler Variablenparameter vom Typ ARRAY OF BYTE, dann kann der aktuelle Parameter von beliebigem Typ sein.

Die in SYSTEM enthaltenen Prozeduren sind in den Tabellen A.4 und A.5 aufgelistet. Sie entsprechen einzelnen Maschineninstruktionen, die vom Compiler als »*inline*«-Code eingesetzt werden. Für Details wird der Leser auf das Prozessorhandbuch verwiesen. *v* steht für eine Variable, *x*, *y*, *a* und *n* für Ausdrücke, *T* für einen Typ und *Integer* bedeutet einen der ganzzahligen Typen.

Tabelle A.4 *Funktionsprozeduren*

Name	*Argumenttypen*	*Ergebnistyp*	*Bedeutung*
ADR(*v*)	beliebig	LONGINT	Adresse der Variablen *v*
BIT(*a*, *n*)	*a*: LONGINT *n*: Integer	BOOLEAN	Bit *n* von *Mem*[*a*]
CC(*n*)	Integerkonstante	BOOLEAN	Bedingung *n*
LSH(*x*, *n*)	*x*: Integer oder SET *n*: Integer	Typ von *x*	logischer Shift
ROT(*x*, *n*)	*x*: Integer oder SET *n*: Integer	Typ von *x*	Rotation
VAL(*T*, *x*)	*T*, *x*: beliebig	*T*	*x* interpretiert als vom Typ *T*

Tabelle A.5 *Gewöhnliche Prozeduren*

Name	*Argumenttypen*	*Bedeutung*
GET(*a*, *v*)	*a*: LONGINT *v*: Grundtyp	*v* := *Mem*[*a*]
PUT(*a*, *x*)	*a*: LONGINT *x*: Grundtyp	*Mem*[*a*] := *x*
MOVE(*s*, *d*, *n*)	*s*, *d*: LONGINT *n*: Integer	*Mem*[*d*]...*Mem*[*d*+*n*–1] := *Mem*[*s*]...*Mem*[*s*+*n*–1]
NEW(*v*, *n*)	*v*: Zeigertyp *n*: Integer	reserviert Speicherblock von *n* Bytes und weist *v* dessen Adresse zu

B Der ASCII-Zeichensatz und typische Extremwerte

Dez	*Hex*	*Zeichen*	*Dez*	*Hex*	*Zeichen*
0	0X	NUL	24	18X	CAN
1	1X	SOH	25	19X	EM
2	2X	STX	26	1AX	SUB
3	3X	ETX	27	1BX	ESC
4	4X	EOT	28	1CX	FS
5	5X	ENQ	29	1DX	GS
6	6X	ACK	30	1EX	RS
7	7X	BEL	31	1FX	US
8	8X	BS	32	20X	SP
9	9X	HT	33	21X	!
10	0AX	LF	34	22X	"
11	0BX	VT	35	23X	#
12	0CX	FF	36	24X	$
13	0DX	CR	37	25X	%
14	0EX	SO	38	26X	&
15	0FX	SI	39	27X	'
16	10X	DLE	40	28X	(
17	11X	DC1	41	29X	)
18	12X	DC2	42	2AX	*
19	13X	DC3	43	2BX	+
20	14X	DC4	44	2CX	,
21	15X	NAK	45	2DX	-
22	16X	SYN	46	2EX	.
23	17X	ETB	47	2FX	/

Dez	*Hex*	*Zeichen*	*Dez*	*Hex*	*Zeichen*
48	30X	0	76	4CX	L
49	31X	1	77	4DX	M
50	32X	2	78	4EX	N
51	33X	3	79	4FX	O
52	34X	4	80	50X	P
53	35X	5	81	51X	Q
54	36X	6	82	52X	R
55	37X	7	83	53X	S
56	38X	8	84	54X	T
57	39X	9	85	55X	U
58	3AX	:	86	56X	V
59	3BX	;	87	57X	W
60	3CX	<	88	58X	X
61	3DX	=	89	59X	Y
62	3EX	>	90	5AX	Z
63	3FX	?	91	5BX	[
64	40X	@	92	5CX	\
65	41X	A	93	5DX	]
66	42X	B	94	5EX	^ [1]
67	43X	C	95	5FX	_
68	44X	D	96	60X	`
69	45X	E	97	61X	a
70	46X	F	98	62X	b
71	47X	G	99	63X	c
72	48X	H	100	64X	d
73	49X	I	101	65X	e
74	4AX	J	102	66X	f
75	4BX	K	103	67X	g

1 Oberon-Fonts drucken einen Pfeil nach oben »↑« anstelle des Dachs »^«.

Dez	*Hex*	*Zeichen*	*Dez*	*Hex*	*Zeichen*
104	68X	h	116	74X	t
105	69X	i	117	75X	u
106	6AX	j	118	76X	v
107	6BX	k	119	77X	w
108	6CX	l	120	78X	x
109	6DX	m	121	79X	y
110	6EX	n	122	7AX	z
111	6FX	o	123	7BX	{
112	70X	p	124	7CX	|
113	71X	q	125	7DX	}
114	72X	r	126	7EX	~
115	73X	s	127	7FX	DEL

Typ *T*	SIZE(*T*)	MIN(*T*)	MAX(*T*)
SHORTINT	1	–128	127
INTEGER	2	–32768	32767
LONGINT	4	–2147483648	2147483647
REAL [1]	4	–3.40282346E38	3.40282346E38
LONGREAL	8	–a [2]	a
CHAR	1	0	255
SET	4	0	31

1 REAL- und LONGREAL-Werte beziehen sich auf den ANSI/IEEE 754 -1985 Standard.

2 a = 1.7976931348623157D308

C Die Module *In*, *Out* und *XYplane*

Anhang C enthält eine spezielle Implementierung der Module *In*, *Out* und *XYplane*, welche die Eingabe-/Ausgabeabstraktionen bereitstellen, auf die sich dieses Buch abstützt. Die Module wurden auf der ursprünglichen *Ceres*-Implementierung getestet, ebenso wie auf Oberon-Systemen für DOS, Windows, Macintosh und verschiedenen Unix-Maschinen (siehe Liste im Vorwort).

Modul *In*

```
MODULE In;
(* Stream-oriented text input, MR 1992, NW 22.5.93 *)
IMPORT Texts, Viewers, Oberon, TextFrames;

VAR Done*: BOOLEAN;
  S: Texts.Scanner;

PROCEDURE Open*;
VAR beg, end, time: LONGINT;
  V: Viewers.Viewer;
  T: Texts.Text;
BEGIN
  Texts.OpenScanner(S,Oberon.Par.text,Oberon.Par.pos); Texts.Scan(S);
  IF (S.class = Texts.Char) & (S.c = "^") THEN
    (* start input stream at beginning of selection *)
    Oberon.GetSelection(T, beg, end, time);
    IF time >= 0 THEN Texts.OpenScanner(S, T, beg); Done := TRUE
    ELSE Done := FALSE
    END
  ELSIF (S.class = Texts.Char) & (S.c = "*") THEN
    (* start input stream at beginning of text in marked viewer *)
    V := Oberon.MarkedViewer();
    IF (V.dsc # NIL) & (V.dsc.next IS TextFrames.Frame) THEN
      T := V.dsc.next(TextFrames.Frame).text;
      Texts.OpenScanner(S, T, 0); Done := TRUE
    ELSE Done := FALSE
    END
  ELSE (* start input stream after command name *)
    T := Oberon.Par.text;
    Texts.OpenScanner(S, T, Oberon.Par.pos); Done := TRUE
  END
END Open;
```

```
PROCEDURE Char*(VAR ch: CHAR);
BEGIN
  IF Done THEN
    ch := S.nextCh; Done := ~S.eot; Texts.Read(S, S.nextCh)
  END
END Char;

PROCEDURE Int*(VAR i: INTEGER);
BEGIN
  IF Done THEN
    Texts.Scan(S); i := SHORT(S.i); Done := (S.class = Texts.Int)
  END
END Int;

PROCEDURE LongInt*(VAR i: LONGINT);
BEGIN
  IF Done THEN
    Texts.Scan(S); i := S.i; Done := (S.class = Texts.Int)
  END
END LongInt;

PROCEDURE Real*(VAR x: REAL);
BEGIN
  IF Done THEN
    Texts.Scan(S); x := S.x; Done := (S.class = Texts.Real)
  END
END Real;

PROCEDURE LongReal*(VAR y: LONGREAL);
BEGIN
  IF Done THEN
    Texts.Scan(S); y := S.y; Done := (S.class = Texts.LongReal)
  END
END LongReal;

PROCEDURE Name*(VAR name: ARRAY OF CHAR);
BEGIN
  IF Done THEN
    Texts.Scan(S); COPY(S.s, name); Done := (S.class = Texts.Name)
  END
END Name;

PROCEDURE String*(VAR str: ARRAY OF CHAR);
BEGIN
  IF Done THEN
    Texts.Scan(S); COPY(S.s, str); Done := (S.class = Texts.String)
  END
END String;
```

```
BEGIN Done := FALSE
END In.
```

Modul *Out*

```
MODULE Out;
(* Stream-oriented text output, MR 1992, NW 1993, JT 6.5.94 *)
IMPORT Texts, Oberon;

VAR W: Texts.Writer;

PROCEDURE Ln*;
BEGIN Texts.WriteLn(W); Texts.Append(Oberon.Log, W.buf)
END Ln;

PROCEDURE Open*;
  VAR R: Texts.Reader; ch: CHAR;
BEGIN (* start a new line *)
  IF Oberon.Log.len > 0 THEN
    Texts.OpenReader(R, Oberon.Log, Oberon.Log.len-1);
    Texts.Read(R, ch);
    IF ch # 0DX THEN Ln END
  END
END Open;

PROCEDURE Char*(ch: CHAR);
BEGIN Texts.Write(W, ch); Texts.Append(Oberon.Log, W.buf)
END Char;

PROCEDURE String*(str: ARRAY OF CHAR);
BEGIN Texts.WriteString(W, str); Texts.Append(Oberon.Log, W.buf)
END String;

PROCEDURE Int*(i, n: LONGINT);
BEGIN Texts.WriteInt(W, i, n); Texts.Append(Oberon.Log, W.buf)
END Int;

PROCEDURE Real*(x: REAL; n: INTEGER);
BEGIN Texts.WriteReal(W, x, n); Texts.Append(Oberon.Log, W.buf)
END Real;

PROCEDURE LongReal*(x: LONGREAL; n: INTEGER);
BEGIN Texts.WriteLongReal(W, x, n); Texts.Append(Oberon.Log, W.buf)
END LongReal;

BEGIN Texts.OpenWriter(W)
END Out.
```

Modul *XYplane*

```
MODULE XYplane;
(* Graphic output to screen, Input from keyboard *)
IMPORT Display, MenuViewers, Oberon, TextFrames, Input;
CONST
  max = 32768;  closed = 0;  displayed = 2;
  black = Display.black;  white = Display.white;
  replace = Display.replace;
  erase* = 0;  draw* = 1; (* values for parameter mode in Dot *)

TYPE
  XYframe = POINTER TO XYframeDesc;
  XYframeDesc = RECORD (Display.FrameDesc) END;

VAR
  F: XYframe;  V: MenuViewers.Viewer;
  bitmap: ARRAY max OF SET;
  X*, Y*, W*, H*: INTEGER;

PROCEDURE Modify(F: XYframe; VAR M: MenuViewers.ModifyMsg);
BEGIN
  IF (M.id = MenuViewers.extend) & (M.dY > 0) THEN
    Display.ReplConst(black, F.X, F.Y + F.H, F.W, M.dY, replace)
  END;
  IF M.Y < F.Y THEN
    Display.ReplConst(black, F.X, M.Y, F.W, F.Y - M.Y, replace)
  END;
  X := F.X;  Y := M.Y;  W := F.W;  H := M.H
END Modify;

PROCEDURE XYhandle*(F: Display.Frame; VAR M: Display.FrameMsg);
BEGIN
  WITH F: XYframe DO
    IF M IS Oberon.InputMsg THEN
      WITH M: Oberon.InputMsg DO
        IF M.id = Oberon.track THEN
          Oberon.DrawCursor(Oberon.Mouse, Oberon.Arrow, M.X, M.Y)
        END
      END
    ELSIF M IS MenuViewers.ModifyMsg THEN
      WITH M: MenuViewers.ModifyMsg DO
        Modify(F, M)
      END
    END
  END
END XYhandle;
```

```
PROCEDURE Clear*;
  VAR j: LONGINT;
BEGIN
  Display.ReplConst(black, F.X, F.Y, F.X + F.W, F.Y + F.H, replace);
  j := 0;  WHILE j < max DO  bitmap[j] := {}; INC(j) END
END Clear;

PROCEDURE Open*;
  VAR menuF: TextFrames.Frame;  x, y: INTEGER;
BEGIN
  IF V.state # displayed THEN
    Oberon.OpenTrack(Display.Left, 0);
    menuF := TextFrames.NewMenu("XY Plane", "System.Close");
    NEW(F);  F.handle := XYhandle;
    Oberon.AllocateUserViewer(Display.Left, x, y);
    V := MenuViewers.New(menuF, F, TextFrames.menuH, x, y)
  END;
  Clear
END Open;

PROCEDURE Dot*(x, y, mode: INTEGER);
  VAR k, i, j: LONGINT;
BEGIN
  IF (x >= F.X) & (x < F.X + F.W) & (y >= F.Y) & (y < F.Y + F.H) THEN
    k := LONG(y)*F.W + x; i := k DIV MAX(SET); j := k MOD MAX(SET);
    CASE mode OF
        0: Display.Dot(black, x, y, replace); EXCL(bitmap[i], j)
      | 1: Display.Dot(white, x, y, replace); INCL(bitmap[i], j)
    END
  END
END Dot;

PROCEDURE IsDot*(x, y: INTEGER): BOOLEAN;
  VAR k, i, j: LONGINT;
BEGIN
  IF (x >= F.X) & (x < F.X + F.W) & (y >= F.Y) & (y < F.Y + F.H) THEN
    k := LONG(y)*F.W + x; i := k DIV MAX(SET); j := k MOD MAX(SET);
    RETURN j IN bitmap[i]
  ELSE RETURN FALSE
  END
END IsDot;

PROCEDURE Key*(): CHAR;
  VAR ch: CHAR;
BEGIN  ch := 0X;
```

```
  IF Input.Available() > 0 THEN  Input.Read(ch)  END;
  RETURN ch
END Key;

BEGIN
  NEW(F);  F.H := 0;  NEW(V);  V.state := closed;
END XYplane.(* Copyright M. Reiser, 1992 *)
```

D Grammatik von Oberon

module = MODULE ident ";" [ImportList] DeclarationSequence
[BEGIN StatementSequence] END ident "." .
ImportList = IMPORT import {"," import} ";" .
import = ident [":=" ident].
DeclarationSequence = {CONST {ConstantDeclaration ";"} |
TYPE {TypeDeclaration ";"} | VAR {VariableDeclaration ";"}}
{ProcedureDeclaration ";" | ForwardDeclaration ";"}.
ConstantDeclaration = identdef "=" ConstExpression.
identdef = ident ["*"].
ConstExpression = expression.
TypeDeclaration = identdef "=" type.
type = qualident | ArrayType | RecordType | PointerType |
ProcedureType.
qualident = [ident "."] ident.
ArrayType = ARRAY length {"," length} OF type.
length = ConstExpression.
RecordType = RECORD ["(" BaseType ")"] FieldList Sequence END.
BaseType = qualident.
FieldListSequence = FieldList {";" FieldList}.
FieldList = [IdentList ":" type].
IdentList = identdef {"," identdef}.
PointerType = POINTER TO type.
ProcedureType = PROCEDURE [FormalParameters].
VariableDeclaration = IdentList ":" type.
ProcedureDeclaration = ProcedureHeading ";" Procedure Body ident.
ProcedureHeading = PROCEDURE ["*"] identdef [Formal Parameters].
ProcedureBody = DeclarationSequence [BEGIN Statement
Sequence] END.
FormalParameters = "(" [FPSection {";" FPSection}] ")" [":" qualident].
FPSection = [VAR] ident {"," ident} ":" FormalType.
FormalType = {ARRAY OF} qualident.
ForwardDeclaration = PROCEDURE "↑" identdef [FormalParameters].

```
StatementSequence = statement {";" statement}.
statement = [assignment | ProcedureCall |
    IfStatement | CaseStatement | WhileStatement | RepeatStatement |
    LoopStatement | WithStatement | EXIT | RETURN [expression] ].
assignment = designator ":=" expression.
designator = qualident {"." ident | "[" ExpList "]" |
      "(" qualident ")" | "↑" }.
ExpList = expression {"," expression}.
expression = SimpleExpression [relation SimpleExpression].
relation = "=" | "#" | "<" | "<=" | ">" | ">=" | IN | IS.
SimpleExpression = ["+"|"-"] term {AddOperator term}.
AddOperator = "+" | "-" | OR .
term = factor {MulOperator factor}.
MulOperator = "*" | "/" | DIV | MOD | "&" .
factor = number | CharConstant | string | NIL | set |
    designator [ActualParameters] | "(" expression ")" | "~" factor.
set = "{" [element {"," element}] "}".
element = expression [".." expression].
ProcedureCall = designator [ActualParameters].
ActualParameters = "(" [ExpList] ")" .
IfStatement = IF expression THEN StatementSequence
    {ELSIF expression THEN StatementSequence}
    [ELSE StatementSequence]
    END.
CaseStatement = CASE expression OF case {"|" case}
      [ELSE StatementSequence] END.
case = [CaseLabelList ":" StatementSequence].
CaseLabelList = CaseLabels {"," CaseLabels}.
CaseLabels = ConstExpression [".." ConstExpression].
WhileStatement = WHILE expression DO Statement Sequence END.
RepeatStatement = REPEAT StatementSequence UNTIL expression.
LoopStatement = LOOP StatementSequence END.
WithStatement = WITH qualident ":" qualident DO
      StatementSequence END.

ident = letter {letter | digit}.
number = integer | real.
```

integer = digit {digit} | digit {hexDigit} "H" .
real = digit {digit} "." {digit} [ScaleFactor].
ScaleFactor = ("E" | "D") ["+" | "-"] digit {digit}.
hexDigit = digit | "A" | "B" | "C" | "D" | "E" | "F".
digit = "0" | "1" | "2" | "3" | "4" | "5" | "6" | "7" | "8" | "9".
CharConstant = """ character """ | digit {hexDigit} "X".
string = """ {character} """.

Erweiterungen in Oberon-2

identdef = ident ["*" | "-"].
ArrayType = ARRAY [length {"," length}] OF type.
ProcedureHeading = PROCEDURE [Receiver] ["*"] identdef
[FormalParameters].
Receiver = "(" [VAR] ident ":" ident ")".
FormalType = type.
ForwardDeclaration = PROCEDURE [Receiver] "↑" identdef
[FormalParameters].
statement = ForStatement.
ForStatement = FOR ident ":=" expression TO expression
[BY ConstExpression] DO StatementSequence END.
WithStatement = WITH guard DO StatementSequence
{"|" guard DO StatementSequence} [ELSE StatementSequence] END.
guard = qualident ":" qualident.
CharConstant = """ character """ | "'" character "'" |
digit {hexDigit} "X".
string = """ {character} """ | "'" {character} "'".

S Stichwortverzeichnis